Heinz Buschkowsky

Neukölln
ist überall

Ullstein

Besuchen Sie uns im Internet:
www.ullstein-taschenbuch.de

Ungekürzte Ausgabe im Ullstein Taschenbuch
1. Auflage Dezember 2013
2. Auflage 2013
© Ullstein Buchverlage GmbH, Berlin 2012 / Ullstein Verlag
Umschlaggestaltung: Sabine Wimmer, Berlin
Titelabbildung: © Hans Scherhaufer
Satz: Pinkuin Satz und Datentechnik, Berlin
Gesetzt aus der Minion Pro
Papier: Pamo Super von Arctic Paper Mochenwangen GmbH
Druck und Bindearbeiten: GGP Media GmbH, Pößneck
Printed in Germany
ISBN 978-3-548-37519-9

Dieses Buch ist ein kleiner Gruß an alle, denen unser Neukölln weiterhin am Herzen liegt und die sich für seine Zukunft engagieren.

Inhalt

Vorwort

Vor Ihnen liegt ein politisches Buch, keine wissenschaftliche Expertise. Die hätten Sie vielleicht auch gar nicht gekauft. Ich bin nur der Bürgermeister eines Berliner Bezirks mit über 315 000 Einwohnerinnen und Einwohnern und der Flunderperspektive seines Rathausturmes, kein Wissenschaftler. Die Welt, die ich beschreibe, ist die Neuköllner Welt. Die Ableitungen, die ich für mich vornehme, müssen für die Gegebenheiten Ihrer Stadt und für Ihr Lebensumfeld nicht zutreffen. Die Entwicklung kann bei Ihnen sogar einen gegenteiligen Verlauf genommen haben. Insofern verschreibt dieses Buch nicht zwingend Rezepte. Ausschließen kann ich es aber nicht. Denn es gibt viele Neuköllns. Sie heißen nur anders. Doch egal, verständigen wir uns darauf, dass es einfach nur die aufgeschriebene Wirklichkeit an einem bestimmten Ort in der Bundesrepublik Deutschland ist.

Eine weitere Vorbemerkung ist wichtig. Um den zu erwartenden Aufgeregtheiten der organisierten Empörung vorzubeugen, müsste eigentlich auf jeder der folgenden Seiten oben und unten in Fettdruck der Hinweis stehen, dass die beschriebenen Sachverhalte niemals alle Einwanderer, alle Muslime, alle Hartz-IV-Empfänger und alle Jugendlichen meinen, ja, meinen können. Die menschliche Gesellschaft ist zu heterogen, zu vielschichtig, bunt und schillernd, als dass es möglich wäre, die Verhaltensweisen der Menschen in einem Universalcluster einheitlich zu definieren. Also, ich kann Sie beruhigen, liebe Leserin, lieber Leser, Sie sind nicht gemeint. Denn ich kenne Sie gar nicht.

Wenn ich auch heute wiederhole: »Multikulti ist gescheitert«, dann heißt das natürlich nicht, dass es keine gelungenen Integrationen in Deutschland gegeben hat. So rituell diese Sinnverfälschung unzulässigerweise immer wieder unterstellt wird, so deutlich wird die Verweigerung bestimmter politischer Kreise, sich ernsthaft mit diesem Thema auseinanderzusetzen. Wirklichkeitsverweigerung und Lebenslügen unter der Überschrift »Weil nicht sein kann, was nicht sein darf« sind nach wie vor eine beliebte Spielart der Political Correctness.

Um es an dieser Stelle für jeden erneut nachlesbar zu machen: Ja, es gibt unzählige, vielfältig gelungene Integrationen. Mein Bekanntenkreis und vielleicht auch der Ihre ist reich an herausragenden Beispielen. Es gibt sie, die Familien und Menschen, die in diesem Land angekommen sind, sich wohlfühlen, ein Leben in Frieden und Wohlstand gefunden haben und hier auch die Perspektive für ihre Nachkommen sehen. Sie sind jedoch nicht das Thema dieses Buches. Dieses Buch beschäftigt sich mit der anderen Seite der Medaille. Mit den Stadtvierteln, in denen sich die gesammelt haben, die noch auf der Suche nach dem Schlüssel für die Tür der Gesellschaft sind. Mit der Seite der Medaille, die eigentlich seit Jahrzehnten versucht, ein Signal zur Beendigung von Lethargie und nahezu perfekt getarnter Tatenlosigkeit zu setzen und uns die Augen für Realitäten zu öffnen, die einen gesellschaftlichen wie kulturellen Rückwärtsgang bedeuten. Dafür, dass es Verhältnisse gibt, die geändert werden müssen. Die einen intervenierenden Staat und eine empathische Gesellschaft brauchen und keinen beobachtenden Staat mit ignoranter Arroganz. Wenn wir uns um die Verkehrssicherheit an einer Straßenkreuzung kümmern müssen, zählen und betrachten wir da die Zahl der Unfälle oder erfreuen wir uns an den Fahrzeugen, die die Kreuzung unfallfrei passiert haben?

Über die Integration und all ihre Nebenthemen gibt es in Deutschland keinen Erkenntnismangel. Wir haben ein Handlungsdefizit. Über die Fragen der unterlassenen Integrationspolitik, der imaginären Integrationspolitik, des Multikulti-Irrtums, der kulturellen Identitäten, des kultursensiblen Umgangs mit bisher fremden Riten und Gebräuchen, der Willkommenskultur, der Integrationsverweigerung, der nachholenden Integration, der integrationsbereiten Gesellschaft, der Überfremdungsängste, des Lokalpatriotismus und der Verantwortung der Gesellschaft, den sozialen Frieden zu bewahren, also den Laden zusammenzuhalten, gibt es Bücherwände gefüllt mit Diplom-, Promotions- und Habilitationsarbeiten, Sachbüchern und Romanen. Jede Woche kommen kleinere oder größere Artikel in den Printmedien, Reportagen, Filme und Theaterstücke hinzu.

Ich beziehe mich an einigen Stellen durchaus auf wissenschaftliche Forschungs-, Studien- und Untersuchungsergebnisse von Instituten oder Einzelwissenschaftlern. Wir wissen allerdings, dass es zu jeder These eine Antithese gibt, zu jeder Studie eine mit gegenteiligem Ergebnis und zu jeder Untersuchung widersprechende Erkenntnisse. Dass ich vorwiegend die Belege zitiere, die meine Erfahrungswelt bestätigen, bitte ich mir nachzusehen. Zum Ausgleich toleriere ich Ihre abweichende Wahrheit, falls Sie sie bis zum Ende des Buches nicht still und dezent aufgegeben haben sollten.

Ich kenne kein gesellschaftspolitisches Thema, das so vordergründig flüchtig-intellektuell als verbale Luftnummer angesagt ist wie die Integration. Jeder ist Fachmann, jeder Dr. cand. ein Wissenschaftler und jede kurzzeitige Wohnepisode ein unerschütterlicher Erfahrungsschatz. Ich kenne aber auch kein Thema, bei dem so viel geheuchelt und gelogen wird. Die Gründe hierfür sind vielfältig. Die Wahrheit tut weh, und jeder möchte Schmerzen vermeiden. Auch die Gesellschaft. Die Politik bevorzugt eine schläfrige und eher träge Betrachtungsweise von Themen. Es könnte sonst ungemütlich werden, wenn die Forderung nach Abhilfe entsteht. Wieder andere sind generell für eine regelfreie und schrankenlose, sich selbst verwirklichende Gesellschaft. Meinen tut man damit aber meistens nur sich selbst. Im Idealfall auf Kosten anderer. Lebensregeln, die für den einen unabdingbare Voraussetzung für ein friedliches und konfliktfreies Miteinander sind, sind für einen anderen spießig, reaktionär und vordemokratisch. Und dann gibt es da noch links und rechts. Links, das sind die Guten, voller Verständnis und Hinwendung. Sie sagen, Ordnungsprinzipien und Sanktionen sind staatliche Repressionen, Ausläufer des Spätkapitalismus in seiner Verendungsphase. Alle, die sich nicht in dieser Aufzählung wiederfinden, sind rechts, konservativ, latent oder in echt rassistisch und überhaupt von gestern.

Zugegeben, die vorstehenden Zeilen sind arg zugespitzt. Eigentlich schon bösartig. Aber man kann auch bissig werden, wenn man sich der schulterzuckenden Gleichgültigkeit ausgesetzt sieht, die das Thema Integration begleitet. Dieses vollmundig-inhaltsleere Gequatsche, stets verbunden mit engagiertem und entschlossenem Nichtstun, der Political Correctness, die meist nur ein Alibi für die professionelle Tatenlosigkeit darstellt. Dies alles führt bei denjenigen, die sich vor Ort ins Geschirr legen, zu einem Gefühl der Ohnmacht, gepaart mit emotionalen Wechselbädern aus Resignation und trotzigem Durchhaltewillen.

Mir ist es nicht anders gegangen. Als ich anfing, mich als Jugenddezernent Neuköllns Mitte der 90er Jahre mit der Thematik zu befassen, dachte ich noch, die Welt zu entdecken und ihr etwas Neues mitteilen zu können. Heute weiß ich, wie kindisch ich war. Schon damals wussten die, die an den Schalthebeln möglicher Veränderung saßen, genau, was vor Ort los ist. Sie gaben es aber nicht zu. Denn dann wären sie der Frage begegnet: »Und was tun Sie dagegen?« Ein unangenehmer Prüfstand. Da ist es schon besser, man weiß von nix. Fünf Minuten doof hilft manchmal über den ganzen Tag, sagt der Volksmund. Einer, der wie ich dann nicht aufhört, böse Sachen zu sagen, ist ein Stänker, ein Störenfried und Nestbeschmutzer. Das ist auch der Grund, warum bis heute viele Stadtväter mit hoher Einwandererpopulation noch nie etwas von Integrationsproblemen gehört haben wollen. Als ich in der einen oder anderen Stadt den Deckel vom Topf nahm, sprudelten die Emotionen voller Ärger und Enttäuschung über die Politik nur so. Es trat der ganze Frust zu Tage über die alltäglichen Erlebnisse in Bus und Bahn und über die Anpöbeleien auf der Straße, die – anders als von der Politik dargestellt – alles andere als die viel zitierte kulturelle Bereicherung sind. Mir wurde mit der Zeit immer bewusster, dass es zwei Welten der wahrgenommenen Integration in unserem Land gibt.

Die eine ist die schöne, heile Welt des Alles-Verstehens, des Alles-Entschuldigens, der Nachsicht, des Laisser-faire bis zur Selbstverleugnung. *Entschuldigung, dass wir bisher auch Werte und Normen hatten, die aber natürlich so minderwertig sind, dass man sie Einwanderern nicht zumuten kann.* Nur nichts verlangen, nur nichts fordern, aber immer zur hingebungsvollen Darbietung bereit. Man könnte es auch einen devoten Gesellschafts-Masochismus nennen. Die andere ist die schweigende Welt der Enttäuschung, des Gefühls, allein gelassen zu sein, und resignativer Lethargie. Man geht weg. *Ich will damit nichts mehr zu tun haben, sollen die da doch machen, was sie wollen.*

Die Politik lässt zu, ja, sie fördert es sogar, dass Menschen in ihrer Identität als Staatsbürger der Nerv gezogen wird und sie ihrer Seele beraubt werden. Dass der Begriff »kultursensibel« auch auf die eigene Bevölkerung anwendbar sein muss, ist keine Sichtweise des Multikulti-Mainstreams. Mit ein bisschen mehr Fingerspitzengefühl am Puls der Bevölkerung hätte man nicht mit Entsetzen auf die Verkaufszahlen eines ungeliebten Buches zu schauen brauchen. Man bräuchte keine Integrationsgipfel, über die kaum noch die Lokalblätter berichten. Zu nachhaltig ist ihre Bedeutungslosigkeit enttarnt. Die DDR ist auch daran zugrunde gegangen, dass niemand im ZK mehr wusste, was in der Kaufhalle geredet wird.

Irgendwann habe ich aufgehört, Karten in diesem Spiel zu ziehen. Zu pharisäerhaft erschien es mir, den Menschen weiszumachen, es läuft alles rund in unserem Neukölln. Wir brauchten angeblich bis zu meiner Amtsübernahme im Jahre 2001 keinen Integrationsbeauftragten bei 120 000 Einwanderern. Es gab auch keinen Ausländerbeirat, wie diese Institutionen damals hießen. Die politische Mehrheit jener Zeit weigerte sich überhaupt, irgendein Problem zu erkennen. Die Wirtschaft blühte dank mantrahafter Beschwörungsformeln, und in unseren Schulen wuchsen lauter kleine Einsteins heran. Allerdings ohne die Grundrechenarten zu beherrschen. Aber selbst Einstein hatte auch in seiner Schulkarriere unterschiedliche Leistungsphasen.

Ich selbst stellte schnell ein Phänomen fest. Je öfter ich Dinge aus- und ansprach, die jeder Mensch mit normalem Augenlicht sehen konnte, desto flinker festigte sich meine Bösewichtrolle. Anfangs war ich irritiert: Warum solche Hysterie um evidente Gegebenheiten des Alltags? Na ja, ich hatte zu jener Zeit die Spielregeln noch nicht ganz verstanden. Recht bald merkte ich dann, dass Ungnade der bestimmenden Kaste auch Zuneigung bei den normalen Menschen auslösen kann. Ich begann, mit der Ätze zu leben und die Anerkennung der Bürger als Adrenalin zu empfinden.

So wurde ich zum Alarmisten. Jedenfalls nach Meinung des Integrationsbeauftragten des Berliner Senats. Weil ich überhaupt etwas sagte. Das war nicht üblich. So wurde ich zum Rassisten, jedenfalls nach Auffassung der selbsternannten Weltbürger und Ethno-Universalisten, weil ich sagte, an welcher Stelle und bei wem etwas nicht funktioniert. Bis hin zum Neofaschisten, weil ich sagte, da müssen wir ran, etwas tun und die Verhältnisse ändern. Zur Not auch gegen Unwilligkeit.

Besonders unterhaltend sind immer die Hinweise, warum ich vor Ort als langjährig Verantwortung tragender Kommunalpolitiker nicht längst alle sozialen Verwerfungen beseitigt, alle Bildungsprobleme gelöst und alle Integrationsfragen beantwortet habe. Die darin zum Ausdruck kommende Einschätzung der Leichtgewichtigkeit der Materie, die von jedem Dorfschulzen im Handumdrehen getroubleshootet werden kann, lässt aufhorchen. Heißt es doch sonst immer, dass es sich um die Zukunftsfrage unseres Landes handelt, für die wir einen langen Atem brauchen und die nur generationenübergreifend zu lösen ist.

Auch als etwas ungeduldiger Mensch kann ich dieser Einschätzung ein gewisses Realitätsbewusstsein nicht absprechen. Ein beliebter Spruch aus dem Buch der Unverbindlichkeiten lautet: »Über den Erfolg der Integration wird vor Ort in den Städten und Gemeinden entschieden.« Ist noch nicht einmal ganz falsch. Aber dann muss man die örtliche Ebene auch machen lassen. In Berlin kann kein Bezirksbürgermeister über Klassengrößen, Lehrereinstellungen, Kitagruppengröße, Kita-Pflicht, Kindergeld, Fachpersonal an Schulen, Einrichtung von Ganztagsschulen usw. usw. usw. entscheiden. Da müssen dann schon die Herrschaften der Landes- und Bundesebene ran. Wenn die sich dann hinter der Kommunalpolitik verstecken, wird es einfach nur peinlich. Oder sie haben schlicht keine Ahnung, wovon sie reden. Kann ja mal vorkommen.

Viele große Köpfe kamen inzwischen zu uns nach Neukölln. Öffentlich oder vertraulich. Einige holten sich Wissen, andere Inspiration. Aber keiner hat anschließend wirklich etwas Durchgreifendes verändert. In der Integrationspolitik herrscht Rat- und Zahnlosigkeit. Aber irgendwann, wenn der Leidensdruck da und übermächtig sein wird, wird man Terrierqualitäten brauchen.

Wenn aber schon alles aufgeschrieben ist, wozu dann noch dieses Buch, das Sie in der Hand halten? Das hatte ich mich genauso gefragt und eigentlich entschieden, dass die Welt es nicht braucht. *Richtig*, werden die einen sagen, *wäre er doch bei dieser Meinung geblieben.* Aber dann kamen die anderen, die Akteure in Neukölln, die Zuhörer bei Veranstaltungen, die da sagten: *Schreiben Sie alles auf. Es soll später keiner sagen können, er hätte es nicht gewusst.* Allmählich kam auch das Ende meiner aktiven politischen Tätigkeit um die Ecke. Und plötzlich wollte ich doch noch das eine oder andere Rezept auf dem Schreibtisch liegen lassen.

Dieses Buch beschreibt die Welt von Menschen in ihrem Alltag. Es skizziert die Gedanken und die Gefühle, aber auch das Handeln derjenigen, die sich Tag für Tag im so wechselhaften Integrationsprozess in Neukölln engagieren. Die sich aber in einer Gesellschaft voller abstruser Realitätsverweigerung und nahezu hysterischer Hexenverfolgung nicht mehr trauen, offen über die in ihren Händen zerrinnenden Zukunftschancen kleiner

Menschen zu berichten. Fernsehsender finden immer schwerer aktive Menschen, die vor der Kamera ein offenes Visier haben. Journalisten werden geschnitten und mit verdecktem Beschäftigungsverbot überzogen. Interviewpartner wollen ihren Klarnamen nicht veröffentlicht sehen. Das ist schon eine schwierige Beschreibung für eine angeblich freie und ach so tolerante Gesellschaft. Geistesfreiheit und Meinungsvielfalt finden meist nur Akzeptanz, wenn sie mit den eigenen Koordinaten kompatibel sind.

Ich sehe alle vor mir, die sich mit Propellerarmen den Schaum vom Mund wischen. Ich kann ihnen nur zurufen: Sorgt lieber mit dafür, dass sich die Verhältnisse ändern! Dass das reale Leben euer Tun bestimmt und nicht die Sozialromantik der letzten Seminarübung weiter an seine Stelle tritt. Dann wird es auch solcher Bücher nicht mehr bedürfen. Dann könnt ihr auch die nächste Demo gegen rechts absagen. Die beste Willkommenskultur ist Chancengerechtigkeit und gemeinsame Lebensgrundlagen.

Viele haben an diesem Buch mitgewirkt. Haben mich mit Wissen geladen. Sie waren Inspiration, und ihre Erwartungshaltung war meine Motivation. Vielleicht ändert dieses Buch ja etwas, falls ja, dann hat Neukölln wieder einmal den Lauf der Dinge beeinflusst. Falls nein, stellen Sie es zu den anderen.

Neukölln an sich

Der Name Neukölln hat durchaus einen beachtlichen Bekanntheitsgrad erlangt. Das verwundert aber nicht, weil, man ja auch New York, Paris und Rom kennt. Zugegebenermaßen ist es aber so, dass dieses Neukölln erst in den letzten zehn Jahren richtig prominent geworden ist. Die Gründe hierfür sind die Diskussionen um soziale Verwerfungen in Großstadtlagen, um Integrationsprobleme, Parallelgesellschaften und das Versagen des Bildungssystems. Zu all diesen Einzelthemen gibt es widerstreitende Sichtweisen und Interessen. Und am Ende sind sich dann fast immer alle einig: Neukölln ist »Am Rande der Zivilisation«, wie die *Süddeutsche Zeitung* einmal titelte. Ähnlich wie Herat in Afghanistan befinde sich Neukölln so sehr am Rande der Zivilisation, dass vieles, was passiert, kaum mit unseren Maßstäben gemessen werden könne. Allerdings seien wir als düsterer Hintergrund für Leichenfunde in Krimiserien gut geeignet.

Eigentlich hat das auch schon Tradition. Denn genau vor 100 Jahren wurde die damalige stolze preußische Stadt Rixdorf in Neukölln umbenannt. Für die bürgerlichen Schichten hatte sich der Ruf der Stadt zu negativ entwickelt. Ja, es war nahezu kreditschädigend und ehrenrührig, den Namen im Briefkopf zu führen. Das alte Rixdorf war ein Arbeiterquartier, feuchte Wohnungen in dunklen Hinterhöfen beherbergten arme und kinderreiche, aber ebenso lebenslustige Familien. Getreu dem Motto des alten Gassenhauers »In Rixdorf ist Musike« herrschte, wie man heute sagen würde, ein recht folkloristisches Treiben. Die Hasenheide, eine ca. 50 Hektar große Grünanlage mit dem Vergnügungszentrum Neue Welt und vielen anderen Etablissements, bot Raum für Kurzweil und Pläsier. Freitags war Lohntütenball, und Mutter musste aufpassen, dass sie Vaddern so rechtzeitig von der Kneipe loseiste, dass vom Lohn noch etwas für die Kinder übrig blieb.

Die Namensschöpfung mit Genehmigung seiner allergnädigsten Majestät hatte durchaus einen historischen Bezug. Die im Jahr 1237 erstmalig in Erscheinung getretene Stadt Coelln mit ihrer späteren Vorstadt Neu-Coelln wurde Anfang des 18. Jahrhunderts mit Berlin verschmolzen und ging quasi unter. Die ländlichen Gebiete, die heute den Untergrund des Bezirkes Neukölln bilden, gehörten dereinst allerdings zum Refugium von Coelln. Noch heute weisen Namen wie Köllnische Wiesen und Köllnische Heide auf diesen Ursprung hin. Daran erinnerten sich die Stadtväter zur Zeit der Umbenennung und entschieden sich, den Namen der alten Schwesterstadt zu reanimieren. Sie ließen den Bindestrich weg, machten aus dem C ein K und aus dem oe ein ö. Das Doppel-l aber blieb – und schon war Neukölln geboren. Das verwirrt bis heute amerikanische Reisegruppen. Denen muss man dann erklären, dass Neukölln kein Vorort von Köln am Rhein ist. Na ja, man ist dort einfach andere Entfernungen gewohnt.

Erst 1912 umbenannt, war es schon 1920 vorbei mit der Unabhängigkeit und städtischen Herrlichkeit. Mit dem Groß-Berlin-Gesetz wurden sechs selbständige kreisfreie Städte und fast 100 Landgemeinden und Gutsbezirke zu der Figur zusammengefasst, die wir heute Berlin nennen. Wir Neuköllner sagen, wir wurden okkupiert. An der Revanche arbeiten wir noch. Warten wir weitere Seiten im Geschichtsbuch ab.

Zu jener Zeit waren Standards, wie sie in den späteren 1960er Jahren zur Normalität wurden, noch ein Traum. Die Toilette befand sich auf dem Hof, in Häusern mit etwas gehobenerem Komfort bereits im Treppenhaus eine halbe Etage tiefer. Natürlich immer für mehrere Parteien. An ein eigenes Bad oder eine eigene Dusche (die man damals so ohnehin nicht kannte) war gar nicht zu denken. Ziel für einen sozialen Aufstieg war der Umzug vom Hinter- in das Vorderhaus. Wer es dort dann auch noch in die »Beletage«, also in den ersten Stock, schaffte, der war zumindest in Gedanken dem Himmel sehr nahe. Realität war aber eher die Schwindsucht, unter der ganze Familien aufgrund der Wohnungsfeuchte litten. Denn viele Familien waren sogenannte Trockenwohner. Das heißt, sie zogen in gerade errichtete Häuser, die noch voller Baunässe waren, und wohnten sie trocken. Dafür war die Miete billig. Trotzdem waren oft noch sogenannte Schlafburschen vonnöten, um sie zusammenzukratzen. Das waren alleinstehende Männer, die am Tage in den Betten der Familie schliefen und abends die Wohnung wieder verließen. Sie bezahlten dafür etwa zehn Pfennig pro Tag.

Es war also das, wofür später der Begriff »Zilles Milieu« geprägt werden sollte. Noch im Jahr 1990 gab es in Neukölln rund 15 000 Wohnungen ohne eigenes Bad und WC. Ich würde nicht gegenhalten, wenn jemand behauptete, auch heute noch solche Zustände entdeckt zu haben. Wie dramatisch die Lebensverhältnisse damals waren, kann man daran erkennen, dass das bis heute in Betrieb befindliche Stadtbad in der Ganghofer Straße als Einrichtung der Stadthygiene und der Seuchenprävention gebaut wurde. Das Problem war nur, dass die arme Stadt Rixdorf die Wasserrechnung nicht bezahlen konnte. Und so konnte der Bau erst freigegeben werden, nachdem sich die Charlottenburger Wasserwerke bereit erklärt hatten, das Wasser an die Städtische Badeanstalt unentgeltlich zu liefern.

Seine Funktion behielt das Stadtbad bis lange nach dem Zweiten Weltkrieg. Noch im Jahr 1990 wurden dort 80 000 Reinigungsbäder in der Wanne oder unter der Dusche verabreicht. Bis heute dient das Bad immer wieder als beeindruckende Kulisse für Filme, die das Feeling einer antiken Thermenanlage benötigen. Es ist auch ein ausgesprochen imposantes Schmuckstück. Heute würde man sagen, eine völlig abgefahrene Event-Location. Wenn es Sie einmal zu uns verschlägt, sollten Sie nicht versäumen, eine Eintrittskarte zu kaufen und sich das Bad von innen anzusehen. Erfahrungsgemäß gibt das Personal auch gern den Stadtbilderklärer.

Nach dem Zweiten Weltkrieg verschoben sich die Gewichte in den Süden des Bezirks. Die Einfamilienhausbebauung nahm deutlich zu, und auf den Feldern von Rudow und Buckow entstand die Gropiusstadt, eine Neubausiedlung mit 19 000 Wohnungen für 50 000 Menschen. Wohnraum war knapp. So wurden die Pläne des Architekten Walter Gropius einfach verdichtet. Dies geschah in einem Umfang, der Gropius so verärgerte, dass er sich von der Siedlung distanzierte. In jahrelangem Bemühen wurden die Wogen wieder geglättet, und so war der Architekt dann doch einverstanden, dass die Siedlung den Namen ihres ursprünglichen geistigen Vaters erhielt.

Mit dem voranschreitenden Bau der Gropiusstadt vollzog sich eine Wanderungsbewegung aus dem Norden. Jede Wohnung war mit eigenem Bad und eigenem WC, teilweise sogar mit Gästetoilette ausgestattet, hell und verfügte über einen Balkon nach Süden oder Südwesten. Für die Bewohner der Hinterhöfe war das der Durchbruch zum modernen Wohnkomfort. In der Altstadt erfreuten die Bevölkerungsverschiebungen Hauseigentümer und Verwalter nur dezent. Viele Wohnungen standen leer, weil niemand mehr in den Altbauten leben wollte. Da kamen die Wünsche der Gastarbeiter nach eigenem Wohnraum gerade recht. Gern wurden die Fremden aufgenommen. Für diese war wiederum eine eigene Wohnung – auch mit Sanitäreinrichtungen eine halbe Treppe tiefer – gegenüber dem Lager auf dem Firmengelände oder den heimatlichen Wohnformen eine erhebliche Weiterentwicklung. So sortierte sich der Bezirk in den 1960ern bis in die Mitte der 1970er Jahre komplett neu.

Aber zurück zur historischen Entwicklung und den Beiträgen Neuköllns zum Weltgeschehen.

Da ist zuerst Friedrich Ludwig Jahn. Auch Turnvater Jahn genannt. Mit seinen vier Effs – frisch, fromm, fröhlich, frei – begründete er die neuzeitliche Sportbewegung. 1811 schuf er den ersten öffentlichen Turnplatz in der Hasenheide. Der olympische Gedanke war ihm damals nicht so nahe. Ihm ging es mehr um eine patriotische Erziehung mit körperlicher Ertüchtigung als

Vorbereitung auf den Befreiungskrieg von der napoleonischen Herrschaft. Da man später staatsfeindliche Motive hinter seinem Treiben vermutete, landete er fünf Jahre im Knast. Sei es, wie es sei, ohne Turnvater Jahn keine Olympischen Spiele, keine Europameisterschaften, keine Bundesliga, keine Schiedsrichter- und Doping-Skandale und keine Sportübertragung im Fernsehen. Wir Neuköllner haben uns dafür aufgeopfert. Dank haben wir dafür nie gehört. Im Gegenteil, wenn heute das Wort Hasenheide fällt, rümpfen viele die Nase. Nur, weil dort 50 »Drogerie-Einzelhändler« ihr inzwischen 25-jähriges Betriebsjubiläum feiern (die Hasenheide ist als Drogenumschlagplatz bekannt). Niemand spricht von dem kleinen, aber wunderschönen Tierpark, dem im Bau befindlichen Hindu-Tempel oder eben dem Jahn-Denkmal und klopft uns auf die Schulter. Böse, grausame Welt.

Die tatsächliche Verelendung des Proletariats und die Bildungsarmut inspirierten schon immer Menschen, zu uns zu kommen und nach neuen Wegen zu suchen. Schulreformer wie Kurt Löwenstein und Fritz Karsen haben in Neukölln gewirkt. Ende der 1920er Jahre entstand die erste staatliche Gesamtschule Deutschlands und gilt als Geburtsort der modernen Musikpädagogik. Die Arbeiterabiturkurse hatten hier ebenfalls ihren Ursprung, wie Neukölln auch insgesamt in der entstehenden Volkshochschulbewegung eine Vorreiterrolle übernahm. Die Neuköllner Musikschule trägt den Namen des bedeutenden Komponisten Paul Hindemith. Sie gehört zu den ältesten drei Musikschulen Deutschlands. Mies van der Rohe und Max Taut begründeten hier ihre Karrieren, und die Hufeisensiedlung von Bruno Taut aus den 1920er Jahren ist heute Teil des Weltkulturerbes. Es war damals eine Sensation, Wohnungen mit allen Sanitäreinrichtungen und einem dazugehörigen Garten zum Standard für die Arbeiterklasse zu machen. Noch heute fahren die Busse mit Architekturstudenten durch die Hufeisensiedlung.

Die Perinatalmedizin wurde Anfang der 1960er Jahre in Deutschlands größter Geburtsklinik von Prof. Dr. Erich Saling entwickelt. Millionen Menschen verdanken seinen Forschungen zur Behandlung des ungeborenen Lebens, zu Diagnose und Therapiemöglichkeiten bereits im Mutterleib, ihr Leben.

Nicht weit davon entfernt forschten und experimentierten Prof. Dr. Emil Sebastian Bücherl, der Physiker Prof. Dr. Max Schaldach und der Elektroingenieur Otto Franke am Kunstherz und den technischen Möglichkeiten der Kardiologie. Sie entwickelten den ersten deutschen implantierbaren Herzschrittmacher. Hieraus entstand der heute größte Neuköllner Arbeitgeber und einer der Weltmarktführer in der Kardio-Technik, die Firma Biotronik. Ich denke, nur die wenigsten Herzschrittmacher- und Defibrillatorträger ahnen, dass ihr Leben zwar nicht am seidenen Faden, aber am Prozessor aus Neukölln hängt. Im Übrigen war es auch Prof. Bücherl, der Mitte der 1960er Jahre in Neukölln als Erster in Europa Lungentransplantationen durchführte. Das war die Vollendung der bahnbrechenden Forschungen des Neuköllner Chefarztes Prof. Zadek zum Lungenkarzinom.

Das größte und seit vielen Jahren auch wirtschaftlich erfolgreichste Kongresshotel Deutschlands steht natürlich in Neukölln. Mit rund 2000 Kongressen und 300 000 Übernachtungen jährlich ist es auch ein starker Wirtschaftsfaktor für die gesamte Stadt. Ein Drittel der Weltjahresproduktion von Marzipan stammt allen Werbespots zum Trotz aus Neukölln. Bei uns werden 200 Millionen Zigaretten täglich hergestellt, und der Cowboy bringt sie in viele Länder der Welt. Am liebsten rauchen Japaner Zigaretten aus Neukölln. Japaner haben eben Geschmack. Selbst die Bio-Industrie hat uns entdeckt. Egal, ob bei Produktion oder Vertrieb, Neuköllner Betriebe sind immer zur Stelle. In fast allen Tonproduktionsstudios der Welt stehen Präzisionslautsprecher von Adam Audio, Made in Neukölln. Wenn Sie es nahrhafter wollen, dann beliefern wir Sie auch gern mit Broten nach Feng-Shui-Art oder der gesamten Palette der löslichen Kaffeekompositionen der Deutschen Extrakt Kaffee. Die Tabs für Tassimo werden bei uns genauso exklusiv für die Welt produziert wie Dallmayr Prodomo oder das halbe Kaffeesortiment von Tchibo.

Dazu garantiert die Cine Postproduktion seit 100 Jahren Kino- und zeitversetzt Fernsehvergnügen. Also, ohne Neukölln läuft auch bei Ihnen zu Hause gar nichts.

Immer wieder fallen Touristen auf die Falschinformation offenkundig bezahlter Provokateure herein, dass Berlin über drei Opernhäuser verfüge. Dahinter stecken Neid und Missgunst. Denn die beste Oper Berlins ist die Neuköllner Oper. Wer es nicht glaubt, kann sich ja bei seinem nächsten Besuch einmal selbst davon überzeugen.

Fachleute prämierten den Britzer Garten zur schönsten modernen Parkanlage Deutschlands. Die Deutsche Bundesgartenbau-Gesellschaft verlieh ihm den Ehrenpreis 2012 »für nachhaltige Parknutzung«, und zwar für die »exzellente Qualität des Volksparks« und die fortlaufende Weiterentwicklung, »ohne die ursprünglichen Gestaltungsideen aufzugeben«. Wer will schon Fachleuten widersprechen? 1,2 Millionen Besucher zahlen jährlich Eintritt, um Entspannung in der Natur oder Kurzweil bei den Veranstaltungen zu finden. Hier findet alljährlich auch das spektakulärste Berliner Open-Air-Konzert »Feuerblumen und Klassik« statt. 12 000 Menschen sitzen und liegen auf den Wiesen, lauschen der Musik und beklatschen das Feuerwerk. Im Vergleich zu »Klassik Open Air« am Gendarmenmarkt und den Philharmonikern in der Waldbühne kann man da viel Geld sparen.

Apropos Geld sparen, das gilt auch für das Flugticket in die USA. Die beste Las-Vegas-Show außerhalb der USA ist nämlich ohne jeden Zweifel in Neukölln zu sehen. »Stars in Concert« im Estrel-Hotel bringt es inzwischen auf vier Millionen Besucher. Wer noch nicht da war, hat eben etwas versäumt. Geben Sie acht, dass Sie nicht der letzte sind.

Die historischen Kerne von Britz und Rixdorf sind für Geschichtsverliebte wahre Fundgruben.

Wie es sich gehört, haben wir Neuköllner natürlich auch ein richtiges Schloss. Sonst könnten wir uns ja nicht mit London und Paris messen. Das Britzer Schloss war einst der Sitz preußischer Minister. Der berühmteste war Graf Hertzberg. Er führte die Vierfelderwirtschaft ein, begründete eine Seidenraupenzucht und war eine Schaltstelle zwischen St. Petersburg und Wien in der Aufklärung. Heute gehört das Britzer Ensemble mit Schloss, Park, Gutshof, Dorfkirche, Schulzenhaus, Dorfschule und Feuerlöschteich zu den ganz wenigen komplett erhaltenen Dorfkernen in Brandenburg. Es ist ein Publikumsmagnet. Mehr als 100 000 Menschen besuchen jährlich die Veranstaltungen oder auch nur das Gelände. Der am häufigsten gesprochene Satz lautet: »Ich hätte nie geglaubt, dass es so etwas in Neukölln gibt.«

Ein ähnliches Juwel ist das Böhmische Dorf. Mitten in Alt-Rixdorf versetzt es seine Besucher unaufdringlich, aber nachhaltig in eine andere Zeit. 1737 kamen die Hussiten als Glaubensflüchtlinge nach Preußen. Sie waren tüchtige Handwerker. Deswegen erlaubte Friedrich Wilhelm I. ihnen, sich anzusiedeln. Nach den Hugenotten im 16. Jahrhundert war das unsere zweite große Einwanderergruppe. An hohen Feiertagen ziehen sie, gekleidet in ihre traditionellen böhmischen Gewänder, vom Böhmischen Dorf zum Gottesacker. Aber es gab offensichtlich schon früher Reibungspunkte mit Fremden. Als die Böhmen kamen, teilte sich der Ort sofort in Deutsch- und Böhmisch-Rixdorf. Altansässige Familien benutzen diese Bezeichnungen heute noch.

Das Böhmische Dorf mit seinen Bauernhäusern, verträumten Innenhöfen und Scheunen, der Richardplatz mit dem historischen Schmiedehaus aus dem frühen 17. Jahrhundert oder der Garten des Lebens nach Jan Amos Comenius sind so bezaubernde Stätten direkt neben dem hektisch pulsierenden Leben eines multi-ethnischen Stadtteils, dass Besucher auch hier ihre Verblüffung kaum verbergen können. Im Comenius-Garten steht im Übrigen die einzige überlebensgroße Statue des Philosophen Jan Amos Comenius, die die tschechische Republik jemals ins Ausland verschenkt hat. Sie wurde 1992 von Alexander Dubček enthüllt.

Ich könnte noch viel schreiben über dieses Neukölln, das so heterogen, so widersprüchlich ist: Dorfkirchen und -anger, Wasserkaskaden in Barockparks und Jugendstil-Brunnen,

Windmühlen, in denen auch heute noch Korn gemahlen wird, die erfolgreiche Rudergesellschaft Wiking mit ihren bis dato 32 deutschen Meisterschaftstiteln, die vielfachen Weltmeisterinnen der Schwimm-Gemeinschaft Neukölln Franziska van Almsick und Britta Steffen, die zusammen mehr als ein Dutzend olympische Medaillen gewonnen haben, über Stadtbaurat Kiehl, der das Gesicht der Stadt veränderte, die Freiwillige Feuerwehr, die Häuslebauer, den Grenzkontrollpunkt Sonnenallee oder unsere berühmten Kinder- und Jugendchöre der Gropiuslerchen, aber leider auch über Intensivtäter, notwendigen Wachschutz vor unseren Schulen und organisierte Kriminalität. Neukölln reicht von Klein-Istanbul bis zum Dorfteich des Johanniterordens. Eine Schlafstadt waren wir noch nie und wollen es auch nicht werden.

Neukölln war immer lebendig und herausfordernd. Wer hier geboren und aufgewachsen ist, sein Leben hier verbracht hat, der ist gegen alle Fährnisse des Lebens gewappnet. Das Leben war und ist einfach ein bisschen rustikaler als dort, wo das Tafelsilber tatsächlich auf dem Tisch lag und seinen Namen auch verdiente. Zwar waren die Veränderungen in den letzten 50 Jahren so massiv, dass sich nicht wenige unter dem Motto »Das muss ich nicht haben« aus dem Staub gemacht haben; verpfiffen, heißt es am Stammtisch. Etwas vornehmer ausgedrückt: Sie sind segregiert. Auf die Gründe dafür werde ich noch ausführlich zu sprechen kommen.

Aber es bleibt die Heimat von über 300 000 Menschen, und die Horrorphantasien, die in manchen Köpfen herumgeistern – dass wir mit dem Stahlhelm auf dem Kopf durch Schützengräben hasten, um unversehrt den Arbeitsplatz oder die Wohnung zu erreichen –, haben etwas Amüsantes, sind aber fern der Realität. Genauso, wenn sich Reisegruppen erkundigen, ob sie ihren Bus am Rathaus stehen lassen können, ohne dass ihm etwas passiert. Richtig süß ist auch immer wieder, dass der sogenannte »Türkenmarkt« von panischen Veranstaltern in deren Programmen nach Kreuzberg verlegt wird, obwohl er sich eindeutig in Neukölln befindet. Auf Nachfragen erhalte ich schon gelegentlich das Geständnis, dass man den Teilnehmern durch das Verschweigen des Wortes »Neukölln« eventuelle Ängste nehmen möchte. Der Name »Tempelhof Airport« für ein Hotel, das mitten im Neuköllner Kiez liegt und mit dem ehemaligen Flughafen Tempelhof so viel zu tun hat wie der Elefant mit Pulloverstricken, zeigt ebenfalls, wie hysterisch überlagert der Umgang mit uns manchmal ist.

Eigentlich ist das schade. Neukölln hat so viel zu bieten und ist so spannend, dass es die Zeit eines Touristen oder eines hier lebenden Menschen durchaus ausfüllen kann. Natürlich sind auch Dinge darunter, die die Welt nicht braucht. Meist sind wir Neuköllner aber gar nicht schuld. Sondern wir baden vor Ort nur das aus, was uns Schöngeister auf anderen gesellschaftlichen Ebenen eingebrockt haben. Dazu gehören auch die Folgeprobleme einer scheinbaren Integrationspolitik. Aber das Schreckgespenst »Iss deinen Spinat auf, sonst ziehen wir nach Neukölln« ist gegen das von Canterville zahnlos. Das stellen immer mehr junge Leute fest. Neukölln ist »in«, zumindest der Innenstadtbereich. Man nennt ihn bereits Kreuzkölln. Das hören wir Neuköllner nicht allzu gern. Wir legen nämlich schon Wert auf ein ganz eigenes Flair. Sei es die ausgeprägte Kulturszene, richtig nette Bühnen von der Travestie bis zum Volkstheater, Galerien, Modelabel, Kneipen, Bars und eine echte Sprachenvielfalt, mehr als nur Türkisch und Arabisch. »48 Stunden Neukölln« ist inzwischen das größte Kulturfestival Berlins. Ein Schmaus für Liebhaber traditioneller Kunstformen, aber durchaus auch für Anhänger experimenteller wie durchgeknallter Kunstdarbietungen.

Was im Moment noch fehlt, ist eine wirklich bunte und gute Gastronomie. Die hält sich bis auf wenige Ausnahmen bisher hartnäckig in Kreuzberg und Schöneberg. Aber: Wir arbeiten daran! Die Eröffnung des neuen internationalen Flughafens Willy Brandt (auch »Neukölln International« genannt), die Veränderungen auf der Riesenfläche des ehemaligen Flughafens Tempelhof, all das wird das Neukölln von morgen anders aussehen lassen. Zu den Entsetzensschreien von Mama, Papa, Oma und Opa auf die Mitteilung, dass die hippe, billige, verkehrsgünstig gelegene und total coole Studentenbude der Tochter oder des Sohnes in Neukölln liegt, gibt es bereits heute wenig Anlass.

Also – hier tut sich etwas. Ich hoffe, dass die seit einiger Zeit nach Neukölln drängende junge Kreativszene zum Quartiermacher wird. Was wir brauchen, ist eine Veränderung der Bevölkerungsstruktur im Stadtteil. Eine Mischung von starken und schwachen Familien, von anspornenden Vorbildern und motiviertem Verantwortungsgefühl, von Erfolgreichen und denen, die noch auf der Suche nach ihrem Erfolg sind. Und was wir auf jeden Fall brauchen, ist eine Überwindung des lähmenden Breis der Bildungsferne. Nur so können wir wieder ein Mehr an Kompetenzen gewinnen: kulturelle Kompetenzen, Bildungskompetenzen, soziale Kompetenzen. Das neue Feeling, die spannende Vielfalt und die offene, tolerante Lebensweise in den Erdgeschossen – sprich: in den Bars, Ateliers und Restaurants der jungen Experimentier- und Kreativwirtschaft – müssen sich in den Wohnebenen darüber verstetigen. Um 23.00 Uhr eintreffende und gegen 3.00 Uhr nach einigen Caipis mit dem Taxi nach Hause fahrende Yuppies bringen uns nicht wirklich weiter. Wir bleiben dann ein Durchlauferhitzer. Eine Art Abenteuer-Episode beim Erwachsenwerden. Wie früher die Kerbe im Revolvergriff, so sind wir dann allenfalls ein Herausstellungsmerkmal im Bewerbergespräch: »Wissen Sie, dass ich drei Jahre in Neukölln gelebt habe? Ich habe es (gut) überstanden, vor Ihnen sitzt ein harter Hund.«

Die höhere Nachfrage führt unweigerlich zu mehr Begehrlichkeiten bei den Hauseigentümern. Und so kann es schon sein, dass Sie heute für eine Wohnung, die vor drei Jahren noch 3,50 Euro kalt pro Quadratmeter gekostet hat, so um die 7,50 Euro pro Quadratmeter berappen müssen. Da dies im Vergleich mit den in Stuttgart, München oder Hamburg üblichen Mieten immer noch preiswert ist, werden die Forderungen anstandslos erfüllt. Bei der nächsten Neuvermietung wird dann ausprobiert, ob sich die Schraube noch ein bisschen weiter drehen lässt. Da Mieterhöhungen im Regelfall nur bei Neuabschluss des Vertrages greifen, erhöht sich die Miete für Wohnraum so schnell, wie sich die Wohnungen am Markt drehen. Auf Deutsch bedeutet das: Diejenigen, die durch episodenhafte Wohnsitze für starke Mieterfluktuation sorgen und die Gentrifizierung durch Mietsteigerungen beklagen, sind die Gentrifizierer.

Was wir brauchen, sind junge Menschen, die nach Neukölln ziehen, um hier ihren Familiensitz zu gründen, hier zu leben und zu bleiben. Die ihre Kinder hier zur Schule anmelden und nicht den Wohnsitz der Oma nutzen, um die lieben Kleinen in einem anderen Bezirk anmelden zu können, oder auch gleich ganz wegziehen, sobald der Termin für die Einschulung naht.

Durchaus gewünschte und erwünschte Veränderungen in der Bevölkerungsstruktur werden von vielen als Vertreibung und damit als politische Fehlentwicklung zu Lasten der Armen und Schwachen gegeißelt. Ich halte das für falsch. Der Begriff »Gentrifizierung« wurde von einer britischen Soziologin 1964 geprägt und beschreibt Vorgänge, bei denen die Bevölkerung eines Stadtviertels infolge einer neuen städtebaulichen und soziologischen Architektur des Viertels komplett durch eine neue, wohlhabende Bürgerschaft ersetzt wird. Eine Entwicklung, die vornehmlich in den USA um sich gegriffen hatte. Davon kann in Neukölln, aber auch in anderen Stadtteilen Berlins, überhaupt keine Rede sein. Nicht einmal im Prenzlauer Berg, der gemeinhin im Jargon als »SBZ« (schwäbisch besetzte Zone) bezeichnet wird. Worum es geht, ist eine soziale und ethnische Durchmischung, nicht eine Vertreibung. Eine Käseglocke über Hartz-IV-Milieus, Monokulturen der Bildungsferne oder ethnisch entmischte Türken- oder Araberquartiere zu stülpen, hat mit verantwortlicher Stadtpolitik und Zukunftssicherung für seine Bewohner nichts zu tun. Dort, wo derjenige, der seine Miete selbst bezahlt, automatisch im Verdacht steht, ein Gentrifizierer zu sein, ist die Entwicklung schief gelaufen. Ein solidarisches, durch Respekt und Toleranz geprägtes Miteinander setzt eine Mischung von Lebensentwürfen, Lebensphasen und Lebensperspektiven voraus. Dort, wo alles nivelliert ist, werden Aufstiegswillen und Bildungsstreben nicht mehr abverlangt. Man muss sich nur noch unter Gleichen einrichten.

Unsere Staatsministerin für Integration, Prof. Dr. Maria Böhmer, sagt stets zu mir: »Die Bundesrepublik besteht nicht nur aus Neukölln.« Ich habe diese Aussage im Atlas überprüft. Sie ist fachlich nicht zu beanstanden. Gleichwohl räumt Frau Prof. Böhmer damit indirekt ein, dass meine Darstellungen des Alltags in Großstadtlagen mit starker Einwandererbevölkerung durchaus den Tatsachen entsprechen. Trotzdem gibt es recht wenige Stadt- und Kommunalpolitiker, die einer ungeschminkten Betrachtungsweise zuneigen. Wenn wir bei der Vollversammlung des Deutschen Städtetages unter 1500 Bürgermeisterinnen und Bürgermeistern im Smalltalk unsere Erfahrungen austauschen, so sind diese und damit auch unsere Sorgenkinder recht identisch. Allerdings werden die Probleme umso kleiner, je dichter ein Mikrophon oder ein Stenoblock kommen. Am Schluss bleiben häufig nur das wunderbar gelungene multikulturelle Straßenfest oder die genialen Tore von Mesut Özil bei Europa- oder Weltmeisterschaften übrig.

Erklären lässt sich das Phänomen leicht. Städte stehen insbesondere in Ballungsräumen in harter Konkurrenz zueinander. Ein Bürgermeister, der alle Fakten auf den Tisch legt, eventuell noch zugibt, dass sich die Probleme allenfalls schrittchenweise und im Schneckentempo lösen lassen, oder die Hilflosigkeit der Stadtpolitik gegenüber dem einen oder anderen Sachverhalt eingesteht, der hat keine lange Halbwertszeit. »Nestbeschmutzer« wird man ihn schimpfen, man wird ihn dafür verantwortlich machen, dass bei der Ansiedlung eines Unternehmens mit 200 neuen Arbeitsplätzen ein halbes Jahr zuvor eine Nachbarstadt die Nase vorn hatte. Alle Fehlentwicklungen der jüngsten Vergangenheit vor dem anstehenden Wahltermin wird man ihm und seinem Alarmismus ankreiden, denn *so* schlimm ist doch alles gar nicht. Selbstredend wird der Gegenkandidat oder die

Gegenkandidatin verkünden, mit der Miesmacherei sei jetzt endlich Schluss, und ab sofort gehe es wieder bergauf.

Die beschriebenen Mechanismen und dazu noch die sogenannte Political Correctness, parteiinterne Programmatik und gegebenenfalls auch persönliches Selbstverständnis oder Konfliktscheue führen im Endeffekt dazu, dass das Thema Integration in Verbindung mit Fehlentwicklungen in der Öffentlichkeit nur unterbelichtet und wenn, dann immer mit Bezug auf andere diskutiert wird. Entlädt sich die wahre Stimmungslage durch ein auftauchendes Ventil wie zum Beispiel ein Buch oder Sammlungsversuche meist älterer Männer zu einer politisch stets scheiternden Bewegung, dann regieren nur noch organisierte aufgeregte Empörung und hysterische Pseudobetroffenheit.

So kam Neukölln zu seinem Mythos als Alleinstellungsmerkmal. Dabei sind wir völlig normal. Jedenfalls unterscheiden wir uns nicht groß von anderen Städten mit gleichen oder ähnlichen Bevölkerungsstrukturen. Dessen ungeachtet wollen viele Buspauschalreisen oder politische Exkursionsgruppen einen Besuch des Bezirks Neukölln als Art Gruselfaktor im Programm nicht missen. Aber es gibt auch die, die Neukölln toll finden. Der Papst zum Beispiel. Er hat seine Nuntiatur nach Neukölln gelegt. Es ist die einzige Botschaft innerhalb unserer symbolischen Stadtmauern. Päpste haben eben Weitblick. Oder die niederländische Königin Beatrix. Sie bestand bei ihrem Staatsbesuch darauf, Neukölln kennenzulernen. Königin Silvia von Schweden und Kronprinzessin Viktoria konnte man in Neuköllner Jugendeinrichtungen ebenfalls bewundern, genauso wie die gesamte erste Reihe der deutschen Politik. Kanzler und Kanzlerin, Minister und Ministerinnen, Partei- und Fraktionschefs, sie alle waren und sind uns offiziell wie inoffiziell immer herzlich willkommen. Bundespräsident Köhler hielt in Neukölln seine berühmte Rede zur Bildungspolitik, Bundespräsident Rau nahm hier ein Bad in der Menge, und den Bundespräsidenten a. d. von Weizsäcker kann man heute noch im Theater Heimathafen treffen.

Der *Spiegel* bezeichnete Neukölln schon 1997 als Endstation. Andere Publikationen fanden, dass wir den Untergang der Zivilisation verkörperten oder die europäische Bronx seien. Na ja, viel herumgekommen scheinen diese Schreiberlinge nicht zu sein. Der Europarat zeichnete uns 1987 für »außergewöhnlichen Leistungen zur Förderung des europäischen Einigungsgedankens« mit dem Europapreis aus und berief uns 2008 als einzige deutsche Stadt in den Kreis der »Intercultural Cities«.

Größer kann die Bandbreite nicht sein. Vom Weltkulturerbe über ein Labor von Wissenschaft, Pädagogik und Architektur bis hin zur modernen Großstadt, in der manifeste Milieus der Bildungsferne eine Renaissance erleben. Vielleicht verstehen Sie jetzt unseren fast scheuen Wahlspruch: »Wo Neukölln ist, ist vorne. Sollten wir einmal hinten sein, ist eben hinten vorne.«

Neukölln ist mehr als die einzige Stadt Deutschlands, die über Integrationsprobleme klagt und eine Hauptschule mit Disziplinproblemen unter den Schülern hat, in der Christiane F. gelebt hat und Filme über den stillgelegten Grenzübergang Sonnenallee gedreht werden. Wenn Sie tapfer dieses Buch weiterlesen, werden Sie zwangsläufig auf Stellen treffen, die geeignet sind, Sie in das alte Klischee Neuköllns zurückfallen zu lassen. Wenn diese Situation eintrifft, lesen Sie dieses Kapitel einfach noch einmal von vorne. Oder noch besser, kommen Sie her und helfen Sie mit.

Neukölln heute

Nachdem ich Ihnen im vorigen Kapitel als Werbeblock die schönen Seiten Neuköllns nähergebracht habe und Ihnen vielleicht sogar etwas Appetit machen konnte, folgt nun das Neukölln von heute. Bösartig formuliert könnte man auch fragen: Was ist aus dem kaiserlichem Rixdorf 100 Jahre, zwei Weltkriege und drei Gesellschaftsordnungen später als Neukölln des 21. Jahrhunderts geworden? Zunächst einmal sind wir keine eigene Stadt mehr, sondern eingemeindeter Teil der deutschen Hauptstadt. Das muss zwar nicht so bleiben, aber bis auf Weiteres ist es so. Wir sind größer geworden als damals. Schon durch den Lauf der Zeit bedingt, sind wir auch moderner geworden und reicher. Wir definieren Armut nicht mehr an Hunger und Schwindsucht hinter den Wohnungstüren. Armut ist heute Konsumrückstand, nicht mehr Existenznot. Die Maßstäbe haben sich verändert: *Mir geht es nicht schlecht, weil ich arm und krank bin, sondern weil es meinem Nachbarn besser geht.*

Meine Mutter war das elfte von zwölf Kindern. Im biblischen Alter von 99 Jahren verstarb sie 2010. Sie ist in Armut aufgewachsen und hat mir oft davon erzählt. Ich will jetzt niemanden mit den Geschichten davon, »wie's damals war«, langweilen. Fest steht aber, dass sie mir aus einer Welt berichtete, die heute in Talkshows zu Ohnmachtsanfällen oder dem Ruf nach dem Gerichtshof für Menschenrechte führen würde. Mein Vater wiederum erzählte mir mehr aus der Zeit der nationalsozialistischen Tyrannei, vom Krieg und der Gefangenschaft.

Mit diesen beiden Erzählwelten wuchs ich auf. Inwieweit sie meine Entwicklung geprägt haben, kann ich nicht beurteilen.

Geboren im Jahr 1948, kann ich mich selbst erst an die Zeit des Wiederaufbaus etwa ab Mitte der 1950er Jahre erinnern. Unsere Wohn- und Lebensverhältnisse waren so, dass wir heute mit Leichtigkeit viel Raum in einer Reality-Doku erhalten würden. Damals allerdings waren sie nicht besonders ungewöhnlich. Vier Personen in Stube und Küche im Keller neben der Waschküche des Hauseigentümers. Auch wenn der Aufstieg zum konsumorientierten Wohlstandsstaat sich unaufhaltsam vollzog, so kann ich mich doch daran erinnern, dass ein Leben ohne Auto, ohne Flachbildschirm, ohne Handy und ohne PC möglich war. In Kinderzimmern, wenn es sie überhaupt gab, war Elektronik noch nicht bekannt. Ich bin unsicher, ob das heute nicht bereits gegen die UN-Kinderrechtskonvention verstoßen würde.

Zwei Sätze durchzogen meine Kindheit und Jugend wie ein roter Faden: »Junge, du musst lernen, damit du es einmal besser hast als wir!« und: »Wenn du etwas haben willst, musst du dafür arbeiten.« Als junger Mensch fand ich beide Leitmotive meiner Eltern nicht ganz so prickelnd. Ich ahnte damals noch nicht, wie präsent sie mir in meinem späteren Leben noch werden sollten.

Mit dem Prinzip »Willste was, machste was, dann haste was« machte ich schon sehr früh Bekanntschaft. Immer dann, wenn sich Wünsche meldeten, die nach Auffassung meiner Eltern nicht zu den Lebensnotwendigkeiten gehörten, war die Eigeninitiative gefordert. Der Plattenspieler, das Fahrrad, das Kofferradio, die Lederjacke oder das Trampen durch Skandinavien waren Auftraggeber, die keine Rückstellung duldeten. So begann ich schon als kleiner Steppke beim Bauern auf dem Feld Kartoffeln zu stoppeln (Handnachlese hinter der Maschine), das heute Gropiusstadt heißt. Das war mein erstes selbstverdientes Geld.

Die nächste Stufe der Karriereleiter hieß Zeitungsjunge. Dieser Job bescherte mir mein erstes regelmäßiges Einkommen. Nach meiner Erinnerung machte ich das so von 10 bis 13 Jahren. Mit 14 ging ich dann in den Ferien regelmäßig in die Fabrik als Hilfskraft. Immer in der ersten Hälfte, denn in der zweiten war ich mit einem Nato-2-Mann-Zelt auf dem Rücken und einem

Freund an der Seite auf Achse. 4,95 DM betrug mein Stundenlohn. Viel mehr bekommt eine Bäckereiverkäuferin heute auch nicht. So doll hat sich unsere Gesellschaft in den letzten 50 Jahren wohl doch nicht verändert. Mit 17 fing ich meinen Führerschein an, und mit 18 hatte ich meinen »Kugelporsche«. Während meiner Ausbildung verdiente ich mir als Stadtführer für westdeutsche Gruppen in der Frontstadt recht ordentliches Geld dazu. Ich gebe es zu, wir Jugendlichen waren damals genauso konsumorientiert wie die jungen Leute heute. Allerdings wäre niemand von uns auch nur im Traum auf die Idee gekommen, im Rathaus dafür die Kohle anzufordern. Wenn man etwas erreichen will, muss man reich geboren werden oder etwas tun.

Aus meiner Sicht sind viele Dinge der Gegenwart nur unter dem eingetretenen Paradigmenwechsel zu verstehen: weg von der Eigenverantwortung hin zu der Erwartung, der Staat trage die Verantwortung für das Wohl jedes Einzelnen und habe für seine Bedürfnisbefriedigung zu sorgen.

Am 30. Juni 2012 zählte Neukölln 315652 Einwohner. Davon hatten 128359 oder 41 % einen Migrationshintergrund, waren »nicht-deutscher Herkunftssprache« (ndH), wie das im Amtsdeutsch heißt. Migranten oder Einwanderer oder Ausländer also. Die Begriffe sind vielfältig, aber keiner ist ganz treffend. Der Lebensrealität am nächsten kommt wohl die Bezeichnung »Einwanderer«. Sie ist aber auch die unbeliebteste. Denn ein Großteil der Politik hat heute immer noch ein Problem damit, zu akzeptieren, dass die Bundesrepublik Deutschland nach den USA und vor Russland die zweitstärkste Einwandererpopulation der Erde aufweist. Der südlichste aller Ministerpräsidenten behauptete noch im vorigen Jahr immer wieder: »Deutschland ist kein Einwanderungsland«. Eine beliebte Lebenslüge der letzten 50 Jahre. Angesichts von 16 Millionen Spätaussiedlern, Asylbewerbern, Flüchtlingen und Scheinflüchtlingen, Anwerbearbeitnehmern (sprich: Gastarbeitern), nachgezogenen Familienmitgliedern, hier geborenen Kindern und Enkelkindern ist das schon ein schneidiger, wenn auch wenig geistreicher Spruch. Rund 20 % beträgt der Bevölkerungsanteil der Migranten in Deutschland insgesamt. Das ist mehr als eine qualifizierte Minderheit.

Während vielleicht viele von Ihnen an dieser Stelle ausrufen, *das ist ja furchtbar*, sage ich: »Und das ist auch gut so.« Aber davon später mehr im Text zur demographischen Entwicklung.

Die statistischen Zahlen bilden allerdings nicht die Realität ab: Es ist davon auszugehen, dass es eine unbekannte Zahl von aus Versehen nicht angemeldeten Bewohnern oder Besuchern gibt. Da das Bürgeramt kein statistisches Merkmal für »illegal« kennt, wissen wir nicht genau, um wie viele Menschen es sich dabei handelt. Wir rechnen in Neukölln mit etwa 10 000 bis 15 000. Hierdurch entsteht ein Anteil von nicht bio-deutscher oder auch ethno-deutscher (sorry, diese Wortungetüme entspringen dem hilflosen Versuch, klare Begriffe zu finden) Bevölkerung von knapp unter 50 %. Ich werde im Folgenden jedoch nur die offiziellen Bevölkerungszahlen zugrundelegen. Der Aspekt der Illegalen bleibt unberücksichtigt.

Geographisch wie bevölkerungsmäßig ist Neukölln durch die Trennlinie des Teltowkanals in Nord und Süd geteilt. Der heutige Norden entspricht grob dem alten Rixdorf, und der bis an die Landesgrenze nach Schönefeld reichende Süden mit seinen Ortsteilen Britz, Buckow, Gropiusstadt und Rudow setzt sich zusammen aus den 1920 eingemeindeten Dörfern bzw. der in den 1960er Jahren errichteten Neubausiedlung. Die Bevölkerungszahl teilt sich an der Kanalgrenze etwa zur Hälfte. Aufgrund der Althausbebauung mit Substandard, aber dafür billigen Wohnungen war der Nordteil des Bezirks die von den sich niederlassenden Gastarbeitern bevorzugte Region. Hieraus ist in den folgenden Jahrzehnten die Verteilung entstanden, dass 65 % der Einwanderer (82 000) im Norden und 35 % (44 000) im Süden leben. Daraus ergibt sich ein Bevölkerungsanteil von 52 % im Norden und von 28 % im Süden.

Die Einwanderer selbst stammen aus rund 150 Herkunftsländern. (Spätaussiedler werden in diesem Zusammenhang zu den

Einwanderern gerechnet, obwohl dies formal nach dem Staatsangehörigkeitsrecht nicht korrekt ist. Entscheidend ist für uns die Lebenswirklichkeit und nicht die historische Abstammung.) Aus der EU stammen 31 500 Bürgerinnen und Bürger, 14 000 davon mit Polen als Herkunftsland. Aus dem ehemaligen Jugoslawien kommen 13 000 Einwohner und aus der früheren Sowjetunion 5300. Aus islamischen Ländern stammen 56 600 Einwohner mit den Hauptherkunftsländern Türkei (37 000), arabische Länder (15 000) und speziell Libanon (6600). Aus den USA kommen 1300 Bewohner, aus Vietnam 1000, und bei 11 700 lassen sich die Herkunftsländer nicht eindeutig zuordnen.

Innerhalb der Muslime, die mit 45 % fast die Hälfte aller Einwanderer stellen, belegen die Türkischstämmigen zahlenmäßig eindeutig den ersten Rang. Immerhin beträgt auch ihr Anteil an der Gesamtbevölkerung in Neukölln beachtliche 12 %. Der Anteil aller Muslime kann mit 18 % ebenfalls nicht als minimal eingestuft werden.

Der Kanal teilt die Stadt nicht nur geographisch und bevölkerungsmäßig, sondern er markiert auch eine soziale Trennungslinie. Der Süden ist mit Einfamilienhausgebieten, höherem Durchschnittseinkommen und höherem Bildungsstand bürgerlicher geprägt als der Norden. Dies gilt selbstverständlich auch für die dort lebenden Einwanderer. Ein erheblicher Teil von ihnen, der es im Laufe der Zeit zu mehr oder weniger Wohlstand gebracht hat, hat inzwischen den Norden verlassen und sich im Süden angesiedelt. Nicht immer zur Freude der dort ansässigen ethno-deutschen Bevölkerung. Im Süden ist also nicht nur der Einwandereranteil erheblich niedriger als im Norden, sondern auch die sozioökonomische Situation der Bewohner deutlich besser. Das sind die beiden wesentlichen Gründe dafür, dass der südliche Teil Neuköllns eigentlich nie als sozialer Brennpunkt oder Problemgebiet der Integration empfunden und bezeichnet wird. Er ist es auch nicht.

Mit der Abwanderung bestimmter Teile der Bevölkerung des Nordens vollzog sich in den letzten 20 Jahren eine ethnische und eine soziale Segregation. Die deutschen Bewohner flohen vor dem immer stärkeren Anteil der Einwanderer, und unter den Einwanderern vollzog sich die Flucht aus dem »Ausländerghetto«. Die Menschen stimmten mit dem Möbelwagen ab. Aber mit jedem Lastwagen verließen nicht nur Möbel das Quartier, sondern auch und vor allem soziale und wirtschaftliche Kompetenz. Gerade unter den Einwanderern war dieser Aderlass schmerzlich. Es gingen die Besten. Die mit Vorbildfunktion. Die, die als soziale Kontrolle insbesondere in ihrer eigenen Ethnie wirkten. Die, die als Eltern- und Mietervertreter Verantwortung übernommen hatten oder hätten übernehmen können. Sie waren es, die die Schulen im Süden abtelefonierten, um sich zu erkundigen, wie hoch der Ausländeranteil dort sei, und um danach zu entscheiden, wo die eigenen Kinder angemeldet wurden.

Die freien Räume im Norden wurden natürlich sofort wieder gefüllt. Entweder durch zuziehende deutsche Multiproblemfamilien, seit Generationen Arbeitsplatzsicherer im Sozial- und im Jugendamt, oder die frische Einwandererfamilie. Frisch, weil gerade eingereiste Asylbewerber oder die junge Familie mit dem eingeflogenen Importbräutigam oder der Importbraut. Nicht nur, dass wir mit der neuen jungen Migrantenfamilie wieder bei Punkt Null der Integration anfangen mussten und müssen, nein, auch der integrationsfähige und integrierende Bevölkerungsanteil wurde immer schwächer. Einer schwindenden bildungsorientierten Bevölkerungsschicht standen immer stärker werdende gesellschaftlich marginalisierte Gruppen gegenüber, denen dazu auch noch die schwersten der gesellschaftlichen Aufgaben aufgebürdet wurden: die Integration neuer kultureller Einflüsse und die Toleranz gegenüber unterschiedlichen Lebenswelten. Das konnte nicht gutgehen. Und so veränderte sich fast unmerklich, aber im Alltag dann doch deutlich sichtbar auch der öffentliche Raum in Nord-Neukölln.

Wenn ich heute Menschen frage, von welchem Zeitpunkt an sie diese Entwicklung bewusst wahrgenommen und für sich als negativ und belastend empfunden haben, wird mir übereinstimmend der Zeitraum Anfang bis Mitte der 1990er Jahre genannt. Für die Mehrheitsbevölkerung unübliche Verhaltensweisen wurden evident. Und wenn es nur die war, dass migrantische Familien in unseren Fußballplätzen einen idealen Ort zum Picknicken erkannten und nur sehr unwirsch dem Trainings- und Spielbetrieb ab 16.00 Uhr wichen.

Durch den Zuzug steigerte sich auch der Anteil der migrantischen Schüler in unseren Schulen explosionsartig. Ebenso ging diese Entwicklung nicht spurlos an unseren Jugendclubs vorbei. Ich kann das aus meiner beruflichen Tätigkeit als damaliger Jugenddezernent bestätigen. Zu jener Zeit begannen wir kleine Stadtteilläden verstreut im gesamten Norden einzurichten, die sich an die jungen Leute des direkten Wohnumfelds richteten. Die durchaus auch ethnisch ausgerichtet waren, weil sich bereits damals die Jugendlichen nur äußerst ungern mischten.

All dies ging einher mit Veränderungen der lebensweltlichen Rahmenbedingungen. Nach dem Mauerfall 1989 drehte der damalige Bundesfinanzminister Theo Waigel kurzerhand den Hahn der Berlin-Förderung zu. Berlin sei jetzt eine normale Stadt und müsse sich selbst ernähren, sagte er. Die Zeit des Pamperns als Bollwerk gegen den Kommunismus sei vorbei. Dies hatte als erstes nach dem Flashlight-Effekt der alles konsumierenden DDR-Bürger zur Folge, dass die Arbeitsplätze der verlängerten Werkbank Berlin (West) wegbrachen. Sobald die Subventionen nicht mehr flossen, verloren die Firmen schlagartig das Interesse an ihren Zweigniederlassungen in West-Berlin. Allein im verarbeitenden Gewerbe fielen in den 1990er Jahren fast 60 % der Industriearbeitsplätze weg. Neukölln als starker Standort der Nahrungs- und Genussmittelindustrie bekam eine volle Breitseite ab. Etwa 20 000 Arbeitsplätze verschwanden von heute auf morgen. Viele entstanden wieder neu, nur nicht bei uns. Sondern dort, wo die Arbeitskraft der Menschen billiger zu haben war.

Die spektakulärsten Fälle waren wohl Alcatel und Milka Lila Pause. Das eine, ein gesundes Werk der Metallindustrie mit vollen Auftragsbüchern, wurde vom französischen Mutterkonzern zur Jahrtausendwende gekillt und ein paar Kilometer weiter in Poznan wiederaufgebaut. Ein Arbeiter kostete dort nur ein Drittel des Lohns seines Neuköllner Kollegen. Mit Lila Pause überschwemmten wir halb bis ganz Europa. Als das riesige, mit hohem Investitionsaufwand errichtete modernste Schokoladenwerk Europas 1994 geschlossen wurde, war es gerade einmal vier Jahre in Betrieb. Ich hatte mit den Grundstein gelegt, das Richtfest gefeiert und die Inbetriebnahme. Von der Licht-aus-Aktion erfuhr ich aus der Presse. So »nachhaltig« sind staatliche Subventionen.

Die Entwicklung zum sozialen Brennpunkt von Nord-Neukölln hatte also verschiedene Ursachen. Bildungsaffine Familien mit beruflichen Kompetenzen und gesunder wirtschaftlicher Grundlage verließen das Gebiet, Arbeitsplätze wurden abgebaut, Menschen verloren ihre wirtschaftliche Basis und damit ihre Liquidität. Bildungsferne Familien zogen zu, destabilisierten das soziale Gefüge und dominierten nach und nach das Quartier. Das entsprechend gewandelte Konsumverhalten der Anwohner sowie die beginnende Verwahrlosung des öffentlichen Raums machten den Einzelhandelsstandort unattraktiv und führten zu starkem Kunden- und Umsatzrückgang. Ein Geschäftesterben setzte ein.

Die Karl-Marx-Straße war trotz ihres Namens einmal einer der attraktivsten Handelsorte im Westen der Stadt. Sie konkurrierte stets mit der Steglitzer Schloßstraße darum, wer hinter dem Kurfürstendamm und der Wilmersdorfer Straße Platz 3 im Ranking einnimmt. Bei Schuhen und Unterhaltungselektronik war die Karl-Marx-Straße das Maß aller Dinge. Hier präsentierten sich ganze Branchen. Heute ist der einstige Einkaufsboulevard nur noch ein Schatten seiner selbst. Der frühere Glanz musste der Tristesse weichen. Handyläden, Billiganbieter, Tag-und-Nacht-Geschäfte, Spielhallen und Wettbüros prägen das Stadtbild, und nur wenige Fachgeschäfte von früher haben überlebt. Auf der drei Kilometer langen Straße sind es von einst 400 nicht mehr als ein gutes Dutzend. Meist steht hier das gesamte Haus im Eigentum, so dass nur eine steuerliche Miete anfällt, oder die Besitzer sind zu alt, um sich noch einmal zu verändern. Mitunter wird das Geschäft allein aus Tradition aufrechterhalten und durch Erträge aus anderen Unternehmungen quersubventioniert.

In der Hermannstraße und der Sonnenallee, den beiden anderen Hauptverkehrsstraßen, ist die Entwicklung identisch. Die Hermannstraße fällt vor allem durch reißerische Leuchtreklame an fast 40 Geschäften auf, die die Möglichkeit zum Wetten und Spielen bieten. Obwohl es zu 90 % nur Pseudo-Spielhallen sind, so ist das aggressive Erscheinungsbild doch prägend für den gesamten Straßenzug. Sie müssen schon über eine solide Pfadfinderausbildung verfügen, um auf der mehrere Kilometer langen Geschäftsstraße einen Imbiss mit Schweinefleischprodukten zu finden. Viel Glück, berichten Sie mir von Ihren Jagdergebnissen.

In der Sonnenallee können Sie häufig nur dann die Dinge des Lebens erwerben, wenn Sie zweisprachig deutsch-arabisch oder noch besser arabisch-deutsch beschlagen sind. Das ist natürlich eine ebenso spaßhafte wie traurige Übertreibung. Aber es ist schon so, dass die arabischen Schriftzeichen an den Geschäften dominieren. Und wer seinen Hunger mit einer ganz normalen Currywurst oder einer Bulette stillen will, kann auch hier nicht gerade auf ein überbordendes Angebot zurückgreifen. Imbisse mit bei den Ur-Berlinern beliebten Produkten gibt es in weiten Teilen der Neuköllner Innenstadt so gut wie kaum noch. Auch das verändert den Charakter einer Straße und eines Wohngebiets und führt zu Überfremdungsgefühlen und Segregation. Wenn Menschen, die die Stadt mit aufgebaut haben, nicht mehr lesen können, was feilgeboten wird, und erst ins Schaufenster blicken müssen, um das herauszufinden, dann verlieren sie ihre Identität und auch die Hinwendung zu ihrem Wohnumfeld. Das »Hier-bin-ich-zu-Hause«-Gefühl schwindet.

Die beiden Stadtteile Nord und Süd entfremdeten sich immer mehr voneinander, ohne dass jemand einen Zaun gezogen hatte. Im Norden veränderten sich der öffentliche Raum und das Straßenbild. Neue unattraktive Branchen beeinflussten das Erscheinungsbild negativ. Das Warenspektrum orientierte sich immer stärker an der unmittelbaren, kaufkraftarmen Anwohnerschaft. Extra hinfahren musste man hierher nicht mehr. All diese Dinge zusammen machten den Niedergang der Geschäftsstraßen unausweichlich.

Der Neuköllner Norden profitierte aber bis zu diesem Umbruch traditionell von den Impulsen und der Stimulanz aus dem Süden. Die immer stärker werdende Abstinenz der Südneuköllner führte folglich auch optisch zu einer starken Dominanz der Einwanderer. *Was soll ich denn da? Zu kaufen gibt es nichts für mich, und da sind doch nur Ausländer.* So entwickelte sich auch innerhalb des Bezirks eine Rangordnung. Die Namen von Straßen und Plätzen, die zu meiner Jugendzeit geachtete und völlig unspektakuläre Aufenthaltsorte waren, wurden plötzlich nur noch beklagend oder geringschätzig in den Mund genommen. Menschen, die erzählten, dass sie in der Soundso-Straße geboren und aufgewachsen seien, schlossen den Satz mit: »… da kann man heute aber nicht mehr wohnen«, oder wurden mit den Worten bemitleidet: »Na, da sind Sie wohl gerade noch rechtzeitig weggekommen.«

Der Bau eines großen Einkaufszentrums im Süden machte dann der Geschäftswelt im Norden wohl endgültig den Garaus. Auch wenn der größte Teil der Kundschaft bereits vorher weggeblieben war, so hatte der verbliebene Rest jetzt ebenfalls eine Alternative, die er gerne annahm. Ja, man fuhr sogar aus dem Norden in den Süden, um im neuen Einkaufszentrum die Dinge zu erwerben, die es im Wohngebiet nicht mehr gab. Namen wie Quelle, Leffers, Leiser, Hertie und viele andere hatten sich hier längst verabschiedet.

Heute muss man eingestehen, dass sich zwei unterschiedliche Lebenswelten im Bezirk etabliert haben. Alles nicht in Reinkultur, aber das Gesamtergebnis lässt sich nicht beschönigen. Überall gibt es Einsprengsel, im Norden Wohnblöcke mit völlig unauffälliger bürgerlicher Bewohnerschaft oder im Süden Neo-

nazi-Cliquen und punktuelle Einwanderermilieus der Bildungsferne.

Nachdem sich die Entwicklung im Neuköllner Norden so
dramatisch zugespitzt hatte, konnte es nicht überraschen, dass
immer mehr Teilgebiete in die Förderkulisse des Programms
»Soziale Stadt« aufgenommen werden mussten (QM-Gebiete –
Quartiersmanagement-Gebiete). 1999 waren es drei Quartiere,
drei Jahre später vier, im Jahr 2005 bereits neun, und seit 2009
sind es zehn QM-Gebiete sowie ein zusätzliches Förderprogramm »Aktionsraum Plus«. Im Grunde genommen ist der gesamte Neuköllner Norden inzwischen ein einziges Fördergebiet.
Dieser Erkenntnis ist eine jahrelange Auseinandersetzung zwischen Prof. Dr. Häussermann und mir auf der einen und dem
Land Berlin auf der anderen Seite vorausgegangen. Im Ergebnis
ein Erfolg für Neukölln, wenn auch mühsam erkämpft.

Das Programm »Soziale Stadt« hat bisher rund 1500 Projekte
mit den Schwerpunkten Bildung, Integration und Partizipation finanziert. Das Fördervolumen beläuft sich auf insgesamt
knapp 46 Millionen Euro. Neben den professionellen Stadtteil-
managern beteiligen sich 220 Bürgerinnen und Bürger in den
Quartiersräten an den Strategien gegen den sozialen Verfall ihrer
Wohngebiete. Das Förderprogramm »Soziale Stadt« ist insofern
das einzige Instrument, das politik- und verwaltungsfern vor Ort
versucht, das noch vorhandene Engagement mit allen sozialen
und kreativen Kräften zu sammeln und als innovative Speerspit-
ze gegen die Interesselosigkeit der Masse zu nutzen. Allein schon
aus diesem Grund halte ich den Rückzug der Bundesregierung
aus der sozialen Aufgabenstellung des Programms für fatal. Es
war eine überaus richtige Entscheidung des Berliner Senats, die
Kürzungsraten des Bundes durch Landesmittel auszugleichen.
Zumal neben den sozialen Interventionen durchaus auch »hand-
feste« Projekte auf den Weg gebracht wurden. So entstanden allein zehn neue Jugendeinrichtungen, und viele Spielplätze und
Pausenhöfe konnten saniert werden.

Natürlich hinterließen die Veränderungen auch in der Bevölkerungsstruktur deutliche Spuren. Kindertagesstätten und Schulen sind hierbei die einzig verlässlichen Seismographen. Hier kann man zählen, beobachten, reden, Erfahrungen sammeln, Konflikte erleben und lösen. Kinder und ihre Elternhäuser sind das Original. Aus diesem Grund sind die Berichte und Hinweise von Erziehern und Lehrern aus unseren Einrichtungen für mich authentisch. Wichtiger und wegweisender als viele wissenschaftliche Untersuchungen, Abhandlungen und Ergüsse von tatsächlichen oder selbsternannten Experten, Sozialromantikern und Elfenbeinturmpolitikern. Deshalb wird den Stimmen aus der Praxis in diesem Buch auch breiter Raum eingeräumt.

In unseren Grundschulen unterrichten wir rund 14 100 Schüler, von denen 9300 einen Migrationshintergrund haben; das sind 66 %. Im Norden – zur Erinnerung: 150 000 Einwohner – sind es 87 %; 6300 von 7200 Schülern. Klassen mit gar keinen oder nur einigen wenigen Schulkindern deutscher Herkunft sind hier keine Seltenheit. Die Frage, wer hier wen wohin integriert, stellt sich da schon lange nicht mehr. Die einzigen Repräsentanten der deutschen Gesellschaft sind häufig nur noch die Lehrerinnen und Lehrer oder in den Kindergärten die Erzieherinnen und Erzieher. Ein interkultureller Transfer zwischen Kindern deutscher und nicht-deutscher Herkunft ist eher die Ausnahme.

Der Anteil der Schüler nicht-deutscher Herkunftssprache sagt für sich genommen kaum etwas über das soziale Gefüge in den Schulen aus. Erst in Kombination mit der Freistellung von der Zuzahlung bei den Lernmitteln entsteht ein Bild. Nichts zu den Lernmitteln beisteuern müssen alle Erziehungsberechtigten, die öffentliche Leistungen wie Hartz IV, Sozialhilfe, Wohngeld oder Bafög beziehen. Der Anteil betrug im Schuljahr 2011/2012 in ganz Neukölln 55 % und im Norden 79 %. Hier weisen nicht wenige Schulen sogar Befreiungen von über 90 % aus.

Wenn Sie sich von diesen Fakten wieder erholt haben, bedarf der letzte Aspekt noch der Vertiefung. Die Befreiungen bedeuten, dass in einer Schule 80 %, 90 % oder fast alle Eltern keiner geregelten, offiziellen Arbeit nachgehen. Den nicht fassbaren Teil der Aufstocker, also der Erwerbstätigen, die wegen ihres niedrigen Einkommens ergänzende öffentliche Leistungen erhalten, lasse ich an dieser Stelle einmal bewusst außen vor. Hieraus folgt, dass die Kinder in diesen Familien ohne den Einfluss der natürlichsten und entscheidendsten Triebfedern unseres menschlichen Seins sozialisiert werden: einen Lebensentwurf fertigen, ein Ziel haben, Leistung erbringen, Pläne verwirklichen, über Erreichtes Genugtuung empfinden, Misserfolge und Rückschläge verkraften, den Nachkommen ein Vorbild sein, um irgendwann mit ein bisschen Stolz auf sein Leben zurückblicken zu können. Die Kinder erleben nie, dass Vater und Mutter regelmäßig früh aufstehen und dann abends strahlend nach Hause kommen, weil sie Erfolg hatten, oder betrübt sind, weil es einen Misserfolg bei der Arbeit gab.

Die Wechselfälle des Lebens gehen nicht in die Erlebniswelt dieser Kinder ein und bereiten sie nicht auf eigene Lebenserfahrungen vor. Wenn die Lehrerin sie anfeuert: »Ihr müsst tüchtig lernen, damit ihr einen guten Schulabschluss macht, einen tollen Beruf erlernen könnt und viel Geld verdient, damit ihr eine schöne Frau heiraten und einen schwarzen BMW fahren könnt«, dann sagen unsere Kinder: »Aber Frau Lehrerin, das Geld kommt doch vom Amt.« Das sagen sie nicht, weil sie die Lehrerin ärgern wollen, sondern weil sie es nicht anders kennen. Kinder sind immer nur unser Spiegel.

In einer Grundschule haben wir bei der Feststellung der Befreiung von der Zuzahlungspflicht einmal die elterlichen Bewilligungsbescheide des Jobcenters aufgerechnet. Wir kamen auf rund 500 000 Euro pro Monat. Die gesamte Lebenswelt der Kinder dieser Schule alimentiert die Gesellschaft jährlich mit einem Betrag von sechs Millionen Euro. Ohne das Netz der Gemeinschaft wäre eine ganze Schule mit ihren Kindern nicht lebensfähig. Warum in drei Teufels Namen soll dann diese Gesellschaft nicht auch das Recht, ja die Pflicht haben, Forderungen zu stellen, wie sich diese Welt zum Wohle der Kinder und zum Wohle der Gesellschaft weiterzuentwickeln hat?

Wie dynamisch die beschriebenen Entwicklungen sind, sieht man an der Steigerung der Befreiungen von 33,5 % im Jahr 2004 auf 55 % im Jahr 2012. Die Theorie, dass sich soziale Verwerfungen mit der Zeit »verwachsen«, wird auch an dieser Stelle widerlegt.

Zur Geschwindigkeit der sich vollziehenden Entwicklung kann auch der Hinweis gelten, dass im Jahr 2000 der Anteil der nicht-deutschen Schüler an allen Schulabgängern in Neukölln 25 % betrug. Im Jahr 2011 waren es bereits 57 %. Wenn wir also über Notwendigkeiten von Veränderungen in Bildungssystemen sprechen, so tun wir das nicht über die Bedürfnisse einer kleinen Minderheit. In vielen Städten stellen die Schülerinnen und Schüler mit Migrationshintergrund bereits mehr als die Hälfte der Gesamtschülerschaft. Auch die Wirtschaft muss zur Kenntnis nehmen, dass neben der sinkenden Gesamtzahl durch rückläufige Geburtenziffern mit den Einwandererkindern eine zweite Komponente bei der Gewinnung von Nachwuchskräften hinzukommt.

Im Zusammenhang mit der Entwicklung der Schülerzusammensetzung kann auch ein Blick auf den Verlauf der Schulkarrieren nicht ausbleiben. Ich konzentriere mich an dieser Stelle auf die Abiturquoten. Im Jahre 2000 haben 10 % der migrantischen Schüler in Neukölln die Schule mit dem Abitur abgeschlossen. 2011 waren es 22 %. Wer hieraus eine exorbitante Steigerung der Schulerfolge von Einwandererkindern schlussfolgert, springt zu kurz. Denn ein solcher Anschein relativiert sich schnell, wenn man die Zahlen mit der Abiturquote deutschstämmiger Schüler vergleicht. Sie ist im selben Zeitraum von 25 % auf 42 % angestiegen. Die Bildungskluft zwischen den Schülern deutscher und nicht-deutscher Herkunft aus dem Jahr 2000 hat sich also mitnichten verringert. Die migrantischen Schüler haben noch immer nicht im gleichen Umfang Teilhabe am Bildungserfolg wie ihre deutschen Mitstreiter. Im Gegenteil, die Schere ist sogar weiter auseinandergegangen. In Zahlen ausgedrückt: Beim letzten Jahrgang haben 42 % der deutschen Schüler mit der allgemeinen Hochschulreife abgeschlossen, bei den ndH-Schülern hingegen nur 22 %. Die Differenz hat sich von 15 % auf 20 % erhöht.

Dies ist ein gutes Exempel, wie in der politischen Darstellung Sachverhalte schöngeredet und problematische Entwicklungen verschwiegen werden. Die Erfolgsmeldung in unserem Beispiel, dass sich die Abiturabschlüsse in Neukölln in den letzten elf Jahren mehr als verdoppelt haben, ist faktisch vollkommen richtig. Dass dieser Erfolg eingebettet in eine allgemeine Zunahme höherwertiger Schulabschlüsse und bei den nicht migrantischen Schülern die Erfolgsquote deutlich stärker angestiegen ist, wird aber nicht kommuniziert. Ohne die Leistung des einzelnen Schülers schmälern zu wollen, bleibt für mich die Feststellung, dass wir auf dem Bildungssektor bei der Frage der Chancengerechtigkeit nicht wesentlich vorangekommen sind.

Natürlich möchte ich auch den Vergleich der Berliner Zahlen nicht schuldig bleiben. Während in Berlin durchschnittlich 48 % aller deutschstämmigen Schüler ihre Schullaufbahn mit dem Abitur beendeten, waren es bei den Schülern mit Migrationshintergrund lediglich 24 %. Also ein identisches Bild. Die Anzahl der ndH-Schüler nimmt stark zu, auch die Bildungserfolge zeigen eine leichte Tendenz nach oben auf, ohne allerdings auch nur im Entferntesten an den Standard der deutschstämmigen Schüler heranzukommen. Schönreden ist hier auch völlig fehl am Platz. Unser Bildungssystem schafft es über ein halbes Jahrhundert nach Beginn der Einwanderung immer noch nicht, Schüler unabhängig von ihrer Herkunft zu integrieren.

Das Unwohlsein über die gefeierten Erfolgsmeldungen der Schulabschlüsse verstärkt sich noch bei einer weiteren Differenzierung. Zumindest unter Insidern ist es kein Geheimnis, dass die einzelnen Ethnien sehr ungleich, gemessen an ihrem Schüleranteil, an den höheren Schulabschlüssen beteiligt sind. Nach einer Erhebung des Senats im Jahr 2006 betrug zum Beispiel der Anteil der türkischstämmigen Schüler an allen ndH-Schülern

42 %. An den Abituren aller ndH-Schüler waren sie jedoch nur zu 23 % beteiligt. Polnische Schüler mit einem Mengenanteil von 4,2 % waren es hingegen zu 10 % und vietnamesische Schüler bei einem Anteil von 4,1 % zu 6 %.

Die Negativskala zeigt im Vergleich der deutschen mit den ndH-Schülern zwar eine inzwischen etwas abgeflachte Kurve, die aber immer noch deutliche Unterschiede ausweist. In Neukölln verlassen 14 % der Schüler die Schule ohne Abschluss (berlinweit 9 %). Bei den Schülern mit Migrationshintergrund sind es 18 % (berlinweit 14 %). Ohne Schulabschluss oder mit dem Hauptschulabschluss verlassen 42 % der Schüler in Neukölln die Schule (in Berlin 29 %). Bei den Schülern nicht-deutscher Herkunft sind es 50 % (in Berlin 43 %). Dass der Hauptschulabschluss nicht selten ein Akt pädagogischer Gnade der Lehrerin oder des Lehrers ist, sei mit dem Mantel des Schweigens bedeckt.

Die Schwierigkeit unseres Bildungssystems, gerade die Schüler mit Migrationshintergrund zu erreichen und zu motivieren, lässt sich auch an den Neuköllner Ergebnissen der Prüfungen zum Mittleren Schulabschluss 2012 ablesen. Von den teilnehmenden Realschülern waren 69 % nicht-deutscher Herkunft. Wir sehen hier bereits ein deutliches Übergewicht der Einwandererkinder in den Realschulen. Von diesen Prüflingen haben lediglich 64 % im Fach Deutsch bestanden und nur 17 % (!) in Mathematik (die Durchfallquote aller Mädchen betrug in Mathematik 91 %). Noch Fragen? Insgesamt haben zwei Drittel der Schüler den Mittleren Schulabschluss geschafft. In Bezirken mit weniger starken Migrantenanteilen liegt diese Quote bei über 80 %.

Zur Bestehensquote allgemein muss man allerdings noch wissen, dass in Berlin seit dem Prüfungsjahrgang 2011 durch ein mündliches Nachprüfen das Manko bei der schriftlichen Prüfung ausgeglichen werden kann. Man kann das Desaster also wegquatschen. Damit relativieren sich natürlich Prüfungsergebnisse. Ich entstamme noch einer Generation, bei der es mit einer Fünf in Deutsch oder Mathematik in der heutigen Sprache hieße »no way, once again, please«. Ich persönlich stehe dem Mittel von

Leistungsabsenkungen zur Erhöhung der Bestehensquote außerordentlich distanziert gegenüber. Man trainiert einen Hochspringer auch nicht damit, dass man die Latte niedriger hängt. Die Leistung muss dem Standard angepasst werden und nicht umgekehrt. Der Aufprall der jungen Menschen wird in der realen Welt des Berufslebens immer furchtbarer, je mehr wir sie mit einer Scheinwelt ihrer Kompetenzen in Watte packen.

Der Anteil der Bevölkerung mit fehlenden allgemeinen oder beruflichen Abschlüssen, also ohne zumindest Hauptschulabschluss oder Anlernausbildung, betrug 2010 in Neukölln 30,3 %. Im Jahr 2005 waren es 32,5 %. Demnach ist in sechs Jahren nur eine marginale Verbesserung eingetreten. Diese Werte übersteigen diejenigen für den Bezirk Pankow um das Vierfache und die für den Bezirk Treptow-Köpenick um das Dreifache. Deutlich auffällig ist auch der Bezirk Mitte, der ebenfalls einen starken Anteil von Einwanderern an der Gesamtbevölkerung aufweist. Interessant ist in diesem Zusammenhang noch eine Auswertung des Anteils der Bevölkerung unter 60 Jahren, der in einem Haushalt ohne Erwerbstätige lebt. In Neukölln ist das jeder Vierte mit 25,8 % gegenüber 27,2 % im Jahr 2005. Auch in diesem Feld ist der Bezirk Mitte der einzige Bezirk, der mit 27,2 % im Jahr 2010 sogar noch schlechter abschnitt.

Die Arbeitslosenquote betrug im Frühjahr 2012 in Neukölln 22 %. Regionalisiertes statistisches Material über die Arbeitslosigkeit bei Einwanderern liegt mir nicht vor. Wir schätzen die entsprechende Quote allerdings auf mindestens 35 %. Dies ist wahrscheinlich noch eine sehr konservative Betrachtungsweise.

Nur jeder siebte Arbeitslose in Neukölln erhält das originäre Arbeitslosengeld I. Das Gros hat keinen Anspruch auf diese Versicherungsleistung, weil entweder die Anwartschaft nicht erfüllt wird oder die Arbeitslosigkeit schon länger besteht. Die Masse bezieht also steuerfinanziertes Hartz IV. Das »Arbeitslosengeld II«, wie es korrekt heißt, hat die frühere Arbeitslosen- bzw. Sozialhilfe abgelöst.

Mit der Einführung von Hartz IV hat sich die Zahl der Menschen mit Transfereinkommen – im Jargon auch Stütze oder Sozialknatter genannt – erheblich ausgeweitet. Betreute das Neuköllner Sozialamt früher rund 50 000 Kunden, so sind es im Jobcenter konstant rund 80 000. Interessant ist, dass konjunkturelle Schwankungen nur einen geringen Einfluss auf den Kundenstamm des Jobcenters haben. Nach meinen Beobachtungen beträgt die Bandbreite der Zu- und Abgänge maximal 5 %. Jeweils im Juni von 2007 bis 2012 belief sich die Gesamtzahl zwischen 77 400 als unterstem Wert und 80 950 im oberen Bereich. Die Zahl der unter 25-Jährigen beträgt nach gleichem Schema 31 730 bis 33 200. Die Zahl der erwerbsfähigen Hilfeempfänger variiert von 56 200 bis 58 200. Dennoch handelt es sich nicht um statische Akten. Innerhalb eines Jahres integriert das Jobcenter 11 000 Kunden in den Arbeitsmarkt oder in Maßnahmen. Der sogenannte Drehtüreffekt muss also eine enorme Bedeutung haben. Nach Angaben des Neuköllner Jobcenters befinden sich fast 60 % aller in den Arbeitsmarkt Vermittelten schon nach sechs Monaten wieder im Leistungsbezug. Diese sehr kurzfristigen Beschäftigungsepisoden hängen mit der Niedrigqualifikation der Hilfeempfänger zusammen. 28 % verfügen über keinen Schulabschluss und 67 % über keine Berufsausbildung. Sie sind natürlich die ersten, die bei betrieblichen Maßnahmen zur Disposition stehen, aber auch mangelndes Durchhaltevermögen und Unstetigkeit spielen eine Rolle.

Es ist davon auszugehen, dass insgesamt 92 000 aller Einwohnerinnen und Einwohner Neuköllns Transferleistungen beziehen. Das ist fast jeder Dritte. Betrachtet man speziell die Empfänger von Hartz IV, beeindruckt der Wert von 130 Bedarfsgemeinschaften auf 1000 Einwohner. Das ist Rang 1 in Deutschland. Zum Vergleich: Die Stadt Essen liegt mit 72 Bedarfsgemeinschaften auf Platz 4. Bei den unter 25-Jährigen beträgt der Anteil der Leistungsempfänger von Hartz IV in Neukölln 41 % (Berlin 28 %). In Nord-Neukölln schätzen wir den Anteil auf ca. 70 %. Im Klartext bedeutet das, dass der Hartz-IV-Bezug unter den jungen Leuten eine völlige Normalität darstellt. Auf die Frage, was sie denn mal werden wollen, antworten manche Kinder schon: »Ich werde Hartzer«, oder: »Warum Ausbildung, es gibt doch Hartz IV?« Da aber niemand vom Regelsatz protzige Autos mieten, in Hinterzimmern das Geld verzocken oder im Quartier sonst wie auf dicke Hose machen kann, muss es weitere Einkommensmöglichkeiten für die jungen Leute geben. Bezeichnenderweise erklären die Vermittler des Jobcenters, dass etwa 90 % der Kunden unter 25 Jahren ohne Qualifizierungs- und Lebenshilfemaßnahmen objektiv nicht in den Arbeitsmarkt vermittelbar sind.

Insgesamt setzen sich die Leistungsempfänger des Jobcenters sehr heterogen zusammen. Zum einen sind es Menschen mit Handicaps jedweder Art (von Behinderung bis hin zu fehlenden sozialen Kompetenzen, Überschuldung und Bildungsdefiziten) oder im Lebensalter ab 50 Jahren, die als angeblich nicht mehr voll leistungsfähig vom Arbeitsmarkt aussortiert worden sind. Wie ich finde, eine grauenvolle Fehleinschätzung, denn Lebenserfahrung und langjährige Berufsroutine sind zwei Werte, die man nicht unterschätzen sollte. Ich jedenfalls fühle mich, so betrachtet, altersdiskriminiert. Wer kennt sie nicht, die schneidigen jungen Leute, die einem im Alltag begegnen, manchmal von nichts eine Ahnung haben und völlig hilflos sind, wenn der Computer keine vorgefertigten Antworten auf eine Frage auswirft.

Eine zweite Gruppe sind die Alleinerziehenden. War der Verlust eines Lebenspartners früher ein Schicksalsschlag, so ist »alleinerziehend« inzwischen fast zu einer Lebensphilosophie oder zu einem Label geworden, das man mit einem gefühlten Ausrufezeichen in den Lebenslauf schreibt. In Berlin sind rund ein Drittel aller Mütter oder Väter alleinerziehend. Der Bundesdurchschnitt liegt bei 20 %. Zu diesem Thema möchte ich mich nicht ausbreiten und mich nur auf die Tatsache beschränken, dass 45 % aller Alleinerziehenden vom Sozialsystem komplett oder ergänzend getragen werden. In Gesprächen bin ich immer wieder überrascht, mit welcher Selbstverständlichkeit Menschen davon ausgehen, dass es die natürliche Aufgabe der Gemeinschaft sei, sie zu alimentieren, und ihre Lebens- wie Familienplanung darauf ausrichten. Insbesondere bei Alleinerziehenden ist diese Auffassung recht stark verbreitet. Der Umstand, durch Zeugung und Erziehung der Gemeinschaft ausreichend gedient zu haben, fungiert dabei als unerschütterliche Rechtfertigung, die jeden Zweifel als unmoralisch entrüstet zurückweist.

Eine weitere Gruppe sind die, die den Anforderungen des heutigen Arbeitsmarktes nicht mehr gewachsen sind. Die auch in Neukölln durchaus vorhandene Nachfrage nach Arbeitskräften passt häufig nicht mit dem Qualifikationsniveau der angebotenen Arbeitskräfte zusammen. In großer Zahl sind das angeworbene Arbeitnehmer, die betriebsintern angelernt wurden. Die Betriebe und die Bänder sind fort. Die zurückgebliebenen Arbeitskräfte finden nur selten wieder Anschluss bei anderen Unternehmen oder haben auch inzwischen die Leistungen des Sozialsystems mit Gewöhnungscharakter akzeptiert.

Einen nicht unbeträchtlichen Anteil der Kundschaft bilden ferner diejenigen, die aus sich selbst heraus nicht arbeitsmarktnah sind, wie es in der Sprache der Arbeitsagentur so schön heißt. Früher nannte man sie »Menschen mit multiplen Vermittlungshemmnissen«. Da diese Bezeichnung zu diskriminierend erschien, benutzt man heute den Begriff der »komplexen Profillage«. Auf Deutsch meint das nichts anderes als Überschuldung, Suchtprobleme, asoziales Verhalten.

Die verbleibende Gruppe sind die Menschen, die das Sozialsystem bewusst als Eier legende Wollmilchsau betrachten oder, vornehmer formuliert, es als allgemeine Lebensgrundlage für sich angenommen haben. Die Sozialleistungen dienen der Absicherung der Grundlasten des Lebens wie Miete, Essen und Trinken, Energie und Krankheitskosten. Für den Spaßfaktor im Leben findet sich dann schon eine Gelegenheit des Zubrotes. Nun hat es das, was im Amtsdeutsch »Erschleichen von Sozialleistungen« heißt, immer gegeben, auch ohne Einwanderung.

In Verbindung mit der Einwanderung aber übt ein System, das pekuniäre Leistungen austeilt, ohne eine Gegenleistung zu verlangen, auf Menschen eine hohe Versuchung aus, wenn sie aus Kulturkreisen stammen, in denen man ein staatliches Solidarsystem und den gesellschaftlichen Schutz vor existenzieller Not überhaupt nicht kennt.

Der Fairness halber darf man die nicht unterschlagen, denen wir es verboten hatten, für sich selbst durch Arbeit zu sorgen: Asylbewerbern war es untersagt, eine Erwerbstätigkeit aufzunehmen. Dahinter stand der politische Wille, eine Sogwirkung nach dem Motto »Kommt alle her, hier kann man richtig Geld machen« zu vermeiden. Die jahrelange Dauer der Asylverfahren, Staatenlosigkeit und weggeworfene Pässe mit einhergehender Amnesie des Wegwerfers, all diese Dinge führten zu Dauerduldungen teils über Jahrzehnte. Wenn man Menschen über einen so langen Zeitraum an das Sozialsystem gewöhnt, darf man sich nicht beklagen, wenn sie eine perfektionierte Professionalität erreichen und die Rechtsmaterie sicherer beherrschen als mancher Sachbearbeiter im Jobcenter.

An dieser Stelle will ich die verallgemeinernde, umgangssprachliche Kategorisierung aller Hartz-IV-Empfänger als Unterschicht aufgreifen. Immer wieder werden fälschlich alle Menschen im Transfersystem pauschal so abqualifiziert. Allein schon durch die vorstehende Differenzierung wird deutlich, dass die Empfänger von Hartz IV keine homogene Gruppe sind. Die Unterschicht hingegen ist es schon. Von Unterschicht spricht man immer dort, wo soziale, kulturelle, ökonomische und Bildungskompetenzen nicht vorhanden sind. Warum aber soll ein arbeitsloser Akademiker keine Bildungskompetenzen, eine alleinerziehende Mutter keine sozialen und ein Einwanderer keine kulturellen Kompetenzen haben? Also wird eine pauschalierende Betrachtungsweise der Vielschichtigkeit der Lebensläufe von Transferleistungsempfängern somit keiner Weise gerecht.

Im Übrigen stammt der Begriff »Unterschicht« aus den Anfängen der Soziologie. Die heute gelegentlich verwendeten Begriffe wie »Prekariat« oder gar »abgehängtes Prekariat« haben eigentlich nur den Sinn, ein als stigmatisierend gebrandmarktes Wort schönredend zu umgehen. Manchmal dienen sie im Diskurs auch nur der Verschleierung gesellschaftlicher Realitäten.

Ein Viertel der Berlinerinnen und Berliner hat ein Einkommen unterhalb oder in der Nähe der Armutsgefährdungsschwelle. Auch hier liegt Neukölln mit 38 % weit über dem Durchschnitt. Der Grenzwert liegt in Berlin für einen Erwachsenen bei 766 Euro Nettoeinkommen pro Monat. Für alle weiteren Haushaltsmitglieder über 13 Jahre wird die Hälfte dieses Betrages hinzugerechnet und für die Jüngeren 30 %. Bei der Bevölkerung mit Migrationshintergrund gehen wir in Nord-Neukölln von etwa 60 % aus, die – wenn man ihre offiziellen Einkünfte zugrunde legt – dieses Kriterium erfüllen. Schnell liest sich über diesen Satz hinweg. Er spricht eine deutlichere Sprache, wenn man sich vor Augen hält, dass in Nord-Neukölln der Anteil der Kinder unter 15 Jahren, die im Hartz-IV-Bezug stehen, entgegen dem Berliner Trend kontinuierlich steigt und mit 67 % fast doppelt so hoch wie im Berliner Durchschnitt ist. In einzelnen Wohngebieten im Norden hat dieser Wert bereits 75 % erreicht. Das heißt, für drei von vier Kindern ist es völlig normal, dass die eigenen Lebensverhältnisse und die Geldleistungen des Staates in einer unmittelbaren Wechselbeziehung stehen. Dies muss Auswirkungen auf ihre spätere Einstellung zur Eigenverantwortlichkeit und zu ihren Lebensperspektiven haben.

Wie bereits erwähnt, muss die Sozialisation der Kinder in einer permanenten Empfängersituation staatlicher Alimentation eine Erwartungshaltung prägen, die jeglichen Willen zur eigenen Leistungsbereitschaft überlagert. Da das Sozialsystem natürlich nicht die gesamte Palette der Konsumwünsche abdeckt und auch nicht abdecken kann, entsteht im Vergleich zu anderen Menschen in komfortableren Lebensverhältnissen ein permanentes Gefühl der Benachteiligung. In wessen Lebenskompass der

Wunsch, auf eigenen Füßen zu stehen und unabhängig zu sein, durch den gesellschaftlichen Schnuller ersetzt ist, dem wird vermutlich auch auf Dauer ein Selbstwertgefühl mit Zufriedenheit und Stolz vorenthalten bleiben.

Allerdings ist der Armutsbegriff mit großer Vorsicht zu betrachten. Auf meine Frage: »Wie vielen Ihrer Hartz-IV-Eltern, denken Sie, steht das Wasser bis Oberkante Unterlippe, wie viele sind also wirklich arm?«, habe ich mehrfach die Antwort von Schul- und Kindertagesstättenleitungen erhalten: »Etwa ein Drittel.« Ohne dass es dafür offizielle Erhebungen oder Statistiken geben kann, ist es trotzdem völlig unstreitig, dass es eigene Beziehungsgeflechte und auch einen eigenen Arbeitsmarkt in der informellen ethnischen Wirtschaft gibt. Die offiziellen Einkünfte können niemals die einzigen Erwerbsquellen vieler Familien sein. Dies müsste zu einer Vielzahl an freien Parkplätzen in Neukölln führen, die allerdings so noch nicht geortet wurden, und steht ferner im krassen Widerspruch zur Unterhaltungselektronik der Kinder oder den Kraftfahrzeugen, mit denen die Kinder zur Schule gebracht werden. Die Erfahrungswelt wird immer dann bereichert, wenn man persönlich in einen Fall involviert wird. Auch Erzieher und Lehrer können über beeindruckende Einblicke in den Lebensstandard nomineller Hartz-IV-Familien zum Thema Fahrzeugpark oder Gewerbebetriebe berichten. Immer wieder wird die Frage diskutiert, wie die Eltern es trotz Sozialtransfer zu mehreren Geschäften bringen können oder wie junge, arbeitslose Männer zu Autos der 100 000-Euro-Klasse kommen. Der Fall eines Imams in Köln im Frühjahr 2012 zeigte beeindruckend, dass ein starkes Netzwerk auch einem Hartz-IV-Bezieher ein Leben mit Häuschen, Garten und Mercedes ermöglichen kann.

Doch das Eis ist manchmal dünn. Wenn zum Beispiel das Krankengeld nicht so fließt, wie man es sich nach einem Schicksalsschlag vorstellt, weil nur die offiziellen Verdienste zur Grundlage genommen werden; wenn es Streitereien um versprochenen, aber nicht gezahlten Lohn gibt; oder wenn kleine Freundschaftsdienste nicht die erwartete pekuniäre Auslösung finden. Das System Entlohnung nach BAT (Bar auf Tatze) ist hier weit verbreitet. Es sind auch nicht der übliche Schmu und die Kleinbetrügerei, mit denen Menschen in prekären Lebenssituationen versuchen, ein paar Scheinchen an den Behörden vorbei zu generieren. Nein, es ist ein System.

Abgaben an den Staat werden als absolut entbehrlich eingestuft (menschlich nachvollziehbar), aber dann auch planmäßig professionell unterlaufen. Es fehlt in diesen Kreisen jedwede Einsicht in das Solidarsystem der Gemeinschaft oder in den Grundsatz »Gib dem Kaiser, was des Kaisers ist«. Einen Krankenschein bekommt man doch auch vom Jobcenter. Warum soll man dann noch Krankenversicherungsbeiträge vom Nebenverdienst abführen? Ein offizieller Mini-Jobber und Hartz-IV-Bezieher muss sich auch nicht mit der Lohnsteuer und der Rentenversicherung herumplagen. Arbeitgeber profitieren ebenfalls von den Machenschaften der informellen (ethnischen) Wirtschaft. In diesen Systemen existieren ganze Netze von Namen, Scheinidentitäten und Scheinfunktionen. Das Dickicht ist undurchdringlich. Zum einen verfügt unser Jobcenter bei 80 000 Kunden mit vier (!) Außendienstmitarbeitern über eine nahezu lächerliche Armada und vermittelt so eine recht unterhaltende Drohkulisse. Zum anderen machen die familiären Beziehungsgeflechte Einblicke von außen fast unmöglich.

Es geht hier nicht um individuelles Fehlverhalten, Eierdiebe und Sozialschmarotzer. Die gibt es überall, und das ist auch keine Frage der Ethnie. Der Mensch an sich und Geld sind antagonistisch. Schummelei und Betrug, Abzocke bis zur organisierten Kriminalität findet man in jedem Volk und auf jeder gesellschaftlichen Ebene. Je weißer das Hemd und je staatstragender die Sprüche, desto größer die Anzahl der Nullen vor dem Komma als Ziel der Begierde. Wo der Hartz-IV-Empfänger sich mit der Schwarzvermietung seiner Wohnung 300 Euro monatlich in die Tasche steckt, sahnen die feinen Leut' zum Beispiel drei Millionen Euro mit Schrottimmobilien ab.

Nein, darum geht es nicht, das ist Arbeit für die dafür zuständigen Behörden. Wir können gerne darüber streiten, ob diese effektiv arbeiten und ob es von der Gesellschaft überhaupt gewünscht wird, dass sie effektiv arbeiten. Hier geht es vielmehr um Parallelgesellschaften. Hier geht es um Einflussgebiete jenseits unserer Rechtsordnung. Hier geht es um Gemeinschaften, die sich durchaus an Werte und Normen halten – nur nicht an die unsrigen. Und die eine eigene Auffassung davon haben, mit wem man solidarisch zu sein hat. Das ist nicht die staatliche Gemeinschaft, sondern das ist die Familie. Einzig und allein ihre Belange zählen.

Parallelgesellschaften haben bei uns längst einen derartigen Ausbaugrad und eine Verbindlichkeit erreicht, dass ich sie für irreversibel halte. Hegemonialansprüche begleiten diese Entwicklung. Nach dem Motto »Das ist Unseres, hier haben wir das Sagen« werden der Sozialraum und die Lebensgewohnheiten in ihm dominiert. Ein wunderbares Beispiel dafür ist die Eröffnung einer arabischen Boutique in der Neuköllner Innenstadt. An die Hauswand wird in deutscher Sprache der Text einer Sure angebracht, der die Züchtigkeit und die Unterordnung der Frauen fordert. Erst nach starkem öffentlichem Protest, auch in den Medien, wird die Aufschrift wieder entfernt.

Das gesamte kulturelle Leben und die üblichen Lebensabläufe sind plötzlich in Frage gestellt, wenn sich die Bevölkerung zu einem erheblichen Maß austauscht. Ein Beispiel aus dem Alltag ist der Sport. Der Sport ist der beste Motor der Integration, so heißt es immer. Na ja, wenn man es auf den Fußball reduziert und die weniger freundlichen Geschehnisse auf so manchem Fußballplatz am Sonntag außen vor lässt. Die Realität ist einfach so, dass bestimmte Sportarten von Muslimen nicht betrieben werden, und Mädchensport gibt es bei ihnen schon gar nicht. So kann es nicht verwundern, dass über die Jahre deutsche Vereine mit traditionellen Sportarten wie Turnen, Handball oder auch Volleyball von der Bildfläche verschwunden sind. Ein Stück Kultur, aber auch der Sportverein als Schmiede von Regelakzeptanz,

Kameradschaftsgeist und Solidarität ist natürlich seiner Wirkung beraubt. Ich leite aus dieser Darstellung keine konkreten Schlussfolgerungen ab, aber ich möchte schon verdeutlichen, dass Einwandererviertel die herrschenden Rollen und Riten der einheimischen Bevölkerung nicht automatisch für sich übernehmen und insofern ein Kulturverlust eintritt.

Die deutschen Normen gelten nur so lange, wie sie nützen und/oder einträglich sind. Danach verlieren sie schnell an Bedeutung. An ihre Stellen treten rituelle Gebräuche und tradierte Verhaltensweisen, die eine enorm verbindliche Wirkung entfalten. Davon abweichende Lebensarten werden schnell als schlecht, schlampig oder ungläubig abqualifiziert. »Die leben wie die Deutschen« ist nicht als Kompliment gemeint. Bei den Betroffenen führt das zu Verunsicherung und Anpassung. *Die Deutschen wollen uns nicht und benachteiligen uns, weil wir Ausländer sind. Dann möchte ich auf keinen Fall, dass auch die eigenen Leute uns verstoßen.*

Parallelgesellschaften erreichen mitunter die Bedeutung der Familie. Ihrem Wohl ist alles unterzuordnen. Jeder hat die Pflicht, alles zu tun, was sie schützt und stärkt, und alles zu unterlassen, was ihr oder ihrer Ehre schadet. So fragte ein muslimischer Schlüsseldienst beim Imam per E-Mail an, ob er der Polizei helfen darf, die Wohnung eines Glaubensbruders zu öffnen, oder ob ihn das sündig macht.

Die Botschaften, die wir zu diesem Thema aussenden, sind zu schwach bis nahezu absurd. Wenn die Bundeskanzlerin an die Einwanderer appelliert, die deutschen Gesetze zu respektieren, ist das fast schon eine Unterwerfungsgeste. Nicht anders empfinde ich die kürzlich erfolgte Reform des Personenstandsrechts: Seit 2009 ist das Verbot rein kirchlicher Ehen aufgehoben. »Damit werden der muslimischen Vielehe« – vier Ehefrauen sind erlaubt – »und der Zwangsverheiratung in Deutschland Tor und Tür geöffnet«, kritisierte die türkische Frauenrechtlerin und Rechtsanwältin Seyran Ateş völlig zu Recht. Solche »Ehen light« allein vor Allah, die selbst in der Türkei nicht zulässig sind, führen dazu, dass die Frauen völlig rechtlos sind und keinerlei Unterhalts- oder Erbansprüche geltend machen können. Gleichstellungspolitisch ein riesiger Schritt zurück zu Fred Feuerstein. Die Begründung hierfür müssen Sie sich auf der Zunge zergehen lassen: »Die Erfahrungen haben gezeigt, dass andere (als die katholische und evangelische Kirche) in Deutschland vertretene Religionsgemeinschaften trotz wiederholten Hinweises durch verschiedene deutsche Stellen nicht dazu bewegt werden konnten, ihre Eheschließungspraxis nach den §§ 67, 67a Personenstandsgesetz (= kirchliche Trauung erst nach standesamtlicher Eheschließung zulässig) auszurichten. Es sollte daher bei dem Wegfall der im Verhältnis zu den beiden großen Kirchen nicht erforderlichen und sonst offenbar wirkungslosen Vorschrift verbleiben.« Also auf Deutsch: Die Evangelen und Katholiken halten sich dran, andere wie die Muslime scheren sich eh einen Dreck um die Vorschrift, also kann sie auch gleich weg. Ich finde, größer kann ein Offenbarungseid nicht ausfallen. Wenn das Beispiel Schule macht, könnten wir so manchem Früchtchen das Leben in Deutschland leichter und bequemer machen: Vorschriften, die ohnehin keiner beachtet, schaffen wir einfach ab.

Wie schnell und devot sich unsere Gesellschaft zurückzieht, zeigt auch ein anderes bemerkenswertes Beispiel: In der Jugendarrestanstalt in Berlin erhalten die Insassen grundsätzlich kein Essen mehr, das Schweinefleisch enthält. Die Begründung für den Erlass: »70 % der dortigen Arrestanten haben einen Migrations-Hintergrund. Sie dürfen aus religiösen Gründen kein Schweinefleisch essen. Extrawürste lohnen sich nicht.« Alles klar, ist doch logisch. Wer die meisten Straftäter stellt, diktiert auch den Speiseplan. Allerdings stelle ich mir vor, was bei umgekehrten Verhältnissen wäre. Würden dann bei den 30 % Muslimen auch Leberwurst und Wiener auf den Tisch kommen? Ich glaube kaum. Wäre auch nicht in Ordnung.

Da ist der Rotterdamer Oberbürgermeister Ahmed Aboutaleb klarer und bestimmter: »Ich diskutiere mit niemandem über die Gesetze dieses Landes. Wem sie nicht gefallen, der kann sich gerne ein Land suchen, wo er mit ihnen besser zurechtkommt.« Wir jedoch stellen die Unabdingbarkeit unseres Rechtsstaates und seiner Normen immer wieder selbst in Frage. Was ist es anderes als Kulturrelativismus, wenn der Kreuzberger Bezirksbürgermeister seine politische Linie wie folgt beschreibt: »Warum sollen Bürger mit bestimmtem Background nicht in einer Parallelgesellschaft leben, wenn wir in einer Gesellschaft mit nur Parallelgesellschaften leben? Im Sportverein herrschen eigene Regeln. Wenn ich in der Karnickelzucht engagiert bin, bin ich dort auch in einer Parallelgesellschaft (…). Man sollte also auch Arabern ihre Parallelgesellschaft gönnen.« Das Auseinanderdriften der Gesellschaft so zu verharmlosen ist einfach nur verantwortungslos.

Wie immer darf man natürlich nicht alle und alles über einen Kamm scheren. Auch muss man nach meinem Dafürhalten eine grundsätzliche Trennung vornehmen. Und zwar zwischen denen, die im Rahmen der Anwerbeabkommen als Gastarbeiter nach Deutschland kamen – sie hatten den Spirit, mit ihrer Hände Arbeit Wohlstand für ihre Familie in der Heimat zu schaffen –, und denen, die in den 80er und 90er Jahren des letzten Jahrhunderts mit völlig anderen Beweggründen eingewandert sind. Sie kamen als Asylbewerber, Bürgerkriegs- oder Wirtschaftsflüchtlinge oder als Teil einer ganzen Armutswanderung. Ihre Triebfeder war, den heimatlichen Zuständen zu entkommen.

Ich will an zwei Beispielen festmachen, zu welchen unterschiedlichen Auswirkungen diese mentale Divergenz führte. Es handelt sich um zwei Familien, die mir in den letzten Jahren begegnet sind. Die eine Familie war eine klassische Gastarbeiterfamilie. Sie hatte nur ein Ziel: Geld verdienen, es zusammenhalten, um den Kindern den Start in ein besseres Leben zu ermöglichen. Sie wohnte in der Sonnenallee. Am Tage arbeiteten die Eltern in der Fabrik. Daneben versahen sie die Hauswartsstelle, und vor der Arbeit wurden Zeitungen ausgetragen. Bei den Hauswartstätigkeiten, also zum Beispiel beim Treppenputzen, mussten die Kinder mit ran.

Heute wohnen die beiden Alten wieder in ihrem Häuschen in der Nähe von Istanbul. Sie haben die deutsche Kleingärtnermentalität mit in die Türkei zurückgenommen. Die Nachbarn bewundern die bunten Blumen, die immergrünen Gewächse, die völlig unüblich in ihrem Garten blühen, und – nicht zu vergessen – die liederlich herumstehenden Gartenzwerge. Die Tochter ist in der Berliner Verwaltung tätig. Ich glaube, sie bereitet sich gerade auf eine neue Aufgabe als Oberamtsrätin vor. Der Sohn hat seinen Weg in einem großen Metallbetrieb gefunden. Beide haben hier Familien gegründet. Mit Flatrates kann man wunderbar in Verbindung bleiben und dank Billigfliegern sich auch mehrfach im Jahr sehen. Bei ihrem letzten Besuch traf ich die Eltern. Ihre Worte habe ich nicht vergessen: »Herr Bürgermeister, das ist hier nicht mehr unsere Sonnenallee. Hier würden wir heute nicht mehr wohnen wollen.« Man sollte solche spontanen Emotionen nicht überbewerten. Aber ein Zeichen sind sie schon.

Die zweite Familie entstand im Jahre 1990, als eine junge Frau und ein junger Mann als Asylbewerber aus dem Libanon nach Berlin kamen. Sie gründeten hier eine Familie und haben inzwischen zehn Kinder, von denen einige die Schulausbildung bereits beendet haben. Niemand von dieser Familie hat, solange er in Deutschland lebt, auch nur einen einzigen Tag selbst zu seinem Lebensunterhalt etwas beigesteuert. Ich höre förmlich die empörten Rufe, dass das genau die Familien sind, die Unmut erzeugen. Allerdings haben wir zu diesem Werdegang unser gehöriges Maß beigetragen. Über viele Jahre war unsere Gesellschaft nicht in der Lage, den Asylantrag endgültig zu bescheiden. Eine lange Zeit der Duldung war die Folge, in der die Eltern nicht arbeiten durften. Und so hat sich die Familie über zwei Jahrzehnte daran gewöhnt, dass Deutschland ein Land ist, in dem man Geld erhält, ohne dass man dafür eine Gegenleistung erbringen muss.

Ein Staat und eine Gesellschaft müssen klare Konturen haben. Es kann zu den Lebensnormen nur eine Verbindlichkeit geben, nämlich die der geltenden Rechtsordnung. In der Bibel steht nicht umsonst: »Du kannst nicht Diener zweier Herren sein.« Unser Gesellschaftssystem ist völlig anders aufgebaut als das der Herkunftsländer vieler Einwanderer. Ein Mischmasch geht nicht. Deshalb funktionieren Parallelgesellschaften nur, solange sie ihre Abschottung aufrechterhalten können: nämlich solange »die Deutschen« ein Schreckgespenst bleiben und man innerhalb der Community den Druck aufrechterhalten kann, sich von den Deutschen, den Ungläubigen, fernzuhalten. Das gelingt nicht immer. Es ziehen Einwandererfamilien aus Neukölln fort, die mir offen sagen: »Herr Bürgermeister, wir halten es hier nicht mehr aus. Wir wollen in Ruhe und Frieden leben. Meine Frau und ich sind es leid, uns im Supermarkt oder auf dem Spielplatz beschimpfen zu lassen, dass wir aus dem und dem Grund schlechte Moslems, schlechte Türken, schlechte Araber oder sonst was sind. Wir wollen auch nicht immer wieder erklären müssen, warum unsere Tochter kein Kopftuch trägt.«

Die vorstehenden Passagen werden dem einen oder anderen nach dem Motto »Der hat ja eine Einwandererphobie« stark übertrieben vorkommen. Nun ja, zu dieser Auffassung kann man gelangen. Insbesondere dann, wenn man fernab ist, keine Verantwortung spürt oder trägt. Wem es egal ist, wie sich die Gemeinschaft und damit der Lebensraum jedes Einzelnen entwickelt, der trifft damit den aktuellen Mainstream. Die Gesellschaft liebt Placebos und Sedierung: Alles wird gut.

Wer wie ich in den beschriebenen Verhältnissen tagtäglich umgehen muss, sieht sie fast schon wieder als Normalität. Dabei gehen selbst mir manchmal die Maßstäbe verloren. Als ich das Untersuchungsergebnis für die Einschulung vom letzten Herbst erhielt, habe ich kein bisschen gezuckt. Und dennoch ist es bei einigem Nachdenken unglaublich, dass wir insgesamt 39 % aller Einwandererkinder eingeschult haben mit gar keinen oder nur sehr fehlerhaften Deutschkenntnissen. Dass dies nach 48 % in 2009 und 49 % in 2010 schon ein erheblich niedrigerer Wert ist, wirkt dabei auf mich kein bisschen beruhigend (zumal zwischen 2009 und 2011 die Sprachauffälligkeiten bei den deutschstämmigen Abc-Schützen von 10 % auf 17 % gestiegen sind). Wir schulen Kinder der dritten oder vierten Einwanderergeneration ein, die der Landessprache nicht mächtig sind. Von denen fast 10 % sogar ohne jeden Bezug zur Sprache sind. Obwohl zumeist einer der Elternteile in Deutschland geboren und aufgewachsen ist. Wo haben sie bisher gelebt? Wie wird in der Familie gesprochen? Welcher Fernsehsender ist eingeschaltet?

Ich glaube, wir alle können diese Fragen beantworten: Man spricht die Sprache aus dem Dorf von Opa. *Wir sind und bleiben Türken, Araber, Somalier oder was auch immer.* Das ist eben der Unterschied zu Einwanderern in den USA. Diese wollen Amerikaner werden. Die Menschen aber, über die ich spreche, wollen keine Deutschen werden. Deswegen leben und bleiben sie in ihrer Welt, und deswegen bemühen sie sich nicht, aktiv das deutsche oder mitteleuropäische Wertesystem zu erfassen. Es ist auch leicht für sie, diesen Weg zu wählen. Man muss in Stadtlagen wie Neukölln nicht die deutsche Sprache beherrschen. Das Alltags- und Dienstleistungsangebot der eigenen Ethnie ist inzwischen perfektioniert und vollkommen. Benötigt man einen Behördenkontakt, regelt das ein Bekannter als Sprachmittler, oder man besteht auf einem Dolmetscher. Wird diesem Willen nicht nachgegeben, gerät die Behörde in die Kritik, weil sie nicht kultursensibel ist.

Ob es sich einfach um menschliche Bequemlichkeit oder eine aktive Verweigerungshaltung handelt, ist naturgemäß im Einzelfall schwer zu entscheiden. Bei meinen vielfältigen Gesprächen über einen langen Zeitraum mit unmittelbar vor Ort tätigen Menschen in Kindergärten, Schulen, Migrantenorganisationen oder auch direkt mit Einwanderern wird immer wieder ein Wert von 30 % der Einwanderer genannt, die – entweder bewusst oder aus Gleichgültigkeit – an der deutschen Gesellschaft vorbeileben. Ich kann nicht belegen, ob diese Einschätzungen zutreffen. Aus der Erfahrung heraus halte ich es für nicht unwahrscheinlich.

Die Auffassung, das ist eben so und basta, ist bequem. Dann lassen wir die ethnischen Kolonien oder »asymmetrischen Gesellschaften«, wie sie der verstorbene Stadtsoziologe Professor Dr. Hartmut Häussermann oder der Politikwissenschaftler Hamed Abdel-Samad genannt haben, doch einfach in Ruhe. In Kanada, in den USA, in Australien, überall gibt es »ethnische Stadtviertel«. Was stört uns an Deutsch-Izmir in Berlin? Das ist in der Tat kein Spaß, sondern von erheblicher Relevanz. Bereits heute liegt der Anteil der Einwandererkinder bis 18 Jahren bei 67 %. In Nord-Neukölln sind es schon 80 %. Spätestens in zehn Jahren wird Neukölln, zumindest aber Nord-Neukölln eine Einwandererstadt sein.

Wir entscheiden heute mit unserer Politik, ob Neukölln dann nur noch auf dem Atlas in Mitteleuropa liegt oder auch in den Köpfen und in den Herzen der Menschen, die dort leben. Deswegen ist es eben nicht egal, ob die Eltern ihre Kinder erziehen, wie sie sie erziehen, und welche Werte sie ihnen vermitteln. Aus meiner Sicht steht mehr auf dem Spiel als in der witzigen Bemerkung einer bedeutenden Person, die sich beim Amtsantrittsgespräch bei mir einführte mit der Bemerkung: »Eines habe ich als allererstes gelernt: In Neukölln herrscht eine andere Straßenverkehrsordnung.«

Die Migration im Grundsatz

Dass ganze Völker sich auf Wanderschaft begeben, ist in der Menschheitsgeschichte nichts Ungewöhnliches. Auch nicht, dass sich Einzelne allein oder gemeinsam mit ihrer Familie auf den Weg nach einem anderen Ort machen. Die Gründe hierfür sind schnell aufgezählt. Vertreibung durch ein anderes, stärkeres Volk, Religionskonflikte, Verlust der Heimat infolge von Kriegen, Naturkatastrophen oder auch nur die Suche nach besseren Lebensbedingungen. Für die Geschichtsbücher sind die Folgen, die Barbarei und Kriege für das Kollektiv haben, sicher bedeutsamer als Einzelschicksale, aber gerade Letztere sind es, die uns in diesem Buch interessieren. Die Auswirkungen der Wanderung auf den Wandernden selbst, aber auch die Stimulanz des Neuen am Ankunftsort sind bei der Betrachtung der verändernden Wirkung der Zuwanderung interessante Aspekte.

Was bringt Menschen dazu, ihre Heimat und ihr vertrautes Umfeld, ihre Freunde und Familien zu verlassen? In die Ferne zu gehen, ohne zu wissen, was auf sie zukommt? Also genau das zu tun, was uns Menschen für gewöhnlich Angst macht: den Schritt ins Ungewisse? In unserer heutigen Zeit gibt es eigentlich in der Summe nur noch zwei wirklich bedeutsame Triebfedern: das Streben nach mehr Wohlstand oder die Flucht vor Gewalt und Verfolgung. Oft mischen sich auch beide.

Doch unterscheiden sich die Wanderungsbewegungen heute von denen in früheren Epochen erheblich. Es geht nicht mehr um die Besiedlung von freiem Land, es geht nicht mehr um die Urbarmachung ganzer Erdteile, sondern es geht um die Suche nach dem individuellen Glück. Die Entscheidung, in ein anderes

Land zu ziehen, ist heute auch nicht mehr unumkehrbar. Wer sich vor 150 Jahren nach Amerika aufmachte, der wusste, dass er die Ursprungsheimat für lange Zeit, manchmal für immer nicht mehr wiedersehen würde. Das ist heute anders. Bei regelmäßigen Reisen zurück an den Herkunftsort können die Traditionsakkus wieder aufgeladen werden. Das Auto oder das Sparticket für 49 Euro machen es möglich. Dort, wo es an Lust oder Geld zum Reisen fehlt, erfüllen die Satellitenschüssel und die Telefon-Flatrate denselben Zweck. Dies erschwert natürlich die Konzentration auf die neue Heimat und das neue Leben. Das Gefühl, dass man tatsächlich in einer anderen Welt angekommen ist und in ihr lebt, stellt sich nicht ein. Die alte Heimat bleibt omnipräsent. Sie steht quasi gleichberechtigt neben den neuen Eindrücken. Ja, sie stellt das Neue permanent auf die Waage und fordert eine Entscheidung über »Besser und schlechter als das Gewohnte« heraus. Die soziale Kontrolle funktioniert aktiv oder dezent im Hintergrund, auch über die Entfernung von Tausenden von Kilometern.

Ein zweiter Unterschied zwischen der Auswanderung etwa in die USA, nach Kanada oder Australien und der in die Staaten der EU besteht darin, dass die Menschen sich in ersterem Fall aufmachten, um Amerikaner, Kanadier oder Australier zu werden. Das war ihr Ziel. Sie wanderten aus in die Neue Welt, und sie strebten nach einer neuen Identität. Diesen Spirit haben heute Migranten aus dem Libanon, der Türkei, aus Somalia und so weiter schon seltener bis gar nicht. Nehmen wir als Beispiel die türkischstämmigen Migranten. Machen sie sich in Anatolien wirklich auf und verabschieden sich mit den Worten »Ich gehe und will Deutscher werden«? Wohl kaum. Der Abschiedsgruß lautet vermutlich eher: »Ich gehe Deutschland.« Auslöser für eine solche Entscheidung sind nicht selten glorifizierende Berichte über ein dem Paradies gleichendes Land, in dem Wohlstand und Geld ohne Mühsal auf jeden warten. Was wie eine semantische Stilübung aussieht, ist in Wirklichkeit eine kapitale inhaltliche Differenz.

In diesem Zusammenhang begegnen wir immer dem Begriff der Heimat. Was verbinden Menschen mit ihm? Die Erklärungen sind so vielfältig wie individuell. Die einen sagen, *Heimat ist da, wo ich geboren bin. Welchen Pass ich in der Tasche habe, ist unwichtig.* Andere sagen, *Heimat ist da, wo mein Vater, mein Großvater oder meine Vorfahren herkommen. Auch wenn ich dieses Land noch nie gesehen habe.* Wieder andere empfinden Heimatgefühle für ein Land, in dem die Felder und die Städte so aussehen wie in ihren Träumen. Es gibt sicher viele weitere Erklärungen. Ich fand die Antwort einer türkischstämmigen Migrantin auf meine Frage, wo für sie Heimat ist, so verblüffend kurz wie nachvollziehbar. Sie sagte: »Heimat ist immer da, wo das Brot ist.« Also da, wo ihr Lebensraum ist, und da, wo sie eine Chance hat, ihr Leben selbstbestimmt so zu gestalten, wie sie es für sich als erstrebenswert empfindet. Meine persönliche Definition ist die, dass die Heimat dort ist, wohin man sich zurücksehnt, wohin es einen zieht, wenn man in der Ferne ist. Sehnsucht ist in diesem Zusammenhang ein schönes Wort.

Ich glaube, dass man den Begriff der Heimat von dem der Integration in eine andere Gesellschaft trennen muss. Um mich in andere als die gewohnten Lebensregeln einzufügen, also zu integrieren, muss ich nicht Heimatgefühle mit Tränen in den Augenwinkeln entwickeln. Man kann auch sagen: Ein türkischstämmiger Migrant muss seinen Integrationswillen nicht dadurch unter Beweis stellen, dass er Lederhosen anzieht, Bier nicht unter einem Mengenmaß von einem Liter in sich hineintut und zum Frühstück Weißwurst isst. Es reicht völlig aus, wenn er die tragenden Grundsätze unserer Verfassung als bestimmende Elemente auch seines Lebens und des Lebens seiner Familie akzeptiert. Wenn er sich bemüht, zumindest die Grundkenntnisse der Landessprache zu erlernen, um mit den anderen Bürgern der Gesellschaft kommunizieren zu können, seine Kinder in die Schule schickt und den Müll zur Mülltonne trägt, anstatt ihn vom Balkon zu werfen.

Wer sich in einen anderen Kulturkreis begibt, muss wissen, dass er dort auf andere Regeln des Zusammenlebens trifft. Er muss sich vorher entscheiden, ob er bereit ist, diese anderen Lebensweisen für sich und seine Familie zu übernehmen.

Der, der neu in einen Sportverein kommt, stellt die Frage: »Wie läuft das hier bei euch?« Und wer in einen Handballverein eintritt und dort Fußball spielen will, wird schnell merken, dass die geltenden Regeln sich ungünstig auf seine Erwartungshaltung auswirken. Er wird dann ein Haus weiter ziehen (müssen). Übertragen wir diese Banalität auf die Integration fremder Kulturkreise in bestehende, über Jahrhunderte hinweg erkämpfte und herausgebildete Kulturriten, so kommen wir zu der wahrlich nicht überraschenden Erkenntnis, dass der Zuwanderer sich den Normen der Zielgesellschaft anpassen muss. Ja, dass er mit der Forderung, dass er sich anzupassen hat, konfrontiert wird. Seine etwaige Erwartung, dass die neue Gesellschaftsordnung ihn aufgrund ihrer Toleranz trotz seiner abweichenden Verhaltensweisen akzeptieren wird oder gar zu akzeptieren hat, führt ihn dagegen in den klassischen Konflikt. Denn er befindet sich damit automatisch auf einem permanenten Prüfstand, ob er nicht auf Kollisionskurs mit dem gesellschaftlich akzeptierten und praktizierten Wertegerüst der Mehrheitsgesellschaft ist. Die Spaltung der Familie oder eine aufreibende Auseinandersetzung mit den Kindern kann die unerwünschte Folge sein. Wer sich nicht anpassen will oder kann, sollte nicht wandern.

Aus dem Vorstehenden folgt für mich der Lehrsatz Nummer eins: Integration und die Bereitschaft dazu sind an erster Stelle eine Bringschuld der Hinzukommenden. Dieser Grundsatz ist so selbstverständlich, dass es schon fast an eine Verspottung der Leser grenzte, hierzu noch lichtvolle Ausführungen zu machen. Und doch ist es erforderlich. Denn wer den Satz so formuliert, wie ich ihn formuliert habe, zieht bereits argwöhnischste Blicke auf sich: Ist es denn nicht so, dass derjenige, der sich aus seiner bisherigen Gesellschaftsordnung verabschiedet, dies deswegen tut, weil sie ihm nicht die Freiheit, den Lebensstandard, den Wohlstand und die Perspektiven geboten hat, von denen er träumt? Er macht sich auf den Weg, um eine Gesellschaft zu finden, die ihm all das bietet, was er für sich mit Lebensglück umschreibt. Das neue Land soll ihm all das geben, was er zu Hause vermisst. Wenn er es gefunden hat, was ist dann falsch daran, von ihm zu fordern, dass er all seine mitgebrachten Fähigkeiten einbringen möge, um in der neuen Gesellschaft einen Platz zu finden und sie damit zu stärken?

Die Gesellschaft, in der er angekommen ist, ist nicht von allein entstanden. Und sie existiert auch nicht Tag für Tag von allein. Sie ist, wie sie ist, weil über Generationen Menschen an ihr gebaut, Werte zusammengetragen und um einen gerechten Weg gerungen haben. Sie existiert, weil auch im Alltag immer wieder um die Grundlagen einer solidarischen und demokratischen Gesellschaft gestritten wird. Gesellschaft ist nichts Statisches. Sie ist nicht einfach da und entsteht nicht qua Naturgesetz. Nein, sie muss von den Bürgerinnen und Bürgern jeden Tag aufs Neue gelebt und, wenn es sein muss, auch verteidigt werden. Einem Einwanderer zu sagen: »Herzlich willkommen, schön, dass du ein Gewinn für unsere Gemeinschaft sein willst, dann zeig, was du kannst und mach mit! Ja, mach nicht nur mit, sondern zeige auch, dass du mit uns leben willst, wie man in Deutschland lebt« – was ist daran verwerflich?

Verfolgt man diesen Gedanken konsequent weiter, kommt man unausweichlich zu der Frage: Darf eine Gesellschaft von den Hinzukommenden erwarten, dass sie nicht nur die kulturelle Bandbreite erweitern, sondern auch zur sozialen und wirtschaftlichen Stabilität beitragen? An dieser Stelle werden nicht wenige die Augenbrauen hochziehen. Das riecht ja nach Verwertungsprinzip: Der Mensch wird nicht in seinem ethisch-humanistischen Sein gesehen, sondern nach seiner Vermarktbarkeit kategorisiert. Pfui, da ist sie ja, die entlarvende Stelle. Aber welchen Sinn sollte Einwanderung denn sonst haben, außer dem, dass der Hinzukommende mithilft, die Gesellschaft voranzubringen? Besteht der Sinn und Zweck der Einwanderung denn darin, den Mühseligen und Beladenen einen Silberstreifen am Horizont zu bieten? Und wenn ja, allen oder nur einigen, und wenn, welchen? Ist es nicht eher so, dass die Völker es selbst in der Hand haben, darüber zu entscheiden, in welcher Staatsform, mit welchen Freiheitsrechten und mit welchen materiellen Wohlstandsnormen sie ihr Land gestalten wollen?

Wir sind mit den Regeln, die wir haben, zufrieden. Wer zu uns kommt, muss sie bejahen und sich an der Mehrung des Wohlstands dieser Gesellschaft aktiv beteiligen – ist es nicht das Recht einer jeden Gesellschaft, das zu sagen? Wem eine demokratische, liberale und tolerante Gesellschaft, aufgebaut auf der Würde und Freiheit des Individuums, zu unmoralisch, gottlos und verdorben ist, der muss seine Suche nach der vollkommenen Reinheit und seinen spirituellen Erwartungen fortsetzen. Deutschland ist kein Gottesstaat, und wer solchen Gedanken nachhängt, kann nicht zu uns gehören.

Ein besonderes Kapitel ist sicher der türkische Ministerpräsident Tayyip Erdoğan. Bereits zweimal hat er Kostproben seiner nationalistischen Innenpolitik in Deutschland abgeliefert. Er inszeniert Fahnenmeere, um die türkische Diaspora als solche zu stabilisieren. Er wirft Deutschland die Verletzung von Menschenrechten vor, weil wir von Neueinwanderern einen minimalen Grundstock an Sprachkenntnissen verlangen. Er behauptet, Assimilierung sei ein Verbrechen gegen die Menschlichkeit, und lässt sich dafür bejubeln. Ich verstehe zwar, was er damit meint, halte die Aussage aber schon inhaltlich für Unsinn. Man kann einen Menschen nicht gegen seinen Willen assimilieren, also zur Aufgabe seiner kulturellen Identität und Gepflogenheiten zwingen. Assimilierung kann eine Folge von Integration sein. Sie ist ein Prozess, der stattfindet oder auch nicht. Den Menschen geschehen lassen, vielleicht sogar wollen oder auch nicht. Sie ist aber keine gezielt steuerbare Maßnahme.

Der Höhepunkt von Erdoğans Entgleisungen in Deutschland war sicherlich die Theaterpose, dass die türkischstämmigen Menschen unter der Garantie der großen türkischen Republik stehen, die sie mit allen seinen Möglichkeiten unterstützen und schützen werde. »Unterstützen – wobei? Schützen – vor wem?«, fragt man sich da doch automatisch. Wie sieht diese Unterstützung denn in der Praxis aus? Etwa so, dass man türkischen Staatsbürgern Geldbeträge für einen nicht geleisteten Militärdienst abpresst, wenn sie die Entlassung aus der türkischen Staatsangehörigkeit beantragen? Schützen vor Deutschland und den Deutschen? Wie darf man das denn missverstehen? »Mit all seinen Möglichkeiten« – meint das die Luftwaffe oder die Marine? Das ist zwar nur eine rhetorische Frage, aber schon eine Lehrstunde aus dem Kapitel »Wie treibe ich Menschen auseinander?«. Ich möchte gar nicht wissen, welche Reaktionen eine ähnliche Inszenierung der Kanzlerin oder auch eines hohen christlichen Würdenträgers in der Türkei hervorrufen würden. Dazu wird es aber auch nicht kommen. Denn wir verbinden Gastfreundschaft auf der einen Seite immer auf der anderen Seite mit höflicher und respektvoller Zurückhaltung des Gastes.

Wie weit geht kulturelle Identität? Inwieweit muss eine Gesellschaft gemessen an ihren eigenen Freiheitsnormen abweichendes Verhalten nicht nur tolerieren und dulden, sondern auch bewusst fördern? Darf eine Gesellschaft in einer beobachtenden Rolle verharren, oder gehört es nicht zu ihren Aufgaben, den Prozess der Integration aktiv zu steuern und dort, wo er auf Kollisionskurs zur staatlichen Ordnung gerät, intervenierend einzugreifen? Ist Kulturrelativismus eine hinzunehmende Erscheinung, weil die Menschenrechte Teil westlicher Kultur sind und sie daher für Muslime nur nachrangige Wirkung entfalten? Aus meiner Sicht natürlich nicht. Und auch an dieser Stelle befinde ich mich in guter Gesellschaft mit Cem Özdemir, dem Vorsitzenden der GRÜNEN, der »keinen kulturellen Relativismus, der die Menschenrechte in Frage stellt«, dulden will.

Dort, wo die Dinge aus dem Ruder laufen, muss die Gesellschaft einschreiten. Die Probleme müssen benannt werden. »Alle große politische Aktion besteht im Aussprechen dessen, was ist, und beginnt damit. Alle politische Kleingeisterei besteht in dem Verschweigen und Bemänteln dessen, was ist«, so sagte es einst

Ferdinand Lassalle. Wegducken und Schönreden haben noch nie Probleme gelöst. Die Political Correctness ist häufig lediglich ein willkommenes Alibi für das Nichtstun, für das Schweigen und die Ignoranz. Die sozialromantische Multikulti-Gesellschaft, in der sich aus jeder Kultur das Gute Bahn bricht und aus all den positiven Einflüssen die Symbiose einer neuen, menschlichen Kulturform entsteht, ist lieb gedacht, aber grenzenlos naiv. Sie hat etwas von der Vision, das Paradies durch Religion zu schaffen, und gibt dem ewigen Traum nach Vollkommenheit im Guten lebensreal bezogenen Raum.

All diese dem Alltag entrückten Vorstellungen lassen den Menschen an sich außer Acht. Meine Erfahrung ist: Niemand will beliebig sein. Jeder will wissen, wo er herkommt, wo seine Wurzeln sind und wo er hingehört. Oder klarer formuliert: Niemand will multikulturell sein. Das hat nichts damit zu tun, dass er seine Nachbarn oder seine Arbeitskollegen nicht schätzt. »Multikulturell« heißt im Grunde genommen nichts anderes als »austauschbar«. Das stellt das Individuum und seine unverletzliche Würde in Frage. Zweifelsohne eine Anlehnung an die »-ismus«-Lehren, die alle nur das Kollektiv und die Unterwerfung des Einzelnen unter einen Willen kennen.

Die Realität sieht dort, wo wir eine multiethnische Gesellschaft aus 150 Nationen wie in Neukölln haben, ganz anders aus. Die Menschen gehen nicht mit weit ausgebreiteten Armen aufeinander zu. Im Gegenteil, die Ethnien grenzen sich – von Einzelfällen abgesehen – strikt gegeneinander ab. Mitunter ziehen unterschiedliche Lesarten einer Religion Trennungslinien nicht nur zwischen Menschen, sondern auch in den Wohngebieten.

An dieser Stelle fällt mir eine Begebenheit in einer Schule ein. Bei der Elternversammlung hatte der arabischstämmige Elternvertreter das Wort ergriffen. Er sprach davon, dass wir »im Moment noch sehr stark auf der Grundlage unserer heimatlichen Kulturen miteinander diskutieren, das wird sich aber in zwei Generationen immer mehr verwachsen und einebnen, und wir werden zu einem gemeinsamen kulturellen Leben finden«. Was sich daraufhin in dem Saal erhob, war ein Proteststurm, wie ich ihn noch nie zuvor erlebt hatte. Die türkischstämmigen Eltern schrien den Elternvertreter derart nieder, dass ich Sorge vor Handgreiflichkeiten hatte. *Wir Türken werden unsere türkische Kultur und unser Türkischsein nie verlieren! Es mag sein, dass die Araber so mit ihrer Kultur umgehen, aber wir türkischen Eltern verbieten Ihnen ausdrücklich, weiter so in unserem Namen zu reden!*

Das ist sicher ein Einzelfall. Aber er zeigt, wie weit Sozialromantik und die tatsächlichen Empfindungen der Menschen divergieren können.

Natürlich hat die Beantwortung dieser Fragen auch etwas mit dem Selbstbewusstsein zu tun. Unmissverständliche Ansagen wie: »Hier sind die Niederlande, hier gelten niederländische Sitten, niederländische Gesetze und sonst nichts«, oder entsprechend: »hier ist Frankreich …«, »hier ist Österreich …«, sind für sich genommen nicht zu kritisieren. In Deutschland allerdings ist solch ein Satz schon arg verdächtig, aus dem Wahlprogramm einer rechtsradikalen Partei entnommen zu sein. Wer so etwas ausspricht oder niederschreibt, ist mindestens ein deutschtümelnder Konservativer, wenn nicht gar ein Rassist und Neonazi. Die organisierte Links-Empörung ist gut vernetzt und erfolgreich in unsichtbaren Repressionen. Es geht flink und leise, und unbotmäßiges Verhalten wird durch Auftragsentzug bestraft. Unser geschichtliches Erbe, das kollektive Schuldbewusstsein und der andauernde, rituelle Entschuldigungsdrang sind für einen gesellschaftspolitischen Diskurs nicht förderlich. Auch begünstigen sie Schubladendenken und jedwede Totschlagargumentation. Es ist schön, in und von Deutschland zu leben. Aber es ist peinlich, ein Deutscher zu sein. Die Antwort der griechischen Medien auf die Hilfe aus Deutschland in Form einer Karikatur der deutschen Regierungschefin als neuer Hitler verdeutlicht diesen Gedanken. Dieses Mantra empfinden viele als ungerecht und missachtend. Man stelle sich vor, in Deutschland würden Medien so mit der Staats- und Regierungsspitze eines anderen Landes umgehen.

Mein Eindruck ist, dass wir den Irrweg der nur beobachtenden Gesellschaft schon viel zu weit gegangen sind. Allein der Überlebenswille und der Fortentwicklungsdrang beinhalten den Anspruch, die Kraft der Gestaltung nicht dem Zufall oder bewusst außerhalb der Gesellschaft stehenden Kräften zu überlassen. Eine Gesellschaft ist nicht die zufällige und gewillkürte Menschenmenge, die in einem Staatsgebiet nach gleichen Gesetzen lebt und nach dem Prinzip der Windrose beliebig auswechselbar ist. Eine Gesellschaft ist eine Gemeinschaft. Wir sprechen die gleiche Sprache, wir haben eine gemeinsame Historie, wir erfreuen uns der Leistungen und sind stolz auf die Errungenschaften unseres Volkes im Laufe der Menschheitsgeschichte, aber wir tragen auch gemeinsam Verantwortung für Schuld und Verbrechen. Wir verneigen uns vor der Vergangenheit und suchen gemeinsam Inspiration zur Gestaltung unserer Zukunft. Schon aus dieser Überlegung heraus gefährden Parallelgesellschaften unseren Staatsaufbau. Weil sie außerhalb dessen stehen, was Bürger unseres Staates verbindet. Sie machen *ihr* Ding. Und deswegen können sie nicht Teilhaber und Partner der Integration sein. Sie sind eben kein Kegelclub. Sie sind Auswüchse des Separatismus.

Die Normensetzung darf nicht auf der Straße erfolgen. Auch nicht in Hinterzimmern, auch nicht in Religionsschulen. Die Normensetzung in der Demokratie erfolgt ausschließlich und ausnahmslos durch die verfassungsgebenden Organe, die unter der Prämisse, alle Gewalt geht vom Volke aus, durch freie Wahlen dazu legitimiert werden. Unsere demokratisch verfasste Gesellschaft steht nicht zur Disposition. Für niemanden, mit welcher Begründung auch immer. Die Gesetze dieses Landes gelten für jeden. Egal, ob, was und woran er glaubt.

Die Würde des Menschen ist unantastbar. So lautet nicht zufällig der erste Satz unserer Verfassung. Das heißt, die Würde *jedes* Menschen. Ob jung oder alt, Mann oder Frau, religiös oder nicht, Ethno-Deutscher oder Migrant, egal mit welcher sexuellen Orientierung – jeder Einzelne hat das Recht, in diesem Land als eigenständiges Individuum, als Träger von Rechten und Pflichten respektiert und geachtet zu werden. Niemand hat das Recht, einen anderen in seiner physischen oder psychischen Integrität zu beeinträchtigen. Die Würde und das Selbstbestimmungsrecht haben nicht hinter eine selbstdefinierte Familienehre zurückzutreten. Gewalt, auch familiäre Gewalt ist geächtet. Mädchen und Jungen gehen gemeinsam zur Schule. Wir respektieren die körperliche Integrität jedes Einzelnen. Und wir verheiraten niemanden gegen seinen Willen und ohne rechtlichen Schutz. Kulturelle Identität bedeutet nicht, dass wir uns ins 19. Jahrhundert zurückbeamen. Wir führen ja auch die Kinderarbeit und das Dreiklassenwahlrecht nicht wieder ein. Ein Serientäter ist kein kultureller Zugewinn, sondern ein Störer des sozialen Friedens.

Beim Schreiben dieser vorstehenden Zeilen war ich sehr im Zweifel, ob alle Leser nachvollziehen können, welche Beweggründe es für sie gibt. Es sind Selbstverständlichkeiten, teilweise abgeschrieben aus dem Grundgesetz. Warum muss man sie dann wiederholen? Erklären uns doch alle Protagonisten des konfliktfreien Integrationsprozesses, das sei alles selbstverständlich: Es gebe niemanden, der dieses Wertegerüst in Frage stelle. Mit Verlaub, liebe Leserin und lieber Leser: Das ist Quatsch und hat mit dem wirklichen Leben nichts zu tun. Gerade in den Vierteln der Bildungsferne sind Welten entstanden, in denen religiöser Fundamentalismus, archaische Familienriten und die alles legitimierende Gewalt bei sogenannten Ehrverletzungen eine Dominanz ausstrahlen, die fassungslos macht. Selbstjustiz, Scharia-Richter und -Vollstrecker sind keine Episoden aus dem Märchenbuch (siehe Joachim Wagner, *Richter ohne Gesetz*).

Eine engagierte und erlebbare Integrationspolitik muss das Wertegerüst der Gesellschaft nicht nur verteidigen, sondern die Werte auch einfordern. Kulturelle Identität ist kein Freibrief für tradierte oder archaische Lebenswelten oder Familienriten. Wieder nehme ich gerne Bezug auf Cem Özdemir. Er formulierte es einmal so: »Wer möchte, dass Kreuzberg im besten Sinne multikulturell bleibt, der muss eben nicht nur Schulen und Lehrer unterstützen sowie an die Verantwortung der Eltern appellieren. Der muss auch für Sicherheit sorgen und darf keine Parallelgesellschaft bzw. Parallelgerichtsbarkeit dulden, wo radikale Organisationen ›Abtrünnige‹ bestrafen, Schutzgelder erpresst werden, Arbeitgeber ihre Angestellten verprügeln und Drogenhändler unbehelligt ihren Geschäften nachgehen können.« Ich teile diese Sichtweise uneingeschränkt. Integrationspolitik muss auch fordernde und leitende Elemente beinhalten. Gerade Menschen aus Ländern mit gesellschaftlichen Systemen ohne feste Sozialstrukturen, ordnende Zentralinstanzen und Bindungen an humanitäre Werte brauchen eine neue Orientierung, manchmal auch Führung. Elementare Dinge sind nicht nur Bestandteil sozialpädagogischer Hinwendung, sondern müssen auch Bestandteil von Verbindlichkeiten und Sanktionen sein.

Die Gewissheit, dass alle Bürgerinnen und Bürger die Grundrechte eines jeden Menschen akzeptieren und im Zweifelsfall auch schützen, ist die Voraussetzung für gesellschaftliche Solidarität. Wenn sie fehlt, kann es weder ein Gefühl der Sicherheit geben noch die Überzeugung, Teil einer großen Familie zu sein, in der einer für den anderen einsteht.

Das Pflichtenheft des Miteinanders hat aber nicht nur Seiten für die Einwanderer. Eine Gesellschaft muss sich auch als integrationswillig und integrationsfähig definieren und präsentieren. Die Aufnahme neuer kultureller Einflüsse geht nicht immer reibungslos. Sie erfordert Toleranz und an vielen Stellen auch Hilfe wie eigene Rücknahme. Sich an Fremdes zu gewöhnen fällt Menschen mitunter schwer. Abwehr ist dann die Konsequenz. Abwehr führt zum Gefühl der Ausgrenzung beim anderen. Aus Abwehr und Ausgrenzung kann auch Feindschaft entstehen. An dieser Stelle ist die beobachtende Gesellschaft ebenso völlig fehl am Platze.

Da es eine solidarische Gesellschaft nicht ohne ein Gefühl der Gemeinsamkeit geben kann, ist es Aufgabe der gesellschaftlichen Kräfte, aktiv einzugreifen, um das Trennende abzubauen und das Verbindende zu stärken. Dazu reicht es aber nicht, persönliche Referenten schöne Formulierungen niederschreiben zu lassen und sie dann vor den Fernsehkameras moralisierend zu wiederholen. Nein, das erfordert entschlossenes Handeln. Ich wiederhole: Wir haben in Deutschland keinen Erkenntnismangel, sondern ein Handlungsdefizit! Gerade die Integrationspolitik ist bis heute ein gigantisches Spielfeld der Eitelkeiten, der Selbstgerechtigkeit und des Verbalradikalismus. Mir ist eigentlich kein Bereich der Politik geläufig, in dem so viel mit gekreuzten Fingern auf dem Rücken geredet wird wie hier. Ich komme später in anderen Kapiteln auf diesen Aspekt noch mehrmals zurück.

Jede Gesellschaft muss sich daran messen lassen, wie sie mit den Schwachen umgeht. Starke können sich einen schwachen Staat leisten. Schwache brauchen einen starken Staat, der sie schützt und der sie fördert. Deshalb müssen die staatlichen Institutionen Offenheit gegenüber Minderheiten zeigen. Sie müssen Diskriminierung ächten. Sie müssen ihnen helfen, sich in der neuen Heimat zurechtzufinden, ihnen verständlich machen, welche Erwartungen an sie gehegt werden und welche Unterstützung sie erhalten können, um diesen Erwartungen gerecht zu werden. Integration ohne die ausgestreckte Hand der Gemeinschaft ist nur schwerlich möglich. Ich glaube sogar, es geht gar nicht.

Über allem aber muss die Überschrift stehen: Für jeden ist klar, was man tut und was man nicht tut. Denn genau aus der Missachtung dieses lapidaren Grundsatzes entspringen die Reibungen im Alltag. Unser Alt-Bundespräsident Johannes Rau hat es in seiner Berliner Rede im Jahr 2000 so formuliert:

»Das Zusammenleben ist auch schwierig, und es ist anstrengend. Wer das leugnet oder nicht wahrhaben will, ist mit allen Appellen zu mehr Toleranz, Freundlichkeit und Aufnahmebereitschaft unglaubwürdig.
Es hilft nichts, vor Problemen die Augen zu verschließen oder allein schon ihre Beschreibung als Ausländerfeindlichkeit hinzustellen.

Es ist nicht schwer, in wohlsituierten Vierteln eine ausländerfreundliche Gesinnung zu zeigen. Schwerer ist es da, wo sich immer mehr verändert, wo man als Einheimischer die Schilder an und in den Geschäften nicht mehr lesen kann, wo in einem Haus Familien aus aller Welt zusammenwohnen, wo sich im Hausflur ganz unterschiedliche Essensgerüche mischen, wo laut fremde Musik gemacht wird, wo wir ganz andere Lebensstile und religiöse Bräuche erfahren.

Schwer wird das Zusammenleben dort, wo sich manche alteingesessene Deutsche nicht mehr zu Hause fühlen, sondern wie Fremde im eigenen Land.

Im klimatisierten Auto multikulturelle Radioprogramme zu genießen ist eine Sache. In der U-Bahn oder im Bus umgeben zu sein von Menschen, deren Sprache man nicht versteht, das ist eine ganz andere.

Ich kann Eltern verstehen, die um die Bildungschancen ihrer Kinder fürchten, wenn der Ausländeranteil an der Schule sehr hoch ist. Ich kenne das aus eigener Erfahrung.

Ich kann auch verstehen, wenn überdurchschnittlich hohe Kriminalität junger Ausländer und Aussiedler vielen Menschen Angst macht.

(...)

Ich engagiere mich von ganzem Herzen für einen Dialog der Kulturen und Religionen weltweit. Das ist eine wichtige Aufgabe. Ich habe sie allerdings nie als Ersatz dafür verstanden, dass wir uns ganz handfest um die praktischen Probleme des Alltags kümmern, die sich aus dem Zusammenleben unterschiedlicher Kulturen im eigenen Land ergeben.«

Johannes Rau stand nicht im Verdacht, ein Sympathisant des verdeckten Rassismus zu sein. Nicht umsonst trug er den Beinamen »Bruder Johannes«. Seine mahnenden Worte sind zwölf Jahre her. Haben wir daraus wirklich einen Arbeitsauftrag entwickelt und ihn entschlossen umgesetzt? Ich denke, nein. Gleichzeitig ist die Rede aber ein Beleg dafür, dass es schon im Jahre 2000 emotionale Bewegungen der Art in der Bevölkerung gab, dass der Bundespräsident sich veranlasst sah, das Thema aufzugreifen.

Das erinnert mich an ein weiteres Zeichen, das wir schon viel früher unbeachtet zur Seite getan haben. Der erste Ausländerbeauftragte der Bundesrepublik, Heinz Kühn, legte im Jahr 1979 ein Memorandum zur Ausländerintegration vor. Und er schrieb uns ins Stammbuch:

»Die schulische Situation der ausländischen Kinder und Jugendlichen ist durch einen unzureichenden Schulbesuch, eine extrem niedrige Erfolgsquote bereits im Hauptschulbereich und eine erhebliche Unterrepräsentation ausländischer Schüler an weiterführenden Schulen gekennzeichnet.
(…)
Beachtlich sind ferner auch die bei den ausländischen Eltern bestehenden Hemmnisse, die Bedeutung des Schulbesuchs für die Zukunftsentwicklung ihrer Kinder richtig einzuschätzen und ihnen schulbegleitend die notwendige Förderung zu vermitteln.«

Dieser Text hätte auch in der *Süddeutschen Zeitung* oder der *FAZ* vom letzten Sonntag stehen können. Immer wieder stellt sich die Frage, warum diese Signale nicht beachtet und in politisches Handeln umgesetzt wurden. Nun ja: *Deutschland ist kein Einwanderungsland. – Die Gastarbeiter gehen alle wieder nach Hause. – Multikulti regelt alles wie ein Naturgesetz.* Solche wenn auch widersprüchliche Lebenslügen haben unsere Gesellschaft in den letzten 30 bis 40 Jahren geprägt. Es wird Zeit, dass wir uns von ihnen befreien.

Maulkorb und Scheuklappen – was tat die Politik?

Haben wir uns bisher mit der Theorie der Einwanderung und ihrer Auswirkung auf das tägliche Leben in einer Stadt beschäftigt, so geht es in diesem Kapitel um die Frage, wie die politische Kaste die Veränderungen um sich herum zur Kenntnis nahm und welche Handlungsaufträge sie für sich ableitete. Na ja, Dynamik sieht anders aus, aber wir hatten jederzeit alles im Griff. Sagte man, einige glaubten das sogar.

Die Prozesse der Segregation, also der fortschreitenden Entmischung ganzer Stadtviertel, haben wir bereits beleuchtet. Für das heutige Neukölln ist die Feststellung, dass diese Entwicklung im Wesentlichen als so gut wie abgeschlossen zu betrachten ist, keine Übertreibung. Der Bezirk hat sich im Großen und Ganzen sortiert. Die, die es sich leisten konnten und wollten – egal ob Ethno-Deutsche oder Einwanderer –, sind aus Nord-Neukölln weggezogen. Entweder haben sie im Süden ihr Häuschen gebaut, oder sie wohnen jetzt in einem anderen Bezirk mit höherem Sozialstatus. Heute vollziehen sich Wanderungsbewegungen auf diesem Sektor nur noch in Einzelfällen. Zum Beispiel bei Einwandererkindern, denen der Sprung auf der Bildungsleiter geglückt ist und die mit ihrem gestiegenen Selbstbewusstsein kokettieren. »Ich habe das Abitur nicht gemacht, um weiter im Ghetto zu leben.« Gerade Bildungsaufsteiger urteilen sehr streng über die, die es nicht geschafft haben, die aus ihrer Sicht nichts tun und nur abhängen. In Nord-Neukölln gibt es immerhin drei staatliche Gymnasien, die jährlich zwischen 150 und 200 Abiturienten hervorbringen. Das sind zwar weniger als das generelle statistische Soll der Einwandererkinder gemessen an ihrem

Anteil an der jahrgangsgleichen Gesamtbevölkerung, führt bei vielen Erstsemestern der Neuköllnologie aber immer wieder zu Überraschungseffekten. Somit präsentieren die Nord-Neuköllner Schulen jedes Jahr eine beachtliche Menge junger Leute, die nicht nur insgesamt eine Bereicherung darstellen, sondern auch an ihren späteren neuen Lebensorten zum positiven Integrationserlebnis werden. Durch meine Besuche in den Schulen kenne ich nicht wenige von ihnen persönlich. Es gibt überhaupt keinen Grund, sie schräg von der Seite anzuschauen oder über ihre Herkunft die Nase zu rümpfen. Eventuell ist es sogar angezeigt, die Stirn zu kräuseln ob der Frage, warum die eigene Tochter oder der eigene Sohn nicht ebenso wohlgeraten ist.

Die vorstehenden Ausführungen finden sich so oder so ähnlich in jeder Integrationsbilanz, deren Fokus ausschließlich auf die Erfolge eingeengt wird. Manchmal noch begleitet mit dem Trompetenstoß: »Integration ist in Deutschland millionenfach gelungen!« Es gibt nur ein Problem: Ich weiß nicht, was uns dieser Satz sagen soll. Ich kenne niemanden, der bisher ernsthaft vorgetragen hat, dass es in Deutschland keine gelungenen Integrationskarrieren gibt. Natürlich gibt es sie, und zwar nicht zu knapp! Es sind die »unsichtbaren« Einwanderer, die wir als solche gar nicht mehr wahrnehmen. Es sind diejenigen, die ein so selbstverständlicher Teil unserer Sozialkontakte sind, dass man mit ihnen über Integrationsfragen gar nicht redet. Warum auch?

Gern kann ich mit einem Beispiel verdeutlichen, wen ich meine. Ein marokkanisches Ehepaar kommt nach Deutschland, um hier sein Glück zu machen. Anfangs erfüllen sich auch alle Träume. Doch dann erkrankt der Mann plötzlich an Lungenkrebs und stirbt. Die Frau steht im Alter von 27 Jahren mit einer Tochter, zwei Söhnen und einem Kind unter dem Herzen alleine da. Einem natürlichen Impuls folgend, geht sie mit ihren Kindern zurück nach Marokko. Doch die Kinder kommen dort nicht klar. Ihnen gefällt das Leben nicht, sie wollen zurück dahin, wo ihre Spielkameraden sind und wo es keine Prügelstrafe gibt. Die Mutter nimmt ihre Kinder und wandert ein zweites Mal nach

Deutschland ein. In der Kita ihrer Kinder wird sie Reinigungskraft. Außer dem Kindergeld hat sie nie eine Sozialunterstützung erhalten. Die Tochter ist heute erfolgreiche Managerin für Musiker und Schauspieler, ein Sohn studiert Wirtschaftsingenieurwesen, einer ist Physiotherapeut und der dritte Industriekaufmann. Ich sehe bei meiner Arbeit viele Lebenswege, aber dieser nötigt mir Respekt ab.

Das sollte eigentlich der Normalfall sein. Aber wenn das so wäre, bräuchte ich dieses Buch nicht zu schreiben. Ich berichte über die Dinge, die seltener in den Erfolgsbilanzen stehen. Dass sich durch die Einwanderung auch Stadtviertel zu Elendsquartieren und Kiezen der Bildungsferne entwickelt haben. Und dass sie es sind, die uns Sorgen machen und um deren Willen ich eine andere, handlungsorientierte Integrationspolitik einfordere. Es geht nicht um weltoffene Abiturienten, egal welcher Herkunft und welchen Glaubens. Sondern es geht um die deutlichen Zeichen, dass in den Problemvierteln der religiöse Fundamentalismus auf dem Vormarsch ist und dass sich zumindest dort die Clans der organisierten Kriminalität immer ungenierter ausbreiten – das sind die Alltagsthemen der Menschen. Es sind die Erlebnisse im öffentlichen Raum, die ihre Einstellung prägen. Und es sind die Erfahrungen, die Eltern veranlassen, ihre Kinder woanders zur Schule zu schicken.

Als der Regierende Bürgermeister Klaus Wowereit im Dezember 2006 bei einem Interview auf N24 einmal äußerte, dass er Verständnis für alle Eltern habe, die nicht möchten, dass ihre Kinder in Kreuzberg zur Schule gehen, erhob sich ein Aufschrei der üblichen Verdächtigen. Wowereit wurde anschließend so lange »als Sau durchs Dorf getrieben«, bis er die Äußerung zurücknahm.

Einen routinierten Salto rückwärts legte erwartungsgemäß der Kreuzberger Bürgermeister hin. Er hatte Wowereit sofort empört aufgefordert, sich zu entschuldigen, weil dieser die Kreuzberger Schulen negativ stigmatisiert habe. Als Wowereit dann eine Woche später entnervt und devot kleinlaut seine Entschuldigung darbot und demonstrativ eine nette, schicke Kreuzberger Schule besuchte, entblödete sich derselbe Bürgermeister nicht, ihn wiederum zu kritisieren, weil er nunmehr eine funktionierende Schule besucht habe. Er hätte ihm gerne eine Schule mit Problemen und keine Vorzeigeschule gezeigt. Man muss in Berlin nicht alles verstehen.

Auch dem Schulleiter der Eberhard-Klein-Schule, Bernd Böttig, erging es zuvor nicht anders, als er 2005 in einem Interview mit dem *Stern* schonungslos die Verhältnisse an seiner Schule anprangerte: »Die meisten, die zu uns in die Hauptschule kommen, sind schon in der Grundschule gescheitert. Zwar ist die Integration in Berlin gescheitert, die Bevölkerung hier in Kreuzberg lebt sehr bewusst in ihrem selbstgeschaffenen Ghetto. Seit die letzten deutschen Schüler weg sind, haben wir hier weniger Probleme. Wir müssen uns nicht darum kümmern, die Deutschen zu integrieren.«

Das sind nur zwei kleine Beispiele dafür, dass es an Hinweisen auf die Lebensrealitäten in Berlin nicht mangelt. Ich könnte sie beliebig fortsetzen. Die kraftvollen Formulierungen von Politikerinnen und Politikern zur Einwanderung, zur Integration und auch zu Problemen einer Einwanderungsgesellschaft füllen in meinem Büro viele Schränke. Ich glaube sogar, die eine oder der andere wäre erschrocken, wenn nicht gar etwas verstört, wenn ich sie zitierte. Und trotzdem ist es in der praktischen Politik so, dass diese Themen nicht wirklich viele interessieren. Sie sind als »Schmuddelthemen« verpönt. Man kann sich damit auch keine Freunde machen. Sagt man die Wahrheit, gibt es sofort Stress, und im Ansehen wandert man in die rechte politische Ecke. Im schlimmsten Fall ist bei der nächsten Kandidatenkür das Mandat futsch.

Mir fällt in diesem Zusammenhang eine ehemalige migrationspolitische Sprecherin und Islambeauftragte der SPD-Fraktion des Deutschen Bundestages ein. Wir begegneten uns einige Male bei Podiumsdiskussionen. Solange sie das Mandat innehatte, kamen wir nicht recht zusammen. Ich glaube, sie fand meine Beiträge genauso schrecklich wie ich die ihrigen. Nachdem sie aber aus dem Deutschen Bundestag ausgeschieden war, avancierte ich zu ihrem heimlichen Fan. Plötzlich pflegte sie bei ihren öffentlichen Auftritten und den Medien gegenüber eine klare, unmissverständliche Sprache, nannte die Dinge beim Namen und hatte auch präzise Vorstellungen davon, was zu tun ist. Die Wandlung dieser Frau in ihrem öffentlichen Auftreten war für mich ein weiterer Beleg für meine These, dass in keinem Politikfeld so viel wider besseres Wissen geredet und gehandelt wird wie bei Integrationsfragen. Der in Berlin lebende türkischstämmige Schriftsteller Zafer Şenocak hat dieses Phänomen einmal sehr scharfzüngig beschrieben: »In den nächsten Jahrzehnten werden wir es mit Tausenden beruflich unqualifizierten jungen Menschen auf unseren Straßen zu tun haben, die sozial chancenlos sind. Wer diese Missstände aber offen formuliert, bekommt ganz schnell seine Probleme mit der Gutmenschen-Mafia, die über Parteigrenzen hinweg bestens funktioniert.« Ob man sich diesen Formulierungen anschließen will, ist Geschmackssache. Der Sachverhalt an sich ist aus meiner Sicht nicht zu bestreiten.

Um die Unwilligkeit der Politik auch im Alltag und in Randbereichen zu dokumentieren, kann ich über folgendes Erlebnis berichten. Bei den Beratungen des Haushaltsplanes 2012/2013 trug ich im Berliner Landesparlament zur allgemeinen Lage des Bezirkes Neukölln vor, dass wir seit einiger Zeit starke Zuwanderungsströme aus den EU-Staaten Bulgarien und Rumänien zu verzeichnen haben. Da die zuziehenden Familien häufig kinderreich sind, würden unsere Schulen an die Grenzen ihrer Kapazitäten stoßen – es fehle sowohl an Räumlichkeiten als auch an kulturnahen, mehrsprachigen Lehrkräften und Sprachmittlern. Ich verwies auf zunehmende Unruhe in der ansässigen Bevölkerung. Auf diesen Hinweis fragte niemand, welche Unterstützung wir benötigen, wie viele Räume, wie viele Lehrer – weit gefehlt. Ich wurde von der Fraktion der Piraten aufgefordert, den latenten Rassismus zu unterlassen. So sind Realitäten.

Zur Armutswanderung innerhalb der EU werde ich noch zu einem späteren Zeitpunkt zurückkommen.

Es ist einfach so, dass keiner hören will, was sich in den sozialen Brennpunkten oder auch Problemgebieten oder Stadtteilen mit besonderem Entwicklungsbedarf abspielt. In Berlin hat das sicher auch etwas mit meiner Person zu tun. Ich gehe der Belegschaft des Elfenbeinturms auf den Zünder. Aber das ist durchaus auch meine Absicht. Seit das System »Totschweigen« nicht mehr funktioniert, ist in der Landesliga Plan B »minimalistische Wahrnehmung« angesagt. So etwas führt schon zu fast kabarettistischen Verhaltensweisen. Als ich vor einigen Jahren von einem Besuch in Rotterdam einige überlegenswerte praktische Politikansätze mitbrachte und dies zu einer breiten Diskussion innerhalb der Parteien und Medien führte, entschied meine eigene SPD-Fraktion des Abgeordnetenhauses, »dass sie an Reiseberichten keinen Bedarf hat«. Dieser eigentlich unglaublichen Ignoranz und Arroganz folgte ein kleines, aber nachhaltiges politisches Erdbeben. Es verhalf mir zu einem Popularitätsschub, für den ich eigentlich heute noch honorarpflichtig wäre.

Ein fast kindisches Verhalten legte über viele Jahre der Integrationsbeauftragte des Landes Berlin an den Tag, indem er sich zu einem Bezirk mit 128 000 Einwanderern und ihren Abkömmlingen fast völlig abstinent verhielt. Es war schon recht kleinkariert, was mir Journalisten über seine Versuche berichteten, die Neuköllner Integrationspolitik madig zu machen oder ihre Erfolge an seine Fahne zu heften. Er traute sich einfach nicht zu uns, blickte neidvoll auf unsere praktische Arbeit, negierte sie in nahezu alberner Weise, was letztlich zu einer gegenseitigen, weiträumigen Umfahrung führte. Der Verdacht ist nicht von der Hand zu weisen, dass er unter einer Neuköllnphobie litt. Inzwischen hat er sich dankenswerterweise anderen Aufgaben zugewandt. Vorher beglückte er Berlin aber noch mit seiner wohl grandiosesten Fehlleistung, dem »Gesetz zur Regelung von Partizipation und Integration«.

Dieses Gesetz aus dem Jahr 2010 hat einen schicken Namen.

Es verheißt auch viel. Und dennoch werden die folgenden Zeilen über seine Inhalte zu einem humoristischen Teil dieses Buches.

Der Ehrgeiz des letzten rot-roten Senates war groß. Der des kleinen Koalitionspartners DIE LINKE war noch größer. Der Geschäftsbereich »Integration und Migration« oblag dem kleineren Koalitionspartner. Und so wollte dieser unbedingt mit dem ersten Gesetz eines Bundeslandes zu dieser Thematik in die deutsche Integrationsgeschichte eingehen. Es wurde eine formidable Bauchlandung. Eine Blamage ersten Ranges. Das einzige, was man diesem Gesetz zugute halten kann, ist, dass es niemandem schadet. Helfen tut es aber auch nicht. Zumindest nicht bei der Bewältigung der Integrationsprobleme. Es ist ein Placebo. Und damit hat man den Inhalt bereits abgehandelt.

Aber ich will Ihnen einen Blick in das Gesetz nicht vorenthalten. Außerdem gehört sich auch eine Begründung, wenn man das Werk anderer so niedermacht, wie ich es vorstehend getan habe.

Als erstes möchte ich eine Frage an Sie weitergeben: Was, würden Sie denken, sollte in einem Gesetz zur Regelung von Partizipation und Integration in Berlin wohl stehen? Welche Erwartungen würden Sie hegen? Ich für meine Person würde glauben, dass ein solches Gesetz sich mit dem Stand des Integrationsprozesses auseinandersetzt und dort, wo es noch Hemmnisse gibt, diese aufzeigt und Regelungen zur Abhilfe trifft. Also, wie gehen wir nun um mit den Sprachdefiziten bei den Kindern, wie gestalten wir die Elternarbeit, durch welche Maßnahmen versuchen wir die Bildungsferne in der Stadt zu beheben, wer sind unsere Partner dabei, wie professionalisieren wir unsere Bildungseinrichtungen für diese Aufgabe, welche Erwartungen haben wir an die Einwanderer und ihre Organisationen, und womit wollen wir die Kluft in der Stadt überbrücken und das weitere Auseinanderdriften verhindern?

Wenn diese oder ähnliche Fragen auch Sie bewegen und Sie Antworten in dem Gesetz dazu suchen, werden Sie eine herbe Enttäuschung erleben. Nichts davon werden Sie finden. Es sei denn, es reichen Ihnen die Botschaften von der Metaebene, dass sich »das Land Berlin zum Ziel setzt, Menschen mit Migrationshintergrund die Möglichkeit zur gleichberechtigten Teilhabe in allen Bereichen des gesellschaftlichen Lebens zu geben und gleichzeitig jede Benachteiligung und Bevorzugung auszuschließen. Integration ist ein gesamtgesellschaftlicher Prozess, dessen Gelingen von der Mitwirkung aller Bürgerinnen und Bürger abhängt. Erfolgreiche Integration setzt sowohl das Angebot an die Bevölkerung mit Migrationshintergrund zur Beteiligung als auch den Willen und das Engagement der Menschen mit Migrationshintergrund zur Integration voraus.« So heißt es in §1. Wenn Sie mit diesen Formulierungen, die einer mittelmäßigen Presseerklärung entnommen sein könnten, zufrieden sind, dann hat das Gesetz seinen Zweck erfüllt. Wenn Sie aber nach etwas mehr Substanz suchen, wird die Aufgabe schon anspruchsvoller.

Die erste Überraschung erlebt man bei der Erkenntnis, an wen sich das Gesetz überhaupt richtet und für wen es gilt. Nämlich für die Berliner Verwaltung und für private Institutionen, an denen das Land Berlin Mehrheitsbeteiligungen hält. Es ist also ein Gesetz, das man für sich selbst gemacht hat. Dann hätte ein Rundschreiben eigentlich auch gereicht.

Im Detail geht es nun darum, wie eine Beauftragte oder ein Beauftragter für Integration und Migration ernannt wird und wie lange die Amtszeit dauert. Man gründet einen Landesbeirat (den es längst gibt) und regelt umständlich, wer dazu gehört und wie er zustande kommt. Man kreiert Bezirksbeauftragte für Integration und Migration (die es ebenfalls längst gibt) – und dann ist das Gesetz schon zu Ende. Ach nein, es folgen ja noch einige Artikel zur Änderung bereits bestehender Gesetze. Die Hochschulen sollen durch mehr Öffentlichkeitsarbeit unterrepräsentierte Bevölkerungsgruppen zur Aufnahme eines Studiums animieren, und im Sportförderungsgesetz werden die Wörter »ausländische Mitbürger« durch die Wörter »von Menschen mit Migrationshintergrund« ersetzt. In diesem Stil geht es weiter.

Aus »kirchlichen« Feiertagen werden »religiöse«. Und dann wird immer wieder geklärt, wer bei den Senioren, bei Bedürftigen, im Jugend- und Schulbereich ein Pöstchen besetzen darf.

Doch ich will nicht ungerecht sein. Zwei wesentliche Punkte habe ich Ihnen bisher unterschlagen. In den Bezirken werden Integrationsausschüsse eingerichtet. Was auf den ersten Blick noch halbwegs vernünftig aussieht, erweist sich auf den zweiten als Schildbürgerstreich: Existierten bisher auf der Bezirksebene Beiräte für Integration und Migration mit bis zu 27 Teilnehmern, so gibt es jetzt einen Ausschuss mit 15 Mitgliedern. Davon kommen allerdings nur sieben aus Organisationen außerhalb der Verwaltung. Auf gut deutsch, die Beteiligung der Einwanderer am Bezirksgeschehen wird *reduziert* und nicht ausgebaut. Insidern war von Anfang an klar: Das wird in der Praxis so nicht stattfinden. Ein Gremium, das erst einmal da ist, entwickelt immer einen beachtlichen Überlebenswillen. In diesem Fall sogar zu Recht. Das Ergebnis ist also: Wir haben jetzt zwei Gremien für dieselbe Thematik. Das ist echt innovativ.

Ach ja, und dann ist da noch die Sache mit den Toten. Der umfangreichste Teil des Gesetzes befasst sich mit den Fragen, ob Leichen aus religiösen Gründen in einem Leichentuch ohne Sarg bestattet werden dürfen, wie Särge beschaffen sein müssen, in denen die Leichen bis zum Grab transportiert werden, wie das mit der Wiederverwendung des Sarges ist, mit den Räumen für rituelle Waschungen und welche Schutzmaßnahmen bei der Leichenschau im Sinne der Hygiene und des Seuchenschutzes zu treffen sind. Man fasst es nicht. Nicht soziale Verwerfungen, Mängel des Schulsystems, Bildungsferne, Diskriminierung oder auch Kriminalität spielen in dem Gesetz eine Rolle, sondern der Umgang mit Toten in epischer Breite. Ich fragte bei der Diskussion um dieses Gesetz ein Senatsmitglied, warum das so gehandhabt worden ist. Die entwaffnende Antwort lautete: »Wir haben das reingeschrieben, damit überhaupt etwas drinsteht.« Dann passt es natürlich wieder und reiht sich ein in die bekannte Gaukler-Politik. Dabei gäbe es wirklich genug zu tun.

Sollten Sie nicht so ohne weiteres bereit sein, mir die vorstehende Geschichte abzunehmen, so klicken Sie sich doch einfach ins Gesetz.* Viel Amüsement.

In Neukölln-Nord wirken heute zehn Gebiete der »Sozialen Stadt« (ein elftes betrifft die Gropiusstadt im Süden). Insgesamt handelt es sich nach dem Urteil des 2011 verstorbenen Prof. Dr. Häussermann um einen »Sozialraum mit Ausgrenzungstendenz«. Davon gibt es insbesondere im Bezirk Mitte und in Friedrichhain-Kreuzberg noch weitere. Nach seinem »Monitoring Soziale Stadtentwicklung« ist davon auszugehen, dass mehr als 800 000 Menschen in Berlin in Gebieten mit einem sehr niedrigen Entwicklungsindex leben. Das vernichtendste Urteil von Prof. Dr. Häussermann war einmal der Satz: »Man muss in Berlin von einer gespaltenen Kindheit ausgehen. Immer mehr Kinder in Umgebungen mit immer größeren Problemen gegenüber Kindern in Umgebungen mit immer weniger Problemen.«

Die mahnenden Hinweise auf die bevölkerungspolitische und sozialintegrative Fehlentwicklung von Neukölln-Nord sind lange Zeit nicht zur Kenntnis genommen oder gar belächelt worden. Dies war der Grund für mich, Prof. Dr. Häussermann insgesamt dreimal zu bitten, sich gutachterlich über die sozioökonomische Entwicklung des Stadtteils zu äußern. Alle drei Gutachten sind im Netz unter www.berlin.de/ba-neukoelln/derbezirk/neukoell ner_gutachten.html einseh- und abrufbar. Ich verzichte an dieser Stelle auf weitschweifige Wiederholungen aus den Gutachten. Dies schon aus dem Grunde, weil ihre Datenlagen aus 2005 bis 2009 inzwischen als veraltet anzusehen sind. Die Veränderungen vollziehen sich so rasant, dass es nicht adäquat erscheint, konkrete Ableitungen aus bis zu sieben Jahre alten Daten vorzunehmen. Insofern möchte ich lediglich die zentralen Ergebnisse wiedergeben, zu denen Prof. Dr. Häussermann gekommen ist.

---

* Abrufbar unter: www.berlin.de/lb/intmig/partizipationsgesetz_berlin.html

- Die Unterschiede im sozialen Status innerhalb Neuköllns haben sich nicht erst in jüngster Zeit herausgebildet, sondern bestehen bereits mindestens seit 2001.
- Innerhalb Neuköllns zeigen die Gebiete mit einem hohen sozialen Status eine günstige Entwicklungstendenz, während die Gebiete im nördlichen Neukölln mit sehr niedrigem Status eine negative Dynamik aufweisen. Damit zeichnet sich eine größer werdende Ungleichheit hinsichtlich der sozialen Problemdichte ab, und der Abstand vergrößert sich.
- Infolge des Zuzugs von Menschen mit ausländischer Staatsbürgerschaft entstehen Verdrängungsprozesse durch den Wegzug der Deutschen. Seit 2001 ist eine stärkere Abwanderung von Familien mit Kindern unter sechs Jahren in den Süden Neuköllns zu verzeichnen.
- Die Altbaugebiete in Neukölln üben eine anhaltende Attraktivität auf Zuwanderer aus dem Ausland aus. Die Zuzüge aus dem Ausland steigen kontinuierlich. Das Wanderungssaldo mit Bulgarien ist durchgängig positiv, mit Polen und der Türkei seit Jahren rückläufig.
- Für Neukölln ist festzustellen, dass dort, wo die Probleme bereits hoch verdichtet sind, diese weiter zunehmen, während sie in Gebieten mit einer niedrigen Problemdichte nicht zunehmen. Wenn heute die Hälfte der Neuköllner Bevölkerung sogar am Rand der sozialen Ausgrenzung steht, dann werden das in zehn bis 15 Jahren ohne einsetzende Intervention zwei Drittel bis drei Viertel sein. Der Zustand für die Eingriffsebene Prävention ist in Neukölln längst überschritten. Es besteht dringend stärkerer Interventionsbedarf der Landespolitik.
- Die Dichte der sozialen Probleme in Neukölln-Nord ist etwa doppelt so hoch wie in der gesamten Stadt. Die positiven Trends kommen in Nord-Neukölln nahezu flächendeckend nicht oder nur abgeschwächt an. Damit koppelt sich Nord-Neukölln von der Gesamtentwicklung Berlins ab.
- Das Armutsniveau verfestigt sich in Neukölln-Nord durch einen verstärkten Zuzug von Arbeitslosen.

(Anmerkung d. Verf.: Ein aktuelles Gutachten von TOPOS über die Zuzüge im Jahre 2011 hat den anhaltenden Trend bestätigt. Etwa 50 % aller Zuziehenden nach Neukölln verfügen lediglich über ein Einkommen unterhalb des Durchschnitts der Gesamtberliner Bevölkerung.)

- Neukölln ist das Zentrum der Aufstocker, die mit ihrer Arbeit nicht genug verdienen und daher zusätzlich auf Hartz IV angewiesen sind. Es zeigt sich, dass die Beschäftigung im Niedriglohnbereich hier am stärksten vertreten ist.
- Die Entwicklung der Kinderarmut ist erschreckend. Während sie im Berliner Durchschnitt sinkt, steigt sie in Neukölln an. Von 18,9 % im Jahr 2001 auf 54,6 % im Jahr 2009. In Nord-Neukölln belaufen sich die Spitzenwerte auf 74,6 % und 75,2 % in einzelnen Gebieten.

Spätestens seit Vorliegen der Gutachten war die Diskussion um die Validität der Neuköllner Aussagen beendet. Für Fachleute hingegen waren die Untersuchungsergebnisse von Prof. Dr. Häussermann keine Überraschung, bestätigten sie doch nur, was er bereits mehrfach bei seinen Forschungen über die sozio-ökonomische Entwicklung von ganz Berlin festgestellt hatte. Immer wieder hatte er sorgenvoll versucht, den Prozess des sozialen Auseinanderdriftens Berlins ins Bewusstsein zu rütteln. Ein Beispiel hierfür ist das Monitoring der sozialen Stadtentwicklung 2007. Seine damaligen Forschungsergebnisse veranlassten ihn zu folgenden Feststellungen:

»Wedding und Neukölln sowie Moabit haben Kreuzberg als Gebiet mit der höchsten Problemdichte abgelöst. Dies sind Entwicklungen, die seit längerem zu beobachten sind, und die durch die bisherigen Interventionsversuche nicht wesentlich verändert werden konnten …«

»Vergleicht man die Anteile von nicht-erwerbsfähigen Empfängerinnen und Empfängern von Existenzsicherungsleistungen an den unter 15-Jährigen mit den Anteilen der Sozialhilfebezieherinnen und Sozialhilfebeziehern unter 18 Jahren zum Jahresendstand 2004, zeigt sich, dass die Anteile 2006 im Durchschnitt mehr als doppelt so hoch sind.«

»Die hohe Präsenz von Kindern und Jugendlichen aus Zuwandererfamilien ist neben hohen Anteilen von Transferempfängerinnen und Transferempfängern oft der Anlass für den Entschluss von Eltern, vor der Einschulung ihrer Kinder das Wohngebiet zu verlassen.«

»Es besteht nach wie vor eine starke Konzentration von ausländischen Kindern und Jugendlichen in den westlichen Innenstadtgebieten. In Neukölln und Wedding liegen die Werte am höchsten.«

»Unter den Verkehrszellen mit einem sehr niedrigen oder einem niedrigen sozialen Status gibt es keine, die eine positive Entwicklungstendenz aufweist.«

»Die Verkehrszellen mit Interventionsbedarf liegen überwiegend in den Bezirken Mitte, Neukölln und Marzahn-Hellersdorf.«

»Dies veranschaulicht deutlich, dass sich Gebiete mit einem hohen sozialen Status und Gebiete mit einem niedrigen sozialen Status weiter auseinanderentwickeln.«

»Während 39 von 64 Verkehrszellen mit einem bereits ›hohen‹ Status eine überwiegend positive Dynamik aufweisen, das heißt, dass die Dichte sozialer Probleme dort, obwohl sie bereits sehr niedrig ist, noch weiter abnimmt, ist am anderen Ende dieser Skala das Gegenteil der Fall: In keinem der 64 Gebiete mit einem ›niedrigen‹ bzw. ›sehr niedrigen‹ Status hat sich im Untersuchungszeitraum eine positive Entwicklungsdynamik gezeigt. Bei 37 der 64 Gebiete zeigen die Dynamik-Indikatoren in Richtung einer weiteren Abwärtsentwicklung. Damit deutet sich eine Polarisierung der Quartiersentwicklung an: In den Quartieren, in denen bereits jetzt wenig soziale Probleme zu beobachten sind, verringern sich diese weiter – und bei denjenigen, wo bereits eine hohe Problemdichte gegeben ist, verschärft sich die Situation noch weiter.

Die Bemühungen des Quartiersmanagements haben also bisher nicht dazu geführt, dass in allen Quartieren mit einer hohen Problemkonzentration die Abwärtsspirale gestoppt oder gar umgekehrt werden konnte.«

Aus seinen Analysen zieht Prof. Dr. Häussermann Schlussfolgerungen, die er in einem Forderungskatalog so zusammenfasst:

»Die Stadtentwicklungspolitik muss auf diese Probleme mit einer strukturellen Neuordnung der Quartierspolitik antworten. (...) Die sich abzeichnende Polarisierung der Quartiersentwicklung verlangt nach gesamtstädtischen Strategien, die geeignet sind, die soziale Situation vieler Haushalte zu verbessern und eine Dekonzentration der sozialen Problemdichte einzuleiten (...). Eine integrierte Quartierspolitik mit den Schwerpunkten Familien-, Jugend- und Bildungspolitik muss dabei absoluten Vorrang haben. (...) Für ein Ende des Engagements in den Quartiersmanagementgebieten zeichnet sich derzeit keine Begründung ab.«

Legt man die Ergebnisse und Schlussfolgerungen von Prof. Dr. Häussermann nebeneinander, so muss man ihnen eigentlich die Funktion eines Weckers zuschreiben. Das ist schon heftig, was dort der Stadtpolitik ins Stammbuch geschrieben wurde.

Die Erwartung, dass nach dem Vorliegen der Gutachten der Kurs in der Integrations- und Sozialpolitik in Berlin spürbar verändert werden würde, musste mit dem Gedanken »denkste« beerdigt werden. Es bleibt festzuhalten, dass es bereits im Jahr 2007 mehr als deutliche Warnhinweise auf sich verfestigende soziale Brennpunkte gegeben hat. Dies ist umso beachtlicher, als der Stadtsoziologe als eher abwägender und dezent zurückhaltender Formulierer bekannt war. Ihn unter die Kategorien Alarmist oder Scharfmacher zu subsumieren, würde seiner Persönlichkeit nicht gerecht werden. Allerdings habe ich ihn im Laufe der Jahre unserer Zusammenarbeit so erlebt, dass er immer enttäuschter auf die Tatenlosigkeit der Politik in Berlin reagierte. Zum Ende seines Wirkens empfand ich ihn fast als resignativ.

Ich glaube, hier sollte ich einen kleinen Einblick in den Prozess der Annäherung von Prof. Dr. Hartmut Häussermann und mir geben. Wir lernten uns etwa 2003 bei Podiumsdiskussionen kennen. Wir waren stets die geplante Sollbruchstelle auf dem Podium. Denn Diskussionen leben nun einmal von unterschiedlichen Positionen. Ich war damals der polternde Lautsprecher aus Neukölln, der alles schwarz malte und mies machte. Der die schönen, gelungenen Projekte kritisierte und die harmonische intellektuelle Integrationswelt durch Kraftausdrücke störte. Mir gegenüber saß Prof. Dr. Häussermann, der meine Kampfbegriffe wie »Parallelgesellschaften«, »Sozialromantik« und »gescheiterter Multikulturalismus« aufnahm und höflich, aber doch lehrhaft zurückwies und wissenschaftlich auseinandernahm. Seine menschlich sehr angenehme Art führte aber dazu, dass wir uns persönlich nie gram waren und uns von Veranstaltung zu Veranstaltung sogar annäherten.

Als dann im Laufe der Zeit die sozialen Daten immer dramatischer wurden und Prof. Dr. Häussermanns Sprache sich für seine Verhältnisse stark radikalisierte, ohne dass die Politik darauf reagierte, kam es 2008/2009 sogar zum Schulterschluss. Insbesondere seine Arbeit mit den Daten aus Neukölln hat ihn stark sensibilisiert. Wir wurden bald nicht mehr zusammen eingeladen, weil immer unwahrscheinlicher wurde, dass wir unterschiedlicher Meinung waren. Der Wissenschaftler trat bis zuletzt in Veranstaltungen auf und nahm Neukölln als das reale Beispiel einer asymmetrisch mutierenden Stadt. Er wurde zu unserem Kronzeugen.

Die detaillierten rein Neuköllner Spezifika sind natürlich für manche Leser nur von nachrangigem Interesse. Es ging mir vor allem darum zu verdeutlichen, wie sich ein ganzer Stadtteil von über 300 000 Menschen in einer konkreten Problemlage mit

150 000 Menschen wissenschaftlich nachgewiesen auf einer rasanten Talfahrt befinden kann, während die Landespolitik völlig ungerührt weiter vor sich hinnickert. Dazu gehören schon ein ziemlich dickes Fell und eine stramme Portion Nonchalance.

Zusätzlich zum »Monitoring Soziale Stadtentwicklung« lässt die Landesregierung in unregelmäßigen Abständen einen Sozialstrukturatlas erstellen und veröffentlichen. Es kann nicht verwundern, dass bisher die Ergebnisse ziemlich deckungsgleich mit denen des Monitorings waren. Aber auch die Reaktionen waren identisch. Große Betroffenheit wurde in die Mikrophone und Kameras gehaucht und entschlossene Abhilfe angekündigt. Hierzu wurde die x-te Arbeitsgruppe von Staatssekretären eingesetzt, die dann, nachdem sich die Medienaufmerksamkeit gelegt hatte, wie ihre Vorgänger sanft entschlummerte.

Im Sommer 2012 war es wieder einmal so weit. Auf eine parlamentarische Anfrage hin musste der Senat erneut offenlegen, dass in Berlin jeder dritte junge Mensch unter 18 Jahren in einem Hartz-IV-Haushalt lebt. In Neukölln und Mitte sind es 50 % und in einigen Bezirksteilen weitaus mehr. Auf die Frage nach der Strategie zur Bekämpfung der Kinderarmut gab es welche Antwort? Dreimal dürfen Sie raten. Na klar, es wird eine ressortübergreifende Arbeitsgruppe eingesetzt. Verfolgen wir ihre Halbwertszeit.

Nicht verschweigen möchte ich auch, dass einige unserer heutigen Brennpunktlagen durch unmittelbares staatliches Handeln stimuliert wurden.

Im Jahre 2006 entschied der damalige rot-rote Senat, den Verkauf städtischer Wohnungen zu stoppen. Hintergrund war die Absicht, eine Mindestanzahl von 260 000 Wohnungen aus Gründen der Marktregulierung im städtischen Besitz zu behalten. Eine kluge und richtige Entscheidung. Vorher wurden aber noch schnell zwei große Wohngebiete verkauft. Die sogenannte Weiße Siedlung mit 1700 Wohnungen und der größte Teil der High-Deck-Siedlung mit 1900 Wohnungen. Beide liegen in Nord-Neukölln. Käufer waren zu jener Zeit natürlich Heuschrecken.

Die weitere Entwicklung war wie aus dem Lehrbuch. Die Banken wollten durch Vollvermietung beruhigt werden, also musste der Leerstand weg. Die Folge waren Anzeigen mit der netten Offerte »Schöne Neubauwohnung, xx qm, drei Monate mietfrei, gerne auch Hartz-IV-Empfänger«.

Ich kann es mir ersparen zu beschreiben, mit welch affenartiger Geschwindigkeit sich der Absturz der Sozialstruktur in den beiden Gebieten vollzog. Als zum partiellen Mittun verurteiltem Bezirksbürgermeister kamen mir damals durchaus revolutionäre Gedanken. In den Verkauf der einen Siedlung war ich nicht einmal am Rande involviert. Sie gehörte einer städtischen Gesellschaft, zu der ich keine direkten Kontakte hatte. Bei der High-Deck-Siedlung war das anders. Sie gehörte einer Gesellschaft, in deren Aufsichtsrat ich damals saß und auch heute noch sitze. Wir erhielten die klare Direktive des Gesellschafters Land Berlin, dass die für die Sanierung der Siedlung benötigten 50 Millionen Euro nicht zur Verfügung stünden und daher die Wohnungen zu verkaufen seien. Mir war damals klar, wie die Folgen aussehen würden. Und so ist es dann ja auch gekommen. Ich fühlte mich in den entscheidenden Sitzungen ohnmächtig. Die Wohnbaugesellschaft konnte die Aufgabe alleine nicht stemmen, der Gesellschafter entschied sich für den Verkauf, und der Bürgermeister ahnte das Unheil. Ich bin jedenfalls der festen Überzeugung, dass die sozialen Folgekosten, die wir als Land Berlin inzwischen zu tragen hatten, die Einnahmen aus dem Verkauf der Siedlung bereits um ein Vielfaches überstiegen haben. Solches Denken in Zusammenhängen ist aber kaum verbreitet. Dabei sind doch alles öffentliche Mittel, also Geld der Steuerzahler.

Ansonsten begann 2002 in Berlin die Epoche des Sarrazynismus. Weiche Faktoren, soziale Aspekte, Stadtrendite, soziale Verantwortung der städtischen Wohnungsbaugesellschaften für den Kiez – solche unanständigen Wörter durften noch nicht einmal mehr gedacht werden. Es zählten nur Gewinnmargen und Abführungsquoten an das Land. Erst 2007 wurde durch die damalige Stadtentwicklungssenatorin Ingeborg Junge-Reyer der wohnungspolitische Kurs in Berlin geändert. Die städtischen Wohnbaugesellschaften erhielten wieder den Auftrag, ihre Geschäftspolitik auch an der Bevölkerungs- und Sozialstruktur auszurichten und sie nach Möglichkeit positiv zu beeinflussen. Da aber, wo das Kind bereits in den Brunnen gefallen war, blieb nur der Reparaturbetrieb »Soziale Stadt«.

Andere Kulturen und dann noch die Sache mit der Religion

Dieses Kapitel beschäftigt sich mit der inzwischen schon fast als selbstverständlich hingenommenen Dominanz des Islam. Keine Religion beansprucht für sich einen so breiten öffentlichen Raum in der gesellschaftspolitischen Diskussion wie der Islam. Nicht selten erfolgt im Diskurs eine völlig irreführende Gleichsetzung von Migrant und Moslem. Richtig ist, dass von den rund 16 Millionen Menschen mit Migrationshintergrund in Deutschland höchstens ein Viertel Muslime sind. Das Spektrum der Religionen in Deutschland ist breiter geworden. Und der Islam ist nur eine der Religionen, die neu hinzugekommen sind.

Von den 128 000 Menschen mit Migrationshintergrund in Neukölln sind – wie bereits erwähnt – etwa 57 000 Muslime. Der Islam ist also in Neukölln angekommen, und er wird auch bleiben. Gerade über die Frage, in welchem Verhältnis er zur deutschen Gesellschaft steht, gab es aus Anlass der Rede des damaligen Bundespräsidenten Wulff eine leidenschaftliche Diskussion. So richtig verstanden habe ich die Adrenalinschübe bei einigen Zeitgenossen damals nicht. Ich will zum besseren Verständnis die entscheidenden Passagen aus der Rede zitieren:

»Wir haben erkannt, dass Einwanderung stattgefunden hat, auch wenn wir uns lange nicht als Einwanderungsland definiert und nach unseren Interessen Zuwanderung gesteuert haben. Und wir haben auch erkannt, dass multikulturelle Illusionen die Herausforderungen und Probleme regelmäßig unterschätzt haben: Verharren in Staatshilfe, Kriminalitätsraten, Macho-Gehabe, Bildungs- und Leistungsverweigerung. (…)

Und ja, wir brauchen auch viel mehr Konsequenz bei der Durchsetzung von Regeln und Pflichten – etwa bei Schulschwänzern. Zur Wahrheit gehört aber auch dazu: Das gilt für alle, die in diesem Land leben. (…)

Zuallererst brauchen wir eine klare Haltung. Ein Verständnis von Deutschland, das Zugehörigkeit nicht auf einen Pass, eine Familiengeschichte oder einen Glauben verengt, sondern breiter angelegt ist. Das Christentum gehört zweifelsfrei zu Deutschland. Das Judentum gehört zweifelsfrei zu Deutschland. Das ist unsere christlich-jüdische Geschichte. Aber der Islam gehört inzwischen auch zu Deutschland. (…)

Zu Hause zu sein in diesem Land – das heißt dann, unsere Verfassung und die in ihr festgeschriebenen Werte zu achten und zu schützen: zuallererst die Würde eines jeden einzelnen Menschen, aber auch die Meinungsfreiheit, die Glaubens- und Gewissensfreiheit, die Gleichberechtigung von Mann und Frau. Sich an unsere gemeinsamen Regeln zu halten und unsere Art zu leben zu akzeptieren. Wer das nicht tut, wer unser Land und seine Werte verachtet, muss mit entschlossener Gegenwehr aller in unserem Land rechnen – das gilt für fundamentalistische ebenso wie für rechte oder linke Extremisten.

Wir erwarten völlig zu Recht, dass jeder sich nach seinen Fähigkeiten einbringt in unser Gemeinwesen. Wir verschließen nicht die Augen vor denjenigen, die Gemeinsinn missbrauchen. (…)

Wir achten jeden, der etwas beiträgt zu unserem Land und seiner Kultur.«

Wer will gegen diese Formulierungen ideologisch argumentieren? Auch die umstrittene Passage, ob der Islam nun zu Deutschland gehört oder nicht, ist bei emotionslosem Hinsehen sprachlich geschickt formuliert. Die christlich-jüdische Geschichte wird klar getrennt von dem »inzwischen« hinzugetretenen Islam. Die Existenz von etwa 3,5 bis 4 Millionen Muslimen in Deutschland kann wohl niemand in Abrede stellen. Also ist der Islam da. Beabsichtigt war natürlich eine völlig andere politische Wirkung. Nämlich die, die eingetreten ist. Es ging nicht um einzelne Buchstaben, sondern darum, ob der Islam Teil des Wertekanons und der Werteschöpfung in Deutschland ist oder war. Wenn heute Funktionäre der Muslime im Brustton der Überzeugung behaupten, der Islam habe zur Entwicklung Deutschlands bis hin zu unserer heutigen demokratischen Gesellschaft Wesentliches beigetragen, dann darf sich niemand über Widerspruch wundern. Es hat einige geschmerzt, trotzdem war die Relativierung durch Bundespräsident Gauck richtig und notwendig, um die ins Nichts führende Debatte zu beenden.

Nun sind 5 % der Bevölkerung (ohne die Aleviten fast nur 4 %) ohne Frage eine klare Minderheit. In diesem Fall aber eine sehr aktive, manchmal auch recht aggressive. Mir gehen die Fragen, wie ich zum Islam stehe, was ich von ihm halte und ob ich finde, dass er kompatibel mit unserer Gesellschaftsordnung ist, inzwischen auf die Nerven. Ich habe gar keine Lust, mich andauernd über Religion zu unterhalten oder mir eine solche Unterhaltung aufzwingen zu lassen. Ich diskutiere auch nicht jeden zweiten oder dritten Tag über den Katholizismus, das Judentum, den Buddhismus oder Hinduismus. Religion ist bei uns Privatsache. Wer mit welchem Gott wie seinen Frieden findet, ist für mich ohne Belang. Jedenfalls so lange, wie er nicht den Anspruch erhebt, dass ich seinen Gott auch toll zu finden habe. Religionsfreiheit bedeutet nicht, dass die Religion über den Normen der Gesellschaft steht, sie die Definition der Freiheit ist oder sie gar die Normen oktroyiert, sondern heißt, dass jeder die Religion, die für ihn das Heil bedeutet, ohne Angst vor staatlicher Repression oder Einmischung ausüben kann. Religionsfreiheit heißt auch, frei von Religion leben zu können.

Aus meiner Sicht entwickeln sich die Diskussionen und Konfliktsituationen immer dann, wenn mit der Religion weltliche Bezüge hergestellt und daraus zwanghafte normative Verhaltensweisen abgeleitet werden sollen. Ich meine die hinlänglich bekannten Auseinandersetzungen in der Schule, im Kindergarten, am Arbeitsplatz oder im öffentlichen Raum. Da gelangt eine Religion, die den Anspruch erhebt, spirituelle und weltliche Instanz zugleich zu sein, schnell an ihre Grenzen. Ehrlich gesagt, berühren mich die islamischen Glaubensriten genauso nur am Rande wie die der recht starken Hindugemeinde in Neukölln oder die der katholischen Kirche. Das hat nichts mit mangelndem Respekt zu tun, sondern ist lediglich Ausdruck einer persönlichen Distanz. Ich mag weder Halbmonde noch Kreuze in Schulen und Rathäusern.

In Neukölln bieten sich etwa 20 Moscheen den Muslimen zur Religionsverrichtung an. Mal sind es mehr, mal sind es weniger. Über die Eröffnung oder Schließung einer Moschee erfahren wir meist erst aus der Nachbarschaft. Immer dann, wenn sich eine leerstehende Fabriketage plötzlich zu bestimmten Zeiten meist mit Männern füllt, freitagnachmittags die Parkplätze in den umliegenden Straßen knapp werden oder auch Männer mit Kopfbedeckungen, langen Bärten sowie orientalischer Bekleidung ein- und ausgehen. Im Regelfall vollziehen sich derartige Dinge unspektakulär. Entscheidend für die Lang- oder Kurzlebigkeit ist, ob es dem Vereinsvorstand oder Imam gelingt, genügend Gläubige an sich zu binden, um das für das Überleben erforderliche Spendenaufkommen zu sichern. Anders als bei den christlichen Kirchen gibt es kein übergeordnetes Finanzierungssystem. Nur sehr wenige Moscheen legen offen, ob sie aus dem Ausland, etwa Saudi-Arabien, finanzielle Unterstützung erhalten. Außer zur Şehitlik-Moschee, die zur (staatlichen) Türkisch-Islamischen Union der Anstalt für Religion (DITIB) gehört, haben wir kaum regelmäßige Kontakte zu den Moscheevereinen. Sie sind auch nicht gewünscht. Wir fragen zuviel!

Die Struktur unserer Moscheen ist so heterogen wie die islamische Lehre. Die Hauptströmungen Sunniten, Schiiten und Aleviten machen durchaus das Gros aus, wobei wir aber keine genaue Datenlage darüber haben, wie stark die Anhängerschaf-

ten der einzelnen Moscheen oder insbesondere der Glaubensrichtungen des Salafismus und des Wahhabismus, also der ex-
tremsten islamischen Strömungen, tatsächlich sind. Es muss
doch stutzig machen, wenn die Berliner Chefin des Verfassungs-
schutzes erklärt, nach ihren Erkenntnissen gebe es in der Stadt
etwa 300 bis 500 Salafisten. Diese Glaubensrichtung betreibt
zwei Moscheen, eine davon in Neukölln. Und schon diese eine
hat einen Gebetssaal für 1500 Gläubige, und beim Freitagsgebet
stehen mitunter noch ein paar Hundert auf der Straße.

Wir haben auch nur verschwommenes und rudimentäres
Wissen darüber, was sich in den einzelnen Moscheen praktisch
vollzieht. Wird in allen Moscheen tatsächlich nur der Glaube
praktiziert, oder verfolgt man islamistische Ziele, also die des
politischen Islam? Werden junge Leute angeworben, um ihnen
Halt zu geben und ihre Persönlichkeit zu festigen, oder eher, um
sie mit der Bestimmung zum Mujahid – also zum Gotteskrie-
ger – vereinnahmend bekannt werden zu lassen? Was passiert
tagtäglich mit Kindern ab vier Jahren in den Koranschulen? Das
sind Fragen, die man sich stellen kann, die die deutsche Gesellschaft aus meiner Sicht auch stellen muss, aber es nicht tut. Vielleicht, weil wir wissen, dass wir sowieso keine vernünftige Antwort kriegen.

Einen Überblick haben wir darüber, welcher grundsätzlichen
Glaubensschule sich die einzelnen Moscheevereine zugehörig
fühlen. Ob sie Anlaufstellen der Hisbollah oder Hamas sind,
ob sie der Moslembruderschaft oder Millî Görüş nahestehen
und wer mit wem vernetzt ist. In Neukölln werden regelmäßig
elf Moscheevereine durch den Verfassungsschutz beobachtet.
Es stößt uns schon auf, wenn sich ein Verein aus etwa 40 nicht
gerade begüterten Menschen gründet, aber kurze Zeit darauf ein
Gemeindezentrum für 10 bis 15 Millionen Euro bauen möchte.
Auch da sind kritische Nachfragen unerwünscht und führen sofort zu Beschützerverhalten einschlägiger politischer Kreise oder
Organisationen. Christliche Gemeinden und Hochschulen sind
hiervon ebenfalls nicht ausgenommen, wie das jüngste Beispiel

eines in Neukölln gegründeten neuen Bürgerbündnisses gezeigt hat. Die stereotype Antwort auf den Hinweis, dass einige der Mitglieder unter der Beobachtung der Verfassungsschützer stehen, lautete: »Ja, das wissen wir, aber man muss die Liberalen in diesen Organisationen stärken.« Oder die renommierte Stiftung, die bei einem Projekt mit Moscheen zusammenarbeitet, die als Anlaufpunkte der Hisbollah, Hamas und Salafisten gelten. Hier wurden unsere Bedenken quittiert mit der Bemerkung: »Wertvorstellungen unserer Partner messen wir keine Bedeutung zu.« Da es für uns Grundvoraussetzung jeglicher Zusammenarbeit ist, dass sich Partner der demokratischen Werteordnung verpflichtet fühlen, haben wir natürlich um Verständnis gebeten, dass wir das Projekt den Neuköllner Schulen nicht empfehlen können.

Aber es ist manchmal schon nahezu absurd, welche Organisationen sich bereitwillig als Unterschlupf und seriöser Deckmantel missbrauchen lassen. Die Folge davon ist eine völlig schiefe Diskussionsebene. Man befindet sich urplötzlich im Konflikt mit jemandem, mit dem man eigentlich gar nicht im Unfrieden ist. Und es entsteht vor allem eine fast unangreifbare Position für einen zweifelhaften Verein. Es mag mitunter bei den Einzelnen Naivität und/oder Gutmenschentum die Ursache sein, bei den Frontleuten ist es Kalkül. Wer mehrere Hundert johlende Menschen aus zum Teil obskuren Gruppierungen mit Sympathie für Hamas, Hisbollah, Salafiten und Millî Görüş für das Idealbild der Zukunft Neuköllns hält, hat ein anderes Weltbild als ich. Mich stoßen derartige Rituale ab. Wer die toleranzzersetzende Wirkung des Fundamentalismus nicht erkennt oder erkennen will, der wird schon allein dadurch zum Helfershelfer.

Insbesondere auf junge Leute üben orthodoxe Religionsauslegungen eine starke Anziehungskraft aus. Sie helfen vielen Gescheiterten, die sich benachteiligt, diskriminiert und ausgegrenzt fühlen, ihre Perspektivlosigkeit zu kompensieren. An ihrer Situation muss jemand schuld sein. Da sie selbst es aus ihrer Sicht nicht sein können, liegt der Fall klar: die deutsche Gesellschaft. Oder im Straßenjargon: die Scheißdeutschen. Für diese Frustrierten stiften die Religion und insbesondere der kompromisslose und fundamentalistische Glaube eine neue Identität. Das stärkt das Bewusstsein und das Selbstwertgefühl. *Ich bin anders, ich bin besser, ich lebe ein höheres, gottgefälligeres Leben als die Ungläubigen.* Natürlich werden diese Gefühle von dogmatischen Religionslehrern oder Imamen geweckt und gestärkt.

Über Anwerbetechniken, Unterrichtskreise in Privatwohnungen und den Betrieb von Koranschulen ist nicht viel bekannt, wir sind auf Vermutungen und juristisch nicht belastbare Informationen angewiesen. Wir schätzen, dass es etwa 1000 Koranschulplätze mit unterschiedlicher Lehrausrichtung in Neukölln gibt. Es ist nicht auszuschließen, dass in und durch die Koranschulen die Anhängerschaft orthodoxer Religionsauslegungen, die im Widerspruch zu unserer Gesellschaftsordnung stehen, weiteren Zulauf erhält. Darüber hinaus erteilt die Islamische Föderation als Tochterunternehmen von Millî Görüş in Neukölln in fünf staatlichen Schulen Religionsunterricht. Die alevitische Gemeinde, ein Beispiel für liberales Glaubensleben, ist an zwei Schulen in Neukölln tätig.

Ich begrüße das Engagement der Aleviten in Neukölln außerordentlich. Seit vielen Jahren habe ich mit Bedauern registriert, dass sich die alevitische Gemeinde in Neukölln nur zurückhaltend repräsentiert. An dieser Stelle räume ich einmal Neidgefühl gegenüber dem Stadtteil Kreuzberg ein, und zwar insofern, als die Aleviten dort ein sogenanntes Cem-Haus (eine Begegnungsstätte) unterhalten und in Neukölln nicht. Das soll sich ändern. Seit etwa einem Jahr haben sich die Kontakte gefestigt, und die Aleviten sind dabei, eine entsprechende Liegenschaft für ein Cem-Haus in Neukölln zu finden.

Es ist sicher überzogen zu erwarten, dass jeder Mann und jede Frau die Feinheiten unterschiedlicher Glaubensrichtungen in sein Wissen aufgenommen hat. Deshalb an dieser Stelle einige wenige Basics, die sich spielend bei Wikipedia erweitern lassen.

Der Islam wird geprägt von zwei bestimmenden Glaubensrichtungen. Der sunnitischen und der schiitischen. Die sunnitische Lesart versammelt etwa 85 % aller Moslems unter ihrem Dach, die schiitische demnach etwa 15 %. Um die Frage, wer den wahren Islam vertritt, gibt es seit ewigen Zeiten schwere und auch blutige Auseinandersetzungen. Heute noch ist der Kampf um die Deutungshoheit im Islam Auslöser und Hintergrund vieler Attentate. Er musste sogar als Begründung für den 8-jährigen Krieg zwischen dem schiitischen Iran und dem sunnitischen Irak herhalten, obwohl es dabei wohl mehr um geostrategische Ziele ging.

Zwischen diesen Hauptströmungen gibt es weitere, zahlenmäßig nicht so bedeutsame Absplitterungen. Meist eher konservativer Art. Eine Sonderstellung nimmt das Alevitentum ein. Der Ursprung dieser Glaubensrichtung ist umstritten. Es gibt Lehren, die belegen wollen, dass das Alevitentum bereits vor der Schöpfung des Islam entstanden ist, während andere es für eine Weiterentwicklung auf der Basis des Schiitentums halten. In Deutschland handelt es sich vorrangig um das anatolische Alevitentum – eine synkretistische Religion aus schiitischen, alttürkischen und mystischen Elementen.

Fest steht jedoch, dass die alevitische Glaubens- und Lebensethik eine völlig andere als die des klassischen Islam ist. Die Aleviten beziehen sich in ihrer Spiritualität zwar auf den Koran, lehnen seinen rechtsprägenden, bis in das tägliche Leben alles beherrschenden und allumfassend bestimmenden Anspruch jedoch ab. Orthodoxie ist ihnen völlig wesensfremd und findet keinen Eingang in die alevitische Lehre. Im Zentrum des Glaubens steht der Mensch als Individuum. Es gibt keinen Unterschied in der Wertigkeit der Geschlechter, Gewalt nach außen und innerhalb der Familie wird abgelehnt. Bildung gilt als erstrebenswert, und jeder Alevit ist verpflichtet, sie zu erwerben.

Das Alevitentum trägt starke humanistische Züge. Es gibt keine Kirchen und Moscheen im üblichen Sinne und keine unabdingbaren Gebets- und Verhaltensrituale. Aus der Sicht orthodoxer Moslems handelt es sich bei Aleviten auch nicht um Moslems und Gläubige des Islam, und deshalb müssten sie aus dem Hause des Islam vertrieben werden. Vor den AKP-Zeiten in der Türkei hieß es in der sonstigen islamischen Welt auch immer, dass die Türkei vom Laizismus der Kemalisten wie wohl auch vom Liberalismus der Aleviten befreit werden müsse.

Die Aleviten haben in den vergangenen Jahrhunderten in ihrem Stammland der Türkei Verfolgung und Unterdrückung erleiden müssen. Ihr historischer Kern liegt in Anatolien. Dort wurden sie enteignet, ermordet oder vertrieben. Heute gilt Izmir als das religiöse und intellektuelle Zentrum der Aleviten in der Türkei. Ihr Anteil an der türkischen Bevölkerung wird auf 20 % geschätzt. Immer wieder wird berichtet, dass bis heute bekennende Aleviten diskriminiert und unter fadenscheinigen Gründen ihrer Ämter (sofern sie welche innehaben, und sei es auch nur die Leitung einer Schule) enthoben werden. Aus diesem Grunde ist es zumindest in der Türkei ausgesprochen unüblich, dass Aleviten ihren Glauben öffentlich zu Markte tragen.

Dieses wenn auch rudimentäre Wissen über Strömungen innerhalb des Islam ist für die Beurteilung der Muslime in Deutschland nicht ohne Belang. Die alevitische Gemeinde bezeichnet sich mit rund 600 000 bis 700 000 Angehörigen in Deutschland als die zweitgrößte muslimische Vereinigung nach den Sunniten. Alle anderen Glaubensrichtungen rangieren deutlich unter ihnen. Deshalb ist es aus meiner Sicht fahrlässig und wenig hilfreich, in Schriften oder Debatten von »den Muslimen« zu schreiben bzw. zu reden. Die Aleviten sind in ganz vielen Fällen unsere verlässlichsten und engagiertesten Partner im Integrationsprozess. Sie stets unter dem Sammelbegriff »die Muslime« zu subsumieren und damit gleichermaßen mitverantwortlich für Fehlentwicklungen zu machen, die aus den fundamentalistischen Glaubensrichtungen begründbar sind, führt jedoch immer wieder zur Verbitterung und Enttäuschung bei den Aleviten über diese Nichtwürdigung ihrer Leistung. Zumal man sie damit auch noch auf eine Stufe mit ihren Peinigern in der Türkei stellt. Thilo Sarrazin macht in seinem Buch diesen kapitalen Fehler ebenfalls.

Es ist schon eine starke Vereinfachung, wenn ich versuche,

Menschen, die sich noch nie mit dieser Thematik beschäftigt haben, den Unterschied mit den Worten: »Das sind in etwa die Protestanten des Islam« zu erläutern. Offener, liberaler, lebensbejahend, tolerant und demokratiefähig. Gerade die letzte Eigenschaft ist die, die dem orthodoxen Islam bisher abgesprochen werden muss. Der Glaube an die Untrennbarkeit von Religion, Staat und Gesellschaft und die Reduzierung der Bedeutung des Einzelnen, der nur als ein Teil der Umma, der Gemeinschaft aller Muslime, eine Existenzberechtigung genießt, sind mit dem Grundprinzip eines demokratisch verfassten Staates, seiner Gewaltenteilung und der Unangreifbarkeit der Würde des Individuums nicht vereinbar. Mindestens an dieser Stelle hat der Islam seine Aufklärung und seine Reformation noch vor sich. Hinter dem immer wieder gebrauchten Begriff des »Euro-Islam« verbergen sich genau diese Erwartungen. Nach meinem Dafürhalten wird diese Entwicklung jedoch noch ein bisschen auf sich warten lassen. Die Rückkehr der Türkei zu eher konservativen Glaubenssichten und die Ablösung von Diktaturen durch zum Beispiel die konservative Moslembruderschaft in Ägypten deuten für mich nicht darauf hin, dass in dieser Region der Welt ein demokratischer Schnellzug Fahrt aufnimmt.

Die Betrachtung der weltweiten Entwicklung des Islam ist sicher wichtig, für die Bewältigung unseres Alltags und die Steuerung des Integrationsprozesses aber nicht von ausschlaggebender Bedeutung. Hier müssen wir uns eher damit auseinandersetzen, wie weit wir den Ausbau von Brückenköpfen fundamentalistischer, ja teilweise fanatischer Glaubensrichtungen unter dem Schutzschirm der kulturellen Identität zulassen wollen und dürfen. Denn dass der Fundamentalismus zweifelsohne nicht nur in Neukölln, sondern berlinweit an Land gewinnt, hat sich nicht zuletzt 2012 bei der Neuwahl des Berliner Landesbeirats für Integrations- und Migrationsfragen gezeigt. Dabei haben sich einige strenggläubige konservative Migrantenorganisationen und Moscheevereine durchgesetzt. Die bislang im Beirat vertretenen nichtreligiösen liberalen Kräfte wurden bis auf eine Ausnahme abserviert. Hinter vorgehaltener Hand wird sogar von Manipulation und Mauschelei geredet.

Der Versuch gesellschaftlicher Landnahme durch Vitalisierung der Dogmen insbesondere im schulischen Alltag erfordert von unseren Schulleitungen enorme Aufmerksamkeit und eine nicht erlahmende Konfliktbereitschaft. Die Streitpunkte sind immer wieder der Biologie- und der Turnunterricht, das Schwimmen, Klassenfahrten, das Tragen von Kopftüchern bei vorpubertären Mädchen (unabhängig davon, wie man zum Kopftuch überhaupt steht). Es geht so weit, dass Erziehungs- und Lehrkräfte keine mit Schweinefleischprodukten belegten Pausenbrote in der Schule oder der Kita essen sollen. Denn wenn sie das tun und sich nicht die Hände waschen, sind sie unrein und beschmutzen beim Anfassen die Kinder. Dass sich kaum noch eine Cafeteria traut, neben schweinefleischfreien auch schweinefleischhaltige Produkte anzubieten, kann da nicht mehr verwundern. Eine Cafeteria, in der Schweinefleischprodukte verarbeitet oder angeboten werden, ist eben nicht *halal,* sondern *haram.* Im Extremfall überwachen »Religionswächter« (ältere, körperlich überzeugende Schüler) an der Tür, wer was kauft und isst. Natürlich mit den entsprechenden »beratenden« Hinweisen.

Nicht jede Schulleitung findet die Kraft, sich solchen Entwicklungen entgegenzustellen. Das gilt für die Leitung von Kindertagesstätten ebenso. Man muss kein Prophet sein, um zu der Aussage zu gelangen, dass dieser Kulturkampf auf Dauer nicht zu gewinnen ist. Die Kraft durchzusetzen, dass an einer Grundschule keine Kopftücher getragen werden und nach dem Sport geduscht wird, wohnt nicht jeder Leitung unbegrenzt inne. Es hat sich Resignation in unseren Einrichtungen ausgebreitet. Das hat seine Ursache natürlich auch in dem Umstand, dass wir unsere Lehrkräfte und unsere Erzieher in diesen sehr schwierigen Situationen des Alltags meist völlig allein lassen. Kommt es zu einem Konflikt, so endet er meist mit der Ansage an die Mitarbeiter, dass man mit ein bisschen mehr Kultursensibilität die ganze Aufregung hätte verhindern können. Eine Rektorin sagte mir resigniert: »Ich habe aufgehört, mir trotz 90 % Eltern im Hartz-IV-Bezug über den jeden Morgen vorfahrenden Wagenpark Gedanken zu machen.« Auch kommt es immer wieder vor, dass das Handtuch geworfen und eine Stelle in einem anderen Bezirk gesucht wird.

An dieser Stelle möchte ich über zwei andere bemerkenswerte Gegebenheiten berichten, die gar nicht besonders außergewöhnlich sind.

Bei einer Elternversammlung kam ein türkischstämmiger Vater auf mich zu und berichtete mir, dass er aus Neukölln fortzieht. Ich kannte ihn aus seiner beruflichen Tätigkeit. Auch seine Frau ging einer Erwerbstätigkeit nach. Seine Begründung lautete, dass seine Frau und er ihren Schlaf bräuchten und ihre Leistungsfähigkeit darunter leidet, wenn im Haus jede Nacht die Partys bis in den frühen Morgen gehen.

Bei einem anderen Elternabend unterhalte ich mich mit einem arabischstämmigen Ehepaar, das eine kleine Tochter an der Hand hat. Als ich das Mädchen anspreche, reagiert es nicht. Die Eltern erklären, das Kind könne mich nicht verstehen, weil es kein Deutsch beherrscht. Ich erfrage das Alter und gebe den Rat, dass ein 3-jähriges Kind in den Kindergarten gehört, um Deutsch zu lernen. Die Eltern stimmen mir im Prinzip zu, beklagen aber, dass in ihrer Wohngegend kein Platz frei sei. Ich biete an, einen Platz zu vermitteln, allerdings müssten die Eltern mit dem Autobus, der vor ihrer Haustür hält, etwa vier Stationen zum Kindergarten fahren. Die Eltern lehnen das Angebot höflich mit der Begründung ab, dass der Weg zu weit sei.

Solche Erfahrungen mache ich immer wieder. Ich habe ein nicht erlahmendes Helfersyndrom und empfinde durchaus Freude daran, hin und wieder Schicksal zu spielen. Ich glaube, das ist nicht ungewöhnlich bei Menschen, die in einer vergleichbaren Situation sind und Gelegenheit haben, hier und dort lenkend und problemlösend einzugreifen. Auch unterliege ich immer wieder der Versuchung, lauthals beklagte Ungerechtigkeiten und Diskriminierungen in der Praxis zu hinterfragen. Ich gehe den Hinweisen von Großeltern und Eltern nach, dass ihre Enkel keinen Ausbildungsplatz bekommen oder dass ihre Tochter oder ihr Sohn am Arbeitsplatz ausgebeutet werden, keinen Urlaub erhalten oder Überstunden ohne Entlohnung leisten müssen. Ich biete meine Hilfe zur Bewältigung von Problemen bei der Einbürgerung an oder bin bereit, ungerechte Einzelfälle prüfen zu lassen.

Ich muss an dieser Stelle aber das Geständnis ablegen, dass es mir bei allen Versuchen, jungen Leuten zu einem Ausbildungsplatz zu verhelfen, beim Schulwechsel auf eine höhere Schule ein gutes Wort einzulegen oder bei einem vorhandenen Arbeitgeber zu intervenieren, nicht ein einziges Mal gelungen ist, meine Bemühungen zum Erfolg zu führen. Immer wieder erwiesen sich angebliche Leistungsbereitschaft oder Interessenbekundungen als hohle Phrasen. Wenn es ernst wurde, taten sich jeweils unüberwindliche Hürden auf, die es unmöglich machten, das Angebot anzunehmen, oder es tauchten plötzlich Gründe auf, weshalb es im Moment gerade äußerst ungelegen kam. Die Hinweise von Oma oder Papa solle ich mal nicht so ernst nehmen, die hätten etwas missverstanden. Den Vorstellungstermin bei einem Unternehmen konnte der junge Mann nicht wahrnehmen, weil er frisch verliebt mit seiner Freundin nach Mallorca fliegen musste. Der vorgetragene Wunsch, einen bestimmten Beruf zu erlernen, relativierte sich durch die Mitteilung des Jobcenters, dass der Betreffende genau jene Ausbildung schon zweimal geschmissen habe. Verabredete Termine wurden, ohne abzusagen, nicht eingehalten, oder ein Strafverfahren erwies sich für unsere gemeinsamen Aktivitäten als hinderlich. Inzwischen bin ich doch schon recht stark desillusioniert ob der Halbwertszeiten der beklagten Ungerechtigkeiten.

Gerade für junge Menschen scheinen die Verlockungen von Hartz IV eine solch beherrschende Macht zu entwickeln, dass sie zu einer vernünftigen Güterabwägung und zum Denken über den Tag hinaus nicht mehr fähig sind. Wenn man Erfahrungen der vorstehenden Art über Jahre sammelt, kann man einen unendlichen Frust kriegen und jedweden Glauben an das Gute verlieren. Natürlich sind nicht alle jungen Leute so, und mit hoher Gewissheit bilden die Charaktere, die ich beschrieben habe, eine Minderheit. Aber es gibt sie, und es ist – anders als der Regierende Bürgermeister in seinem Büchlein schreibt – keine verschwindend geringe Zahl von Einzelfällen. Nicht selten also beruht das Gefühl des Nicht-geliebt-Werdens, des Ausgestoßenseins schlicht und ergreifend auf persönlicher Unzulänglichkeit. Das mag für das Gewissen einer Gesellschaft beruhigend sein, hilft in der Sache aber nicht weiter. Nichts ist so teuer wie ein nicht in die Gesellschaft integrierter Mensch. Der Reparaturbetrieb kommt die Gemeinschaft von der Alimentation über Schadensregulierung, Opferbetreuung, Justizkosten oder, oder, oder teuer zu stehen. Ein Mensch, der zur Wertschöpfung des Bruttoinlandsproduktes beiträgt und Steuern zahlt, ist für die Gemeinschaft erheblich lukrativer als jemand, der das nicht tut. Egal, wo die Schuld hierfür zu suchen und zu finden ist. Zu dieser rein volkswirtschaftlichen Sicht kommen im Bereich der Einwanderungscommunitys eben noch Belastungsfaktoren wie Randständigkeit, Separatismus und Parallelgesellschaften hinzu.

Es ist eine eigene Welt entstanden. Und sie wird von Tag zu Tag in sich perfekter und geschlossener. Menschen bestimmter Glaubensrichtungen ziehen nach Neukölln, um ihrer Moschee und ihrer Glaubenscommunity nahe zu sein. Sie bilden Netzwerke, die nicht zu unterschätzen sind und die nur einem Zweck dienen: unter sich zu bleiben, die eigenen kulturellen und religiösen Normen zu bewahren, die Kinder vor sündigen Einflüssen zu beschützen und der deutschen Lebensart, den deutschen Lebensregeln und den deutschen Gesetzen auszuweichen. Parallelgesellschaften zeichnen sich nun einmal dadurch aus, dass sie sich abschotten und alle Kraft auf die Binnenintegration und Selbstfindung in der Minderheitenposition verwenden.

Fast alle diese bei der Integration hinderlichen Begleiterscheinungen stehen im engen Zusammenhang mit Bildungsferne. Oft auch noch vermengt mit starker Frömmigkeit, Scheinreligiosität, tradierten Familienriten, überkommenem Hierarchieverhalten, Gewaltakzeptanz und Gehorsamspflichten. All diese Bremsklötze werden aus der spirituellen Metaebene des Glaubens hergeleitet, und damit wird es so gut wie unmöglich, sie in Frage zu stellen. Von mir im Einzelfall erbetene Erklärungen, aus welcher Sure oder welchem Hadith dieses oder jenes Verhalten abzuleiten ist, laufen häufig ins Leere.

Vielfach bestimmen ungeschriebene und überlieferte Verhaltensnormen den Lebensalltag und die Lebensperspektive junger Menschen, im positiven wie im negativen Sinne.

Es beginnt bereits bei den Erziehungsidealen muslimischer Eltern. Jungen werden dazu erzogen, tapfer, mutig und kampfbereit zu sein. Eben Beschützer und Verteidiger der Familienehre. Deswegen laufen schon im Kindesalter Jungen mit Waffen in der Tasche durch die Gegend, immer bereit, »die Ehre meiner Mutter zu verteidigen«. Mädchen werden dazu erzogen, keusch, rein und gehorsam zu sein. *Meine Tochter soll eine gute Frau und Mutter werden. Wozu braucht sie da die Schule?* So oder so ähnlich lautet eine durchaus gängige Antwort auf die Frage des Sozialarbeiters, warum die Tochter vorige Woche nicht in der Schule war.

Wenn ich mich insbesondere mit jungen Muslimen unterhalte, so möchte ich sie häufig an den Schultern rütteln und sie aufwecken. Ihnen zurufen: »Schau dich um, diese Gesellschaft hält auch für dich einen Platz bereit, nimm ihn ein und ergreife die Chancen, die das Leben dir in diesem Land bietet!« Es sind die Riten der Großväter und der Separatismus ihres sozialen Umfeldes, die sie in einem Zwiespalt aufwachsen lassen, der sie fast zerreißen muss. Die sie umgebende liberale und freie Gesellschaft passt nicht zu den vordemokratischen Strukturen zu Hause. Das gilt ganz besonders für die jungen Frauen. In Kindertagesstätten und Schulen zu selbständig denkenden und emanzipierten Wesen erzogen, werden sie häufig mit martialischen Mitteln gezwungen, sich in eine Tradition zu fügen, die nicht mehr die ihre ist. Der immer wieder zitierte »Ehren«-Mord an Hatun

Sürücü oder der Film *Die Fremde* sowie die Romane *Arabboy* und *Arabqueen* von Güner Y. Balci beschreiben diese uns wohl immer fremd bleibenden Lebenswelten in unserem Land.

Selbstverständlich sind bei so vielen Kulturen, die zu uns gekommen sind, auch weitere Religionen in unseren Alltag eingezogen. Die Inhaberin meines Lieblings-Chinesen ist Buddhistin. Wenn mich das Hungergefühl ausgerechnet zur Gebetszeit zu ihr führt, ist eine Warteschleife angesagt. Bis sie ihre Zwiesprache beendet hat und die Räucherstäbchen ausgemacht sind, ist nichts mit Ente kross oder scharfen Nudeln. Ich weiß nicht, ob es Sie überrascht, aber es stört mich nicht im Mindesten. Als ich vor einiger Zeit die Anfrage erhielt, ob es möglich sei, in Neukölln einen buddhistischen Gebetsschrein zu errichten, habe ich spontan zugestimmt. Leider ist er noch nicht realisiert. Ich bedaure das ein wenig, denn die Zusammenarbeit und das Miteinander gestalteten sich außerordentlich angenehm und fruchtbringend für den Bezirk. Die Gemeinschaft der Buddhisten führt ein sehr stilles, zurückgezogenes Leben unter uns. In Neukölln war ihr Wirken für die Allgemeinheit dezent und nachhaltig.

Von der Weltöffentlichkeit außerhalb Neuköllns völlig unbeachtet blieb meine Ernennung zum Maharadscha im September 2007. Anlässlich der Unterzeichnung des Pachtvertrages für das Grundstück zum Bau des Tempels für Sri Ganesha wurde mir diese Ehre zuteil. Es war ein wunderbares Ritual in dem sonst eher etwas spröden Rathaus. Der Einzug der Gemeinde mit Musik, Blumen und Früchten in traditionellen Gewändern – das hatte schon etwas. Multikulti kann durchaus schön sein. Leider hatte ich nicht mit der Mentalität der Hindus gerechnet. Als ich ihnen im Jahr 2004 das Angebot unterbreitete, einen Tempel in Neukölln zu bauen und ihnen hierfür ein Grundstück des Bezirks zu verpachten, war ich von der kindlichen Hoffnung ausgegangen, die Einweihung noch während meiner Amtszeit als Bürgermeister zu erleben. Nun, acht Jahre später, weiß ich viel mehr über die rituellen Schritte beim Bau eines Tempels. Ich kenne die Bedeutung der Sternen- und Sonnenkonstellation für die Weihung des Bodens, für die Grundsteinlegung oder auch andere spirituelle Handlungen. Wenn nicht durch ein kurzfristiges Wunder noch ein Tempel in Schnellbauweise in der Neuköllner Hasenheide entstehen sollte, werde ich wohl damit leben müssen, dass ich Sri Ganesha meine Ehrerbietung bei der Eröffnungsfeier nicht mit Amtswürden werde darbringen können.

Doch befinden sich inzwischen zwei hinduistische Tempel bei uns im Entstehen. Neben demjenigen für die indischen Tamilen, über den ich gerade berichtet habe, ein weiterer für die Gemeinde aus Sri Lanka. Beide sind willkommene Glaubensstätten in unserem Neukölln. Sie sind in keiner Weise belastet mit Aufgeregtheiten oder unschönen Emotionen. Mit dem tamilischen Kulturzentrum verbindet uns seit vielen Jahren eine freundschaftliche Beziehung. Die tamilischen Kinder sind häufig die Referenzschüler in ihren Schulen. Für mich steht das Pongalfest (Erntedank) auf Augenhöhe mit zum Beispiel dem Zuckerfest. Wie harmonisch das Zusammenleben mit diesen für uns doch eher exotisch anmutenden Glaubensrichtungen sein kann, zeigt die Selbstverständlichkeit, mit der eine evangelische Pfarrerin bei der Grundsteinlegung für einen der Hindutempel teilnahm und ihre Glück- und Segenswünsche überreichte.

Die Gemeinsamkeiten mit den Tamilen, ob bei Festen, traditionellen Daten oder in den Schulen, sind geprägt von schlichter Natürlichkeit. Nur die Namen sind für eine europäische Zunge eine echte Herausforderung. Außer der Ausbildung ihrer Kinder geht nichts preußisch zu. Bei der Wahrung der Zukunftschancen ihrer Kinder verstehen sie keinen Spaß. Aber ansonsten ist die tamilische Lebenssicht eher eine mediterrane. Dies ist ein Beweis dafür, dass auch völlig unterschiedliche Kulturen und Religionen friedlich und harmonisch miteinander leben können, ohne dass es andauernd Stress gibt. Es kommt wohl doch auf den Grundkonsens an, dass nicht die eigene Würde und der Respekt vor ihr ständig im Mittelpunkt stehen und eingefordert werden, sondern dass man sie zuallererst dem anderen entgegenbringt.

Islamophobie und Überfremdungsangst

Man braucht nicht lange um den heißen Brei herumzureden: Der übergroßen Zahl der Menschen in Deutschland geht wie mir die nicht enden wollende Debatte über den Islam auf die Nerven, oder sie ist den Menschen schlicht und ergreifend völlig egal. Eigentlich ist das gar keine so schlechte Grundlage für eine friedliche Koexistenz. Wenn da nicht das Fernsehen und die anderen Medien wären. Jeden Tag bringen sie die Bilder kriegerischer Auseinandersetzungen, von Attentaten oder von irgendwelchem paranoiden Beleidigtsein in unsere Wohnzimmer. Die ständige Berieselung mit einem Thema, zumal wenn es mit Greueln, Not und Leid verbunden ist, verändert die Sichtweise von Menschen. Sie bekommen Angst. Der Islam ist derzeit ohne jeden Zweifel die Religion mit den fanatischsten Anhängern und Abzweigungen. Eine Religion, die anderen Menschen jeden Tag in Form von Gewalttaten begegnet, darf sich nicht wundern, wenn sie nicht spontan mit Frieden und Liebe gleichgesetzt wird.

Solange sich die Berichte auf Regionen der Welt beziehen, die weit entfernt sind, so weit, dass die Menschen das Gefühl haben, sie seien nicht persönlich davon betroffen, solange bleibt es bei einem hilflosen Schulterzucken. Empfinden die Menschen aber die Bedrohung für sich selbst, dann weckt es ihre Emotionalität. Die Steinigung von Menschen in Pakistan, weil sie unverheiratet miteinander Kaffee getrunken haben oder auch die Ehe brachen, führt in unseren Breitengraden zu Kopfschütteln über das wohl doch noch existente Mittelalter. Die Attentate des 11. September 2001 waren zwar auch weit weg, aber aufgrund der Nähe Deutschlands zu den USA seit dem Ende des Zweiten Weltkriegs löste 9/11 doch schon eine sehr viel stärkere Anteilnahme aus. Die Frage, ob der Iran tatsächlich an der Atombombe bastelt, um das Existenzrecht Israels final zu beantworten, oder ob Israel dem durch einen Präventivschlag zuvorkommen sollte, wird dann schon eher zum Gesprächsstoff in den Wohnzimmern. So wie die Fernsehbilder mit den Särgen der Bundeswehrsoldaten aus Afghanistan oder die Nachrichten über Terroristengruppen und Anschlagsversuche bei uns im Land.

All diese Dinge begleiten uns seit Jahren. Anschläge auf Botschaften, die Ermordung von Theo van Gogh, das Bombenattentat auf die Passagiermaschine über Lockerbie oder inszenierte Massendemonstrationen und Krawalle in Afrika, weil in Dänemark Karikaturen in einer Zeitung abgedruckt wurden. (Ich wusste bis dahin gar nicht, welche Verbreitung dänische Medien auf der Welt haben – bis in die Orte, in denen man weder sie noch überhaupt etwas lesen kann.) Und über allem schweben dann noch die permanenten Botschaften eines Terrornetzwerkes al-Qaida, das die nicht-muslimische Welt mit Tod und Krieg bedroht.

Die genannten Beispiele spiegeln nur einen kleinen Ausschnitt wider. Ich will mich mit keiner der einzelnen Begebenheiten inhaltlich weiter befassen, sondern eigentlich nur die Frage aufwerfen, ob die fast täglichen Gewaltmeldungen nicht zwangsläufig bereits zur inneren Abwehr bei anderen Menschen führen müssen. Der Islam wirkt in der heutigen Zeit alles andere als vertrauenstiftend. Natürlich weiß ich, dass eine Religion missbraucht werden kann und nicht für alle Dinge verantwortlich zu machen ist, die in ihrem Namen geschehen. Aber die Reinwaschformel »der und der Attentäter war ein Verbrecher oder Geisteskranker, er kann gar kein Moslem gewesen sein, weil der Islam eine Religion des Friedens ist«, ist ein bisschen flach. Sie steht auch im Widerspruch zum Anwerben durch Repräsentanten oder in Moscheen sowie zur Ausbildung von Menschen als Mujahid und der Verheißung des ewigen Lebens im Paradies nach dem Tod als Märtyrer. Um angstbelastete Dinge macht man für gewöhnlich einen weiten Bogen. Deswegen wehren sich Bürger, wenn in ihrer Nähe eine Moschee gebaut werden soll. Ich bin ganz sicher, dass in den meisten Fällen die Menschen keine Angst vor der Moschee und dem Islam haben, sondern vor den Islamisten, die dann dort vielleicht ein- und ausgehen. Entscheidend ist nicht das Gotteshaus, sondern das, was in seinem Inneren im Namen der Religion geschieht oder wofür es missbraucht wird.

Der katholische Pfarrer Franz Meurer, »alternativer Ehrenbürger« der Stadt Köln, hat einmal zu mir gesagt: »Wenn du willst, dass ein guter Mensch Böses tut, so führe ihn zur Religion.« Auf meine erstaunte Nachfrage, wie ich diese Botschaft aus dem Mund eines katholischen Priesters zu verstehen habe, erklärte er mir, dass Religion ein schwerer Stoff sei. In falsche Hände gelegt, führe er nicht zu Frieden und Erlösung, sondern zu Fanatismus und Verirrung des Geistes.

Die Menschen suchen Abstand zu solchen Dingen. Sie fragen sich, warum man plötzlich von ihnen verlangt, den Islam zu verstehen, ihn zu akzeptieren und zu tolerieren. Sie sagen: *Wir leben in Deutschland, was habe ich hier mit dem Islam zu tun? Warum muss ich mich mit ihm auseinandersetzen? Ich will das nicht, und er soll mir nicht zu nahe kommen.* Nur so erklärt sich auch der Proteststurm auf die zitierte, semantisch eigentlich recht sorgfältig ausformulierte und dennoch emotional fehlleitende Bemerkung des ehemaligen Bundespräsidenten.

Die Menschen wehren sich gegen eine Vereinnahmung, die sie nicht wollen und die sie aus einem inneren Unbehagen heraus zurückweisen. Muslime müssen lernen, damit umzugehen und zu akzeptieren, dass andere Menschen ihren Glauben ablehnen und mit ihm nichts zu tun haben wollen. So ist die Ablehnung der Minarette in der Schweiz zu verstehen, die die stärkste Zustimmung in den Gebieten erhielt, in denen die wenigsten Muslime leben. Auch in Brandenburg gibt es ein sehr starkes Ablehnungsverhalten gegenüber Einwanderern, obwohl deren Anteil an der Gesamtbevölkerung dort nur bei 6 % liegt. Also, je ferner die vermeintliche Bedrohung ist, desto nachhaltiger ist der Wunsch, sie von sich fernzuhalten. Ich bin recht sicher, dass eine Umfrage in Neukölln unter Nichtmuslimen nun nicht unbedingt berauschende, begeisterte Zustimmungsraten zum Islam hervorbringen würde, aber durchaus eine abgewogene und von einer Portion Gelassenheit geprägte Resonanz hätte. Ich lese das auch aus den Wahlergebnissen bei uns ab. Dort, wo der Anteil der Einwanderer an der Gesamtbevölkerung sehr niedrig ist, sind die Stimmergebnisse für rechtsextremistische Parteien am höchsten. In Neukölln hatten die Rechtsextremen 1989 bei den Wahlen 16000 Stimmen. 22 Jahre später entfielen trotz massiver Zunahme soziologischer und sozialer Problemlagen auf den rechten Rand noch 3500 Stimmen.

Ich will mit diesen Hinweisen weder etwas gutheißen noch pfeifend durch den Wald gehen, indem ich alle Schuld einer oft und gern zitierten hinterweltlichen Landbevölkerung in die Schuhe schiebe. Weil sie es nicht besser verstehe, rückständig sei und Städter sowieso schlauer. Diese Erklärung geht flott von den Lippen, ist aus meiner Sicht aber zu einfach. Wie sagte schon Albert Einstein: »Für jedes noch so komplexe Problem gibt es eine ganz einfache Lösung. Und die ist meistens falsch.« Ich glaube, wenn es in Deutschland eine Volksabstimmung über Minarette gäbe, würde das Ergebnis ähnlich ausfallen wie in der Schweiz. Es ist gut, dass sie bei uns nicht möglich ist, denn würde uns eine solche Situation im Integrationsprozess weiterbringen? Das Verbot von Gotteshäusern war noch nie friedensstiftend. Es sitzt für immer wie ein Stachel im Fleisch der Gläubigen und fordert Vergeltung. Es gibt einfach Themen, die eignen sich nicht fürs Plebiszit. Wie zum Beispiel eine Abstimmung über die Wiedereinführung der Todesstrafe für Kindermörder nach einer gerade geschehenen brutalen Tat.

Wofür sich solche Fragen aber auch nicht eignen, ist zur Beschimpfung der Bürger, zum Wegtauchen und zum wirklichkeitsverweigernden Schönreden der Probleme. Doch genau in diese Richtung bewegt sich unsere Gesellschaft seit einiger Zeit.

Wer öffentlich sagt, dass er mit dem Islam nichts am Hut hat, ist islamophob. Wenn er Pech hat und auf einen besonders engagierten Kämpfer der internationalen Solidarität stößt, avanciert er vielleicht sogar zum Rassisten oder Neonazi. Das Mundtotmachen in der Öffentlichkeit mag gelingen, es initiiert jedoch keinen Prozess des Verstehens oder der Annäherung. Wer die Ängste der Bevölkerung nicht mehr aufnimmt, wer das Gespür verloren hat, Sorgen und Gefühle zu verstehen, und wer Politik betreibt nach dem Motto »Es kann nicht sein, was nicht sein darf«, der wird irgendwann eine Überraschung erleben.

Nur anreißen will ich in diesem Zusammenhang, dass der Umgang mit Thilo Sarrazin und seinem Buch *Deutschland schafft sich ab* von mir als eine kaum zu überbietende, semiprofessionelle politische Fehlleistung bewertet wird. Die Kanzlerin, der Staatspräsident und sonst mit einem untadeligen Ruf versehene Journalisten hyperventilierten alle mit Schaum vor dem Mund. Meine Partei, die der Freiheit, Gerechtigkeit und Solidarität, hielt es sogar für angezeigt, ihn rausschmeißen zu wollen. Ich hätte da den Ratschlag gegeben, sich an die Regel des alten preußischen Generalstabs zu erinnern: Vor jeder wichtigen Entscheidung eine Nacht schlafen. Damit hätte sich die SPD diese jämmerliche Blamage des Einknickens im Ausschlussverfahren erspart. Statt sich mit ihm inhaltlich auseinanderzusetzen, hat man ihn zur Persona non grata erklärt und geglaubt, damit der Diskussion und dem Thema zu entgehen. Jeder einzelne Buchkauf war somit eine recht unerfreuliche Antwort auf diese Drückebergerei.

Damit wir uns nicht falsch verstehen. Ich will Thilo Sarrazin keinen Heiligenschein umhängen. Ich finde einen Großteil seiner Ableitungen falsch und daneben. Ich finde auch seine undifferenzierte Einseitigkeit und seine Perspektivlosigkeit kritisierenswert. Seine Wortwahl ist mitunter recht verletzend. Aber deshalb kann sich die etablierte Politik nicht einfach der Themen verweigern, die der Bevölkerung erkennbar wichtig sind. Damit treibt sie die Menschen in die Arme der Radikalen. Gerade Volksparteien müssen offen sein auch für einen schmerzhaften Diskurs.

Ideologisierter Hinterzimmer-Seminarismus entfernt die Politik von den Menschen. Oder einfacher ausgedrückt: Volksparteien müssen aufpassen, dass ihnen nicht das Volk abhanden kommt.

Ein freies Land ist die Summe freier Bürger, und die Grundlage der Freiheit des Einzelnen ist die Freiheit seines Geistes. Das ist eigentlich ein Sprechblasensatz von der Metaebene. Und doch scheint er im praktischen Leben so schwer zu verwirklichen zu sein. Wenn man einen unbequemen Autor nicht über einen öffentlichen Wochenmarkt gehen lässt, wenn man einem Lokalinhaber für den Fall, dass er den Autor bedient, mit Gewalt gegen sein Lokal droht, und wenn die alevitische Gemeinde so eingeschüchtert wird, dass sie sich nicht mehr traut, ein Gespräch mit ihm zu führen, und wenn das dann auch noch durch Abgeordnete der GRÜNEN als Augenmaß und ein Akt der politischen Reife bezeichnet wird, dann ist es höchste Zeit, darüber nachzudenken, für wen der Freiheitsbegriff in diesem Land überhaupt noch gilt und wer das Zertifikat »freiheitsbefugt« ausstellt. Diese Frage stellt sich die renommierte Wissenschaftlerin und Autorin Necla Kelek seit ihrem Redeverbot in der Friedrich-Ebert-Stiftung genauso wie die Fernsehjournalistin Güner Balci.

Im SPD-Umfeld sind kritische Positionen zur Integrationspolitik oder zum Islam ebenfalls nicht wohlgelitten. Aber auch im Innern ist es gesünder, stromlinienförmig zu sein und nicht anzuecken. Ich habe meine Erfahrungen gemacht. Und auch der Politikwissenschaftler und Islamexperte Dr. Johannes Kandel kann ein Lied davon singen, wie man in der SPD-nahen Friedrich-Ebert-Stiftung mit ihm verfuhr. Die Kritik an ihm zeigte sich – von wenigen Ausnahmen abgesehen – nie offen. Er wurde verdächtigt, »antiislamische« Thesen zu vertreten. Man nahm ihm übel, dass er Hamas und Hisbollah als »terroristische Organisationen« bezeichnete. Auch war es nicht opportun, die Soziologin und populäre Autorin sowie Sophie-Scholl-Preisträgerin Necla Kelek gegen Angriffe aus Kreisen von »Migrationsforschern« in Schutz zu nehmen. Unverzeihlich scheint auch eine

Einladung des streitbaren Henryk M. Broder (zusammen mit Hamed Abdel-Samad) in die Friedrich-Ebert-Stiftung gewesen zu sein, der offenbar für manche Sozialdemokraten ebenfalls eine Persona non grata ist. Kandels Positionen, die er auch in seinem Buch *Islamismus in Deutschland* formulierte, fanden gleichwohl in weiten Teilen der Sozialdemokratie positiven Widerhall.

»Die Freiheit ist immer die Freiheit der Andersdenkenden«, lautet wohl eins der berühmtesten Zitate in diesem Zusammenhang (R. Luxemburg). Irgendwie erinnert mich dieser Satz an das ständige Einfordern von Respekt für die eigene Person immer von denjenigen, die jedoch mitnichten bereit sind, anderen Respekt zu zollen.

Als ich zur Hochzeit der Sarrazin-Debatte bei der angesehenen Comenius-Gesellschaft in Darmstadt einen Vortrag vor 250 ehrwürdigen Geisteswissenschaftlern hielt, war dieses Thema unausweichlich. Der übereinstimmende Ratschlag, der mir mit auf den Weg gegeben wurde, war der, »es geht nicht darum, ob Thesen richtig sind, sondern es geht darum, ob man sie äußern darf«.

Von der Reaktion der Wähler als Folge von Lebenslügen in der Integration haben einige andere europäische Länder bereits eine Prise genommen. Von Finnland bis Ungarn, über Norwegen, Dänemark, die Niederlande, Frankreich und Österreich zieht sich der Gürtel der zweistelligen Wahlergebnisse der Rechtspopulisten. Heißt das denn, dass der Faschismus mit Riesenschritten in Europa hoffähig wird? Aus meiner Sicht keineswegs. Es handelt sich um eine Reaktion der Menschen auf Entwicklungen in ihrem Land, die sie als nicht positiv empfinden. Im Zusammenhang mit dem Thema »Zuwanderung« bezeichnet man dies wohl zu Recht als Überfremdungsangst. Fremdes macht Menschen immer Angst. Ungewohnte Bräuche, unverständliche Kulturen, anderes Aussehen, abweichendes Verhalten, all das wird mit Argwohn beobachtet. Überall. Manchmal ist das direkt unterhaltend. In der Schweiz betrachtet man die Deutschen mit Skepsis. Überfremdungsängste sind latent immer und überall da vorhanden, wo Bewegung in der Bevölkerungsstruktur herrscht. Auch wenn ein statistisch relevanter Anteil von Berlinern nach Baden oder Württemberg ziehen würde, würde dies dort mit Sicherheit zu Argwohn führen. Insofern halte ich es für völlig falsch, diesem Phänomen mit Nichtbeachtung zu begegnen. Im Gegenteil, Politik muss Überfremdungsängste offensiv bekämpfen. Dies gelingt nicht durch die derzeit verabreichten Placebos. Der eine lautet: *Das ist alles nur gefühlt, deine Ängste sind völlig unberechtigt.* Und der zweite kommt mit der Moralkeule: *Du musst dich bemühen, ein besserer Mensch zu werden, du denkst rassistisch.* Falls die beiden nicht gewirkt haben, kommt das Totschlagargument: *Es ist alles eine kulturelle Bereicherung.*

Diesen Politikrezepten ist eines gemein: Sie verleugnen die Realitäten. Sie verschweigen Erlebnisse, die die Haltung der Menschen prägen. Also das, was sich gestern in Bahn oder Bus ereignet hat, der Bericht der Tochter oder des Sohnes aus der Schule oder vom Schulweg, die Anpöbelei aus dem Autofenster, die ständige und permanente Bedrohung durch Gewalt im Alltag, Kriminalität und Verwahrlosung im Wohngebiet. All diese Dinge, die wir kleinreden oder deren Existenz wir leugnen, führen zu der Feststellung: *Das muss ich nicht haben.*

Woher kommt jene fast perfekte Verdrängung? Eine Ursache ist sicher, dass die, die über solche Ängste reden oder in den Entscheidungsebenen sitzen, noch nie in einem sozialen Brennpunkt gewohnt haben. Vielleicht haben sie dort einmal eine Wahlkampfveranstaltung besucht oder sind mit dem Bus durchgefahren. Den Alltag der vom Balkon fliegenden Mülltüten, der durchzechten Nächte und des schwindenden Wohlfühlfaktors, den kennen sie nicht. Sie würden ihn auch keine vier Wochen durchhalten. Meine Frau sagt immer, wenn jeder Politiker verpflichtet wäre, jeden Monat einmal mit der U-Bahn quer durch Berlin zu fahren, dann würde die Politik in der Stadt anders aussehen.

Fragt man einen Polizisten nach den Risikofaktoren der Kriminalität in Einwandererstadtteilen, so erhalten Sie stets die

Antwort: Jung, männlich, Migrant. Was auf den ersten Blick als Vorurteil und pauschale Kriminalisierung bestimmter Bewohnergruppen aussieht, ist durchaus statistisch belegbar. Doch dazu später.

Es geht mir an dieser Stelle mehr um die alltägliche Ohnmacht in einer Welt, in der man durch den Supermarkt zieht, Waren nimmt, an der Kasse ohne zu bezahlen vorbeimarschiert und der Kassiererin klarmacht, was ihr droht, wenn sie die Polizei holt. Dort, wo man zu fünft nebeneinander über den Bürgersteig geht und alle anderen ausweichen müssen. Dort, wo an der roten Ampel möglichst alle stur geradeaus schauen, um nicht von den Streetfightern aus dem Wagen nebenan angepöbelt und gefragt zu werden: »Hast du Problem? Könn' wir gleich lösen!« Da, wo kleineren Kindern von größeren Jugendlichen ein Wegezoll oder eine Benutzungsgebühr für das Klettergerüst abverlangt wird. Wo junge Frauen gefragt werden, ob sie einen Befruchtungsvorgang wünschen. Wo man dem Busfahrer die Cola über den Kopf schüttet, wenn er nach dem Fahrschein fragt. Wo man den Zeitungskiosk überfällt und anderen ihre Sachen wegnimmt. Das alles macht einfach nur schlechte Laune. Schon beim Lesen. Übrigens nicht nur in diesem Buch, sondern täglich in der Zeitung. Auch den Menschen, die noch nie selbst Opfer einer solchen Situation waren, suggeriert die tägliche Berichterstattung, dass es in ihrer Wohngegend jetzt so üblich ist.

Es ist die entscheidende Stelle, an der sich der Weg gabelt. Ob die Menschen Vertrauen in die verändernde Kraft der Politik setzen oder ob sie sich abwenden und ihrer Erfahrungswelt durch Wegzug entfliehen. Solange wir eine Politik des Alles-Verstehens und des Alles-Verzeihens betreiben und den Menschen signalisieren, dass wir gar nicht daran denken, die Verhältnisse zu ändern, weil diese Verwahrlosung der Sitten zur kulturellen Identität und zur Weltoffenheit gehören, solange werden wir für eine wirklich erfolgreiche Integrationspolitik nur verhalten Mitstreiter finden.

Wie indiskutabel und primitiv das Verhalten im Umgang miteinander sein kann, dokumentiert das Schreiben einer Pfarrerin an ihre Gemeindemitglieder in einem sozialen Brennpunkt. Ich bin ihr ausdrücklich dankbar, dass sie mir gestattet hat, ihren Brief hier abzudrucken. Es ist ein starker Beleg dafür, welchen Belastungen Menschen ausgesetzt sind und welche Stärke sie entwickeln müssen, um nicht alles hinzuschmeißen.

Herbst 2008

»Liebe Nachbarn,
ich will Euch von einem wahrhaft interkulturellen Sonntag erzählen:
Er begann mit einem Familiengottesdienst zum Beginn des Schuljahres. Motto: ›Du bist wie eine Schatzkiste – entdecke, was in dir ist.‹ Mit diesem Zuspruch bin ich zum Ganesha-Fest der Hindus in der Hasenheide gereist. Hier war mit allen Sinnen zu erleben, welche Schätze die Kulturen, die in Neukölln lebendig sind, enthalten: bunte Gaben, orientalische Düfte, ungewohnte Klänge, schmackhafte Speisen, schön gekleidete Menschen und respektvoller Umgang!
Welch ein Gegensatz, als ich nach einem Geburtstagsbesuch wieder nach Hause kam: Eine Gruppe vermutlich arabischer Jugendlicher treibt sich auf dem Gang an der Parkpalette am Gemeindehaus herum. Einer pinkelt gerade über die Brüstung ans Haus. Darauf angesprochen, ob er sich nicht schäme, streckt mir ein anderer das nackte Hinterteil entgegen. Ein dritter zeigt mir den ›Stinkefinger‹, nennt mich eine ›Schlampe‹.
Ich frage Euch, Jungs: Habt Ihr keine Würde? Wer hat Euch erzogen? Hat Euch nicht auch eine Frau zur Welt gebracht? Was würdet Ihr tun, wenn es jemand wagen würde, sie so zu behandeln? Was ist passiert, dass Ihr so widerlich geworden seid? Oder vielleicht besser: Was ist nicht passiert? Ihr müsst wissen, dass Euch so niemand haben will – niemand. Seid Ihr so dumm, dass Ihr das nicht begreift? Warum zerstört Ihr Euer eigenes Leben? Seid Ihr Muslime? Dann möchte ich Eu-

ren Imam bitten, seinen Einfluss geltend zu machen, um Euch die Schätze Eurer Religion aufzuschließen und Euch aus der Falle der totalen Kulturlosigkeit zu locken.

Es gibt ein Benehmen, das auch in Nord-Neukölln unter keinen Umständen zu dulden ist. Verständnis ist hier fehl am Platz. Ich bitte Euch, Nachbarn: Können wir gemeinsam etwas gegen den Verlust an gegenseitigem Respekt ausrichten, ganz gleich, von wem er ausgeht? Ich lebe noch nicht lange genug hier, um nicht immer wieder geschockt zu sein von Erlebnissen wie dem heutigen. Ich gestehe, dass ich oft vorbeigehe, Augen, Ohren, Nase und Türen einfach zumache und nichts sage. Aber das kann doch keine Lösung sein ... Zu wissen, dass die heutige Begebenheit nur ein kleines Beispiel für ein viel größeres Problem ist, macht die Sache nicht leichter.

Es ist keine Frage der Herkunft – ich kenne viele Araber, die kultiviert, respektvoll und liebenswert sind, und Menschen anderer Nationalität – auch Deutsche –, die sich ebenso wenig zu benehmen wissen wie die Jungs von der Parkpalette. Was immer die Ursachen dafür sind – Erziehung, Geschlecht, Alter, sozialer Status –, wir sollten gemeinsam Wege suchen, unsere Ansprüche an ein kultiviertes Zusammenleben durchzusetzen.«

Nein, es ist nicht die Feindlichkeit gegenüber Fremden, die die Menschen in verharrender Distanz hält. Es ist oft nicht einmal eine konkrete Angstsituation. Es ist eigentlich mehr das Klima und die Atmosphäre, mit denen erkennbar einheimischen Menschen begegnet wird. Meist sind es die älteren, die unter diesem Revierverhalten leiden müssen, oder ganz junge, denen man zeigt, wer das Sagen hat. Dieses ständige demonstrative Nichtbeachten von Umgangsformen wie Höflichkeit oder Rücksichtnahme, der einfachsten Regeln, wie man sich in der Öffentlichkeit gegenüber anderen benimmt. Das ist es, was die Leute fragen lässt: *Wo bin ich denn hier eigentlich? Ist das noch meine*

Stadt, meine Heimat? Gerade die Alten berichten mir immer wieder über Demütigungen, die sie erfahren. Wie sie verlacht, angebrüllt, ja sogar geschubst und bespuckt werden. Deswegen kommen viele irgendwann zu dem Schluss: *Ich mag diese Menschen nicht. Sie wollen mit mir nicht leben, dann will ich es mit ihnen auch nicht.*

Am deutlichsten wird dies beim Kontakt oder der Begegnung mit staatlichen Institutionen. Was mir die Mitarbeiter des Ordnungsamtes von ihrer Arbeit auf der Straße berichten, wie sie sich beschimpfen lassen müssen, wie ihnen Gewalt angedroht wird, ja, welcher konkreten Gewalt sie sich ausgesetzt fühlen und es mitunter auch sind, das ist nicht hinnehmbar. Und trotzdem nehmen wir es hin. Es sind auch keine Exzesse des Augenblicks, sondern es geht für die Platzhirsche immer wieder darum, wohlüberlegt zu demonstrieren, dass die Deutschen ihnen gar nichts zu sagen haben und dass die Regeln ihnen scheißegal sind. Ganz erfolglos sind sie damit auch nicht. Ich selbst habe immer wieder beobachtet, wie Streifenwagen an Situationen vorbeifahren, bei denen sie normalerweise anhalten würden. Eine Eskalation mit Widerstand ist wahrscheinlich, und die Polizisten sind zu wenige. Natürlich bestreiten die Polizeibehörden ein solches Verhalten. Würde ich an ihrer Stelle auch tun.

In der Neuköllner Sonnenallee wird zum Beispiel häufig in drei Spuren geparkt. Der erste Wagen steht auf dem Bürgersteig, der zweite in der normalen Parkspur, der dritte in der zweiten Reihe, also der ersten Fahrspur. Wenn Sie als Autofahrer Pech haben, dann hält vor Ihnen in der zweiten Fahrspur jemand an und unterhält sich lautstark mit denjenigen, die dort vor dem Café sitzen und Tee oder Kaffee trinken. Machen Sie jetzt nicht den Fehler zu hupen oder auszusteigen, Sie könnten in eine unangenehme Situation geraten. Ein Problem, das Sie eventuell haben, könnte gleich »geklärt« werden, oder wenn Sie als Deutscher glauben, hier den Chef markieren zu können, würde man Ihnen zeigen, dass Sie gleich die Stiefel Ihres Gegenübers lecken. Anders ergeht es der Polizeistreife auch nicht. Das ist einfach nicht wie im Städtchen in der Heide oder dem Badischen Land. Dort hält die Streife an, zwei Polizeibeamte steigen aus, monieren die Situation, und alle sind bemüht, bloß keinen Stress zu haben und vor allem kein Geld bezahlen zu müssen. Ja, sagen sie, Herr Wachtmeister, wir regeln das gleich.

Bei uns passiert erstmal gar nichts. Dann achten die Polizeibeamten darauf, möglichst nicht unter Armeslänge an die Person heranzugehen. Es könnte sonst sein, dass – schwups – die Mütze oder noch andere Dinge weg sind. Es setzt dann ein lautes Palaver ein, worum es denn überhaupt gehe, keiner wisse, wem die Autos gehörten, und die Polizisten sollten weiterfahren und nicht stören. Das alles passiert meist in aggressiver Haltung und aggressivem Ton. Eskaliert die Situation, müssen die Streifenbeamten Verstärkung herbeirufen. Und es kommt zu einem richtigen Einsatz. Unter Umständen auch mit körperlicher Gewalt. Da kann es dann hinterher schon einmal passieren, dass die Streifenbeamten von ihrem Dienstgruppenleiter gefragt werden, ob sie schon mal was vom Grundsatz der Verhältnismäßigkeit gehört haben. Ob ihnen nicht klar gewesen ist, dass mit Widerstand zu rechnen war? Ob sie nicht wissen, wie solche Einsätze vom Gericht beurteilt werden?

Neuköllner Dienstgruppenleiter wie Polizeihauptkommissar Karlheinz Gaertner haben unzählige Stunden bei Gerichtsverhandlungen verbracht und dort sehr häufig erleben dürfen, dass hier der Grundsatz der Verhältnismäßigkeit hoch im Kurs steht. Diese Verhandlungen endeten meist mit einem Freispruch zugunsten der Verkehrsrüpel, wobei im Gegenzug der Polizist froh sein konnte, nicht selbst verurteilt zu werden. Eine Vielzahl von Richtern ist eben nicht bereit, den Polizisten bei deren staatlichem Auftrag, die Verkehrsüberwachung durchzuführen, zu unterstützen bzw. geltendes Recht anzuwenden. Sie sehen nur die Widerstandshandlungen im Verhältnis zur Ordnungswidrigkeit. Welche Aggressionen der Beamte bei seiner Ahndungspflicht über sich ergehen lassen muss und wie er das Recht in solchen Fällen überhaupt durchsetzen soll, interessiert diese praxisfremden »Gutmenschen-Urteiler« wenig. Wer eine solche Gerichtserfahrung einmal erlebt hat, der fährt eben auch vorbei, wenn er nur ansatzweise erkennt, welche »Krawallmacher« ihn dort erwarten.

Dass sie in bestimmten Situationen bei der Polizei anrufen, aber niemand kommt, tragen mir Bürger immer wieder vor. Angeblich wird ihnen sogar geraten wegzuziehen. Sie wüssten doch, wo sie leben. Natürlich sind es meist Bagatellfälle. Und ich kann die Beamten auch verstehen, dass sie keine Lust haben, wegen ein paar rauchender und lamentierender junger Männer einen Großeinsatz zu provozieren. Aber wer provoziert ihn eigentlich?

In den regelmäßigen Konsultationen mit der Polizeiführung werden die Ereignisse natürlich anders dargestellt. Menschlich kann ich das nachvollziehen. Ich wehre mich aber auch ein klein wenig dagegen, dass alle Bürger, die mir solche Berichte geben, nicht mehr richtig im Kopf sein sollen. Es gibt die normative Kraft des Faktischen, und es gibt Entscheidungen der Vernunft. Die Wirkung auf die Menschen ist allerdings negativ. Sie haben den Eindruck, die Straße habe die Macht übernommen.

Spinnen wir den konkreten Fall einfach weiter. Grundsatz bei uns ist, festgesetzte Personen so schnell wie möglich ins Fahrzeug zu verbringen, und dann ab durch die Mitte. Ist man nicht schnell genug weg, kann es passieren, dass das Polizeiauto sich unangenehmen Attacken ausgesetzt sieht, dass es umzingelt wird und gar nicht mehr wegfahren kann. Die Fälle der versuchten Gefangenenbefreiung erscheinen nur in den Medien, wenn sie eine bestimmte Dimension erreicht haben. Ich kenne die genauen Zahlen für die letzten Jahre in Neukölln nicht. Die von Berlin schon gar nicht. Fest steht aber, dass versuchte Gefangenenbefreiung ein nicht seltener Vorgang im Alltag unserer Polizeibeamten in Neukölln ist. »Wir haben gelernt, damit umzugehen«, sagte mir einer.

Derartige Beschreibungen lassen sich beliebig fortsetzen. Kontrollen und Überprüfungen in Grünanlagen zur Einhaltung des Grillverbotes sind nur mit Polizeischutz möglich. Die Mitarbeiterinnen und Mitarbeiter des Ordnungsamtes würden schlicht und ergreifend verhauen werden. Den Polizeibeamten könnte das Gleiche passieren, wenn sie zu wenige sind. Kontrolle von nichtangeleinten Kampfhunden oder ähnlichen »Nettigkeiten« führen schon mal dazu, dass die Beamten des Ordnungsamtes bespuckt werden, dass man ihnen ein Messer an den Hals hält oder sie niederschlägt.

Das ist unser Revier, hier herrschen unsere Gesetze, verpisst euch! –, lautet die Botschaft. Sie ist es, die das Verhältnis der Menschen untereinander von Grund auf belastet. Der erwähnte, seit Jahrzehnten in Neukölln tätige Polizeihauptkommissar Gaertner sagte mir neulich, er könne sich nicht erinnern, während seiner gesamten Dienstzeit einen Handtaschenraub oder einen Überfall von Einwandererjugendlichen auf eine Frau mit Kopftuch bearbeitet zu haben. Das Feindbild sind die verhassten Deutschen, sie sind das Ziel ihrer Aggressionen, und sie haben dem Flashmob nichts entgegenzusetzen: Per SMS-Rundruf finden sich in wenigen Minuten zahlreiche Menschen ein, die sofort eine drohende Haltung einnehmen. Deutsche gelten als leichte Opfer. Hiermit kann jeder im Alltag in Berührung kommen. Es kann Ihnen passieren, dass Sie bei einem lapidaren Auffahrunfall eine Überraschung erleben. Nämlich dann, wenn Ihr Unfallpartner äußerlich eindeutig als Einwanderer zu erkennen ist. In diesem Fall werden Sie und Ihr Kontrahent in Blitzesschnelle von mehreren »Zeugen« umgeben sein, die alles genau gesehen haben. Nicht Ihr Hintermann ist auf Sie aufgefahren, sondern Sie sind ihm schneidig im Rückwärtsgang reingefahren. Im Zweifel gilt es, der ethnischen Schwester und dem ethnischen Bruder zu helfen. Was wahr ist und was nicht, hat bei einem »Ungläubigen« keine Bedeutung. Das sind so die kleinen Erlebnisse, die die Menschen hier mitunter so »fröhlich« stimmen.

Wir erziehen unsere Kinder zur Gewaltlosigkeit. Wir ächten Gewalt in der Begegnung und bringen das unserem Nachwuchs bei. Andere bringen ihren Jungs bei, stark, tapfer und kampfesmutig zu sein. Die Ausgangssituation ist einfach ungleich. Wir sind in unseren Breiten auf solche Auseinandersetzungen der Selbstjustiz nicht mehr vorbereitet und auch nicht mehr eingerichtet. Ich finde, das ist auch gut so. Wir sind über dieses hirnlose Gesetz der Straße »Recht hat der Stärkere« hinaus. Insofern bedaure ich die Unterlegenheit der deutschen Jugendlichen nicht, sondern ich kritisiere, dass unsere Gesellschaft diese anarchistischen Zustände auf unseren Straßen kommentarlos hinnimmt. Ja, nicht nur das, sondern sie auch schönredet oder verschweigt.

Ein Beispiel hierfür war die Diskussion an einer Neuköllner Schule über Deutschen-Mobbing. Die Sache kam ans Licht der Öffentlichkeit, als die Lehrer in der Zeitung der GEW darüber berichteten. Die öffentliche Reaktion war klar, und alle bekamen Fracksausen. Es sei alles nur ein Missverständnis gewesen, natürlich gebe es kein Deutschen-Mobbing an der Schule. Wenn Sie in der Schule fragen, gibt es natürlich auch keine Religionswächter an der Tür zur Cafeteria, die darauf achten, wer während des Ramadan isst und wer Schinkenbrötchen kauft. Das Bedienungspersonal allerdings erzählt nahezu unglaubliche Storys. Auch die Schulleitung weiß nette Geschichten zu berichten, wenn sie sicher ist, dass niemand weiteres zuhört und Vertraulichkeit vereinbart wird. Der Alltag in unseren Schulen ist mitunter schon recht rustikal. Mehr dazu später.

Ich möchte an dieser Stelle eine Lanze für die ganz normalen Menschen brechen. Jene Menschen, die schweigen. Nicht, dass sie Angst vor persönlicher Bedrohung haben, nein, sie haben sich ergeben. Junge Familien, Einwanderer wie Deutsche, ziehen fort, und die Alten ziehen sich zurück. Was man für ein dickes Fell haben muss, merke ich auch immer wieder an der eigenen Person. Ich muss nur den leisesten Hauch von Kritik an Einwanderern äußern. Sofort kommen die Moralkeule und die Feststellung, dass ich ein Rassist und Volksverhetzer sei. Manchmal wird der Hauch auch konstruiert. Viele haben darauf keine Lust mehr und deswegen gelernt, den Mund zu halten. Daher finden Fernsehsendungen auch nur noch schwer aktive Pädagogen, die vor der Kamera die Realitäten an ihrer Schule ausbreiten. Sie werden anschließend derart mit Hass überzogen und geschnitten, dass sie sich nie wieder aus der Deckung wagen. Die Einschüchterung funktioniert. In Sachen Integration haben wir fast eine Wand des Schweigens wie in der ehemaligen DDR. Dort bildete die Staatssicherheit die Drohkulisse. Hier ist es ein Kartell aus ideologischen Linkspolitikern, Gutmenschen, Allesverstehern, vom Beschützersyndrom Geschädigten und Demokratieerfindern, das den Menschen das Recht abspricht zu sagen, was sie denken. Richtig stolz bin ich auf die Neuköllner Bevölkerung. Es gibt bei uns keine Gegenbewegung zu den etablierten Parteien und zu unserer demokratischen Gesellschaftsordnung. Die Rechtsradikalen haben, wie erwähnt, bei den letzten Wahlen 2011 nur noch ein Viertel ihres Wählerpotentials von 1989 erreicht.

Kennen Sie den Begriff der Opferrolle? Die Opferrolle kann Ihnen begegnen bei jemandem, der schwächer als andere ist und dadurch zum beliebigen Spielball der Stärkeren wird. Die Opferrolle kann aber auch darin bestehen, dass man nie etwas für das kann, was man getan hat, weil alle anderen schuld sind. Man ist somit das Opfer der Gesellschaft, von Diskriminierung, von Benachteiligung, Beleidigung oder auch einfach der Tatsache, dass man in Deutschland leben muss. Das Schlimmste, was einem Menschen auf dieser Welt passieren kann, ist, dass ihn die Winde des Lebens nach Deutschland verschlagen. Das führt zur sofortigen Traumatisierung. Ich habe bei Diskussionsveranstaltungen allen Ernstes leidenschaftliche Äußerungen zur Kenntnis nehmen müssen, dass die deutsche Gesellschaft so schlecht und verdorben ist, dass sie integrationsfeindlich ist, die Kinder der Einwanderer behindert und nicht vernünftig ausbildet und dass eigentlich alle Einwanderer nur schlecht behandelt und ausgebeutet werden. In solchen Momenten geht mir nur eine einzige Frage durch den Kopf: Warum belasten sich diese freien und engagierten Menschen mit einem Leben der so empfundenen modernen Sklaverei in Deutschland?

Wenn ich Menschen, die jahrzehntelang im Land leben, bei der Einbürgerung frage, warum sie kein Deutsch sprechen, obwohl es doch ihre Kinder fließend beherrschen und sie parallel hätten mitlernen können, lautet die Antwort meist: »Ich war viel krank.« Wenn Sie jemanden fragen, warum das Kind nicht in den Kindergarten geht, dann haben die Deutschen für Ausländerkinder keine Plätze, dann ist der Kindergarten zu weit von der Wohnung entfernt. Wenn das Kind schlechte Noten in der Schule hat, ist die Lehrerin oder der Lehrer schuld, weil sie das Kind nicht leiden können oder weil sie überhaupt Ausländer nicht leiden können. Am fehlenden Beruf ist der Ausbildungsplatzmangel und an der Straftat das Opfer schuld. Warum stand es da auch rum? Es gibt immer eine Ausrede, die dem anderen die Schuld zuschiebt. Ich möchte auf das Buch *Schaut endlich hin* von Margalith Kleijwegt hinweisen. Die Autorin hat die Schüler einer niederländischen Schulklasse ein Jahr lang begleitet. Sie hat alles aufgeschrieben, was sie erlebt hat. Sie erklärt, warum Verabredungen nicht eingehalten werden, warum man an Familien nicht herankommt und wieso ein gegebenes Wort im Zweifel nichts wert ist.

Auch ich habe das bei meiner Tätigkeit immer wieder erlebt. Es gibt immer einen Dritten, der schuld ist. Natürlich im Zweifel ein Deutscher. Die Opferrolle beruht eigentlich auf dem, was die deutsche Politik jahrelang propagiert hat. Ich weiß nicht, ob sie die Erfinderin dieser Haltung war oder sie nur von anderen übernommen hat. Sie, damit meine ich Frau Prof. Barbara John, die erste und jahrelange Ausländerbeauftragte des Berliner Senats. Sie hat in Berlin eine Politik kreiert, nach der ein Ausländer per se ein guter Mensch ist, denn er bringt der Gesellschaft nur Vorteile. Ein Deutscher ist per se ein schlechter Mensch, weil er die Verantwortung für den Zweiten Weltkrieg und den Holocaust niemals ablegen kann und immer latent ausländerfeindlich bleiben wird. Mit dem rhetorischen Mittel der Übertreibung ist die Botschaft »Jeder Intensivtäter ist eine kulturelle Bereicherung« die Selbstbeerdigung der Integration.

Unterschichtverhalten ist eigentlich auf der Welt überall gleich, es hat keine oder kaum ethnische Ursachen. Auch die deutsche Suffski-Familie schüttet sich bis in den frühen Morgen zu, grölt und prügelt, schmeißt den Müll vom Balkon und kotzt ins Treppenhaus. Solches Verhalten führt genauso dazu, dass andere fortziehen, zum Beispiel integrierte Einwandererfamilien, und dass ein Wohngebiet zum Brennpunkt wird.

Jedes Volk hat seine Unterschicht. Das sind marginalisierte Gruppen von Menschen, die, aus welchen Gründen auch immer, keinen Zugang in die Gesellschaft und in ein geordnetes, strukturiertes Leben gefunden haben. Wie hoch dieser Anteil für gewöhnlich ist, entzieht sich meiner Kenntnis. Bestimmt gibt es dazu soziologische Kennziffern. Auf jeden Fall ist der Anteil jedoch so niedrig, dass er nicht ganze Stadtteile dominiert und zum Kippen bringt. Die Einwanderung von Menschen aus Entwicklungsländern oder Schwellenländern, ausgestattet mit dem (meist rückständigen) kulturellen und zivilisatorischen Normalstandard ihres Heimatlandes, bringt zwar Bildungsferne ins Land, aber noch lange nicht automatisch auch Unterschichtverhalten. Plötzlich werden Verhaltensweisen, die bei uns eigentlich mit entsozialisierter Bevölkerung in Verbindung gebracht werden, zur allgemeinen Übung. Das Weiterleben wie in der Heimat, die rustikale Benutzung des Sozialraumes ohne jede Schranke und Rücksichtnahme führt dann bei uns zur Flucht derjenigen, die sich ein Zusammenleben mit anderen Menschen kultivierter wünschen. Die Einwanderung bewirkt somit einen Aufwuchs von bei uns eigentlich nicht mehrheitsfähigen Lebensweisen über ein Randproblem hinaus. Wenn alle sich identisch verhalten, werden Subkulturen plötzlich zur Norm. Bei einer Mieterumfrage in einem sozial sehr stark belasteten Quartier bewerteten 82 % der Mieter ihre Lebensqualität und ihr Wohnumfeld mit »befriedigend« bis »sehr gut«. Das System des Rückzugs auf den kleinsten gemeinsamen Nenner funktioniert auch hier.

Ich hatte versprochen, auf die Kriminalitätsdaten zurückzukommen, auch wenn nur in sehr zurückhaltender und vereinfachter Form. Die Jugendkriminalität in Neukölln hat sich von 1600 Straftaten im Jahr 1990 auf 2660 im Jahr 2011 erhöht. Allerdings lagen dazwischen auch schon Jahre mit weit über 3000 Straftaten. Demographisch hat sich in diesen mehr als 20 Jahren natürlich auch die Zahl der jungen Leute in Neukölln verändert. Um einen korrekteren Vergleich ziehen zu können, habe ich die Zahl der Straftaten auf eine feste Bezugsgröße umgerechnet. 1990 entfielen 25 Straftaten auf je 1000 junge Menschen unter 21 Jahren. Im Jahre 2007 waren es 58 Straftaten, und bis zum Jahr 2011 sank diese Zahl wieder, auf 44. Trotz des Rückgangs in den letzten vier Jahren ist die Steigerung bezogen auf 1990 immer noch beträchtlich. Nicht übersehen darf man auch die Zunahme der Schwere und Brutalität sowie den inzwischen fast obligatorischen Einsatz von Waffen bei den Delikten.

Jugendkriminalität ist nichts Neues. In der weitaus überwiegenden Zahl der Fälle ist es eine Episode in bestimmten Phasen des Heranwachsens. Auch ist Jugendkriminalität ähnlich wie ein Eisberg. Nur ein geringer Teil ist für die breite Öffentlichkeit sichtbar: Im Wesentlichen spielt sich der Hauptteil unter Jugendlichen ab, also ohne Aufmerksamkeitsfaktor für die älteren Generationen. Der direkte Kontakt ist auf die Jugendlichen selbst und auf ihre Angehörigen beschränkt.

Etwa 85 % aller jugendlichen Ersttäter erscheinen ein-, maximal zweimal vor Gericht und sind dann im Spektrum des allgemeinen Umgangskodexes eingenordet. Typische Delikte des Ausprobierens, wie denn das Leben so ist, sind Schwarzfahren, Ladendiebstahl oder Fahren ohne Führerschein. Also keine wirklichen Aufreger.

Bei den 192 jugendlichen Serienstraftätern sieht das schon anders aus. Diese setzen sich aus Intensivtätern ab zehn Straftaten von erheblicher Bedeutung, Schwellentätern mit fünf bis neun Straftaten und kiezorientierten Mehrfachtätern zusammen, die auf dem Weg zum Schwellen- und Intensivtäter sind. Die Zahl von rund 200 Serienstraftätern hält sich seit Jahren konstant. Bemerkenswert ist nur der rasante Anstieg der letzten Jahre. Aus 48 Serienstraftätern 2004 hat sich die genannte Zahl in einem relativ kurzen Zeitraum entwickelt.

Der Anteil der Einwandererkinder an diesen Serienstraftätern variiert von Jahr zu Jahr. Im Jahr 2012 beträgt er 93 %. Bei ihrem Gesamtanteil an jungen Leuten in ihrem Alter von 65 % ist dies ein deutliches Übergewicht. Das deckt sich auch mit der Kriminalitätsstatistik generell. Die Bevölkerung mit Migrationshintergrund ist deutlich stärker in das kriminelle Geschehen verwickelt als die bio-deutsche. An der Spitze stehen rumänische Staatsangehörige, die rund neunmal stärker als Tatverdächtige erfasst sind, als ihr Anteil an der Bevölkerung beträgt. Die zweite Stelle mit einer fünffach stärkeren Beteiligung nehmen vietnamesische Staatsangehörige gemeinsam mit libanesischen Staatsangehörigen ein. Polnische, russische und türkische Staatsangehörige sind ebenfalls überproportional registriert, allerdings im weiten Abstand zu den drei Spitzenreitern. Im Berliner öffentlichen Personennahverkehr geschehen täglich rund 100 Straftaten, davon 19 Gewaltdelikte. In unseren Schulen sind es fünf Straftaten, davon jeden Tag eine gegen einen Lehrer.

Die vorstehende Auflistung dient lediglich der Vervollständigung. Von Bedeutung ist im Prinzip nur, dass 3000 Intensivtäter mit einem Anteil von einem Promille an der Berliner Bevölkerung 20 % aller Straftaten begehen. Im Zusammenhang mit der Thematik unseres Buches ist die höhere Präsenz von Einwanderern im kriminellen Milieu ein Puzzleteil, das zu einer negativen Gesamteinstellung in der Bevölkerung führt.

Ich reise seit vielen Jahren durch die Bundesrepublik und halte Vorträge über Einwanderung, über die Probleme bei der Integration und über die Dinge, die ich an der deutschen Politik vermisse, um diese Integrationshemmnisse zu beseitigen. Mir ist dabei sehr, sehr selten wirkliche Aggressivität begegnet. Die Hauptreaktionen waren Betroffenheit und Hilflosigkeit. Betroffenheit über den von mir referierten gesellschaftlichen Prozess mit dem gegenwärtigen Stand, und Hilflosigkeit ob der Frage: *Was können wir zur Abhilfe beitragen?* Ich war immer wieder überrascht über die Anteilnahme. Meine Zuhörerinnen und Zuhörer verstanden sehr wohl die Botschaft, und es ging letztlich stets um die Frage, wie wir ein Fortschreiten der Fehlentwicklungen verhindern können. Ich kann mich nicht erinnern, auch nur ein einziges Mal den Satz *Einfach alle rausschmeißen!* gehört zu haben. Ein Satz, den ich allerdings häufig vernommen habe, lautet: *Wir erwarten nichts weiter, als dass sich die Einwanderer, Zuwanderer, Migranten, Ausländer oder welche Bezeichnung jeder wählt, an die Regeln halten, die für uns alle in diesem Land gelten; wir erwarten, dass Menschen, die zu uns kommen, getragen sind von dem Wunsch, gemeinsam mit uns zu leben.* Wenig bis kein Verständnis wurde der Aussage entgegengebracht, dass ein Einwanderungsland wie Deutschland konsequenterweise auch seine Regeln an die Einwanderer anpassen müsse. An dieser Stelle gab es immer eine klare Zäsur. Übrigens interessanterweise völlig unabhängig vom Lebensalter des Auditoriums. Das sahen 1000 Studenten in einem Hörsaal genauso wie 1000 Wirtschaftsfachleute bei der Tagung in einem Luxushotel. Es scheint zu dieser Frage einen ganz breiten Konsens zu geben, dass nun einmal der Schwanz nicht mit dem Hund wedelt. Übersetzt auf die Einwanderung, lautet die Botschaft: Integration hat etwas mit Anpassung zu tun und muss vom Willen und der Bereitschaft des Hinzukommenden ausgehen. Warum man die Mütze der Integration aber auf den Kopf von jemandem setzen muss, dessen Eltern oder Großeltern bereits im Land geboren sind, bleibt an dieser Stelle erst einmal offen.

In diesem Zusammenhang interessiert auch, wie denn die Bevölkerung insgesamt zur Einwanderung steht und ob sie sie positiv oder negativ beurteilt. Ich habe mit Erstaunen eine europäische Studie hierzu registriert, der zufolge lediglich 44 % der Bevölkerung bei uns in der Einwanderung eher ein Problem als eine Chance sehen. Also, mehr als die Hälfte der Bevölkerung empfindet die Einwanderung als überwiegend positiv. Wir stehen damit im Übrigen an drittbester Stelle nach Kanada und Frankreich. Das Schlusslicht bildet – man höre und staune – Großbritannien. Hier bewerten 66 % die Einwanderung eher als ein Problem. Und wie schätzen die Deutschen selbst ihre Integrationsbereitschaft ein? Auf die Frage, was das größte Hindernis für die Integration darstellt, lautete in 60 % der Fälle die Antwort: »Das Desinteresse der Einwanderer« und nur in 27 % »Eine ablehnende Haltung der Gesellschaft«. Eine negative Stimmung in ihrer Gesellschaft sehen im Übrigen am stärksten die Franzosen und die Italiener.

Zur Frage des vermuteten Desinteresses schließt sich eine andere Studie zum Thema »Leben und Arbeiten in Deutschland« an. Befragt wurden ausschließlich türkischstämmige Einwanderer. Hieraus möchte ich nur drei Aspekte vortragen. Den mit dem höchsten Unterhaltungswert zuerst. »Wenn ich in Deutschland im Falle der Arbeitslosigkeit keine Sozialleistungen bekommen würde, würde ich sofort in die Türkei gehen.« Dieser Aussage stimmen 31 % der Befragten zu. Aha, jetzt ist es ja raus, denken Sie? Keine Sozialknatter, also dann auch kein Deutschland mehr. Ich finde diesen Wert überhaupt nicht aufregend. Erstens sehen fast 70 % das anders, und zweitens halte ich die Antwort auch nicht für schlüssig. In der Türkei gibt es gar kein Sozialsystem. Also, welchen Vorteil außer dem Unterstützungspotential der Familie bringt die Rückreise? Dass man dort schneller einen neuen und besseren Job findet? Auch das halte ich bei einer Arbeitslosenrate von rund 10 % in der Türkei eher für schwierig. Ich glaube, da werden einige wohl doch noch einmal überlegen.

Zwei weitere Feststellungen wurden den Befragten ebenfalls vorgelegt: »Ich möchte unbedingt und ohne Abstriche zur deutschen Gesellschaft dazugehören«, sagten 59 %, und »Ich möchte mich unbedingt und ohne Abstriche in die deutsche Gesellschaft integrieren«, meinten 70 %. Stellt man alle drei Aspekte nebeneinander, dann sieht es gar nicht ganz so düster mit dem Integrationsbild aus. Und zum Schluss gibt es sogar noch ein ganz dickes Lob. 77 % stimmten der Aussage zu: »Deutschland ist ein weltoffenes Land, in dem es jeder unabhängig von der Herkunft zu etwas bringen kann.« Na also, geht doch, könnte man schmunzelnd murmeln. Aber gerade diese Studie war eine von denjenigen, die bei mir unter der Flagge segeln, »nett zu wissen, aber ein Haus würde ich auf diesem Fundament nicht bauen«.

Ein Gespräch, ein Thema, zwei Sichtweisen

Natürlich kann man ein Buch über Einwanderung, Integration, Einheimische und Zugewanderte, bildungsferne wie bildungsaffine Bevölkerung schreiben und ihn dabei keines Blickes würdigen. Aber warum kneifen? Ich meine Thilo Sarrazin, den Aufreger der letzten Jahre in dieser Themenwelt. Wir alle erinnern uns an seine Thesen über den Nutzen von warmen Pullovern anstelle eines Heizkörpers, wenn es in der Wohnung kalt ist, oder auch seine klugen Ratschläge für Arme, wie sie ihr Mittagessen kochen sollten. Nach dem Vorlauf des Interviews in der Zeitschrift *Lettre International* sorgte er dann mit seinem Buch *Deutschland schafft sich ab* für Furore. Selbst der Regierende Bürgermeister von Berlin macht ihm in seinem Büchlein *Mut zur Integration* die Aufwartung. Zwar keine gute, aber immerhin. Gehört sich ja auch so, denn Thilo Sarrazin stand, von ihm gut behütet, von 2002 bis 2009 als Finanzsenator treu in seinen Diensten.

Egal, vor welchem Hintergrund und ob er als schlechtes oder gutes Beispiel Verwendung finden soll, irgendwann fällt bei Gesprächs- und Diskussionsrunden zur Bevölkerungsentwicklung, zur Einwanderung oder auch zur Frage der Vererbung menschlicher Eigenschaften sein Name. Meist gibt es dann keine Zwischentöne. Begeisterung und Beifall hier, Abscheu und Verdammnis dort. Dabei ist er aber irgendwie immer. Es ist erstaunlich, welchen Eindruck und welch tiefe Spuren Thilo Sarrazin bei Menschen unterschiedlichster Couleur und insbesondere unterschiedlichsten Alters hinterlassen hat. Er hat eindeutig Kultstatus. Im Positiven wie im Negativen. Das ist vielleicht auch der Grund, warum so viel in ihn und in sein Buch hineingeheimnist oder hineininterpretiert wird. Wenn ich Teil solcher Diskussionen bin, stelle ich häufig fest, dass viele Menschen, die sich breit und ausladend, emotional oder unterkühlt, fanstimuliert oder hasserfüllt über ihn äußern, das Buch gar nicht gelesen, geschweige denn verarbeitet haben können. Es werden Thesen, Aussagen oder angebliche Zitate wiedergegeben, für die es im Buch keinen Beleg gibt. Es werden Dinge durcheinandergeworfen, es entsteht ein Mix aus Interviews, Zeitungsveröffentlichungen, Vorabdrucken, Kommentaren und Fehlinformationen, der eigentlich nicht seriös ist. Aber so entstehen Mythen. Allerdings leben sie nach dem Gesetz der »stillen Post« davon, dass sie in der Überlieferung von Mund zu Mund auch einer Eigendynamik unterworfen sind.

So, wie Thilo Sarrazin sein Buch geschrieben, so, wie er einige Formulierungen gewählt und so, wie er Fakten in Beziehung gesetzt hat, hätte ich es nicht getan. Aber es ist ja auch sein Buch und nicht meines. Zugeben muss ich, dass er die ideologisierte Integrationsdebatte erfolgreich vitalisiert und aufgemischt hat. Was mir persönlich in seinem gesamten Buch fehlt, ist eine innere Teilnahme an dem Thema, eine Hinwendung zu den gesellschaftlichen Entwicklungen. Einfach ein Stück Leidenschaft und Emotionalität. Das Buch macht einen kalten Eindruck. Es signalisiert, dass der Autor mit großer innerlicher Distanz Daten zusammengetragen und hieraus synthetische Schlussfolgerungen gezogen hat. Die mangelnde Empathie führt wohl auch dazu, dass ihm der Blick zur Differenzierung an vielen Stellen gefehlt hat. Was nutzt mir die sorgfältigste Analyse, wenn mein Lösungsansatz nicht zur Behebung des Problems führt, sondern selbst zum Problem wird?

Bis zum Beginn seiner neuen Identität als Autor kannte ich Thilo Sarrazin nur aus seiner Funktion als Berliner Finanzsenator. Meine Rolle als Geld fordernder Bürgermeister eines Brennpunktbezirks und seine als beinharter Haushaltskonsolidierer führten uns schon von Hause aus in eine kritisch-solidarische Distanz. Bezirkspolitiker waren für Thilo Sarrazin »Gänse, die laut schnattern, aber keine Eier legen können«. Irgendwie fühle ich mich bis heute dadurch noch diskriminiert, obwohl ich ihm menschlich inzwischen verziehen habe.

Die Frage für mich war nun, wie nähere ich mich Thilo Sarrazin? Rein theoretisch, so, wie er es tun würde, also nur anhand seiner Veröffentlichungen, die alle in meinem Büro liegen? Oder sollte ich mit ihm die bereits im Dutzend billiger vorhandenen Interviews um ein weiteres bereichern und mich mit ihm über seine Thesen streiten? Sollte ich mich beckmesserisch an ihm abarbeiten, ohne ihm die Chance zu einer Gegenwehr zu geben? Letzteres ist nicht meine Welt. Also dachte ich mir, pack den Stier bei den Hörnern und setz dich bei ihm zu Hause auf die Couch. Mal sehen, was dabei herauskommt.

Gesagt, getan, ein Termin ist schnell vereinbart, und so fahre ich eines Morgens zu Thilo Sarrazin. Ein Platz auf der Couch ist für mich auch rasch gefunden, Thilo Sarrazin kocht uns einen Kaffee, und dann sind wir mit uns allein. Er, der Kater und ich.

Thilo Sarrazin macht auf mich einen zufriedenen, in sich ruhenden und entspannten Eindruck. Als ich auf sein Buch und seine Kritiker zu sprechen komme, kokettiert er erst ein bisschen. Er meint, dass die Verkaufszahlen und sein monatelanges Verharren in den Bestsellerlisten noch kein Indiz für Qualität seien. Die wirklich wichtigen Bücher schafften es nur selten auf die Bestsellerlisten, sagt er. Nicht ohne aber gleich nachzuschieben, dass die kleine Buchhandlung bei ihm an der Ecke 2500 Exemplare verkauft habe und somit jeder dritte Haushalt in seinem Wohngebiet über ein Exemplar verfüge. Noch heute sprächen ihn häufig Menschen in der Öffentlichkeit an, darunter viele junge Leute und integrierte Einwanderer. Den Schwall an schier schrankenlosen Emotionen, Schmähungen und genauso unsachlicher wie nicht verstehen wollender Kritik bezeichnet er als Wut der Pharisäer. Also von Menschen, die durchaus im Besitz von Erkenntnissen sind, aber ihre fest gefügten Strukturen nicht gefährden wollen. Sie stellen keine Fragen, weil sie ungewollte Forderungen fürchten.

Dass er jetzt als der Bösewicht der Nation gilt, steckt er mit einem Lächeln weg. Auch dass er zur Personifikation des Trennenden geworden ist, dass er der Generalschuldige für alle Erscheinungsformen des rechten Randes in unserer Gesellschaft zu sein scheint, dass die Menschen Dinge auf ihn projizieren, weil sie einfach einen Schuldigen suchen, ficht ihn offensichtlich nicht an. Unabhängig davon, dass es ihn als Person nicht erreicht, kann ich aus eigener Erfahrung bestätigen, dass diese Projektionen reflexartig stattfinden. Im gesellschaftlichen Diskurs habe ich immer wieder erlebt, dass eine Bezugnahme auf seine Person ganz schnell zum Ausschlusskriterium für die eigene Position wird, falls man nicht eilig eine Distanzierung zu erkennen gibt. Wenn diese dann auch noch mit möglichst verächtlichen Formulierungen garniert ist, dann ist der eigene Ruf wiederhergestellt. Manchmal habe ich das Gefühl, dass man Thilo Sarrazin auch die Zwickauer Zelle anlasten würde, wenn sie nicht schon Mitte der 1990er Jahre entstanden wäre. Thilo Sarrazin ist der Beweis für auch heute noch mögliche Massenpsychosen.

In unserem Gespräch dreht Thilo Sarrazin den Spieß um. Er berichtet mir von Sitzungen des SPD-Landesvorstandes oder von Senatsvorgesprächen, in denen andere Teilnehmer über mich als verlachten Außenseiter herzogen. Ich war so eine Art Hofnarr auf Distanz. Wundersam fand er dann, wie ich mich in den Augen derselben Leute zum Integrationspapst von Berlin gewandelt habe. Und so erwartet er von mir nun keine Euphorie gegenüber seiner Person, aber ein klein wenig Dankbarkeit darüber, dass er mich nach dem Motto »Es gibt Schlimmeres als Buschkowsky« in die politische Mitte gerückt hat.

Seine Miene verdüstert sich, wenn er über den Umgang der Medien mit ihm spricht. Er skizziert zwei Beispiele. Das eine ist der Mitschnitt des RBB und WDR bei einer Vortragsveranstaltung von ihm. Zwei Sequenzen seiner Rede, die etwa 15 Minuten auseinanderlagen, wurden so zusammengeschnitten, dass sie in der Sendung den Eindruck erweckten, er hätte gesagt, Muslime sind dümmere Menschen. Das zweite Beispiel befasst sich mit einem Film, den die Fernsehjournalistin Güner Balci mit ihm produzieren wollte. Es kam zu dem bereits erwähnten Vorfall, bei dem sich eine Gruppe von Straßenprotestlern vor einem Restaurant aufbaute, in dem er etwas essen und mit dem Restaurantinhaber reden wollte. Er musste das Lokal verlassen, weil dem Besitzer Konsequenzen für das Lokal angedroht wurden, falls er Thilo Sarrazin bedient. Das gleiche wiederholte sich bei einer geplanten Diskussionsrunde am selben Tag im alevitischen Cem-Haus. Auch hier eskalierte die Situation so, dass die Aleviten die Diskussion absagten. Infolge dieser Ereignisse wurde Güner Balci der Auftrag entzogen, und Thilo Sarrazin sperrte das gesamte bis dahin entstandene Material.

Thilo Sarrazin nimmt diese beiden Episoden zum Anlass, um sehr barsch seine Kritik darüber zu äußern, wie kleingeistig dieses Berlin wirklich sei. Obwohl es sich selbst ständig als offene und tolerante Weltstadt feiere und der Regierende Bürgermeister diese Formel gebetsmühlenartig wiederhole, bleibe die Stadt in der konkreten Situation den Beweis schuldig. Wenn Thilo Sarrazin so vom Leder zieht, fühlt man sich als Zuhörer nicht ganz wohl in seiner Haut. Auch ich konnte das Prädikat als Akt politischer Reife, dass dieser Aktion von Mandatsträgern der Linkspolitik in Berlin zugebilligt wurde, nicht nachempfinden. Für mich war es eher Psychoterror, Intoleranz verbunden mit der Botschaft: *Demokratisch und pluralistisch ist nur das, was unserer Vorstellung entspricht.* Von Freiheit des Geistes keine Spur.

Auf meine Frage, wie er denn nun vom Statistikfreak zum Integrationspolitiker mutiert sei, ist die Antwort erfrischend ehrlich. In den bürgerlichen Kreisen, in denen er sich mit seiner Frau privat vorwiegend bewegt, tauchen Migranten allenfalls in Gestalt der Putzfrau auf. Sonst wird dieses Phänomen nicht gesichtet. Man muss sich schon mit dem Fernglas auf die Reichsstraße stellen, um ein Kopftuch zu sehen. Das einzige, was er in seinem Alltag als Finanzsenator von Einwanderung und Migration mitbekam, waren die blauen Wolken über dem Tiergarten, wenn dort gegrillt wurde und der Dienstwagen ihn abends daran vorbei nach Hause fuhr.

Das hat ihn geprägt, auch wenn sich die Verhältnisse inzwischen in den bürgerlichen Wohnquartieren Berlins doch etwas verändert haben. Es ist aber nach wie vor so, dass die bürgerlichen Schichten alles auf ihre eigene konkrete Lebenserfahrung übertragen. Sie können sich überhaupt nicht vorstellen, dass sich an anderen Orten der Stadt inzwischen eine völlig neue Kultur und Lebensart mit divergierenden Wertestrukturen entwickelt hat. Das trifft auch auf Thilo Sarrazin zu. Nur seine Frau, die bereits in Köln und in Mainz als Grundschullehrerin mit migrantischen Schülerinnen und Schülern gearbeitet hatte, brachte ihm von Zeit zu Zeit derartige Veränderungsprozesse in der Gesellschaft nahe. Zum Beispiel, dass sie in Berlin inzwischen die Töchter von Müttern unterrichtet, denen sie früher als Schülerinnen das Einmaleins beibrachte. Der Unterschied bestehe allerdings darin, dass die heutigen Kinder weniger könnten als ihre Mütter. Hieraus lässt sich, so Thilo Sarrazin, nur der Schluss ziehen, dass sich eine ganze kulturell und lebensweltlich in Deutschland nur unzureichend integrierte Population entwickelt hat. Dramatisch ist aber, dass sie inzwischen auch das Gute aus der Kultur ihrer Eltern und Großeltern verloren hat.

Die dann immer intensivere Beschäftigung mit dem Thema der Integration führt er auf seinen Job als Finanzsenator zurück. Ihm ging es schlicht darum, die Geldforderungen der Bildungssenatoren Böger und Prof. Zöllner abzuwehren. Und so vertiefte er sich in die Ergebnisse der Pisa-Studie und begann alle Veröffentlichungen zu Bildungsfragen zu sammeln. Wenn er den Werdegang so schildert, fehlt es natürlich nicht an selbstbewussten Randbemerkungen. Dass er in den entsprechenden Senatssitzungen dann mehr von sozioökonomischen Strukturen der Schülerpopulation oder dem Schüler-Lehrer-Verhältnis in Berlin und anderen Bundesländern oder auch zum Leistungsstandard der Berliner Schulen verstanden habe als die sogenannten Fachsenatoren.

Er kritisiert, dass Berlin – im Vergleich mit den anderen Bundesländern – seine Gymnasien personell schlechter ausstattet, und begründet damit den Leistungsverfall. So könne eine Stadt mit Eliten nicht umgehen. Natürlich bekommt auch die Unterschicht sofort ihr Fett weg. Er referiert die Ergebnisse der Schuleingangsuntersuchungen, indem er vorträgt, dass der Anteil unterversorgter Zähne bei Kindern osteuropäischer Herkunft dreimal so hoch ist wie bei Deutschen und dass die Mängel bei der Visuomotorik (das für die kognitive Entwicklung wichtige Vermögen, visuelle Wahrnehmung und Bewegungsapparat, zum Beispiel Auge und Hand, zu koordinieren), die häufig die Ursache späterer Lernstörungen sind, bei den arabischen Kindern zehnmal so häufig auftreten wie bei Kindern aus deutschen bürgerlichen Familien. »Mangelhafte Zahnpflege, Übergewicht und Bewegungsmangel der Kinder sind keine Fragen des Geldes und des materiellen Standards ihrer Familien«, doziert er. Nach wie vor scheint er Gefallen daran zu haben, gesellschaftlich Schwächere zu schulmeistern. Denn nahtlos schließt er an, dass sich eben die Berliner Unterschicht zu einem großen Teil aus Türken und Arabern zusammensetzt.

Schon im Mai 2009, als er zur Bundesbank wechselte, nahm er ein unfertiges Buchmanuskript mit dem Arbeitstitel *Wir essen unser Saatgut auf* mit in den neuen Job. Es ging darin um Fragen der Demographie, der Intelligenz, der Bildung, des Sozialstaats und der Migration in langfristiger Perspektive und in ihrem vernetzten Zusammenwirken auf die künftige Entwicklung Deutschlands. Dann sagt er, nicht ohne einen schon etwas verächtlichen Gesichtsausdruck, dass diese vernetzte Betrachtungsweise später wohl alle jene überfordert habe, die gerne mit linearen Gewissheiten leben.

Er blickt weiter auf das Jahr 2009 zurück und kommt auf das Interview in *Lettre International* zu sprechen. Ich frage nach.

Und plötzlich sitzen der Kater und ich allein im Wohnzimmer. Thilo Sarrazin ist aufgesprungen, in ein oberes Stockwerk enteilt und kommt mit einer Ausgabe der Zeitschrift wieder. Ich muss mich in Geduld fassen. Etwa 15 Minuten referiert er, liest aus dem Text vor und bietet mir Belege dafür, dass er schon damals völlig missverstanden worden sei. Der Artikel stand unter dem Fokus »Berlin 20 Jahre nach dem Mauerfall mit den Augen des ehemaligen Finanzsenators«. Es sei überhaupt nicht um Integration gegangen, eher um Architektur, die Folgen der Teilung und in einem Randaspekt auch um die Verschiebungen in der Bevölkerungsstruktur. Darum, dass die Unterschicht in Berlin im Aufwuchs begriffen ist und dass sie es bei den Geburten bereits auf einen Anteil von 40 % bringt. Bis zu diesem Zeitpunkt, sagt Thilo Sarrazin entwaffnend, habe er sich mit dem Einfluss der islamischen Kultur auf das Bildungs- und Integrationsverhalten der muslimischen Migranten noch gar nicht intensiver befasst. Erst die Reaktionen auf das *Lettre*-Interview hätten ihn in diese Richtung gedrängt.

Natürlich frage ich nach den beiden berühmten Passagen, dass »er niemanden anerkennen muss, der vom Staat lebt, diesen Staat ablehnt, für die Ausbildung seiner Kinder nicht vernünftig sorgt und ständig neue kleine Kopftuchmädchen produziert«, und dass »die große Zahl der Araber und Türken, die durch falsche Politik zugenommen hat, keine produktive Funktion außer für den Obst- und Gemüsehandel hat«. Diese Fragen lassen Thilo Sarrazin zu Höchstform auflaufen. Er zitiert aus dem Interview, er leitet ab, er demonstriert den Aufbau der Sätze und seiner Formulierungen, und er nennt es dann eine ins Anschauliche übersetzte, gründliche Analyse. Diese Floskel sollte mir im Gespräch noch öfter begegnen.

Ich hacke auf dem Begriff der »Kopftuchmädchen« herum. Ich frage Thilo Sarrazin, ob er sich als Agent Provocateur versteht oder ob die Formulierungen, die dann für einen Sturm der Entrüstung gesorgt haben, ein Versehen waren. Er bezeichnet seine Sätze als Formulierungen, für die er berühmt und berüchtigt sei, und erklärt, dass sie in der Sekunde des Sprechens geboren werden. Eigentlich sei es schade, dass es ein Lektorat für das Interview gegeben habe. Denn der unbereinigte *Lettre*-Text habe etwa das Zehnfache an Formulierungen enthalten, mit denen er »analytische Sachverhalte« anschaulich zusammengefasst hatte. Vielleicht ist es aber auch gut, dass wir von den berühmt-berüchtigten Formulierungen keine weiteren Kostproben erhielten. Auf den Punkt gefragt, gibt Thilo Sarrazin zu, dass es seine Entscheidung war, die Formulierung mit den »Kopftuchmädchen« im Text zu belassen.

Die Erfahrung mit der *Lettre*-Diskussion habe dann im Ergebnis aber dazu geführt, dass er sich entschloss, in seinem Buch ein eigenes Integrationskapitel aufzunehmen. Die Formulierungen im Buch empfindet er keineswegs vergleichbar provokant wie die »Kopftuchmädchen« oder den »Obst- und Gemüsehandel«. Als ich ihm zwei Beispiele nenne, die aus meiner Sicht eigentlich noch lästerlicher, wenn nicht herabwürdigender für andere Menschen sind, ist er nicht besonders einsichtig. Kritik an seinem Buch oder an seinen Thesen erträgt er nur mühsam bis gar nicht. Er verweist immer wieder auf Fußnoten, auf den Stand der Wissenschaft und auf seinen Text, der »ungemein klar und analytisch ganz sauber herausgearbeitet« sei.

Er kann sich aber auch wie ein Kind freuen. Sein ganzes Gesicht strahlt, wenn er die Anekdote erzählt, dass die FPÖ im Wiener Kommunalwahlkampf »Sarrazin statt Muezzin« plakatiert hat.

Ich erinnere Thilo Sarrazin an eine Diskussionsveranstaltung, in der ich ihm die sozialen Verwerfungen in Neukölln ausführlich schilderte. Ich fragte ihn damals, wie er als Finanzsenator denn gedenke, darauf Einfluss zu nehmen, dass wir in den sozialen Brennpunkten der Verwahrlosung und der Bildungsferne zu Leibe rücken. Seine Antwort lautete: »Du musst lernen, dass Politik nicht alle Probleme lösen kann.« In seinem Buch nun kritisiert er massiv, dass der Staat und die Politik sich nicht um die gesellschaftlichen Veränderungsprozesse kümmere und tatenlos zuschaue, wie sich negative Entwicklungen verfestigen. Und so frage ich ihn jetzt, ob er mir noch einmal dieselbe Antwort geben würde wie damals. Er weicht aus und gibt mir mit auf den Weg, dass es nicht schlecht sei, »Geld für eine gute Sache auszugeben«. Bei dieser Antwort muss ich nicht besonders schlau aus der Wäsche geschaut haben. Denn er legt nach: Der Kern der Probleme habe nichts mit Geld zu tun. Es war wohl doch etwas naiv von mir zu glauben, dass Thilo Sarrazin eventuell zugeben könnte, dass er damals aus Unkenntnis zu kurzsichtig geurteilt hat und er mit seinem Wissen von heute natürlich mehr Geld für die vorschulische Erziehung bewilligen würde. Dass Thilo Sarrazin zugibt, dass er irgendwann einmal nicht recht gehabt hätte, liegt sicherlich jenseits seiner Vorstellungskraft.

Egal, welche Ursachen sie hat: Für mich ist die Bildungsferne der Ursprung aller gesellschaftlichen Verwerfungen. Ich frage Thilo Sarrazin nach seinen Lösungsansätzen.

Er sagt, Bildungsferne wurzele in der mentalen Verfasstheit in großen Teilen unserer wachsenden Unterschicht. Sie müsse bei den Kindern bekämpft werden. Aber die wachsende Bildungsferne sei nur das Symptom, nicht die Ursache für das Anwachsen der Unterschicht. Dass die bildungsferne Unterschicht in Deutschland in absoluten Zahlen, aber auch als Anteil an der Bevölkerung so stark zugenommen habe, sei eine Folge falscher Einwanderung und falscher familienpolitischer Anreize unseres Sozialstaats. Daraus ergibt sich seine erste Kernthese, dass der weitere Zuzug nur noch auf qualifizierte Einwanderer beschränkt werden müsse. Als zweite These bezeichnet er den radikalen Stopp aller materiellen Anreize für überdurchschnittliche Geburtenraten in der Unterschicht.

Meinen Hinweis, dass wir gar keinen nennenswerten Zuzug, sondern eher ein Negativsaldo bei der Wanderung haben, wischt er vom Tisch. Er verweist auf die illegale Einwanderung muslimischer Migranten aus Afrika nach Spanien und Italien: Deutschland werde über die viel zu durchlässigen Grenzen des Schengenraumes durchschnittlich rund 100 000 Zuwanderer jährlich aus dem Nahen Osten und Afrika haben. Er findet es schlimm, dass wir bildungsfernen muslimischen Migranten hier ein warmes Plätzchen bieten, was sie bei sich zu Hause nicht hätten. »Wir ziehen so eine negative Auslese an und verstärken diese noch, wenn die Besten uns verlassen, die Übrigen aber bleiben und weiterhin große Familien auf Kosten des deutschen Sozialstaats haben. Dort liegt das Problem.« Das heißt für ihn, die bisherigen falschen Anreize streichen und an ihre Stelle die richtigen setzen. Er konkretisiert diese Forderung, indem er sagt, Einwanderer sollten für eine längere Übergangszeit keinen Anspruch auf deutsche Transferleistungen haben, und Geldleistungen für Kinder sollten diesen indirekt über das Bildungssystem zugute kommen.

Mit meinen Einwänden bin ich an dieser Stelle also nicht richtig durchgedrungen. Ich versuche es mit einem anderen Ansatz. Wenn wir das soziale Netz so einschränken, wie er vorschlägt, dann muss uns klar sein, dass wir auch den sozialen Frieden gefährden, der unter anderem durch das Sozialsystem garantiert wird. Unterschichten ohne materielle Lebensgrundlage bedeuten zwangsläufig eine immer mehr verarmende Bevölkerung. Reaktionen wie in den französischen Banlieues nach dem Motto »Was ich nicht kaufen kann, hole ich mir« oder das Entstehen einer von der Bevölkerung anerkannten organisierten Kriminalität wie zum Beispiel der Gegenstaat der Camorra in Italien. Auf diesen Einwand hin passiert etwas Erstaunliches. Thilo Sarrazin räumt ein, dass er für diesen Punkt noch keine Lösung hat. Er denke oft darüber nach. Aber als Ausweg für sich sieht er die Erklärung, dass man nicht die Bekämpfung der Ursachen gegen die Bekämpfung der Folgen ausspielen könne. Und deshalb bleibt er dabei, dass bei der Integration zuerst bei den Ursachen der Probleme anzusetzen sei. Für ihn sind dies: der Zuzug, der Sozialstaat und die Manifestierung radikaler Elemente.

Wir widmen noch einen großen Teil unseres Gesprächs der Bildungspolitik. Bei diesem Thema wird Thilo Sarrazin ausgesprochen leidenschaftlich. Gerade im Berliner Bildungswesen macht er die Folgen und »das unsägliche Erbe der 68er-Generation und des Westberliner Schlampfaktors« aus. Er berichtet von der Leistungsunfähigkeit des Berliner Bildungssystems und ist auch da mit geharnischten Formulierungen nicht kleinlich. Bei Leistungstests werde geschummelt, weil die Lehrer, die unterrichten, auch die Tests bewerten. Da Lehrer nicht daran gemessen werden, was die Kinder wissen und welche Leistungen sie erbringen, sondern daran, welchen Notenspiegel sie erreichen, ist für ihn das Ergebnis klar. Dass donnerstags und freitags keine Hausaufgaben als Leistungskontrolle mehr aufgegeben werden, ist für ihn ein Akt der Humanisierung der Arbeitswelt der Lehrer, aber keine Maßnahme zur Bekämpfung der Bildungsferne. Bequeme Eltern verlassen sich nur allzu gerne auf Schule und Hort. Man wird dort schon mit dem Kind geübt und die Hausaufgaben kontrolliert haben. Bildungsorientierte Eltern hingegen überprüfen das am Abend und erleben nicht selten eine Überraschung. Die Ganztagsbetreuung ersetze nicht die Verantwortung der Eltern und das Üben zu Hause. Thilo Sarrazin sagt, unser Schulsystem werde erst dann wieder richtig funktionieren, wenn jene Lehrer wieder das höchste Ansehen genießen, bei denen die Schüler am meisten lernen. Und nicht jene Lehrer, die die meisten Einsen geben und die sich Ruhe durch Niveauabsenkung erkaufen.

Als Beleg für diese Leistungsverweigerung berichtet Thilo Sarrazin aus dem Berufsleben seiner Frau. Weil sie ihren Unterricht auf Ergebnisse und Leistung ausrichtete, wurde sie von der Schulleitung immer damit »belohnt«, dass man ihr besonders viele türkische Kinder in die Klasse gab. Und ein ausgesprochenes Glücksgefühl erfüllte sie, als man sie dann anwies, dem übrigen Kollegium zu verschweigen, dass ihre Klasse beim ersten VERA-Test als beste der ganzen Schule abgeschnitten hatte. Die Rektorin befürchtete, es könnte das Klima im Kollegium beeinträchtigen.

Für Thilo Sarrazin herrscht im Berliner Bildungssystem die Mentalität, Leistung und Leistungsunterschiede nicht objektiv messen zu wollen und, wenn dann schon gemessen wird, wenigstens die Ergebnisse zu verschweigen. Für ihn steckt dahinter mangelnde Konfliktbereitschaft, die mit dem angeblichen Fürsorgegedanken bemäntelt werde, leistungsschwachen Lehrern oder Schülern einen psychischen Schaden zu ersparen. »Solange man diese Mentalitäten nicht ändert, wird auch das Berliner Bildungssystem nicht gesunden«, sagt er. Die Humanisierung des Arbeitslebens der Lehrer führe nicht automatisch zu einem Leistungsgewinn bei den Schülern.

Ich berichte über die beiden Neuköllner Modellprojekte Albert-Schweitzer-Schule und Rütli-Schule. Messbar können wir belegen, dass die Bildungserfolge mit einem anderen Schulalltag deutlich zunehmen. Auch hier ist Thilo Sarrazin mit dem Verriss schnell bei der Hand. Der Hinweis, dass die Albert-Schweitzer-Schule die Abiturientenzahl in vier Jahren versechsfacht hat, quittiert er mit der rhetorischen Frage: »Was werden das schon für Abiture sein?« Es gebe eine Noteninflation ohne Ende. Bald bekämen alle, die überhaupt bestehen, eine Eins. Das ist so ein Moment in dem Gespräch, bei dem ich massive Zweifel empfinde, ob es Thilo Sarrazin wirklich um eine Veränderung der Zustände geht. Oder ob er nicht doch einer von den beiden in der Loge im ersten Rang ist: Sie erinnern sich an Statler und Waldorf, die ewigen Nörgler aus der »Muppet Show«?

Zugegeben, ich bin etwas angefressen. Dieses Miesmachen von erfolgreichen Politikansätzen, ohne sie überhaupt näher zu kennen, empfinde ich nicht als professionell. Ich will Thilo Sarrazin aus der Reserve locken und konfrontiere ihn mit einer Aussage in der *Süddeutschen Zeitung*. Er wird dort mit dem Satz zitiert, es sei »eine Illusion zu glauben, man könne Menschen oder sogar soziale Schichtungen durch die Schule ändern«. Ich finde diesen Satz so falsch, wie etwas nur falsch sein kann. Frühere Generationen aus dem Stand der ungebildeten Leibeigenen und der malochenden Arbeiterklasse konnten nur deshalb zu Wohlstand gelangen und in der Gesellschaft aufsteigen, weil das Bildungssystem ihnen mit einem neuen Wertegerüst zu mehr

Denken und Verstehen und damit auch zu mehr Chancen verholfen hat, das Leben in die eigene Hand zu nehmen. Ich selbst bin ein Beispiel dafür.

Thilo Sarrazin weist dieses Zitat weit von sich. Er sei falsch zitiert worden. Ich kann das nicht beurteilen und nehme das Dementi also so hin. Nun ja, vielleicht war das aber auch wieder eine solche Spontanschöpfung im Gespräch wie die »Kopftuchmädchen«. Dann würde es ihn zieren zu sagen, sorry, war nicht der klügste Spruch, wir lassen ihn morgen weg.

Zusammen mit seiner These, dass die falschen Anreize im Sozialsystem radikal abgeschnitten werden müssen, kommt Thilo Sarrazin auf das Thema der ungleichen Kompetenzen einzelner Ethnien im Integrationsprozess zu sprechen. Er nimmt Bezug auf die Eingliederung und die aktiven Integrationsleistungen von Vietnamesen, Russen, Indern und Polen im Vergleich zu muslimischen Einwanderern aus Südosteuropa, Nordafrika, Nah- und Mittelost. Er plädiert dafür, dass alle finanziellen Anreize abgeschafft werden müssen, die im Ergebnis dazu führen, dass die bildungsfernen Schichten sich stärker fortpflanzen als die bildungsorientierten. Als Vergleich zieht er die bekannte Veränderung der Geburtenrate der Welfare-Mothers in den USA an, die nach dem Fortfall der lebenslangen Alimentation massiv zurückging. Nachdem die Sozialleistungen in den USA auf fünf Jahre beschränkt wurden, verstärkte sich die Verhütungsbereitschaft mit gleichzeitigem Rückgang der Geburtenrate.

Bei uns haben akademische Frauen eine Geburtenrate von 1,0, in den USA 1,7 bis 1,8. Das ist für Thilo Sarrazin der Ausgangspunkt, an dem staatliche Förderung ansetzen muss. Er will das System ändern. Solange es so ist, dass unsere Gesellschaft jedes Kind erwerbsloser oder geringverdienender Eltern mit, alles zusammengerechnet, monatlich 320 Euro fördert, nur solange funktioniere eben auch das Modell der arabischen Großfamilie in Neukölln, sagt er. Er hält das »einkommensunabhängige Kindergeld, was übrigens eine Erfindung der Nazis ist, für eine grundsätzliche Fehlentwicklung«. Für ihn ist das französische

System klüger. Dort können gut verdienende Franzosen durch viele Kinder viele Steuern sparen. Kinder sind in Frankreich das Steuersparmodell für die Reichen, sagt er. Deswegen gebe es dort mehr Kinder, und er findet es vernünftig, dass die, die wirtschaftlich leistungsfähig sind, sich für mehr Kinder entscheiden.

Natürlich unterhalten wir uns auch über sein Steckenpferd. Die genetischen Grundlagen des Menschwerdens, seine Thesen zur Vererbung von Intelligenz und die daraus für ihn zwingenden Ableitungen der Auswirkungen auf die Demographie. Thilo Sarrazin beharrt auf seiner bekannten Feststellung, dass er den Stand der Wissenschaft wiedergegeben habe und wiedergebe, und dass diejenigen, die sich mit dieser Thematik nicht beschäftigen wollen, dies aus Bequemlichkeit tun. Bei flapsigen Formulierungen meinerseits zu diesem Thema bekomme ich noch einmal eingetrichtert, dass die Erblichkeit von Intelligenz und die unterschiedlichen Bildungsleistungen von Einwanderern je nach ethnischer und kultureller Herkunft heterogen zu betrachten seien. Da seien auch viele Kritiker an seinem Buch an ihre Grenzen gestoßen, hätten die Dinge vermengt und dann aus diesem Brei die Behauptung konstruiert, er hätte Muslime für genetisch dümmer erklärt. Was er nach seiner Überzeugung an keiner Stelle getan hat.

Der Grad der Intelligenz sei zwar nicht genetisch bedingt, aber sehr wohl mit der kulturellen Herkunft verknüpft, meint er, und verweist darauf, dass die Kinder von Migranten aus Fernost weltweit die besten Pisa-Ergebnisse erzielen und die Kinder von Migranten aus islamischen Ländern die schlechtesten. Zwischen Einwandererkindern aus Pakistan und aus Indien liege im Pisa-Test in Mathematik ein Unterschied von mehr als vier Schuljahren. Länder, die überwiegend Einwanderer aus Fernost hätten, würden durch diese Einwanderung ihre durchschnittliche Bildungsleistung erhöhen. Das gelte zum Beispiel für die USA, Kanada oder Australien. Länder, deren Einwanderer vorwiegend aus der Türkei, Afrika und Nah- und Mittelost kommen, müssten durch diese Einwanderung eine Absenkung der durchschnittlichen Bildungsleistung hinnehmen. Dies gelte zum Beispiel für Deutschland, Österreich und die Schweiz.

An dieser Stelle war der Kaffee alle. Obwohl sich der Kater inzwischen an mich gewöhnt hatte, beendeten wir unser Gespräch.

Auf dem Weg zurück ins Rathaus sortierte ich meine Gedanken. Hat Thilo Sarrazin nun die Erleuchtung gebracht und endlich ausgesprochen, was viele denken? Oder ist er doch der Demagoge, ja fast ein Volksverhetzer, für den ihn die anderen halten? Ich vermag die Frage an dieser Stelle nicht zu beantworten. Jeder muss selbst sein Verhältnis zu Thilo Sarrazin finden. Man kann, ja, ich finde, man muss sich an ihm reiben. Er liebt es, Widerspruch zu erzeugen, aber er liebt den Widerspruch nicht. Er ist sicher egozentrisch. Ein bisschen selbstherrlich verliebt in die eigene, nicht zur Disposition stehende Intelligenz und die daraus resultierende Erkenntniswelt ist er nach meinem Empfinden schon. Ein Neonazi und Volksverhetzer ist er aber nicht. Man mag ihn als unbequem und als Zumutung empfinden, ihn zum Teufel wünschen, weil man seine Thesen nicht teilt, und man kann – wie geschehen – dem streitbaren Dialog mit ihm ausweichen. Das ist bequem, aber feige. Wenn wir eine freie, liberale und pluralistische Gesellschaft sein wollen, dann müssen wir auch schmerzliche Prozesse zulassen und durchstehen. Denn erst daran zeigen wir die Belastbarkeit hochtrabender Worthülsen. Diese Worte richte ich gerade an die, die immer glauben, die Weisheit mit Löffeln gefressen und die Wahrheit gepachtet zu haben. Ich respektiere Thilo Sarrazin, auch wenn ich nicht alles an ihm und von ihm mag.

Der »schlaue Det« hat mir ein bisschen die große, weite Welt erklärt. Trotzdem sitze ich im Auto und finde auf die Frage, ob ich nun für meinen Job in Neukölln besser gerüstet bin als vorher, keine schlüssige Antwort. Für heute verabschiede ich mich von der Metaebene und den globalen Philosophien und kümmere mich wieder darum, dass in Neukölln Kinder lesen, schreiben und rechnen lernen und sie zu der Erkenntnis gelangen, dass es ein Leben außerhalb von Hartz IV gibt.

Und wie machen es andere?

»Neukölln ist der Blick in die Zukunft vieler Städte in Europa und der ganzen Welt, die von Migration geprägt sein werden.« So lautete das Urteil des Europaratexperten und Ideenstifters des Intercultural-Cities-Projektes der EU-Kommission und des Europarates, Phil Wood, nach seiner Visite im Jahre 2008. Nach seiner 3-tägigen Inspektion stand für ihn fest, dass Neukölln als einzige deutsche Kommune Pilotpartner des Projektes sein soll. Ziel dieses Programms war es, ein Netzwerk aus Städten aufzubauen, die alle einen hohen Migrantenanteil in ihrer Bevölkerung haben. Durch den Austausch ihrer Erfahrungen sollten die Stadtverwaltungen voneinander lernen. Die Namen der Partnerstädte klangen verheißungsvoll – Lyon, London-Greenwich, Reggio Emilia, Neuchâtel, Lublin, Patras, Melitopol, Oslo, Tilburg, Straßburg, Ischewsk –, und so waren wir auch stolz auf die Berufung in diesen Kreis und gespannt auf die Dinge, die uns dort begegnen würden.

Der Kreis hat sich seit der Startphase des Projektes auf 37 Städte in 29 Ländern erweitert. Neukölln ist nur noch verhalten und am Rande involviert. Selbstverständlich werden wir unserer Rolle als Gastgeber für Ausflüge in die deutsche Hauptstadt nach wie vor gerecht und nehmen auch mit Vertretern des Bezirks an ausgewählten Konferenzen der Netzwerkstädte teil.

Wir merkten schnell, dass unsere Erwartungshaltung und die Ziele des Projektes zwar über Schnittmengen verfügten, aber nicht deckungsgleich waren. Das Projekt sah sich insgesamt dem Gedanken verpflichtet, die kulturelle Diversität als Katalysator der interkulturellen Integration zu nutzen. Hierfür war man auf der Suche nach guten Projekten und Praktiken in den einzelnen Städten. An der Lösung von sozialen Verwerfungen und der Überwindung von Bildungsferne wie der Eindämmung von Kriminalität, um daraus Integrationserfolge zu schöpfen, war man eher zurückhaltend interessiert. Und das ist noch eine sehr höfliche Umschreibung. Hin und wieder brachen die unterschiedlichen Sichtweisen deutlich sichtbar auf und vermittelten uns sehr klar die Erkenntnis, dass unser Ansatz, Lösungsstrategien für komplexe Probleme zu entwickeln, ziemlich verpönt war.

Es war schon ein sehr heftiges Ringen, die zehn Grundsätze der Integrationspolitik in Neukölln unverändert auf der Homepage des Europarates zu platzieren. Sein nicht enden wollendes Insistieren, unsere fordernden und stringenten Formulierungen aufzuhübschen und zu verniedlichen, war recht ermüdend. Letztlich haben wir uns durchgesetzt, und der unveränderte Text ist heute noch im Internetauftritt des Projektes zu finden.*

Insgesamt muss ich zugeben: Wir haben es diesem Schönwetterprojekt nicht leicht gemacht. Bei Diskussionen und Workshops drängten wir immer wieder darauf, dass die Phänomene Multikulti, Parallelgesellschaften, Kriminalität, Armutsmigration auf die Tagesordnung kamen. Wir mussten dann aber einsehen, dass diese Themen zwar formal abgewickelt wurden, aber kein Interesse an einer wirklichen Vertiefung und Aufarbeitung bestand. Interessant war in diesem Zusammenhang, dass in den direkten Kontakten mit den Vertretern der einzelnen Städte die Sichtweisen doch den unseren erheblich näher waren als denen des Projektes. Die anderen Städte hatten die gleichen Probleme und waren an einem Meinungsaustausch stark interessiert. Neuköllner Teilnehmer waren bei Veranstaltungen am Tisch nie einsam. Die Einladungen nach Glasgow, Tilburg und Oslo verdanken wir diesem Projekt. Die Besuche verhalfen uns zu einem

---

* Abrufbar unter: http://www.coe.int/t/dg4/cultureheritage/culture/Cities IntegrationspolitikNeuk%C3%B6lln_en.PDF

erheblichen Erkenntnisgewinn, insofern will ich auch nicht undankbar sein.

Zur Sache selbst muss ich zugeben, meine Einschätzung, dass so ein Europaprojekt zu praktischen Ergebnissen führen und als tatsächliche Arbeitsveranstaltung mit Zielhorizont versehen sein könnte, war etwas niedlich laienhaft. Als ich später mit erfahrenen »Europäern« über meinen Frust sprach, lachten sich diese halbtot. Man wisse doch, wurde mir gönnerhaft erklärt, dass derartige Europaprojekte den Reisekadern und Hotelfetischisten auf den Leib geschneidert seien und es nur um die Bestätigung von Sonnenschein-Thesen und Blühende-Landschaften-Theorien gehe. Solche Projekte sind problem- und konfliktfreie Zonen.

Heute kann ich das uneingeschränkt bestätigen. Europa mit seiner Administration ist eine eigene Welt. Man trifft sich, ist nett zueinander und sich auf hohem intellektuellen Niveau einig über das im Werden befindliche Paradies Europa. So empfanden wir Neuköllner auch das Projekt Intercultural Cities. Wir wurden immer gerne besucht, und man erlebte auf der Tribüne mit Begeisterung den Karneval der Kulturen. Es sollte stets schön bunt und unterhaltsam sein. Die Herausforderungen der Arbeit der Stadtteilmütter erfüllten diese Prämisse nicht. Die Suche nach abwechslungsreichen Beispielen für kulturelle Vielfalt und sozialen Zusammenhalt, also nach *diversity and cohesion*, verträgt keine Schattenbilder.

Dieser abstrakte Seminarismus auf der Metaebene war nicht unsere Welt. Vielleicht waren wir auch zum Netzwerkebilden, sich immer wieder gegenseitig Einladen und so um die Welt Reisen einfach zu dumm. Und so zögen wir uns heimlich, still und leise aus der ersten Reihe zurück. Insgesamt wird es das Projekt bis zu seinem Ende im Dezember 2012 auf 50 offizielle internationale Begegnungen bringen. Wie viele bi- und trilateralen Reisekader sich einem noch intensiveren Gedankenaustausch hingegeben haben, ist mir natürlich nicht bekannt. Ich gehe davon aus, dass durchaus auch einige wirklich sachorientierte Begegnungen zustande gekommen sind. Für Neukölln möchte ich die Inspirationen aus Tilburg, Glasgow und Oslo jedenfalls nicht missen. Sie ergänzten unsere Erfahrungen aus Rotterdam, London und später Neapel ideal. Die Identität der Entwicklungen und die zum Teil völlig divergierende Art, damit umzugehen, sind faszinierend. Wer frisch in die Politik einsteigt und sich der Integration widmen will, sollte unbedingt mit einer kleinen Exkursion beginnen.

Wir waren stets eine kleine Gruppe, die sich aufmachte. Sie bestand immer aus dem Migrationsbeauftragten Arnold Mengelkoch, der Jugendrichterin Kirsten Heisig, die vor dem Neapel-Besuch aber leider bereits aus dem Leben geschieden war, dem Schuldezernenten Wolfgang Schimmang, später seiner Nachfolgerin Dr. Franziska Giffey und meiner Person als dem Kernteam. Je nach Interesse nahmen die damalige Jugenddezernentin Gabriele Vonnekold, einzelne Polizeibeamte oder Journalisten teil. Wir waren aber nie mehr als sechs Personen, um die Gruppe für unsere Gastgeber im erträglichen Maß zu halten.

Als sehr bedauerlich habe ich es empfunden, dass die Berliner Polizeibehörde keine einheitliche Haltung zu unseren Einladungen entwickeln konnte. Die Auseinandersetzungen, ob und wenn ja, welcher Polizeibeamte mit ins Ausland reisen durfte, waren mitunter schon so skurril wie überflüssig. Nach meinen Kenntnissen soll diese Frage allerhöchste Stellen des Polizeipräsidiums zu intensiven Erörterungen veranlasst haben. Na ja, wer Zeit hat. Dabei hatten wir immer nur das Ziel, dass möglichst alle im Sozialraum tätigen operativen Behörden einen gleichen Kenntnisstand haben. Also mental vernetzt sind. Die Frage der Vernetzung wird nachstehend noch eine Rolle spielen. Bei der Vorbereitung unserer Reisen hat es da wohl Überforderungen gegeben.

Bitte sehen Sie es mir nach, dass ich mich hinsichtlich der Bewertungen der einzelnen Erlebnisse in den jeweiligen Städten mit Zensuren zurückhalte. Ich bin den Stadtverwaltungen sehr, sehr dankbar, dass sie uns empfangen haben, auf hochrangiger Ebene Gesprächspartner zur Verfügung stellten und uns letztendlich in ihre Karten haben schauen lassen. Es ist nicht so einfach, in andere Länder zu reisen und tatsächlich die Türen geöffnet zu bekommen. Wir wollten aber nicht zu den schönen Orten, die man gerne zeigt und auf die jeder stolz ist. Wir wollten dorthin, wo es manchmal nicht so gut riecht und wo die leben, die sich ausgegrenzt fühlen oder es auch sind. Also in die Brennpunkte, dorthin, wo die Probleme evident sind. Dafür braucht man Freunde, die werben: Ich weiß, dass vor Ort einige ihr Wort und ihren guten Namen für uns verpfändet haben, dass die Offenheit anschließend nicht missbraucht wird. Wir hatten das Glück, auf Menschen zu treffen, die unser Anliegen verstanden, es teilten und uns halfen. Allen Botschaftern und Generalkonsuln und insbesondere ihren operativen Mitarbeitern sei an dieser Stelle ein Dankeschön zugerufen.

Es ist nicht die feine Art, erst bei anderen in die Töpfe zu schauen, um dann hinterher am Essen rumzumäkeln. Natürlich wird die eine oder andere wertende Bemerkung aber nicht völlig zu verhindern sein. Es waren mitunter recht freimütige Analysen und Diskussionen, in denen uns das Leben so geschildert wurde, wie es tatsächlich ist. Für gewöhnlich ist das nicht der Stoff, den man ausländischen Delegationen bietet. Für uns aber war es lehrreich. Soziographische, soziale und strukturelle Verwerfungen, kulturelle Reibungen, Bildungsferne und Kriminalität in Stadtlagen sind sich sehr ähnlich. Die Ursachen auch. Unterschiedlich sind die Reaktionen, die Betroffenheit und der Ausschlag auf der Skala der Aufgeregtheit. Es überraschte mich schon, wie unterschiedlich das Engagement einzelner Stadtverwaltungen ausgeprägt ist, sich nachhaltig ihrer Problemzonen zu widmen.

Es war kein Zufall, dass unsere erste Reise uns 2008 nach Rotterdam führte. Seit vielen Jahren gibt es zwischen der Stadt Rotterdam und Berlin-Neukölln freundschaftliche Beziehungen auf der Ebene der Stadtverwaltungen. Diese drücken sich weniger in einem Wettbewerb für Büffetmarder aus, sondern orientieren sich eher an fachlichen Diskursen zu Fragen der Einwanderung, des Sozialsystems und der inneren Sicherheit. Im Jahr 2004 besuchte uns eine hochkarätige Delegation aus den Niederlanden, um in Berlin-Neukölln zu schauen, wie wir mit bestimmten Situationen umgehen und fertig werden. Das war noch vor der Ermordung Theo van Goghs. Nur kurze Zeit danach geschah dieses schreckliche Verbrechen, und es folgten heftige Unruhen im Land. Die Verbindungen zwischen beiden Städten blieben stets erhalten.

Zur ersten Konferenz fällt mir eine kleine Anekdote ein. Ich hatte im Vorfeld versucht, die Presse zu interessieren, und bot sogar Exklusivberichterstattung an. Die Reaktionen waren enttäuschend. »Integration? Das ist doch kein Thema.« 14 Tage später, nach dem Mord, gaben sich dieselben Journalisten die Klinke im Rathaus in die Hand – plötzlich wollten alle ein Interview zur Integration. Das ist halt so, *only bad news is good news*.

Der damalige Bürgermeister von Rotterdam, Ivo Opstelten, präsentierte 2008 in der Niederländischen Botschaft in Berlin das Rotterdam-System. Er war in seinen Formulierungen nicht zimperlich. Eine Kostprobe davon lautet: »Wir haben Straße für Straße und Viertel für Viertel für die niederländische Bevölkerung zurückerobert.« Das mussten wir uns ansehen, und im Juni desselben Jahres war unsere kleine Gruppe dann zu Gast in Rotterdam.

Das war der Beginn unserer Exkursionen. Noch in 2008 folgte London, 2009 Glasgow, ebenfalls 2009 Oslo und 2011 Neapel. Wir waren dort jeweils für drei Tage, in denen wir ausschließlich Einrichtungen besuchten, die in der Integrationspolitik der jeweiligen Stadt eine besondere Rolle spielten, und Gespräche mit der Stadtverwaltung, der Justiz, der Polizei sowie den Sozialdiensten führten.

Diese intensiven Erfahrungen aus anderen europäischen Städten haben mich sehr geprägt. Ich wünschte allen, die sich politisch mit den Veränderungen der Bevölkerungsstruktur der Städte in Europa beschäftigen, dass sie auch hin und wieder woanders mit den Augen und den Ohren stehlen gehen. Vielleicht mindert es die Selbstverliebtheit, mit der sich die Parteiarbeitsgruppe XY ihrem nächsten Beschluss zu einer Resolution widmet. Mein Resümee lautet jedenfalls, dass in den anderen Städten die dort politisch Verantwortlichen im Grunde genommen vor den gleichen Herausforderungen standen und stehen wie wir in Berlin oder ich konkret in Neukölln. Manchmal geht es woanders auch noch heftiger zu als bei uns. Dieser Satz ist für all diejenigen, die davon überzeugt sind, dass immer nur wir es sind, die das Leid dieser Welt auf ihren Schultern tragen müssen.

Ein Beleg dafür, wie sehr sich die Herausforderungen ähneln, ist ein Ausriss aus einer Rede des Botschafters der Niederlande vom 15. Oktober 2004:

»Beide Länder (Deutschland und die Niederlande) sehen sich mit ähnlich gelagerten Integrationsproblemen konfrontiert, beispielsweise mit der Gefahr der Ghettoisierung ganzer Stadtviertel, mit wachsender Kriminalität, hohen Sozialkosten, Problemen in den Schulen und einer zunehmenden Anzahl radikaler Islamisten. Die niederländische Regierung wird deshalb der Entwicklung von Parallelgesellschaften mit aller Kraft entgegenwirken. Die Lage in Rotterdam und die energische Art und Weise, wie die Rotterdamer unter der Leitung von Herrn Bürgermeister Opstelten ihre Probleme lösen, haben die niederländische Regierung veranlasst, diese Rotterdamer Politik zur nationalen Politik zu erklären.
Eine erfreuliche Entwicklung ist die interessante unternehmerische Perspektive für integrationsbereite Einwanderer. Migranten sind schon jetzt viel erfolgreicher in der Gründung eigener Firmen als die niederländische Bevölkerung. (...) Ausgebildete Migranten, die unsere Wertesysteme akzeptieren, sind durchaus sehr erfolgreich. Wer aber im eigenen Ghetto bleibt und sein Umfeld nicht verlassen möchte, hat kaum eine Chance, sich zu integrieren: Er wird auf Dauer von Sozialleistungen abhängig sein. Es ist daher nur eine Frage der

Zeit, bis die niederländische Bevölkerung den Solidaritäts-
gedanken aufgibt, weil die Last der Migranten einfach zu groß
geworden ist.«

Insbesondere der letzte Satz ist schon eine markante Aussage für
einen Botschafter der Niederlande. Waren es doch gerade die
Niederländer, die für uns Deutsche als eine Art Vorbild dafür
fungierten, wie man durch eine liberale Politik unterschiedlichen
Herausforderungen entspannt begegnen kann, ohne immer
gleich den Weltuntergang zu beschwören, wie es uns Deutschen
eigen ist. Als Begleittext zu dieser Rede des Botschafters wurde ein Aufsatz des renommierten Sozialforschers Prof. Dr. Paul
Schnabel verteilt, der die Geschichte der Niederlande als Einwanderungsland von 1950 bis zum Jahre 2000 beschreibt. Die
Einzelaussagen sind für dieses Buch ohne Belang, deswegen
verzichte ich auf eine Wiedergabe. Mir scheint nur wichtig zu
sein, dass einige Parameter mit den unsrigen übereinstimmen.
So ist in den Niederlanden der Anteil an Menschen ohne Schulabschluss unter den Türken am höchsten. Damit liegen sie noch
vor den Marokkanern. Der Sprachstand ist noch erschreckender.
Während Menschen aus Suriname und von den Antillen zu 91 %
bzw. 64 % mit ihren Kindern zu Hause Niederländisch sprechen,
fällt diese Quote bei den Marokkanern bereits auf 26 % ab. Das
Schlusslicht allerdings bilden die Türken mit 18 %. Weitere
Zahlen möchte ich Ihnen ersparen und stattdessen die Schluss-
sequenz der Ausführungen von Prof. Dr. Paul Schnabel zitieren:

»Die Einstellung der niederländischen Bevölkerung ist vor allem gegenüber den jüngeren Marokkanern und Antillianern
äußerst negativ. Sie werden – nicht zu Unrecht – als wichtige
Verursacher der Kleinkriminalität gesehen. Die Konzentration
von Ausländern in den alten und ersten Nachkriegsvierteln
der Großstädte hat zu einer starken Entfremdung zwischen
ihnen und der ursprünglichen Wohnbevölkerung geführt.
Viele der alteingesessenen Bewohner sind weggezogen, die

allmählich entstehende Mittelschicht der erfolgreichen Ausländer tut es ihnen jetzt gleich. Die meisten Ausländer wollen sicherlich die Niederlande nicht verlassen.

Die derzeitige Regierungspolitik richtet sich auf die Beschleunigung und Verstärkung der Integrationsbemühungen durch:

- obligatorische Einbürgerungskurse (Sprache, Geschichte, Staatsbürgerkunde)
- Einschränkung der Heiratsimmigration durch Alters-, Einkommens- und Wohnungsnachweise
- Beschleunigung des Asylverfahrens, strengere Zulassungskriterien und Verschärfung der Abschiebepraxis
- Einschränkungen beim (sofortigen) Zugang zu Sozialleistungen
- Förderung der Emanzipation der ausländischen Frau.«

Ich möchte den niederländischen Wissenschaftler nicht kommentieren. Das könnte durchaus zu Verhebeeffekten führen. Eine Anmerkung drängt sich mir jedoch auf. Ich glaube nicht an Zufälle. Es muss aus meiner Sicht einen Grund dafür geben, dass insbesondere die türkischen Auswanderer ein so auffälliges Defizit beim Erlernen der Sprache ihrer neuen Heimat aufweisen. Ich werde mich an dieser Stelle auch nicht zu irgendwelchen Laienthesen versteigen. Für mich muss es aber noch eine andere Erklärung geben als die, dass das Erlernen einer neuen Sprache eben anstrengend und schwierig ist. Es müssen weitere Faktoren vorhanden sein. Denn auch wir stehen etwas hilflos vor dem Umstand, dass die dritte, ja teilweise sogar bereits die vierte Generation unserer türkischen Einwanderer mitunter einen katastrophalen Sprachstand aufweist. Auch für Neukölln kann ich bestätigen, dass neben den türkischen und arabischen Einwanderern eigentlich keine Ethnie so starke Sprachmängel auch nach jahrzehntelangem Aufenthalt im Land hat.

Rotterdam war nicht nur der Start unserer Expedition, sondern wir haben dort auch den überzeugendsten Politikansatz kennengelernt. Man mag über einige Details unterschiedlicher Meinung sein, aber es ist nicht zu bestreiten, dass es seitens der Stadt eine hohe Affinität zur eingewanderten Bevölkerung gibt. Man spürt überall den konsequenten Willen, Missstände zu beseitigen und alle in einen Zielkorridor des Lebens zu führen. Das ist sicher aus der Situation der Stadt im Zeitraum 2000/2002 zu erklären. Uns wurde berichtet, dass es damals nicht angeraten war, bei Dunkelheit auf die Straße zu gehen und den öffentlichen Raum zu nutzen. Das war jene Zeit, als der Rechtspopulist Pim Fortuyn, der dann im Mai 2002 in Hilversum erschossen wurde, unerhörte Erfolge feierte. Die bürgerlichen Parteien kamen überein, dass die Verhältnisse radikal verändert werden müssten, damit die Stadt nicht ihren sozialen Frieden verliere und in die Unregierbarkeit abrutsche. Es kam zu einer völligen Umkehrung der Politik, die allerdings auch einherging mit starkem Abbau der bürgerlichen Rechte. So erhielt die Polizei die Befugnis, jederzeit ohne Anlass Straßen zu sperren und Personen zu kontrollieren. Genauso kam der Entzug des Aufenthaltsrechts in der Stadt zur Anwendung, um auffälligen Familien zu verdeutlichen, dass ihr Tun nicht mehr geduldet wird. Oder es wurden Interventionsteams gegründet, die befugt waren, anlassunabhängig Häuser und Wohnungen zu begehen, um nach Missständen Ausschau zu halten. Diese Interventionsteams bestehen aus Mitarbeitern der Sozialbehörde, des Ordnungsamtes, der Stadtwerke, der Wohnungsbaugesellschaft und der Polizei. Wird ihnen der Eintritt verweigert, dann reicht das zur Begründung eines gerichtlichen Durchsuchungsbeschlusses. Auftrag des Interventionsteams war und ist nicht nur, nach störendem Verhalten der Bewohner zu suchen, sondern auch zu schauen, ob die Wohnbedingungen sozial angemessen und die technischen Einrichtungen des Hauses intakt sind. Bei Überbelegungen wird Ersatzwohnraum beschafft, und bei technischen Problemen wird dem Hauseigentümer auferlegt, die Mängel zu beseitigen.

Eine Ergänzung zu den Interventionsteams stellen die Stadtmariniers dar. Das sind Behördenmitarbeiter, denen bestimmte regionale Gebiete mit der Aufgabe zugeordnet sind, dort nach dem Rechten zu sehen und direkter Ansprechpartner für alles und jeden zu sein. Sie sind dem Bürgermeister direkt unterstellt. Egal, ob es lähmenden Zank zwischen Behörden darüber gibt, wer was zu tun hat, oder die Bürger meinen, dass eine bestimmte Situation mehr Engagement erfordert, für all diese Dinge sind sie der Sorgenengel. Sie geben Anweisungen, ohne zuständig zu sein, und im Weigerungsfall geht die Meldung direkt an den Bürgermeister, was unangenehme Konsequenzen haben kann. Jeder weiß das, und deswegen sind die Stadtmariniers eine beachtete Instanz.

Auch die Polizei agiert recht drastisch. Terrorisiert etwa eine Jugendgruppe das Wohngebiet mit ihren knatternden Mopeds trotz wiederholter Ermahnung weiter, werden die Mopeds eingezogen und der sofortigen Vernichtung zugeführt. Man stelle sich das einmal bei uns vor. Meine Güte, da würden aber hoch bezahlte Anwaltskanzleien Umsatzsprünge zu verzeichnen haben, wenn sie gegen eine solche Willkürherrschaft der Polizei zu Felde ziehen könnten. Jugendliche, die wiederholt beim Zerkratzen der Scheibe in den Straßenbahnen oder beim Aufschlitzen der Polster erwischt werden, erhalten Fahrverbot und dürfen zur Schule laufen. Ihr Bild hängt dann bei jedem Straßenbahnfahrer, damit er sie nicht übersieht. Ich projiziere dieses Bild nach Deutschland: hyperventilierende Aufregung von wichtigen und weniger wichtigen Organisationen oder selbsternannten Beschützern, die flügelschlagend durch die Gegend rennen und beklagen, dass eine herzlose Gesellschaft arme Kinder bei niedrigen Temperaturen laufen lässt, für die Grippe verantwortlich ist und natürlich für die dadurch verursachte schlechte Note in der Klassenarbeit. In Rotterdam sieht man das gelassener.

Beim Besuch in einem Polizeirevier konnten wir eine Art Beziehungsspinne über eine ganze Zimmerwand bewundern. Fotos von allen bekannten Kunden des Reviers hingen an der Wand und waren mit Linien verbunden, die ihre Sozialkontakte darstellten. Dieses Hilfsmittel ermöglicht es jedem Streifenpolizisten in dem Ortsteil, sich einen schnellen Überblick zu verschaffen, wer mit wem für gewöhnlich zusammen ist und etwas anstellt. Nun wird diese Einrichtung sicher nicht die Kriminalistik revolutionieren, aber nach Aussage der Polizeibehörde hat sie sich bewährt.

Eine andere Seite der Polizei lernen die Jugendlichen in dem Projekt »*Watch out!*« kennen. Junge Leute zwischen 16 und 22 Jahren patrouillieren in Uniformen unter Anleitung der Polizei im Wohngebiet und schreiben Berichte über das, was sie gehört, gesehen und erlebt haben. Sie erhalten dafür den üblichen Mindestlohn, und die Tätigkeit wird als Praktikum für die Ausbildung bei einem privaten Sicherheitsdienst anerkannt. Eine absolut simple Maßnahme, die für bestimmte junge Männer Charme hat. Ich könnte mir das für Neukölln durchaus vorstellen. Das würde aber ein Umdenken bei unserer Polizei erfordern.

Die Staatsanwaltschaft ist dezentralisiert. Sie residiert in angemieteten Wohnungen oder Geschäftsräumen. Die Fenster sind unverhangen, jeder kann die Mitarbeiter bei der Arbeit beobachten, sie grüßen oder unangenehmerweise von ihnen gegrüßt werden. Der Klientel wird auf diese Weise deutlich sichtbar die Botschaft vermittelt: »Die Strafe folgt auf dem Fuße.« Das hat eine erhebliche psychologische Auswirkung. Darüber hinaus arbeitet die Staatsanwaltschaft mit allen übrigen Diensten zusammen und entscheidet sofort vor Ort, ob ein förmliches Verfahren eingeleitet wird oder ob sie es bei Arbeitsstunden, Bußgeld oder ähnlichem bewenden lässt.

Das Besondere und aus meiner Sicht die optimale Vernetzung und Loslösung von der Versäulung behördlichen Handelns ist der TIP (Transfer Informatie Punt), eine Form der Zusammenarbeit von Behörden, wie ich sie aus Deutschland überhaupt nicht kenne. In einem auch von den übrigen Behördenstandorten abgetrennten Gebäude arbeiten Mitarbeiter der Polizei, des Jugendamtes, der Schule, der Kindertagesstätten, der Gesundheitsbehörden, des Arbeitsamtes und auch der Energieunternehmen zusammen. Hier werden alle Informationen zusammengetragen, die den einzelnen Behörden oder Institutionen über Risikopersonen oder Risikofamilien vorliegen. Dieser Pool von Informationen soll zu einem sehr frühzeitigen Erkennen von Problemlagen führen. Wenn ein Kind wiederholt beim Schwarzfahren erwischt wird, kann das darauf hindeuten, dass bei der Erziehung nicht alles rundläuft. Wenn eine Familie über drei Monate ihre Stromrechnung oder ihre Miete nicht bezahlt hat, kann das auf ein entstehendes Problem hinweisen. Diese Dinge werden in einer gemeinsamen Datei erfasst, und die Behörden beraten, wer von ihnen jetzt wie tätig wird, und zwar aktuell innerhalb von 24 Stunden. Regelmäßig wird in Fallrunden über Problemlagen von Einzeltätern und delinquenten Jugendgruppen gesprochen und eine Strategie vereinbart. Das klare Ziel ist, die Anonymität zu beseitigen und dies die Betroffenen auch merken zu lassen. Es soll ein sozialer Druck aufgebaut werden.

In dem TIP für ein Einzugsgebiet von etwa 25 000 Einwohnern, den wir besuchten, waren ungefähr 400 Familien datenmäßig erfasst. Alle angeschlossenen Organisationen hatten jederzeit Zugriff auf die Daten und den momentanen Sachstand. Nach einer gewissen Zeit der Unauffälligkeit werden die Daten gelöscht.

Diese Vernetzung bedeutet einen ungehinderten Datenfluss zwischen allen Beteiligten. Da die Niederlande keine Bananenrepublik sind und natürlich auch den Begriff des Datenschutzes kennen, gibt es zum Umgang mit dem Datenschutz einen öffentlichen Vertrag, der einsehbar ist und von jedermann kontrolliert werden kann. Sie finden einen solchen Vertrag ins Deutsche übersetzt im Anhang dieses Buches. Dieser TIP hinterließ bei mir einen starken Eindruck. Er vermittelte mir das Gefühl, dass die Stadt mithilfe dieses Instrumentes weiß, was im Gebiet los ist und wer ein Problem darstellt, auf dem Weg ist, ein Problem zu werden, und wo die Ansatzpunkte für Hilfestrategien sind. Ich kann mir gut vorstellen, dass professionelle Datenschützer bei uns beim Lesen dieser Zeilen dem Herzkasper sehr nahe sind. Man muss aber wissen, dass der Datenschutz, so wie er bei uns praktiziert wird, die erfolgreichste Täterschutzeinrichtung ist.

Als Schmankerl am Rande kann ich die kleine Geschichte beitragen, dass sich in einer Neuköllner Schule eines Tages vier zwangsversetzte Intensivtäter zusammenfanden, weil keine Institution der anderen sagen durfte – und der Schule natürlich erst recht nicht –, was sie mit ihrem »kleinen Liebling« zu machen gedachte. Wenn eine Kinderärztin dem Gesundheitsamt mitteilt, dass eine dort betreute Familie die vereinbarten Kontrolluntersuchungen nicht wahrnimmt, obwohl der Verdacht auf Misshandlung besteht, handelt sie sich in Berlin ein Verfahren ein. Völlig irre.

Eines möchte ich nicht unerwähnt lassen: Derjenige, der seinen Unterhalt nicht alleine bestreiten kann, hat in Rotterdam keine freie Wahl des Wohnortes mehr. Die Freizügigkeit wird mit einem Gesetz zum Schutz der öffentlichen Ordnung eingeschränkt. Dies gibt der Verwaltung die Möglichkeit, zum Beispiel Störerfamilien auszuquartieren oder den Zuzug erst gar nicht zuzulassen. Damit ist eine gewisse Steuerung der Sozialstruktur möglich. Unabhängig davon, dass ich dieses Instrument in der Mengenanwendung nicht überschätzen würde, halte ich eine Übertragbarkeit auf deutsche Verhältnisse für sehr gewagt bis nicht erstrebenswert. Das ist dann doch auch mir zu viel Staat.

Beschäftigt man sich mit dem niederländischen Schulsystem, stoßen einem als erstes die Bezeichnungen »schwarze« und »weiße« Schulen auf. Die sogenannten schwarzen Schulen werden überwiegend von Einwandererkindern (allochthone Bevölkerung) besucht und die weißen Schulen in erster Linie von klassischen Niederländern (autochthone Bevölkerung). Die unterschiedlichen Förder und Finanzierungssysteme des niederländischen Schulwesens lasse ich außen vor. Beeindruckend fand ich die Aussage: »Wir sprechen alle Sprachen, die unsere Kinder auch sprechen.« 40 % des Kollegiums der Schule, in der wir waren, sind selbst Einwanderer oder Nachkommen von Einwanderern. Es gibt einen Elterncoach, der durch das Jugendamt eingesetzt wird und mit erheblichen Vollmachten ausgestattet ist, Eltern Auflagen zu erteilen. Halten die Eltern sich nicht daran, dann werden die Sozialleistungen gekürzt. Außerdem werden die Zeugnisse in den Grundschulen nur direkt an die Eltern ausgehändigt. Da sich das Schuljahr in Trimester aufteilt, haben Lehrkräfte und Eltern mindestens dreimal jährlich Kontakt. Auf meine skeptische Nachfrage, wie viele Eltern denn tatsächlich kommen, das Zeugnis abzuholen, antwortete man mir: »Na, alle.« Als ich mit noch ungläubigerer Miene fragte, ob denn das wirklich zutreffe und was denn passiere, wenn Eltern nicht kämen, um das Zeugnis abzuholen, war die Antwort schon leicht beleidigt: »Ja, natürlich stimmt das, denn solange das Zeugnis in der Schule liegt, solange erhalten die Eltern keine Sozialunterstützung.« Auf eine weitere Nachfrage, wie oft man dieses System denn schon angewendet habe, hieß es: »Zu Beginn einige Male, dann aber gar nicht mehr.« Nachdem die Eltern gemerkt hatten, dass es diese Sanktion gibt und sie tatsächlich praktiziert wird, war das Problem gelöst. Also, manchmal reicht es schon vollkommen, wenn man in der Zielgruppe um die Sanktionen weiß, um zu verhindern, dass man davon Gebrauch machen muss.

Bei uns ist es aber inzwischen so, dass einem die gesellschaftliche Ächtung gewiss ist, wenn man nur mit dem Gedanken an eine Sanktion spielt. Staatliche Repressionen zur Stimulanz von regelkonformen Verhaltensweisen sind bei uns uncool, weil alle Menschen doch gut sind und alle Bürger verantwortungsbewusst.

Zurück zur Schule in Rotterdam. Es gibt dort obligatorische Elternzentren, an denen von 8.00 bis 16.00 Uhr Lehrer oder Sozialarbeiter für die Eltern zur Verfügung stehen. Ein Sportverein betreut die Schüler in der Schule und im benachbarten Kindergarten. Grundschule und Kindertagesstätten arbeiten sehr eng zusammen.

Im Bereich der Ausbildung und Arbeit stoßen wir wieder auf das gleiche Prinzip. Es gibt ein dichtes Netz von Angeboten und Hilfestellungen, immer gekoppelt mit der Erwartung an den Hilfeempfänger, dass er mitmacht und seine Kompetenzen aktiv einbringt. »Machst du nicht mit, dann kannst du von uns auch keine Hilfe mehr erwarten«, lautet die Ansage. Das bedeutet, Schnitt bei den Sozialleistungen. Ansonsten war es schon erstaunlich, welche Anstrengungen die Stadt unternimmt, um schwierige Jugendliche an ein geregeltes Arbeitsleben heranzuführen. Es wurde für diese jungen Leute extra das Berufsbild eines Logistikassistenten im Hafenbereich geschaffen mit einem Nettolohn von 1700 Euro. In Rotterdam wurden zwei Mittelklasserestaurants gegründet, in denen junge Leute in Service und Küche ausgebildet werden. Die professionellen Betriebe rekrutieren dann dort ihren Nachwuchs. Beide Restaurants haben wir ausprobiert. Ich war beeindruckt.

Im Rahmen von Intercultural Cities haben wir dann die Stadt Tilburg, ebenfalls in den Niederlanden, besucht. Hier trafen wir im Wesentlichen auf die gleichen Interventionsstrukturen. Nur der Repressionsteil war erheblich ausgedünnter als in Rotterdam. Als ich den Bürgermeister nach diesem Unterschied fragte, hatte er eine sympathische Antwort: »Wir sind eine sozialdemokratische Stadt, so etwas wie in Rotterdam geht bei uns gar nicht.« Aber was in Tilburg ging, war auch nicht schlecht. Seit 2002 gibt es ein »Safety House«, dem 2008 das »Care House« an die Seite gestellt wurde. Das Safety House wurde von der Stadt Tilburg, der Polizei und der Staatsanwaltschaft gegründet. Dort arbeiten Mitarbeiter des Amtes für häusliche Gewalt, der Betreuungsstelle für jugendliche Straftäter, der Opferbetreuungsstelle, der Familienhilfe und der Bezirksstaatsanwaltschaft, die dort eine Außenstelle betreibt, fest zusammen. Hinzu kommen je nach Einzelfall weitere 20 Kooperationspartner vom Kinderschutz bis zur Polizei.

Das Care House konzentriert sich auf die Betreuung von Erwachsenen und Familien im sozialen Bereich. Es geht um die staatliche Fürsorge für problembelastete Familien genauso wie um den Umgang mit jugendlichen Straftätern und Aktionen zur vorbeugenden Kriminalitätsbekämpfung. Die Zielgruppen für beide Häuser sind identisch. Jugendliche, Intensivtäter, häusliche Gewalt, Multiproblemfamilien, aber witzigerweise auch Steuerhinterzieher. Das gemeinsame Motto lautet: »Eine Familie – ein Plan«.

Natürlich ist die vernetzte Arbeitsweise hier ebenfalls nur möglich, wenn es einen unmittelbaren Datenfluss zwischen allen Beteiligten gibt. Da der Fokus in Tilburg stärker als in Rotterdam auf der Kriminalität liegt, steht am Anfang meist ein Polizeibericht. Dann wird jeder Einzelfall mit allen beteiligten Institutionen besprochen und gemeinsam der Aktionsplan festgelegt. Je nach »Bekanntheitsgrad« der Person kann am Beginn das Gespräch mit dem Sozialarbeiter oder auch die Vorladung noch für den gleichen Tag zum Staatsanwalt stehen. Ungewöhnlich ist sicher die sogenannte Morgenrunde, in der die Polizeiberichte der vergangenen Nacht ausgewertet und besprochen werden. Es kann durchaus sein, dass jemand bereits am Mittag nach seinem nächtlichen Auftritt den Konsequenzen im Safety House ins Auge blickt.

Die Ergebnisse der Arbeit können sich sehen lassen. Die Rückfallquote hat sich halbiert, und die Zahl der jugendlichen Angeklagten hat sich massiv verringert. Tilburg ist keine Schlafstadt. Es wird dort durchschnittlich jeden Tag ein Intensivtäter festgenommen, von dem man je nach Jahr zwischen 300 und 400 Exemplare im Angebot hat. Weit über 1000 Fälle von häuslicher Gewalt werden pro Jahr registriert.

Beide Städte vermittelten den Eindruck, dass man in den Niederlanden sehr bemüht ist, ein an den Sicherheitsbedürfnissen der Bürger orientiertes öffentliches Leben zu gestalten. Nach den Erfahrungen zwischen 2000 und 2005 konzentriert man sich darauf, Unruhen vorzubeugen, ohne Vielfalt und Offenheit aufzugeben. Die unaufgeregte Akzeptanz von staatlicher Repression mag einige bei uns mit Abscheu erfüllen. Doch der

Schnellschluss trügt. Der Schwerpunkt der niederländischen Integrationspolitik liegt ohne Zweifel auf der Prävention. Es gibt eine starke Hinwendung zu den Einwanderern. Allerdings wird auch stets erwartet, dass jeder seinen Teil zum Gelingen des Unternehmens beiträgt. Der Repressionskatalog gilt lediglich für Unbelehrbare und Verweigerer. Wie erwähnt, ist seine pädagogische Wirkung deshalb so beachtlich, weil kein Zweifel daran besteht, dass die Sanktionen im Ernstfall auch angewendet werden.

Insbesondere die Erfolge der Rechtspopulisten haben die etablierte Politik in den Niederlanden aufgerüttelt. Das Sicherheitsbedürfnis der niederländischen Bevölkerung wie auch der integrierten Einwandererbevölkerung ist inzwischen so ausgeprägt, dass bestimmte Auswüchse und Verwahrlosungen als Folge einer zu liberalen Stadtpolitik, wie sie in Rotterdam vor zehn Jahren offensichtlich gang und gäbe waren, nicht mehr hingenommen werden. »Wir haben die Konsequenzen aus unserem Pim Fortuyn gezogen«, so lautete die Botschaft für uns. Man merkt, dass die Bevölkerung aufgrund der von Menschen aus unterschiedlichen Kulturkreisen geprägten Geschichte der Niederlande stark durchmischt ist. Hierzu herrschen ein spürbarer Grundkonsens und eine entspannte Selbstverständlichkeit. Für mich war überraschend, mit welcher Natürlichkeit und Gelassenheit auch Einwanderer oder Nachkommen von Einwanderern über soziale und kulturelle Probleme mit oder von Einwanderern diskutierten. Sie beteiligen sich aktiv an der Entwicklung von Lösungsstrategien und Politikansätzen, um unerwünschter Situationen Herr zu werden. Eine Diskussionsverweigerung wie bei uns, unter der Überschrift »Über so etwas spricht man nicht«, habe ich bei keiner meiner Begegnungen erlebt. Im Gegenteil, eine so große Transparenz und Offenheit, die eigenen Probleme auch Besuchern zu präsentieren, hatte ich vorher und habe ich hinterher nur ganz selten kennengelernt.

Der Schlusspunkt in Rotterdam war der Besuch einer Moschee von Millî Görüş. Wir hatten dort eine sehr angeregte und

engagierte Diskussion mit dem Imam im Beisein der Geschäfts-
führerin oder Sekretärin der Gemeinde. Sie trug, was für Mitglieder von Millî Görüş ausgesprochen selten ist, kein Kopftuch.
Der Imam stellte das auch mehrfach als Beweis für die Liberalität
dieses Moscheevereins heraus. Es überraschte uns, welch enger,
scheinbar fast herzlicher Kontakt zwischen der Rotterdamer
Verwaltung und diesem Verein herrschte. Als wir auf die zwie-
spältige Beurteilung von Millî Görüş in Deutschland hinwiesen
und die unterschiedlichen Sichtweisen ansprachen, lautete die
Begründung: *Sie holen am Nachmittag die Jugendlichen von der
Straße, sie spielen mit ihnen Fußball oder sie machen mit ihnen
Hausaufgaben – wieso sollen wir etwas dagegen haben?* Wir haben uns im laufenden Betrieb dort umgesehen und fanden alles
vor wie angekündigt. Während also Millî Görüş als türkischer
Ableger der arabischen Muslimbruderschaft in Deutschland aus
meiner Sicht zu Recht vom Verfassungsschutz beobachtet wird,
pflegt die gleiche Organisation in den Niederlanden ein durchaus geachtetes und entspanntes Verhältnis zu den dortigen Behörden. Auf meine Frage, woher der Imam seine Predigten für
das Freitagsgebet erhält, antwortete er mir mit nachsichtigem
Lächeln: »Natürlich aus Köln, dort ist doch die Zentrale unserer
Organisation.« (Er meinte wohl Kerpen bei Köln.)

London war unsere nächste Station. Die Rolle des Türöffners
hatte die Britische Botschaft in Berlin übernommen. Der damalige britische Botschafter, Sir Michael Arthur, war hochgradig
an der Integrationspolitik Deutschlands interessiert. So kam es,
dass eine kleine Delegation aus Berlin-Neukölln, bestehend aus
einer Schulleiterin, einer Kindertagesstättenleiterin, dem Migrationsbeauftragten und mir, bereits in der Botschaft offiziell zum
Dinner eingeladen war, bevor der Botschafter überhaupt beim
Regierenden Bürgermeister offiziell empfangen worden war. Das
war schon ein netter Gag. Sir Michael Arthur hat sich dann während seiner Amtszeit in Berlin immer wieder in Neukölln auf-
gehalten und war bald eine bekannte und geschätzte Persönlich-

keit im Bezirk. Es kann also nicht überraschen, dass die Reise nach London unter seinem besonderen Schutz stand.

Das merkten wir vor Ort auch schnell an der Hochrangigkeit unserer Gesprächspartner in der britischen Hauptstadt. Aber so erlesen sie waren, so unterschiedlich waren sie dann auch. Unser Briefing begann bei dem für Einwanderung und Integration zuständigen *Department for Communities and Local Government*. Hier wurden Probleme natürlich kleingeschrieben. Mit einer Studie wies man uns stolz nach, dass 82 % aller Briten gut miteinander auskommen. Bei näherer Betrachtung stellte sich allerdings heraus, dass jeweils die weißen und die schwarzen Communities unter sich selbst abgestimmt hatten. Die Befragung bestätigte somit eigentlich nur die seit Jahren vollzogene Trennung in schwarze und weiße Wohngebiete. Mein Eindruck war, dass in London eine ethnische Durchmischung der Stadtteile nicht mehr angestrebt wird. Der Zug scheint abgefahren. Die städtebauliche Strategie lautet inzwischen, das Nebeneinanderleben so zu gestalten, dass es nicht zu einer Radikalisierung kommt und das Ausbrechen von Rassismus verhindert wird. In London gibt es ein ausgesprochenes Problem mit der Jugendkriminalität. Alljährlich fasst die Londoner Polizei etwa 30 Kinder, die ein Tötungsdelikt begangen haben.

Nach dem rosaroten Tupfer des Departments wurden wir dann doch recht schnell auch mit anderen Einschätzungen konfrontiert. Die Vertreter der Verwaltung eines Londoner Bezirkes diskutierten mit uns völlig ungeniert und nicht unter dem Mantel der Vertraulichkeit über die in ihrem Gebiet vorhandenen No-go-Areas und Straßengangs. Insbesondere das Sicherheitsgefühl und das Vertrauen in die staatlichen Institutionen leiden unter den Verhältnissen. Auf unsere Fragen nach den Konsequenzen trafen wir alte Bekannte aus Rotterdam wieder: Netzwerke bilden, klare Ansagen machen und Ausstiegshilfen anbieten.

Auch bei einem Meeting zur Sicherheitslage in einem Polizeirevier oder mit dem gesamten Führungsstab der Metropolitan Police machten die Sicherheitskräfte keinen Hehl daraus, dass sie in bestimmten Stadtgebieten erhebliche Probleme haben, die öffentliche Sicherheit und Ordnung aufrechtzuerhalten. Hierbei fielen immer wieder die Namen Tottenham und Brixton, wo die karibische und schwarz-afrikanische Bevölkerung lebt, Tower Hamlets, wo Einwanderer aus Bangladesch und dem Sudan die größten Migrantengruppen bilden, und Whitechapel als Domäne des Hindukusch.

Zwei Programme sind mir nachhaltig in Erinnerung geblieben. Zum einen das Safer-Neighbourhoods-Programm der Metropolitan Police in London. Ihm liegt die Überlegung zugrunde, dass viele Menschen der Polizei aus Angst vor Rache nicht alle Informationen geben, die sie haben. Eigentlich möchten sie ihr Wissen schon loswerden, aber eben im Hintergrund bleiben. Die Nachbarschaftspolizei bietet eine solche Möglichkeit. Sie ist es, die im Kiez ständig unterwegs ist, das Gespräch pflegt, hinhört, was geredet wird, und nachfragt. Die so gewonnenen Informationen gibt sie dann an den regulären Polizeiapparat weiter. Der eigentliche Informant bleibt somit im Hintergrund. Die Safer-Neighbourhoods-Teams sind fest angestellt und auch an einer Uniform erkennbar. Allerdings verfügen sie nur über eingeschränkte Befugnisse. Sie greifen bei leichteren Straftaten ein und stellen Bußgeldbescheide aus, zum Beispiel für Fahren auf Gehwegen oder nicht beseitigten Hundekot. Ihr Tätigkeitsfeld ist mit dem unserer Ordnungsämter vergleichbar.

Zum anderen sind die Volunteer Police Cadets ein sehr beachtliches Projekt. Das sind polizeibekannte ehrenamtlich tätige junge Leute zwischen 14 und 21 Jahren, die sozusagen als »Nachwuchspolizisten« verpflichtet werden. Im Jahre 2008 gab es rund 1200 solcher Polizeischüler. Auch sie erhalten eine Uniform. Ziel dieser Maßnahme ist es, Jugendliche, die aufgefallen sind, zu begleiten und ihnen »den Weg aufzuzeigen, wie sie anständige Bürger werden können«. Als Einschub sei erwähnt, dass Jugendstrafverfahren in London im Schnitt 72 Tage dauern. Diese Police Cadets werden im Übrigen auch eingesetzt, um die Nachbarschaftsteams zu verstärken und dort für andere Jugendliche sichtbar zu sein. Die Police-Cadets-Teams waren zur Zeit unseres Besuchs noch im Aufbau. Wenn das Programm planmäßig fortgeführt wurde, müsste es heute mehrere Tausend Jugendliche geben, die in London als Police Cadets eingesetzt werden. Das ist schon recht ehrgeizig.

In England bilden die öffentlichen Schulen bei weitem nicht die gesamte Bandbreite der Bürgerschaft ab. Insbesondere das weiße Bürgertum schickt, sofern es das Schulgeld aufbringen kann, seine Kinder vorwiegend auf Privatschulen. Die öffentlichen Schulen haben somit eine Überlast an Schülern aus prekären Familienverhältnissen zu verkraften. Es gibt an den Schulen ein sogenanntes Board of Governance. Das ist ein Gremium, das aus Schulleitung, Eltern und anderen Unterstützern besteht, die ehrenamtlich die Schulverwaltung beraten und ihr zur Seite stehen. Wenn Eltern die Zusammenarbeit mit der Schule und den Lehrern verweigern, dann erhalten sie zu Hause Besuch, und es drohen Sanktionen bis hin zu Bußgeld und Inhaftierung. Selbst staatliche Schulen bieten in London Geschlechtertrennung an. Diese Möglichkeit wird von Muslimen sehr gerne wahrgenommen.

Jeder staatlichen Schule ist ein Polizeibeamter, der Safer Schools Officer, zugeordnet. Er besucht die Schule regelmäßig und hat Einblick in alle Schuldaten. Schulschwänzer werden vom ihm zu Hause aufgesucht, und die Schulleitung wendet sich mit ihren Problemen direkt an ihn. Der Datenaustausch zwischen der Schule, der Polizei und dem Jugendamt ist gesetzlich geregelt. Dies dient insbesondere dem Umgang mit problematischen Schülern. Alle sechs Wochen treffen sich Vertreter der beteiligten Organisationen, beraten die Einzelfälle und vereinbaren Strategien im Umgang mit den Familien. Das heißt also, in die Einzelfallarbeit des Jugendamtes sind sowohl die Schule als auch die Polizei direkt involviert. Das ist eine Form von Zusammenarbeit, die es bei uns so nicht gibt. Realität bei uns ist vielmehr, dass durch den Datenschutz die Informationen so gegeneinander abgeschottet werden, dass niemand mehr weiß, was der andere macht. Ich erinnere nur an die vier Intensivtäter an einer Schule.

Insgesamt machten wir auch in London die Feststellung, dass Schulen erheblich freier über ihre Ressourcen verfügen können, als es bei uns üblich ist. Sie sind viel unabhängiger in ihren Personalentscheidungen, können sich von ungeeigneten Lehrern (rein theoretischer Fall, ist in der Praxis wohl ausgeschlossen) trennen und sich direkt von der Hochschule junge und agile Lehrer holen, die Lust haben, sich in einem sozialen Brennpunkt auszuprobieren. Wir waren zu Gast in einer Schule in einem besonders schwierigen Gebiet. Die Schüler und die Jugendkriminalität bereiteten den Lehrkräften einiges Kopfzerbrechen. Doch durch diese Selbständigkeit gelang es dem Rektor, die Schule völlig neu aufzustellen. Er konnte damit die bereits beschlossene Schließung abwehren und seine Schule auf einen erfolgreichen Kurs zurückführen. Die Geschichte ähnelt sehr den Erfahrungen mit der Neuköllner Albert-Schweitzer-Schule, dazu später.

Bei unseren Exkursionen zu den sozialen Brennpunkten Londons hatten wir einige markante Erlebnisse. So besuchten wir etwa ein Nachbarschaftsheim für die chinesische und pakistanische Einwohnerschaft der Gegend. Die Vielfalt der Menschen dort war beeindruckend. Allerdings waren sie strikt ethnisch getrennt. Zusammen machte man nicht viel bis gar nichts. In der Diskussion wurde eine Chinesin gefragt, wie sie sich denn fühle, als Britin oder als Chinesin? Sie antwortete: »Halb, halb.« Auf die weitere Frage, was denn der britische Teil in ihrem Empfinden sei, antwortete sie: »England kümmert sich so gut um mich.« Sie sehen, auch hier reduziert sich die Integration auf die Wohlstandsversorgung.

Ansonsten war in London die weite soziale Schere und die extreme Diskrepanz der Lebenswelten – hier die im Sonnenlicht an der Themse joggenden Broker, die nach der Mittagspause erst einmal eine heiße Dusche in ihrem Büro nehmen, dort etwa der Wochenmarkt in Whitechapel, der eher nach Kabul gepasst hätte – unübersehbar. Das abschließende Treffen mit den Mitarbeiterinnen und Mitarbeitern der Deutschen Botschaft mit

Geschichten aus ihrem privaten Alltag rundete für uns das Bild des Londoner Lebens ab.

Ich will an dieser Stelle einige Zeilen einer unvergessenen Freundin, der Jugendrichterin Kirsten Heisig, widmen. Sie war bekennender Fußballfan, und es war die Zeit der Fußball-Europameisterschaft. An einem Abend spielte die deutsche Mannschaft. Ein Pub mit Fernseher musste her. Nach längerem Suchen fanden wir auch einen, und dann geschah Wundersames. Die zierliche Kirsten Heisig stellte sich mitten in den Pub und erklärte den Bier trinkenden Londonern, dass wir eine überaus nette und wichtige Reisegruppe aus Deutschland seien und jetzt hier das Spiel der deutschen Nationalmannschaft verfolgen müssten. Sie bat die übrigen Gäste, die Plätze vor dem Fernseher freizumachen und das Gerät auf einen deutschsprachigen Kanal umzustellen. So geschah es dann auch. Ohne Widerspruch, ohne Protest. So war diese Frau, ein Energiebündel pur.

Die beiden Exkursionen nach Rotterdam und nach London waren inhaltlich die ergiebigsten und für meine integrationspolitischen Gedanken die inspirierendsten. Dies spiegelte sich auch in der Presseberichterstattung wider. Als ich mich öffentlich zu der Frage äußerte, ob nicht unsere Polizei in Berlin über den Aspekt der Gefahrenabwehr und der Kriminalitätsbekämpfung hinaus ebenfalls einen stärkeren Fokus auf Nachbarschaftskontakte und Stimmungsaufnahme auf informellen Berührungsebenen legen könnte, um so auch zum Teil des Wohlfühlfaktors zu werden, kannte die Empörung des damaligen Polizeipräsidenten keine Grenzen. Er erklärte in öffentlichen Interviews, dass die Berliner Polizei keine Belehrungen brauche und dass das ein alter Hut und längst geübte Praxis in Berlin sei. Er oder sein Umfeld ließ unter den Polizeibeamtinnen und Polizeibeamten streuen, dass der Neuköllner Bürgermeister sich verächtlich über die Polizeiarbeit geäußert habe. Das war damals recht kleinkariert und unprofessionell. Insbesondere auch deshalb, weil er sich stillschweigend nach Rotterdam begeben haben soll, um meine Reise nachzuzeichnen und meine Gesprächspartner zu seinen zu machen. Aber das sind sicher alles üble Gerüchte. Er ist nicht mehr im Amt, ich schon, und damit hat das Leben ja entschieden.

Unabhängig von solchen Menscheleien bin ich nach wie vor der Auffassung, dass gerade in Brennpunktlagen der enge Zusammenschluss zwischen Polizei, Verwaltung und Bürgerschaft unabdingbar ist. Die Polizei benötigt hier für ihre extrem schwierige Arbeit in den gesellschaftlichen Niederungen und im Wettbewerb mit der organisierten Kriminalität jede nur mögliche Information und jede auch indirekte Unterstützung. Ich denke, auf der Baustelle kann man noch arbeiten. Bevor sich aber wieder einige Mimöschen auf den Schlips getreten fühlen, will ich das an dieser Stelle nicht vertiefen. Zumal das, was ich in Rotterdam und in London gesehen habe, in Deutschland aufgrund unserer Geschichte schnell mit Begriffen wie Blockwart oder Abschnittsbevollmächtigter oder Denunziation belegt werden würde.

Es erregte sich natürlich nicht nur der Polizeipräsident. Nein, auch die damalige SPD-Fraktion im Abgeordnetenhaus war nicht sehr glücklich mit den Presseberichten über meine Ausflüge und die Vorschläge, das eine oder andere vielleicht einmal zu diskutieren. Eigentlich ist »nicht sehr glücklich« falsch formuliert. Sie fanden es richtig blöd. Nun, das war für mich nichts Neues. Ich hatte bis dahin schon öfter Gelegenheit, das kritisch solidarische Verhalten von einigen Teilen der Funktionärskaste meiner Partei in Berlin auf dem Konto Lebenserfahrung zu verbuchen. So richtig Schwung kam aber dann in die Angelegenheit, als in der Fraktion der Antrag gestellt wurde, mich zu einem Input einzuladen. Dieser Antrag wurde mit der Begründung »Wir sind eine politische Fraktion, wir benötigen keine Reiseberichte von Bezirkspolitikern« mit Abscheu zurückgewiesen. Diese unpolitische Haltung machte in der Berliner politischen Landschaft und insbesondere in den Medien sofort die Runde. Andere Parteien schlachteten den Vorgang natürlich mit Wonne aus.

Die SPD-Fraktion des Abgeordnetenhauses hatte sich einen Bärendienst erwiesen. Sie stand mit dem Rücken zur Wand und versuchte sich in Schadensbegrenzung. Ich bin ihr heute noch für diese Aktion Wasserschlag dankbar. Meine Anerkennung durch die Berliner Bevölkerung, die mir den Rücken stärkte, machte infolge dieses allgemein als unfair empfundenen Vorgangs einen Riesensprung nach vorne. Ich konnte mich in der Stadt kaum noch bewegen, ohne dass mir jemand seine Solidarität bekundete und gleichzeitig seine Distanz zur SPD im Abgeordnetenhaus zum Ausdruck brachte. Der Höhepunkt war, dass ich eingeladen wurde, um vor dem Innenausschuss des Parlaments von meinen Erfahrungen zu berichten, und der Tagesordnungspunkt in der Sitzung mit der Mehrheit der SPD und der Linken wieder abgesetzt wurde. Damit war ich wieder ausgeladen. Das gute Dutzend anwesender Journalisten war dankbar für dieses Thema. Es lieferte Stoff für ihre Berichterstattung der nächsten Tage.

Ich persönlich habe damals diesen Dilettantismus in der politischen Arbeit nicht nur wegen des Imageschadens für die Partei bedauert, sondern auch, weil durchaus überlegenswerte Praktiken so noch nicht einmal einer Diskussion zugeführt werden konnten. Bis heute sind Zeugnisausgabe nur an die Eltern, formale Beziehungen Jugendlicher zur Polizei, Safer-Neighbourhoods-Teams, Ortsteilvernetzung, regionalisierte Staatsanwaltschaft und Ähnliches keine Überlegung wert. Wie so oft in Berlin war und ist man sich selbst genug, ohne zu merken, dass auch andere Völker hübsche Töchter haben.

»Here is Glasgow. We are scottish, not british.« Mit dieser Ansage warteten einige Überraschungen auf uns.

Verschiedene der nachfolgend beschriebenen Verhaltensweisen sind nur aus der jüngeren Geschichte der Stadt zu verstehen. Die traditionelle Industriestadt unterlag einem dramatischen Bevölkerungsrückgang seit den 1940er Jahren. Mit den Umstrukturierungen der Wirtschaft ging ein gleich gelagerter Prozess in der Bewohnerschaft einher. Die Zahl der Einwohner sank von über einer Million auf aktuell knapp 600 000.

Die Arbeitslosenquote lag mit 6,5 % zum Zeitpunkt unseres Besuches durchaus im Rahmen, ist aber jetzt auf 11,8 % angestiegen. 13 % der Stadtbevölkerung sind ethnische Minderheiten. Etwa 1400 Migranten kommen jährlich nach Glasgow. Glasgow hat sich mit einer Vereinbarung aus dem Jahr 2000 verpflichtet, zunächst fünf Jahre lang Wohnungen für Asylsuchende zur Verfügung zu stellen – 2000 für Familien und 500 für Alleinstehende. Der Vertrag wurde noch verlängert, aber dann aufgrund etlicher Betrugsfälle seitens der Vermieter Ende 2010 gekündigt. Diese Maßnahme diente dem Stopp des Bevölkerungsrückgangs. Durch die Zuwanderung und die Asylbewerber ist eine starke Verjüngung der Glasgower Bürgerschaft eingetreten. Die Hoffnung ist nun, dass sich dies auch positiv auf die Geburtenrate auswirkt.

In rund 220 Schulen mit 66 000 Schülerinnen und Schülern ist ein gutes Drittel der Jugendlichen auf eine Schuluniformbeihilfe und kostenlose Schulspeisung angewiesen. Kriminalität ist in Glasgow ein besonders gravierendes Problem. Die Mordrate ist doppelt so hoch wie in London, und die Gefahr, als Jugendlicher ermordet zu werden, ist in Schottland siebenmal größer als in vergleichbaren Gebieten Frankreichs. Ein Stadtgebiet wurde uns als besonders problematisch geschildert. Dort gab es etwa 55 Gangs. Die jüngsten ihrer rund 800 Mitglieder waren acht Jahre alt. Es ist davon auszugehen, dass sie jeweils mit mindestens einem Messer bewaffnet sind. Ach, du mein glückliches, friedliches Neukölln.

Hochengagiert arbeitet die Stadt dem Einwohnerschwund mit der Anwerbung von Migranten entgegen. Die Frage, die man sich hier stellt, lautet weniger, was bringt wer mit, sondern eher, wo bekommen wir jemanden her. Das führt zwangsläufig dazu, dass die Erwartungen und die qualitativen Anforderungen herabgeschraubt werden. Trotz des eher geringen Anteils von zugezogenen Einwanderern an der Gesamtbevölkerung sollte man die Heterogenität der Bevölkerung nicht unterschätzen. In der Mittelschule, die wir besuchten, sprach man zum Beispiel

47 Sprachen. Auf unserem Programm stand der Besuch einer Grundschule, einer Mittelschule, einer Moschee, einer Seniorentagesstätte für Einwanderer sowie ein Gespräch mit einem Jugendrichter und dem Oberbürgermeister. Doch der Reihe nach.

Schon in der Grundschule begegnen wir bei den Problemen alten Bekannten. Die Kinder kommen teilweise mit sehr schlechten Sprachkenntnissen in die Schule. Als Antwort hat die Schule, an der insgesamt 20 Lehrkräfte unterrichten, immerhin vier Lehrer eingestellt, die Urdu, die Hauptsprache der Pakistani, beherrschen. Ein pragmatischer Politikansatz. Könnte Berlin sich abschauen.

Als eine ausgesprochene Besonderheit wurde uns das Verhalten der Roma beschrieben, wobei immer deutlich zwischen alteingesessenen und neu zugezogenen Roma differenziert wurde. Roma-Kinder kommen für gewöhnlich ohne jegliche englische Sprachkenntnisse zur Schule. Die Sprachausbildung für Einwanderer scheint in dieser Volksgruppe nicht zu funktionieren. Der Schulbesuch ist unauffällig und regelmäßig. Allerdings nur bis zum Übergang in die Mittelschule. Bei diesem Wechsel geht ein beachtlicher Teil der Kinder verloren, weil die Eltern nicht mehr bereit sind, die Kinder in die Schule zu schicken. Sie haben im Alter ab zehn Jahren offensichtlich im Familienverband andere Aufgaben zu erfüllen. So, wie wir es verstanden haben, stehen die Roma-Familien am Rande, wenn nicht außerhalb der schottischen Gesellschaft. Sie verstehen viele Regeln und Abläufe der schottischen Gesellschaft nicht. Das beginnt schon beim Schulwesen.

Verblüfft hat uns ein völlig entspannter Umgang mit dem Islam. Ich weiß gar nicht, ob man es überhaupt einen Umgang, also sprich, eine gewollte bestimmte Art des Miteinanderlebens nennen kann, so selbstverständlich erschien uns das Miteinander. Man muss hierzu jedoch wissen, dass es eine lange Erfahrung bis tief in das vorige Jahrhundert hinein mit den Traditionen und Lebensweisen der Muslime in Glasgow gibt. Bei unseren Gesprächen in der Moschee und in der Seniorentagesstätte trafen wir auf Muslime, die eine Werteordnung offenbarten, die man durchaus als konfliktfrei mit der europäischen bezeichnen kann. Zugegeben, die Menschen, die wir trafen und mit denen wir sprachen, waren Angehörige der bürgerlichen Mittelschicht. Geschäftsleute, Verwaltungsangestellte oder Sozialarbeiter. Wenn wir nach Problemen fragten, wurden uns sehr zurückhaltend Episoden geschildert, die sich eher auf Vorgänge innerhalb der muslimischen Glaubensgemeinschaft bezogen. So zum Beispiel den Konflikt der Alten mit den Jungen über die Frage, wie kampfbereit die Muslime sein müssen oder ob sie sich nicht stärker auf ihre Wurzeln besinnen und ein strengeres muslimisches Leben führen sollten. Daran haben die Alten aber überhaupt kein Interesse. Sie haben sich mit der Gesellschaft arrangiert und sind deren geachteter integraler Bestandteil – »we are scottish« eben. In keiner Stadt, die wir bereisten, habe ich den Ruf des Muezzins entfernter gewähnt als in Glasgow, obwohl er hier praktisch am nächsten war.

Es ist eine Selbstverständlichkeit, dass in den Räumen der Schulen jeden Tag von 17:00 bis 19:00 Uhr Koranunterricht in arabischer Sprache stattfindet. Es kümmert auch niemanden, ob es Lehrkräfte gibt, die verstehen können, was dort gesprochen und gelehrt wird. Zur Ramadanzeit kommt der Imam in die Schule und hält dort das Freitagsgebet. Auf meine Frage, ob sie die Predigt verstehe und ob es sie interessiere, was gepredigt werde, antwortete mir die Schuldirektorin entwaffnend zweimal mit Nein. Grenzen gibt es dann aber doch. Bei einer früheren Forderung nach geschlechtergetrenntem Unterricht war die Stadtverwaltung unnachgiebig. Das Thema verschwand von der Bildfläche und wurde nie wieder auf die Tagesordnung gesetzt.

Das muslimische Leben in Glasgow erschien uns recht einheitlich. Unterschiedliche Strömungen des Islam leben sich – anders als bei uns – nicht aus. Der Alltag sieht insbesondere für niedrigqualifizierte Menschen so aus, dass die Mütter ihrer traditionellen Rolle im Haus nachgehen und die Väter mit mehreren Jobs den Lebensunterhalt sicherstellen. Ausgesprochen bemerkenswert fanden wir, dass es üblich ist, die Sommerferien im Heimatland mitunter über Monate auszudehnen. Die Schulbehörde schreitet nicht ein, denn es herrscht die »Überzeugung«, dass die Kinder im Heimatland zur Schule gehen und somit dort die Schulpflicht erfüllen. Schule ist Schule, egal wo, und damit ist dem Gesetz Genüge getan. Für uns Preußen war diese Haltung dann doch etwas zu leger. Ich könnte mir aber vorstellen, dass dieser Umgang mit den Ferien auch bei mir in Neukölln recht schnell Anhänger finden würde. Die Ansätze dazu sind vorhanden.

An der von uns besuchten Mittelschule waren etwa 30 % der Schüler Muslime, und von den 100 Lehrkräften hatten zehn einen Migrationshintergrund. Insgesamt kommen in Glasgow die Einwanderer hauptsächlich aus den Ländern Pakistan, Slowenien, Tschechien, Polen, Kongo und Sri Lanka.

Die schottischen Kinder besuchen tendenziell eher die zwölf Privatschulen, die es neben den staatlichen gibt. Alle Schulen gelten als sicher. Der Gebrauch und das Mitführen von Waffen sind unüblich. Es gibt eine klare Trennung. Außerhalb des Schulgeländes gehören Waffen durchaus zur Grundausstattung junger Männer. Offensichtlich gibt es aber auch Schulen, in denen die Sicherheitslage doch nicht so klar einzuschätzen ist. Sie haben eine eigene Polizeistation auf dem Grundstück, den sogenannten Campus Police Officer, der über ein Büro im Gebäude verfügt. Diese direkte Präsenz der Polizei in der Schule wird je zur Hälfte durch Schulverwaltung und Polizei finanziert. Es ist uns trotz noch so häufigen und geschickten Fragens nicht gelungen herauszufinden, nach welchen Kriterien eine Schule eine Polizeistation auf dem Gelände erhält. Die Schule, die wir besucht haben, hatte keine. Aus den Formulierungen der Direktorin war aber unschwer herauszuhören, dass sie mit diesem Umstand haderte. Und dass sie wohl auch gern eine solche Polizeistation gehabt hätte. Vielleicht hat man uns ja doch nicht alles aus dem Alltag aufs Butterbrot geschmiert.

In Schottland beginnt die Strafmündigkeit bei acht Jahren. Zur Erinnerung: In England sind 10-Jährige strafmündig. Die

Staatsanwaltschaft wird aber nur in sehr drastischen Fällen selbst tätig. Insofern ist das niedrige Strafmündigkeitsalter eher ein Papiertiger. Bisher gibt es kein eigenes Jugendstrafrecht. Wenn Jugendliche als kriminalitätsbelastet auffallen, so tritt ein Children's Hearing zusammen, bestehend aus ehrenamtlich tätigen Bürgern, die dann über die zu treffenden Maßnahmen beraten und entscheiden. Klagt die Staatsanwaltschaft ein Kind an, so entscheidet der Amtsrichter, ob er den Fall an das Children's Hearing verweist oder ob sich das neu eingerichtete Jugendgericht damit befassen soll. Die Jugendgerichtsbarkeit, die wegen des ständigen Anwachsens der Jugenddelinquenz eingeführt wurde, befindet sich in Schottland noch in einer Testphase. Wenn der Angeklagte geständig ist, soll die Verfahrensdauer zehn Tage nicht übersteigen. Plädiert er auf nicht schuldig, gilt eine 40-tägige Frist. Zum Zeitpunkt unseres Besuches war noch nicht entschieden, ob die Jugendgerichtsbarkeit in ganz Schottland eingeführt werden soll oder nicht.

Auch in Glasgow sind Arbeitslosigkeit, Alkoholkonsum und Verwahrlosung die wichtigsten Ursachen für Jugenddelinquenz. Im Übrigen geht man von der Prämisse aus, dass das Lebensalter zwischen 14 und 24 Jahren das der Kriminalitätsepisoden ist. Danach wird geheiratet, das Nest gebaut, und aus allen werden liebe Familienväter. »*We are scottish*« eben.

Wir stießen auf ein Novum mit dem Namen Glasgow Community Safety Services. Es handelt sich um einen Sicherheitsdienst, in dem 500 (!) Mitarbeiter aus unterschiedlichsten Organisationen arbeiten. Ihr Auftrag ist es, asoziales Verhalten zu stoppen. Glasgow soll eine sichere und saubere Stadt werden. Hierzu sind in der Stadt sage und schreibe 420 Kameras montiert, die an jeder Ecke den öffentlichen Raum überwachen. Kamerawagen patrouillieren unentwegt durch die Straßen und zeichnen alles auf. Es ist schon ausgesprochen gewöhnungsbedürftig, im Restaurant zu sitzen, an seinem Steak zu säbeln und plötzlich einen Zuschauer zu haben. Auf einen langen Galgen gesteckt, blinzelte von außen eine Kugel durch das Fenster. Das war so ein Kamerawagen, der vorbeifuhr, anhielt und durch die Fenster des Pubs nachschaute, was sich drinnen wohl abspielt. Ich verspürte nicht den Drang, das System nach Neukölln zu entführen.

Diese Institution ist nicht nur für die Videoüberwachung der ganzen Stadt zuständig, sondern sammelt auch Daten über auffällige Bürger, aus denen dann Profile und Konzepte entwickelt werden. Teams, bestehend aus Polizisten, Sozialarbeitern, Lehrern und ehrenamtlichen Helfern, treffen die Entscheidung, wie im Einzelfall weiter zu verfahren ist. Erfasst sind etwa 2500 Jugendliche in 200 Straßengangs. Wie in den Niederlanden finden Hausbegehungen statt, und es gibt einen ständigen Datenaustausch zwischen den einzelnen Behörden. Auch vom Einzelfall losgelöste Hausbegehungen sind keine Seltenheit. Auffällige Bürger, aber speziell Jugendliche werden vorgeladen, um ihnen zu demonstrieren, dass sie nicht mehr anonym agieren, sondern enttarnt sind. Die Organisationseinheit besitzt aber keine Sanktionsmöglichkeiten. Es geht lediglich darum, Daten zu sammeln und mit psychischem Druck auf Einzelpersonen einzuwirken. Diese Vorgehensweise erschien mir den Gefährdungsansprachen unserer Polizei sehr ähnlich.

Beeindruckend war der Umgang mit einem sozialen Brennpunkt. Die Bevölkerungsstruktur dort hat sich so entwickelt, dass von 12 000 Einwohnern etwa 5000 vor kurzem zugezogene Roma sind. Die Situation in dem Stadtteil ist ausgesprochen schwierig. Trotzdem ist Graffiti im Straßenbild nicht sichtbar, da es sofort beseitigt wird. Es liegt kein Müll herum, selbst die Innenhöfe werden regelmäßig gereinigt. Die Nachbarschaft wird motivierend in die Pflicht genommen, sich ehrenamtlich zu engagieren. Für den flüchtigen Betrachter waren die geschilderten Verwerfungen nicht erkennbar. Die Aktivierung der Bürgerschaft gelingt offenbar in hohem Maße. Dieses Projekt erinnerte mich stark an unser Quartiersmanagement aus dem Programm »Soziale Stadt«.

Eher unterhaltend war unser Kennenlernen der *Diversity Unit* der örtlichen Polizei. Sie versucht sich in der aktiven Bekämpfung der 200 Gangs. Uns wurde ein Videofilm vorgeführt, in dem wir sahen, wie sich Hunderte von Menschen eine Straßenschlacht vom Feinsten lieferten. Kein Kinofilm kann das besser zeigen. Es ging da richtig zur Sache. Unsere Fassungslosigkeit ob der Bilder amüsierte die Polizeibeamten. Sie erklärten uns, dass sich bereits die Väter und Großväter der jungen Leute in der gleichen Straße in den denselben Gangs geprügelt hätten. Das entspreche eher einem gewissen Entwicklungsstand junger Männer. Zu diesem gehörten in Glasgow eben die traditionellen Straßenprügeleien. Na ja, was dem einen sein Fußballstadion, ist dem anderen seine Straßenschlacht.

Auf die Grundzüge des Zusammenlebens von Muslimen und Nichtmuslimen bin ich bereits am Anfang des Berichts über Glasgow eingegangen. Die Details des Alltags haben wir dann in der imposanten zentralen Moschee und in einer Seniorenfreizeitstätte diskutiert. Die Hauptmoschee verfügt über einen Gebetsraum für 2000 Menschen. Der Eingangsbereich wird permanent von Kameras überwacht, die Bänder werden unbegrenzt aufbewahrt und der Polizei auf Anforderung zur Verfügung gestellt. Die Moschee versteht sich als kooperativer Partner der Stadtregierung und als Zentrum der organisierten muslimischen Bürgerschaft mit einem starken Fokus auf der Sozialarbeit für die Muslime. In einzelnen Stadtteilen, in denen der Anteil der Muslime an der Bevölkerung bei bis zu 40 % liegt, gibt es die gleichen Reibungsverluste wie in Neukölln. Hier versteht sich allerdings die Moschee sehr viel stärker als bei uns als eine Institution des Ausgleichs und der Mediation. Die Rolle als Opferanwalt konnte ich hier so gut wie gar nicht beobachten.

Die Moschee machte auf mich den Eindruck eines großen Nachbarschaftsheimes. Es war ein ständiges Kommen und Gehen, und es wurden Sozialdienstleistungen wie Essensausgabe, Beratungen, Seniorengruppen nachgefragt. Natürlich gab es die gleichen Probleme wie in Neukölln beispielsweise in Erziehungsfragen: Teilnahme am Biologieunterricht, Schwimmen, schon in der Grundschule Kopftuch tragende Mädchen oder fastende

Kinder unter zehn Jahren. Die Stadtverwaltung kümmert sich nicht zentral darum. Sie überlässt es der Moschee, eine Linie auszugeben, oder eben auch jedem Einzelnen, seine zu finden.

Der Besuch einer Seniorenfreizeitstätte für Muslime und die Diskussion mit den Alten verlief ebenfalls völlig unaufgeregt. Das einzige, was ich schmunzelnd hiervon berichten kann, ist der Umstand, dass in der Freizeitstätte ein großes Plakat hing. Thematisch ging es um Rassismus und Judenfeindlichkeit. Auf die Frage, ob es ein Problem damit im Stadtviertel gebe, lautete die Antwort: »Nein, aber für dieses Programm gibt es gerade Geld von der EU.«

Unser Eindruck war, dass die Durchsetzung gesellschaftlicher Normen in Glasgow nicht zu den Schwerpunkten der Stadtverwaltung gehört. Der lockere Umgang mag auf den ersten Blick liberal und kulturverbindend sein, er gibt jedoch das Grundprinzip einer gemeinsamen Gesellschaft auf. Vielleicht steckt hierin auch eine der Ursachen, dass man sich nur noch mit totaler Überwachung der Stadt und Polizeistationen auf den Schulgeländen der Probleme infolge des Auseinanderdriftens der Bevölkerung zu erwehren weiß. Ich halte es für falsch, die Beliebigkeit zum tragenden Element des gesellschaftlichen Zusammenlebens werden zu lassen.

Glasgow steckt mitten im Prozess der Umstrukturierung seiner Bevölkerung. Vor zehn Jahren betrug der Anteil der Einwandererkinder in den Schulen 7 %. Im Jahr 2009 waren es bereits 16 %. Man rechnet mit einem kurzfristigen Anwachsen auf 20 %. Ich glaube, dass diese Erwartungen in kürzerer Zeit übertroffen werden. Schon heute beobachtet die Stadtverwaltung, dass sich ganze Stadtquartiere verändern und der Anteil der ursprünglichen schottischen Bevölkerung dort dramatisch abnimmt. Man betrachtet dies jedoch nicht als Katastrophe. Allerdings wird die Zunahme von Verwahrlosung, Prostitution und Kriminalität mit Sorge registriert.

Eine überraschend andere Perspektive vermittelte uns am letzten Tag der Bürgermeister beim Abschlussgespräch. Ich hoffe, die Schotten haben uns die Verblüffung nicht zu deutlich angesehen. Der Tenor seiner Ausführungen lautete: »Es gibt einen Graben zwischen den Moslems und uns.« Er verwies auf die Entwicklungen in England, auf Städte wie London und Birmingham und die aus seiner Sicht dort entstandenen schwierigen Verhältnisse bzw. großen sozialen wie kulturellen Verwerfungen. In diesem Teil des Gesprächs galt das Vergleichsverbot mit englischen Städten ausnahmsweise einmal nicht. Mein Eindruck war, dass der Bürgermeister schon sehr deutlich die Zukunft und die reale Entwicklung der Stadt vor Augen hatte. Allerdings fehlten ihm eventuell die Rezepte, um das Rad anzuhalten. Ansätze einer planmäßigen, gesteuerten Integrationspolitik haben wir vermisst. Das System Glasgow setzt auf die traditionelle Kompetenz der Muslime in der Stadt. Aufgrund der Vielfalt der Zuwanderung scheint diese Säule allein aber nicht mehr auszureichen und ins Wanken zu geraten. Ob das zutrifft, wird die Zukunft zeigen. Ein direkter Vergleich mit Neukölln ist schwierig. Es gibt in Glasgow fast keine Zuwanderung aus den orientalischen Ländern. Das kann eine Erklärung für zum Teil doch sehr erstaunliche Anpassungsprozesse der Einwanderer sein.

Bestimmte Fragen zu Details des Bildungssystems oder zum Sozialwesen konnten wir so oft stellen, wie wir wollten. Wir sind einer Antwort nie näher gekommen. Nur in einem Moment riss der Vorhang etwas auf. Bei der Darstellung, wie engagiert versucht wird, Neuankömmlingen die englische Sprache mit Zwangssprachkursen beizubringen, fragten wir, was passiert, wenn jemand nicht zum Kurs erscheint. »Dann gibt es keinen *social transfer*«, war die Antwort. Interessant ist hierbei, dass die Teilnehmer des Sprachkurses, den man uns präsentierte, gerade erst 14 Tage in Schottland waren. Nicht immer ließen uns die Schotten überall hinschauen. Das war etwas schade. Gleichwohl habe ich die Schotten als ein ausgesprochen liebenswertes Völkchen kennengelernt.

Das Projekt Intercultural Cities führte uns auch in die norwegische Hauptstadt Oslo. Bei Tagungen waren wir immer recht schnell ins Gespräch gekommen, weil die Norweger sich deutlich von dem Prinzip »Wir haben uns doch alle lieb« distanzierten. So konnte es nicht überraschen, dass wir in den Norden eingeladen wurden.

Insgesamt machten die Norweger auf uns einen Eindruck starker Verunsicherung. In das Land und im besonderen Maße in die Stadt Oslo sind in den vergangenen Jahren Lebensrealitäten und Kulturdifferenzen getragen worden, die die Norweger so bisher nicht kannten. Auch bei dieser Reise entstand schnell ein geflügeltes Wort: »Wir sind doch nur Fischer«.

Norwegen: eine unglaubliche Natur, die beeindruckende Welt der Fjorde, menschenleere Weiten und die Heimat der Trolle. Nachdem man Erdöl gefunden hat, ist ein »bisschen« Reichtum auch dabei. Ganz so einfach ist die Welt am Polarkreis aber nicht mehr. Zumindest nicht in Oslo. Allerdings bekamen wir auf die Nachfrage, ob die Landespolitik Verständnis und Unterstützung für die Osloer Sorgen entwickelt, nur ein mildes Lächeln zur Antwort. Der Großteil der norwegischen Bevölkerung kann sich Dinge gar nicht vorstellen, die in Oslo heute zum Alltag gehören. Irgendwie kam mir das bekannt vor. Diese Distanz zu Problemen und zu den Fehlentwicklungen in unseren Städten. Die Insel Mainau ist halt ein netteres Gesprächsthema als die Bildungsferne in Bremerhaven.

Oslo selbst hat 613 000 Einwohner, davon sind 27 % Einwanderer. Der durchschnittliche Anteil von Einwandererkindern in den Schulen Oslos beträgt 35 % bis 40 %. Allerdings erreicht in einzelnen Wohngebieten, wo 40 % bis 60 % der Bevölkerung Einwanderer sind, der Anteil der Einwandererkinder bis zu 90 %. Gemessen an Neukölln keine ungewöhnliche Situation.

Es gibt inzwischen Jugendkriminalität, es gibt Alkohol- und Drogenabhängigkeit, und es gibt massive soziale Verwerfungen. Aufsuchende Sozialarbeit sowie Kinder- und Jugendschutzteams sind heute so selbstverständlich wie bei uns. Das alles sind

Themen, die das Land früher nicht kannte. Es gab bisher keine geschlossene Unterbringung für Kinder und Jugendliche. Selbst bei schwersten Straftaten nicht. Kinder und Jugendliche sperrt man nicht ein, dadurch werden sie nicht besser, lautete das Credo. Ist ja auch etwas dran.

Nachdem sich in Oslo wohl Jugendgangs einige Schießereien auf offener Straße geliefert hatten und eine offene Drogenszene entstanden war, war ein Umdenken alternativlos. Mittlerweile gibt es eine Art Jugendstrafanstalt, in der zur Zeit unseres Besuchs sechs unter 18-Jährige inhaftiert waren, und ein sogenanntes Spezialhaus mit vier bis sechs Plätzen wurde gerade errichtet. Der Begriff Jugendgefängnis war in den Gesprächen aber verpönt. Ein eigenes Jugendstrafrecht gibt es nicht. Um jugendliche Mehrfachtäter kümmern sich Kinder- und Jugendschutzteams des Jugendamtes. Dabei reicht der Status des Jugendlichen (mit dem auch das Recht auf einen Ausbildungsplatz verbunden ist) bis zum 23. Lebensjahr.

Um auf die ungewohnten Herausforderungen reagieren zu können, wurde das SaLTo-Programm entwickelt. SaLTo heißt: »Zusammen schaffen wir ein sicheres Oslo.« Mit dieser Strategie verpflichten sich verschiedene Verwaltungsdienste zur Kooperation auf struktureller und operativer Ebene. Das Programm wurde ursprünglich 1980 in Dänemark entwickelt, ist inzwischen von Schweden und Norwegen übernommen worden und dient im Wesentlichen der Kriminalitätsprävention. Der Schwerpunkt liegt auf der Vernetzung und dem Zusammenwirken unterschiedlicher Institutionen. Natürlich ist ein Datenfluss zwischen den Beteiligten eingeschlossen, ohne den eine wirkliche Zusammenarbeit nicht möglich wäre. Hauptrichtung allen Handelns ist die Überwindung der Versäulung. Also Schluss mit dem Denken in Ämterzuständigkeit und der Haltung: »Wir machen nur Unseres, was andere machen, interessiert uns nicht.« Und kein eifersüchtiges »Wir lassen uns nicht in den Topf schauen!«.

Die Philosophie der Norweger lautet: Bei Kindern und Jugendlichen ist alles nur ein großer Irrtum. Wenn sie straffällig werden, muss es dafür einen Grund geben, den man beseitigen kann. Wenn Kinder in der Schule nicht lernen und nicht mitkommen, dann können sie nichts dafür, sondern diejenigen, die sie behindern. Darum erhält jeder eine zweite und dritte Chance. Deswegen bekommt jeder einen Schulabschluss, denn es könnte sein, dass später doch noch der Knoten platzt.

Das größte Kopfzerbrechen bereiten den Osloer Behörden Menschen aus Somalia. Sie haben sich als die am schwersten zu integrierende Ethnie erwiesen. Man kennt mittlerweile den Begriff des Intensivtäters, und angesichts des sauberen Images, das Oslo nun einmal hat, ist es beachtlich, dass es dort 117 davon gibt. Traditionelle Sozialisationsinstanzen wie der Sport, insbesondere Eishockey, entfalten in Stadtvierteln, die inzwischen überwiegend von Einwanderern bewohnt werden, kaum noch Kraft. So wurde in einem Viertel eine große Eissporthalle komplett umgebaut, weil sie niemand mehr benutzte. Heute ist sie ein Begegnungszentrum mit Theater und Café.

Die aufsuchende Sozialarbeit muss sich überproportional den Einwandererkindern widmen. Die Gespräche zu diesem Teilaspekt waren etwas schwierig. Wenn wir zusammensaßen, waren fast immer alle staatlichen Dienste am Tisch. Natürlich auch die Polizei. Das war aber ein Problem. Aufsuchende Sozialarbeiter sehen ihre Hauptaufgabe darin, das Vertrauen der Kinder und Jugendlichen zu gewinnen. Daher sind sie nicht bereit, ihr Wissen an Schulleitungen oder die Polizei weiterzugeben. Und wenn diese nun einmal dabei waren, behinderte das die Sprechbereitschaft. Mich erinnerte das an die Haltung von Sozialarbeitern vor etwa 25 bis 30 Jahren bei uns. Zu jener Zeit war es nahezu selbstmörderisch für einen Sozialarbeiter, überhaupt mit einem Polizeibeamten im Gespräch gesehen zu werden. Ich denke, an dieser Stelle werden sich die Norweger noch weiterentwickeln. So wie es auch bei uns geschehen ist.

Keinen Spaß versteht man beim Thema Schulschwänzen. »Schuldistanzierte Jugendliche«, wie es bei uns verklärend heißt, sind Angelegenheit der Polizei. Es wurde nicht im Einzelnen ausgeführt, aber ich hatte nicht den Eindruck, dass es da um Briefeschreiben geht. Allerdings wird das Kind nicht unter Gewaltanwendung in die Schule gebracht. Das macht ja dort genauso wenig Sinn wie bei uns. Prinzipiell gibt es eine sehr enge Zusammenarbeit zwischen den Schulen und der Polizei. Jede Schule hat ihren festen Polizeibeamten, der sich um alle Dinge zu kümmern hat, die die Schule an ihn heranträgt.

Ein ausgesprochen hartes Erlebnis war der Rundgang um den Hauptbahnhof. Das Gebiet ist ein Drogenschwerpunkt sowie ein Treff für alle Protagonisten der Subkultur. Nach Angaben der Norweger bewegen sich dort täglich 400 bis 500 Dealer, die den Bedarf von etwa 5000 Süchtigen decken. Obwohl der Platz videoüberwacht und der Besitz bereits kleinster Mengen Drogen strafbar ist, ließen sich die deutlich erkennbaren Dealer nicht in ihrem Tun stören. Dass unsere Gruppe von zwei uniformierten Polizeibeamten begleitet wurde, änderte daran gar nichts. Überwachungsdruck oder Angst vor Ordnungsmaßnahmen konnten wir dort nicht feststellen.

Der Stadtteil Furuset, der mit 15000 Einwohnern und einem Migrantenanteil von 42 % als sozialer Brennpunkt gilt, war unsere nächste Station. Es ist jener Stadtteil, in dem es die erwähnten spektakulären Zusammenstöße zwischen Jugendbanden mit Schießereien gegeben hat. Hier wurde uns in der Praxis das Funktionieren des SaLTo-Arbeitsprogramms durch Polizeibeamte, Kinder- und Jugendschutz, ambulante Familienhilfe, Straßensozialarbeiter und ähnliche Dienste nahegebracht. Ich will Details überspringen und nur noch eine Programmfacette wiedergeben, die ich als bemerkenswert empfunden habe. Man berichtete uns, dass in jedem Hauseingang der Siedlung ein Bewohner als »Leiter« fungiert. Für seine Tätigkeit wurde er speziell ausgebildet. Diese Leiter wenden sich wiederum an die Bewohner und versuchen, sie für Seminare »Wie wollen wir zusammenleben?« zu gewinnen. Wenn es sie nicht gäbe, so sagte man uns, müsse die Polizei in jedem Aufgang ständig präsent sein. Allein in der von uns besuchten Siedlung gab es inzwischen

34 Hausleiter. Dies scheint mir ein deutliches Indiz dafür zu sein, dass auch in den Einwanderersiedlungen von Oslo das Konfliktpotential groß ist.

Es gibt in Oslo zehn Moscheen. Anders als bei uns erhält im Sinne der Gleichbehandlung aller Religionsgemeinschaften jede muslimische Gemeinde Steuergelder zur Finanzierung ihrer Arbeit. Als »Dank« für die staatliche Fürsorge kooperieren die Moscheen mit der Stadtverwaltung so gut wie gar nicht. In Schulen sind keine Gebetsräume vorzufinden. Es gibt einen gemeinsamen Religionsunterricht für alle Schüler. Priester und Imame dürfen keinen Religionsunterricht geben. Eltern können beantragen, dass ihre Kinder an religiösen Aktivitäten nicht teilnehmen müssen.

Wie immer gab es zum Schluss das obligatorische Gespräch mit dem Bürgermeister. Seine Ansicht war, dass Oslo dort steht, wo Neukölln vor 15 Jahren war. In Berlin sind die deutlich sichtbaren Warnungen damals nicht ernst genommen worden. Zustimmend konnten wir nur den Rat geben, klüger zu sein, als wir es waren. Wir gaben den ergänzenden Tipp, von Anfang an die Ordnungsdienste in die Integrationspolitik zu involvieren und dem Entstehen von Anonymität schaffenden Parallelgesellschaften konzentriert entgegenzuwirken.

Der Bürgermeister bemängelte das zu langsame Vorangehen bei der Einbindung von Migranten in das ehrenamtliche Engagement der Bürger. Er bestätigte, dass auch in Oslo junge Migrantinnen gegenüber männlichen deutlich angepasstere Entwicklungsphasen zeigen und ihre Kompetenzen schneller und konsequenter nutzen. Die norwegische Sprache ist das gleiche Problem für die Einwanderer wie in anderen Ländern die englische, die niederländische und die deutsche. Auch in Oslo versucht man durch Hausbesuche, die Familien zu erreichen und sie zu bewegen, die Sprache zu erlernen. Das erinnerte mich recht stark an unsere Stadtteilmütter. In Norwegen heiraten die Menschen mit Migrationshintergrund ebenfalls vorzugsweise unter sich in der eigenen Ethnie.

Mein Gesamteindruck war, dass sich das politische Oslo in einer Phase der erkennenden Sensibilisierung befindet. Die Stadt ist dabei, sich den Realitäten einer Einwanderungsgesellschaft zu stellen. Die deutlichen Werteverschiebungen im Vergleich zur norwegischen Lebensart konzentrieren sich bisher nur auf die Stadt Oslo. Wenn die Norweger die Probleme Oslos als Probleme Norwegens annehmen, dann können sie den bereits vorhandenen Integrationsproblemen einen anderen Verlauf geben, als wir es bei uns getan haben.

Der Name Neapel fällt immer, wenn die Medien über Flüchtlinge berichten, die das Mittelmeer Richtung Europa überquert haben. Aus diesem Grund hatten wir es als unser Ziel auserkoren.

Über die Grundzüge und Facetten der neapolitanischen Integrationspolitik ist schnell berichtet. Es gibt nämlich keine. Gleichwohl war die Stadt mit knapp einer Million registrierter Einwohner und einer Dunkelziffer an Illegalen, der selbst in der Phantasie keine Grenzen gesetzt sind, auch für uns ein markantes Erlebnis.

In Neapel herrscht eine hohe Arbeitslosigkeit. Insbesondere die Jugendarbeitslosigkeit sprengt mit 50 % fast jede Vorstellung. So richtig scheint das Problem aber die staatlichen italienischen Stellen nicht zu erreichen. Es gibt keine Programme gegen Jugendarbeitslosigkeit. Was vorhanden ist, sind kirchliche Initiativen, die versuchen, sich der jungen Leute anzunehmen und dafür ehrenamtliche Helfer zu gewinnen. So besuchten wir ein ehrenamtliches Jugendorchester, eine Ausbildungsstätte für Metallhandwerker und eine für Fremdenführer. Aber das ist eigentlich noch weniger als der berühmte Tropfen auf den heißen Stein.

Je länger man sich in Neapel aufhält, desto mehr steigt die Verwunderung. Man sieht niemanden in Sack und Asche verbiestert durch die Straßen ziehen. Das ist eher bei uns in Deutschland der Fall. In Neapel sind die Menschen lebensbejahend fröhlich, sie haben ihr Auto oder ihren Motorroller und kommen scheinbar gut über die Runden. Ein Pater erklärte uns, dass die Solidarität untereinander, insbesondere in den Familien, sehr hoch ist. Hinzu kommt ein legerer Umgang mit der Kriminalität. Sie ist ein akzeptierter Zustand. In diesem Zusammenhang fiel bereits sehr bald nach unserer Ankunft zum ersten Mal das Wort Camorra. Es wurde zur geflügelten Erklärung für eigentlich alles. Die Camorra ist für viele Neapolitaner die einzig verlässliche Größe.

Die organisierte Kriminalität als verlässliche gesellschaftliche Größe? Nun, wer nicht mehr zur Schule gehen will, kann bei der Camorra eine Berufskarriere beginnen. Man fängt als Parkplatzeinweiser an einem bestimmten Ort in der Stadt an, der dann das eigene Betriebsgelände ist. Später ist der Aufstieg zum Drogendealer oder zum Drogenmanager einer bestimmten Region durchaus möglich. Das verspricht ein lukratives Einkommen. Die Kinder und Jugendlichen werden von den enormen Geldbeträgen geblendet, von denen sie in diesem Milieu umgeben sind. 200 Euro Verdienst pro Tag selbst für niedrigste Handlangertätigkeiten beeindrucken schon, und dann erst die 30 000 Euro im Monat, wenn man es zur Persönlichkeit im Drogenhandel gebracht hat.

Die Camorra ist keine Familie, wie wir sie aus amerikanischen Kriminalfilmen kennen. Es sind miteinander konkurrierende Gruppen, die in einzelnen Stadtteilen wirken. Ein starker Machtfaktor ist sie aber allemal. Die offiziellen Stellen Neapels bezeichnen die Camorra auch als »Gegenstaat«. Ein Begriff, den ich vor meinem Besuch niemals gehört hatte.

Zur Schulausbildung der Kinder gehört die Wahrheit, dass über 30 % die Schule vorzeitig ohne Abschluss verlassen. Uns gegenüber machten die italienischen Gesprächspartner den sehr wechselhaften Umgang mit der Schulpflicht und dem Analphabetismus im 19. Jahrhundert dafür verantwortlich. Das Laisserfaire der damaligen Zeit wirke bis heute nach. Es gibt in Neapel keine staatlich finanzierte Jugendarbeit. Die einzelnen Sozialprojekte der Kirche oder von Wohlfahrtsorganisationen lässt die Camorra in Ruhe. Offensichtlich sind sie zu kleinmaschig und zu unbedeutsam, als dass es lohnen würde, sich damit abzugeben.

Es gab bisher keine direkte Einwanderung nach Neapel. Dies mag seine Begründung in zwei Faktoren haben. Zum einen gibt es in Italien kein Sozialsystem, wie wir es kennen. Es lohnt sich also nicht zu bleiben. Als einzige Form des Sozialtransfers erhalten Arbeitnehmer mit niedrigem Einkommen eine kleine Familienbeihilfe, die bei einem Kind knapp 170 Euro im Monat beträgt und bei zwei Kindern 320 Euro. Alleinerziehende erhalten eine Zulage auf die Familienleistung. Im fünf Monate dauernden Mutterschutz erhalten Frauen 80 % des letzten Arbeitseinkommens. Der zweite Aspekt ist der, dass es, wie erwähnt, ein sehr eng geknüpftes Netz der organisierten Kriminalität gibt. Diese sorgt nachdrücklich dafür, dass Konkurrenten schnell die Lust verlieren, sich niederzulassen. Beide Dinge waren bisher sicherlich Ursachen dafür, dass Neapel nur als eine Art Transitstation in den Schengenraum betrachtet wurde. In jüngerer Zeit stellt man in Neapel jedoch fest, dass immer mehr Migranten bleiben. Nach den uns gegebenen Daten hat sich dieser Anteil von Einwanderern von 20 % auf 60 % gesteigert. Insbesondere der starke Zuzug von Roma-Familien bereitet den Neapolitanern Sorge. Der Migrantenanteil liegt heute in Neapel bei 2 %. Gemessen an unseren Verhältnissen ist das kaum der Rede wert. Derzeit wird versucht, die Migrantenkinder mit Schulbussen in der Stadt zu verteilen, um eine Konzentration an einzelnen Orten zu verhindern. Es gibt ein Projekt »Recht auf Schule und Zukunft«. Roma-Eltern erhalten eine finanzielle Zuwendung, wenn sie ihre Kinder zur Schule schicken. Finanzier ist das Innenministerium.

Aufgrund dieser Historie der Einwanderung erschien uns logisch, dass Italien erst jetzt anfängt zu begreifen, was Migranten bedeuten, die nicht nur durchreisen, sondern bleiben. Plötzlich entsteht die Frage, wie man erreicht, dass sich die Einwanderer an die herrschende Lebensweise anpassen. Bei diesem Prozess stehen die Italiener aber noch ganz am Anfang. Für alle sozialen Probleme wird üblicherweise der Gegenstaat verantwortlich gemacht. Dass Migration eine Herausforderung ist, die soziologische Konsequenzen hat, scheint noch nicht durchgängig ins

Bewusstsein gedrungen zu sein. Die Stadtverwaltung von Neapel sieht sich keineswegs in der Verantwortung, diese Probleme zu lösen. Der Islam war bei unseren Gesprächen kein Thema. Hier scheinen Gegenstaat und originärer Staat eine Einheit zu bilden, wie auch der starke Katholizismus keinen Raum für die Ausbreitung einer anderen Religion lässt.

Neapel war für uns aus der engen Sicht der Integrationspolitik nicht besonders ergiebig. Allerdings haben wir recht plastisch vor Augen geführt bekommen, wie sich eine Stadtverwaltung auch mit Gegebenheiten einrichten kann, die aus unserer Sicht einen dringenden Handlungsbedarf auslösen müssten. Aber eben nicht in Italien. Die lebensbejahende Einstellung der Italiener relativiert jedes Chaos. Das Leben ist zu schön und zu kurz, um sich mit irgendetwas Schlechtem zu belasten. Gemessen an Wirtschaftsdaten und Arbeitslosigkeit, müsste es jedem Neapolitaner ziemlich dreckig gehen. Das Stadtbild spricht eine andere Sprache.

Ich möchte meinen Bericht über unsere Erfahrungen im Ausland mit einer Anekdote schließen, die sich bei der Oberbürgermeisterin von Neapel zugetragen hat. Das Gespräch fand, wie es sich gehört, in einem großen, prächtigen Festsaal statt. Bei der Bezeichnung der Epoche habe ich Wissenslücken. Irgendwann im Gespräch bewegten wir Themen der großen Linie wie Sozialsysteme, Verantwortung des Staates, Auffangnetz der Gesellschaft, Schutz des Einzelnen vor existenzieller Bedrohung, Würde des Menschen und Solidarität mit den Schwachen. Als ich das deutsche Sozialsystem nur sehr oberflächlich referierte, kam Bewegung in den hinteren Teil des Saales. Dort stand der Chef der Saaldiener. Nachdem der offizielle Teil der Veranstaltung beendet war, kam er auf dem Flur zu uns. Er fragte ernsthaft, ob wir ihn nicht nach Deutschland mitnehmen könnten. Die Unterstützungsbeträge des deutschen Sozialsystems würden sein Gehalt bei der Oberbürgermeisterin mehr als deutlich übersteigen.

Wir rieten ihm, die Vorzüge und die Schönheit Neapels zu genießen.

Kein Besuch verlief wie der andere. Die Vielfalt der Mentalitäten, der Lebensstile und der Politikphilosophien spiegelt sich im Umgang mit der Einwanderung wider. Trotzdem gibt es einen roten Faden, den wir immer wieder entdecken konnten:

- Wo es starke Migration gibt, gibt es auch kulturelle Reibungsverluste, soziale Verwerfungen und Bildungsprobleme. Das heißt, Einwanderung geht nicht schmerzlos.

- Probleme mit kulturellen Unterschieden, Bildungs- und Zivilisationsrückständen sowie erhöhte Kriminalitätsraten sind nicht an bestimmte Ethnien oder eine bestimmte Herkunft gebunden. Das heißt, nicht der Geburtsort vom Großvater ist entscheidend, sondern der Wille und die Fähigkeit, sich an die herrschenden Lebensregeln anzupassen.

- Der Islam nimmt bei der Integration keine fördernde Rolle ein. Er stärkt eher das Verharren in tradierten Verhaltensmustern. Extreme Frömmigkeit kann zur hohen Hürde auf dem Weg in die moderne und liberale Gesellschaft werden.

- Das A und O aller Integrationsbemühungen sind ihre Konsequenz und eine für alle verständliche Nachvollziehbarkeit. Beliebigkeit und gesellschaftliche Ignoranz sind die Totengräber der Integration. Kulturelle Rabatte bedienen die Bequemlichkeit, anstatt die Akzeptanz der Normen herauszufordern.

- Staatliche Stellen können nur erfolgreich wirken, wenn sie vernetzt arbeiten und ihre Tätigkeit aufeinander abstimmen (völlige Aufgabe der Versäulung). Planloser Aktionismus und alles verstehendes Pampern frönen nur dem Grundsatz: Viel hilft viel. Beiden fehlen der strategische Ansatz und die Nachhaltigkeit. Nur mit konzeptionellem Vorgehen behalten die staatlichen Stellen den Überblick und das Heft des Handelns in der Hand.

- Gesellschaftliche Bemühungen und staatliche Angebote müssen bei Nichterfolg oder bei Verweigerungshaltung zu unmittelbaren Konsequenzen führen. Sanktionsloses Fehlverhalten verschlechtert die Situation um ein Vielfaches, weil es automatisch den Gewöhnungs- und Wiederholungsprozess auslöst. Das »Wenn-Dann«-Prinzip muss dem »Kannst du ruhig machen, passiert sowieso nix« offensiv gegenübergestellt werden.

- Integration gibt es nicht zum Nulltarif und nicht von der Stange. Die sich ständig wandelnden Verhältnisse erfordern immer wieder neue Denk- und Handlungsansätze. Statische Politikformeln führen zu verlorenen Stadtvierteln.

Der Demographiehammer

Ein Leben in Wohlstand wird in Deutschland in der Zukunft ohne die Integration der Einwandererkinder nicht möglich sein. Insofern ist Integrationspolitik nicht der Wettbewerb um den Mutter-Teresa-Preis, und es ist auch keine Almosenpolitik à la Brot für die Welt. Es geht schlicht und ergreifend um das Überleben unserer Gesellschaft auf dem heutigen Niveau. Das Humankapital unseres Landes liegt nicht an der Elbchaussee in Hamburg, in Dahlem-Dorf in Berlin oder am Starnberger See in Bayern. Es liegt vielmehr dort, wo es viele Kinder gibt. Also dort, wo die Geburtenraten hoch sind. Aber kümmern wir uns genug um diese Gebiete? Behandeln wir das Kapital, das es dort gibt, wie ein kostbares Gut, und legen wir es zinsbringend an? Oder gehen wir damit eher um wie mit den toxischen Papieren einer Bad Bank?

Ich kann mir gut vorstellen, dass einige von Ihnen bei diesen Sätzen die Stirn gerunzelt haben. Es sind ja auch starke Worte. Deshalb will ich mich in diesem Kapitel mit der demographischen Entwicklung in Deutschland und ihren Auswirkungen auf die Stadtlagen beschäftigen. Im Übrigen kann man generell die Demographie nicht losgelöst vom Umbau der Bevölkerungsstruktur und den sich damit verschiebenden Geburtenraten betrachten.

Bevölkerungsprognosen, Geburtenraten, Reproduktionswerte, Wanderungssalden, Altersquotienten – solche Begriffe suggerieren nicht unbedingt eine spannende Lektüre. Das ist etwas für Feinschmecker. Der Normalmensch macht darum einen großen Bogen nach dem Motto »Damit sollen sich die Wissenschaftler herumplagen«. Einem Menschen wie mir, der aus seinen Erfahrungswerten und den Quellen des täglichen Lebens schöpft, geht das nicht anders. Ich würde mich auch gerne drücken. Es ist, glaube ich, nachvollziehbar, dass auf kommunaler Ebene, also auch auf der bezirklichen Ebene einer Großstadt, keine eigenen Erkenntnisse über die demographische Entwicklung des Landes geschöpft werden können. Wir leben von den Forschungen und Erkenntnissen der Demographen und ihren Prognosen. Das bedeutet natürlich, man bewegt sich immer auf dünnem Eis.

Wissenschaftler sind nicht immer einer Meinung – das ist auch bei der Demographie so. Mit ihren Forschungen und Expertisen können Demographen alles belegen, was ihrer Meinung entspricht, und widerlegen, was der Meinung eines Kollegen näherkommt. Auf wessen Seite schlägt sich nun ein Autor, der ein Kapitel mit Inhalten füllen will, für die er nicht selber geradestehen kann? Sollten Sie in diesem Kapitel auf Widersprüche stoßen, so kann ich nicht ausschließen, dass Sie recht haben. Ich habe mich aber bemüht, in Veröffentlichungen aufgetretene Streitebenen zu umschiffen und nur Daten zu verarbeiten, die unstreitig zu sein scheinen.

Es heißt, die Demographie sei eine sehr verlässliche Disziplin, weil sie eine »Wenn-Dann«-Wissenschaft ist. Das bedeutet: Wenn bestimmte Konstellationen eintreten, dann sind die Folgen verlässlich berechenbar. Die Demographen weisen immer wieder darauf hin, dass die Berechnungen der Vereinten Nationen für die Weltbevölkerung aus den 1950er Jahren für das Jahr 2000 lediglich eine Ungenauigkeitsabweichung von 1,5 % hatten. In Deutschland liegt die Trefferquote bei Vorausberechnungen für zehn Jahre bei unglaublichen 99,9 %. So behaupten es jedenfalls die Akteure. Die von mir im Folgenden wiedergegebenen Zahlen und Ableitungen beruhen auf Veröffentlichungen der Bertelsmann Stiftung, des Statistischen Bundesamtes, der Bundeszentrale für politische Bildung und von Prof. Dr. Herwig Birg. Letzterer gehört zu den wohl bekanntesten deutschen Demographen und war von 2001 bis 2004 Präsident der Deutschen Gesellschaft für Demographie. Ich gehe davon aus, dass die veröffentlichten Daten belastbar sind.

Unstrittig ist, dass die Bevölkerungszahl in Deutschland sinkt. Wir sind »Schrumpfgermanen«. In welchem Umfang dies allerdings geschehen wird und welche Auswirkungen damit verbunden sein werden, schon darüber herrscht keine Einigkeit. Während die einen die Katastrophe und das Zusammenbrechen unseres gesamten gesellschaftlichen Systems vorhersagen, plädieren andere für Gelassenheit, da sich in der Vergangenheit immer eine Lösung für zuvor unlösbar erscheinende Probleme gefunden habe – man könne ja nicht wissen, wie sich Wirtschaft und Produktivität entwickeln. Vielleicht erwachsen ja aus der Gesellschaft heraus völlig neue Kräfte, um den demographischen Herausforderungen zu begegnen. Na gut, ich weiß auch nicht, ob es so oder so sein wird. Vermutlich werde ich es noch nicht einmal beobachtend erleben können. Doch step by Step.

Die Zeitzäsuren, die in Bevölkerungsprognosen regelmäßig gesetzt werden, sind 2030, 2050 und 2100. Mir geht es so, dass mir Jahreszahlen, die in der Zukunft liegen, viel weiter entfernt erscheinen als Ereignisse, die genauso weit in die Vergangenheit reichen. 18 Jahre zurück schreiben wir das Jahr 1994. Die Wiedervereinigung Deutschlands ist schon vier Jahre Geschichte. Viele erinnern sich an Episoden aus dieser aufregenden Zeit sehr plastisch und erzählen bewegt von ihren Erlebnissen, als wären sie gestern geschehen. Von heute aus gesehen ist das Jahr 2030 ebenfalls nur 18 Jahre entfernt, aber bis dahin scheint es eine Ewigkeit, und man denkt sich: »Wer weiß, ob ich das überhaupt erlebe.« Ich glaube, das ist ein Grund dafür, warum die eigentlich doch häufigen und nicht misszuverstehenden Hinweise zur demographischen Entwicklung in der Masse eher distanziert oder gar schulterzuckend zur Kenntnis genommen werden. Dabei sind die Vorausberechnungen alles andere als langweilig oder bedeutungslos. Sie verdienen schon ein bisschen mehr Emotionen.

Dass sich die Zahl der Einwohner in einem Land verringert, ist im Prinzip nicht dramatisch. Auch nicht bei uns. Immerhin ist Deutschland im Vergleich mit anderen Ländern ein dicht besiedeltes Gebiet. Ein bisschen mehr Luft und Bewegungsspielraum für alle würden sicher als wohltuend empfunden werden. Voraussetzung für eine gesunde Schrumpfung wäre allerdings, dass sich der Abbau gleichmäßig vollzieht. Das heißt, dass sich die Alterspyramide nicht verändert. An dieser Stelle aber liegt der Hase im Pfeffer. Denn genau das ist nicht der Fall. Es ist vielmehr so, dass sich die Zahl der Älteren sprunghaft nach oben bewegt und die Zahl der Jüngeren dramatisch absackt. Das ist die völlig logische Konsequenz aus der banalen Feststellung, dass Mütter, die nicht geboren werden, keine Kinder kriegen.

In der Demographie spricht man in diesem Zusammenhang vom »Altenquotienten«. Dieser Begriff bezeichnet die Zahl der über 65-Jährigen im Verhältnis zur Zahl der 15- bis 65-Jährigen oder analog auch die Zahl der über 60-Jährigen in der Relation zur Zahl der 20- bis 60-Jährigen. Nach den Berechnungen des Statistischen Bundesamts wird sich von 2008 bis 2050 die Zahl der 20- bis unter 60-Jährigen um 12 bis 15 Millionen verringern, und die Zahl der unter 20-Jährigen wird sich sogar um fünf Millionen vermindern. Im schlimmsten Fall würden dann bis zu 20 Millionen weniger Menschen unter 60 Jahren in Deutschland leben!

Die Zahl der über 60-Jährigen hingegen wird um sieben bis acht Millionen zunehmen. Im sogenannten Altenquotienten liest es sich dann so, dass 1998 dieser Wert bei 38,6 % lag, er schon 2010 auf 48,3 % anstieg und im Jahre 2030 bereits 81,3 % erreichen wird. Ab 2050 bewegt er sich dann nur noch in Größenordnungen über 90 %.

Der Jugendquotient hingegen, also die Anzahl der unter 20-Jährigen auf 100 Menschen im Alter von 20 bis zu 60 Jahren, sinkt immer weiter. Er betrug 1998 immerhin noch 38 %. Er sank 2010 auf 33 % und wird 2050 in der Größenordnung von 32 % verharren. Auch in den Folgejahren überschreitet der Jugendquotient niemals die Größe von 30 %. Diese auf den ersten Blick nüchternen Zahlen zeigen mit schonungsloser Brutalität, wie unsere Gesellschaft vergreisen wird. Betrug 1970 das Durchschnittsalter im Land 34 Jahre, so liegt es heute schon bei 44 Jahren. Ein bisschen schnoddrig formuliert, kann man auch sagen, dass so etwa in 20 Jahren jeder Erwerbstätige einen Rentner ernähren muss. Der Einfachheit halber sollte er ihn mit zu sich nach Hause nehmen. Im Jahre 2000 haben sich noch knapp vier Erwerbstätige einen Rentner geteilt.

Natürlich muss es immense Auswirkungen auf das Sozialsystem, also die Renten-, Kranken- und Pflegeversicherungen haben, wenn die Zahl der Alten derart zunimmt. Die Menschen werden älter, die Medizin wird besser, aber auch teurer, und je dichter der Mensch an sein Lebensende kommt, desto höher werden die Kosten für die Lebenserhaltung. Im Jahre 1970 waren die damals acht Millionen Rentner für die gut 20 Millionen Erwerbstätigen mit 11,4 Milliarden Euro ausgesprochen preiswert. Im Jahre 2010 mussten 26 Millionen Erwerbstätige für 20 Millionen Rentner bereits 140 Milliarden Euro auf den Tisch legen. Der Anteil der Ruheständler an der Bevölkerung wird von heute 25 % auf 40 % im Jahr 2050 steigen.

Der Direktor des *Forschungsinstituts zur Zukunft der Arbeit* (IZA), Prof. Dr. Klaus F. Zimmermann, prognostiziert für das Jahr 2030 das Fehlen von sechs Millionen Arbeitskräften. Allein durch die Verschiebung der Altersstruktur werden die Sozialbudgets bereits bis zum Jahr 2020 mit zusätzlich 70 Milliarden Euro belastet. Würde man die steigenden Kosten für die Sozialsysteme im heute üblichen Umlageverfahren erheben, dann bliebe für die eigenen Lebenshaltungskosten der Erwerbstätigen und ihrer Familien bald nichts mehr übrig. Sie könnten zwar den Solidarpakt nach traditionellem Muster erfüllen, würden darüber allerdings verhungern. Die Wissenschaft sagt, selbst bei einer 100 %igen Produktivitätssteigerung mit den entsprechenden Einkommenserhöhungen könnten die immensen Aufwüchse der Soziallasten durch die Erwerbstätigen nicht aufgebracht werden.

In einem weiten Blick nach vorne hat Prof. Birg Berechnungen angestellt, dass im Jahre 2100 die Bevölkerungszahl in Deutschland – selbst unter Einbeziehung eines angenommenen Wanderungssaldos (Zuwandernde minus Auswandernde) von 82 Millionen – auf 46 Millionen Einwohner sinken wird. Dabei wird es sich um 21 Millionen Bio-Deutsche, also Menschen ohne Migrationshintergrund, und 25 Millionen Menschen mit Migrationshintergrund handeln. So seine Prognose. Nun ist 2100 wirklich noch sehr weit weg. Ob die Entwicklung über 90 Jahre tatsächlich so vorher bestimmbar ist, sei dahingestellt. Unbestreitbar bleibt jedoch, dass die Einwohnerzahl in Deutschland abnimmt.

Weniger Menschen werden mehr Wert schöpfen müssen. Das heißt, die Bedeutung jedes Einzelnen und seines Beitrages zum Funktionieren der Gemeinschaft wird zunehmen. Tja, und das ist die Stelle, an der sich Demographie und Integrationspolitik begegnen. Die Demographen weisen darauf hin, dass die Auswirkungen der aktuellen Geburtenrate in den nächsten 75 Jahren nicht revidierbar sind. Es dauert mindestens drei Generationen, bis eine eventuell veränderte, sprich höhere Geburtenrate in der Bevölkerungsentwicklung zu einer Trendumkehr führt. So spüren wir bis heute die Auswirkungen der seit 1972 sinkenden Geburtenrate.

Deutschland benötigt jedes Jahr etwa eine Million Geburten, um im demographischen Gleichgewicht zu bleiben. Wir liegen allerdings aktuell bei 663 000 im Jahr 2011. Katastrophenberechnungen sagen ein weiteres Absinken auf 530 000 im Jahr 2030 und sogar nur 440 000 im Jahr 2050 voraus. Übersetzt auf die Geburtenrate je Frau benötigen wir einen Wert von mindestens 2,0. Heute liegt er bei 1,4 als Durchschnittswert. Für hochqualifizierte deutsche Frauen bei lediglich 1,0. Durch politische Steuerung haben es zum Beispiel Spanien, Dänemark und Schweden geschafft, ihre Geburtenrate auf 1,9 zu steigern. Hier liegt also ein weites, weites Feld für die Familien- und Kinderpolitik in unserem Land.

Ein kluger Mensch könnte auf die Idee kommen, den steigenden Altenquotienten einfach durch die Zuwanderung junger Leute aufzufangen. Guter Plan, allerdings ist dies wenig realistisch. Um den gewünschten Effekt zu erzielen, müssten in den nächsten 40 Jahren netto 188 Millionen Menschen nach Deutschland einwandern. Allein diese Zahl erschlägt jede Diskussion, so dass diese Überlegung wohl abgehakt werden kann. Auch darf man bei Gedankenspielen mit der Zuwanderung nie die Frage außer Acht lassen, ob es wirklich solidarisch ist, in Schwellen- und Entwicklungsländern die Produktivkräfte – möglichst noch die qualifizierten – für das eigene Überleben abzuwerben. Die Folge dieses Aderlasses könnte durchaus sein, dass das Wirtschaftswachstum und damit steigender Wohlstand in den anderen Ländern ausbleibt. Dann sollten wir uns aber nicht über anhaltende Armutswanderungen auch innerhalb der EU beklagen.

Das Thema Anwerbung reizt zu lästerlichen Anmerkungen. Die beiden Volkswirtschaften, die im Moment mehr kluge Köpfe hervorbringen, als sie für die eigene Wirtschaftsentwicklung benötigen, sind China und Indien. Für Mathematiker und Computerspezialisten aus diesen Ländern müssten wir allerdings wohl deutlich attraktiver werden. Auch könnte eine konzeptionell angelegte Einwanderungspolitik, wie sie schon im Jahr 2001 durch die Süssmuth-Kommission gefordert wurde, nicht schaden. Wie gut wir tatsächlich im Wettkampf um die junge Intelligenz auf diesem Planeten aufgestellt sind, zeigte die mäßige Nachfrage der Green Card der Bundesregierung unter Führung von Kanzler Schröder. 15 000 haben davon Gebrauch gemacht, was weit unter den Erwartungen lag. Deutlicher konnte die Demonstration nicht ausfallen, dass Deutschland bei Leuten, die etwas auf dem Kasten haben und ihr Glück und Wohlstand außerhalb ihrer Heimat suchen, nicht an erster Stelle steht. Auch nicht bei türkischen Abiturienten. Die zieht es eher in die USA oder nach England. Es bleibt ihnen einfach zu wenig Netto vom Brutto. Das ist im Übrigen auch einer der Gründe, warum von uns gut ausgebildete junge Leute aus Deutschland auswandern und in andere Länder gehen bzw. in das Heimatland vom Großvater zurückkehren. Einfach, weil sie dort größere Chancen sehen, mehr Geld zu verdienen.

Der Demographiehammer wird kommen. In welchem Umfang, in welcher Art und mit welcher Geschwindigkeit, werden wir sehen. Eines aber steht fest: Wenn es schon immer weniger werden, die das Bruttoinlandsprodukt erarbeiten, also Werte schaffen, während es auf der anderen Seite immer mehr werden, die durch ihr Lebensalter die Soziallasten erhöhen, also Werte verbrauchen, dann können wir es uns auf gar keinen Fall erlauben, mit denen, die da sind, weiter so liederlich umzugehen wie bisher. Die Geburtenrate ist das eine. Ihre Bandbreite in der Bevölkerung etwas ganz anderes.

Es ist kein Geheimnis, dass Einwandererfrauen mehr Kinder bekommen als die Bio-Deutschen, insbesondere als die hochqualifizierten. Frauen mit Migrationshintergrund stellen inzwischen 30 % aller Mütter. Nach den Erhebungen des Mikrozensus haben nur 13 % der 35 bis 44 Jahre alten Frauen keine Kinder bekommen. Bei Frauen ohne Migrationshintergrund sind es allerdings 25 %. Also doppelt so viele Frauen, die keine Kinder bekommen haben. Dieser Unterschied setzt sich bei der Zahl der Kinder fort. In Berlin zum Beispiel haben nur 14 % aller Mütter zwischen 15 und 75 Jahren drei und mehr Kinder bekommen. Bei Müttern mit Migrationshintergrund waren es in derselben Altersgruppe 26 %, unter den Müttern mit türkischer Staatsangehörigkeit waren es sogar 38 %.

Insgesamt lebten in Deutschland im Jahre 2010 rund 13 Millionen Kinder und Jugendliche unter 18 Jahren. Vor zehn Jahren waren es noch über 2 Millionen mehr. Der Anteil der jungen Menschen an der Gesamtbevölkerung beträgt 16,5 %. In Frankreich, Großbritannien, den Niederlanden und in den skandinavischen Ländern sind es jeweils mehr als 20 % und in der Türkei mehr als 30 %. In Deutschland wachsen 75 % aller Kinder als

Einzelkind oder maximal mit einem Bruder oder einer Schwester auf – nur noch jedes vierte Kind hat zwei oder mehr Geschwister.

Bei den unter 5-Jährigen beträgt der Anteil der Einwandererkinder in Deutschland inzwischen 35 % mit steigender Tendenz. In Großstadtlagen und besonders in den Quartieren mit hohem Anteil an Einwandererbevölkerung ist diese Zahl noch erheblich höher. Bei den 0- bis 15-Jährigen liegt der Anteil in Neukölln bei über 70 %, bei den bis 18-Jährigen, wie schon erwähnt, bei 67 % im Gesamtbezirk bzw. bei 80 % im Neuköllner Norden. Ich erinnere an dieser Stelle an die Ausführungen im Kapitel »Neukölln heute«.

Es ist eine Platitüde, dass Kinder die Zukunft eines Landes sind. Trotzdem ist es richtig, dass in den Gebieten wie Neukölln die Humanressource unserer Gesellschaft liegt. Im Moment pflegen wir dieses Kapital jedoch nicht. Im Gegenteil, wir führen es, bösartig formuliert, fast planmäßig nicht zu einem selbstbestimmten erwerbstätigen Leben, sondern wir reichern mit einem viel zu großen Teil von ihm die Soziallasten der künftigen Generationen an. Nicht nur, dass die Zahl der jungen Leute zur Erarbeitung des Bruttoinlandsprodukts ohnehin zu gering ist. Nein, von den wenigen, die da sind, wird ein nicht unbeträchtlicher Teil auch noch zu »Kunden« des Sozialsystems als Teil der Transfergesellschaft. Unser solidarisches Auffangnetz der Gemeinschaft ist zum Reparaturbetrieb des versagenden Bildungssystems verkommen. Bezogen 1965 noch 160 000 junge Menschen unter 18 Jahren Sozialhilfe, so sind es heute fast zwei Millionen, die Hartz IV erhalten. Das kann auf Dauer nicht funktionieren.

In Berlin entstammen 38 % der Bevölkerung mit Migrationshintergrund bildungsfernen Schichten ihrer Heimatländer. Differenziert nach Ethnien liegt dieser Anteil bei der türkischstämmigen Bevölkerung bei bis zu 80 % und bei der libanesischen bei über 70 %. Insider überraschen diese Werte nicht, denn der Türkische Bund hat schon vor Jahren darauf hingewiesen, dass

70 % bis 80 % der türkischstämmigen Bevölkerung in Berlin den unteren sozialen Schichten der Türkei angehören. Speziell für Neukölln verfüge ich bei den Kindern unter 18 Jahren nur über den Wert der türkischstämmigen Bevölkerung. Da sind es 74 %, die bildungsfernen Eltern zugerechnet werden können.

Wir müssen einfach zur Kenntnis nehmen, dass die Zuwanderungen sich heute grundsätzlich von denen des 18. Jahrhunderts unterscheiden. Als Beispiel gelungener Integration in Deutschland wird immer auf die Hugenotten oder die Tschechen verwiesen. Außer Acht gelassen wird dabei, dass beide Volksgruppen gezielt mit Privilegien ins Land geholt wurden, weil diese Einwanderer damals den Einheimischen an beruflichen Fertigkeiten oder Fähigkeiten für gewöhnlich überlegen waren. Eine ähnliche Situation wie heute in Kanada. Aufgrund der gezielten Einwanderungspolitik mit Konzentration auf bildungsaffine Zuwanderer absolvieren die Kinder der Einwanderer dort statistisch gesehen bessere Bildungskarrieren als die der Einheimischen.

Wir hingegen müssen konstatieren, dass sich unsere aktuelle Einwanderergesellschaft aus weitgehend unterdurchschnittlich qualifizierten Eingewanderten und ihren Kindern zusammensetzt. Mangelnde Schulabschlüsse und fehlende Berufsausbildung sind nicht nur nicht selten, sondern überwiegen partiell. Bei den Einwanderern ist der Anteil von Menschen ohne Schulabschluss sechsmal so hoch wie bei Bio-Deutschen. Betrachtet man nur die türkischstämmigen Einwanderer, so sind die Werte noch dramatischer. Bei Männern beträgt der Unterschied das Zwölffache und bei Frauen das Zwanzigfache der vergleichbaren bio-deutschen Bevölkerung. Zur Ehrenrettung sei jedoch darauf hingewiesen, dass bei italienischstämmigen Einwanderern 11 % der Männer und 13 % der Frauen über keinen Schulabschluss verfügen.

Die Ausführungen über die demographische Entwicklung bestätigen aus meiner Sicht eindrucksvoll meine Eingangsthese. Ich denke, wir kommen nicht darum herum, die Priorität auf die Ausbildung der Kinder zu setzen, die in unserem Lande leben.

Die Erhaltung des Lebensstandards der Gesamtbevölkerung sowie des Solidarpakts der Generationen sind zu hohe Güter, als dass sie durch schlichte Passivität aufs Spiel gesetzt werden dürften. An zweiter Stelle muss die Politik an einer Steigerung der Geburtenrate insbesondere der bildungsorientierten Bevölkerung arbeiten. Erst wenn wir diese Hausaufgaben erledigt haben, können wir uns Überlegungen hingeben, die eine Optimierung der imaginären Einwanderungspolitik zum Gegenstand haben.

Die Sache mit den Gesetzen

So wie die Bildung der entscheidende positive Baustein bei der Integration ist, so ist es nach meiner Auffassung im Negativen die Kriminalität. Sie ist es auch, die ganz wesentlich zur Stimmungslage bei den Menschen beiträgt. Man muss unterscheiden zwischen der Kriminalität im Allgemeinen und der Jugendkriminalität im Speziellen. Im Speziellen deshalb, weil gerade sie die Hinwendung oder die Ablehnung der jungen Menschen untereinander beeinflusst. Damit werden bereits heute die Grundsteine dafür gelegt, wie sich die neuen Generationen künftig begegnen werden.

Jugendkriminalität ist für uns Ältere zumeist unsichtbar. Ich habe bereits an anderer Stelle auf diesen Aspekt hingewiesen. Die Opfer sind zu 80 % bis 85 % selbst Jugendliche. Übergriffe auf Erwachsene sind selten und entspringen meist klassischen Situationen wie beispielsweise Fahrscheinkontrollen oder Hilflosigkeit des Opfers infolge von Trunkenheit oder Alter. Darüber jedoch später.

Eine von Ausländermilieus ausgehende Kriminalität ist keine Besonderheit unseres Landes. Überall dort, wo sich starke Einwandererpopulationen gebildet haben, gibt es auch Auffälligkeiten im Bereich der Normenakzeptanz. Ich habe das in den Niederlanden ebenso erlebt wie in England, in Norwegen und in Frankreich. Auslösender Faktor für die überproportionale Kriminalitätsbelastung vieler Einwanderercommunitys ist sicher ihre soziale Lage. Fast überall, wo es Stadtviertel gibt, in denen Ausländer und Migranten mit oder ohne Staatsangehörigkeit des Aufnahmelandes geballt leben, entstehen Welten mit eigenen Lebensregeln und spezifischer Normalität. Das Leben ist gemeinhin rustikaler und unterscheidet sich von dem des Bildungsbürgertums diametral. Es orientiert sich eher an mangelnden Ressourcen als an der Idylle von Porzellanfiguren und Zierrasen. Es fehlen häufig sowohl eigene Kompetenzen, die für ein erfolgreiches Erwerbsleben, zum Erlernen der Landessprache und zur Konfliktbewältigung erforderlich wären, als auch die materiellen Voraussetzungen dafür, sich sämtliche Wünsche erfüllen zu können. All dies führt zur Ausgrenzung jener Stadtlagen, zu ihrer Abtrennung von der allgemeinen Entwicklung. Die Gesetze des Arbeitsmarktes funktionieren nur bedingt, Schwankungen im Wirtschaftsgefüge kommen gar nicht oder nur vermindert an. So ist zum Beispiel die Zahl der Hartz-IV-Empfänger in Neukölln, wie erwähnt, über die Jahre des wirtschaftlichen Aufschwungs oder der Rezession nahezu konstant. »Gebiet mit Ausgrenzungstendenz« nannte uns deshalb auch der Stadtsoziologe Prof. Häussermann. Es entstehen asymmetrische Stadtteile. Sie driften auseinander. Subjektiv empfinden sich die Bewohner in den Einwanderergebieten, die sich irgendwann zu sozialen Brennpunkten entwickelt haben, als benachteiligt, diskriminiert und ausgeschlossen. Von hier ist es nur noch ein kleiner Schritt zur Kriminalität: *Ich nehme mir, was mir zusteht, aber vorenthalten wird, weil ich Ausländer bin.* In der Sprache der Gesellschaft nennt man das Einbruch, Diebstahl, Überfall oder Raub.

Dass zu jeder kriminellen Tat auch ein oder mehrere Täter gehören, ist zwangsläufig. Übersehen wird aber häufig, insbesondere von der Justiz, dass es auch dazugehörige Opfer gibt. Von Opfern weiß man, dass sie gemeinhin zu ihren Peinigern ein eher gebrochenes Verhältnis entwickeln. Das bedeutet, jede kriminelle Tat errichtet eine kleine Mauer. Handelt es sich beim Täter um einen Einwanderer oder eine Einwanderin, einen Migranten oder eine Migrantin, einen Ausländer oder Ausländerin, so überträgt das Opfer diesen Status auf seine Leiden. Dies führt dann zwangsläufig dazu, dass der Täter fast immer ethnisiert wird. *Es war der Russe, der mich überfallen, der Araber, der mich geschlagen, und der Türke, der auf mich eingestochen hat.* Das ist Gift für die Integration. Insofern wird Kriminalität zu einem erheblichen Hemmschuh. Wer einmal schlechte Erfahrungen gemacht hat, verspürt wenig Lust auf eine Wiederholung.

Ich habe das traditionelle Klischee »Ausländer sind krimineller als Einheimische« als gesetzt übernommen. Aber stimmt das denn wirklich? Über die Frage des kriminellen Geschehens in Neukölln und in Berlin habe ich den Erfahrungsschatz von Menschen angezapft, die Kraft ihres Berufes sehr viel näher am Geschehen sind als ich. Die mir vermittelte Sichtweise kann keine objektive sein, denn es handelt sich zumeist um die Klagen aus der Bevölkerung, also der potentiellen oder auch tatsächlichen Opfer.

Es gibt das Schlagwort der »gefühlten Kriminalität«. Das heißt, Berichte von Dritten, aus den Medien oder vom Hörensagen werden auf die eigene Lebenslage projiziert. Unabhängig davon, dass es mich nicht persönlich betroffen hat. Es reicht völlig aus, wenn das Gefühl der Bedrohung geweckt wird.

Allerdings gibt es durchaus auch das Phänomen der »gefühlten Sicherheit«. Der sichtbare Polizist an der Ecke und der regelmäßig durch die Straße fahrende Streifenwagen geben Sicherheit. *Wo die Polizei zu sehen ist, kann mir nichts Böses passieren.* Natürlich ist das ein Irrtum, aber ein netter.

Meine Gesprächspartner waren Polizeibeamte, Jugendgerichtshelfer und Jugendrichter. Also die Law-and-Order-Fraktion. Die Offenheit und der Realismus in der Betrachtung ihrer täglichen Arbeit erleichterte zwar die Gesprächsführung, machte mich aber trotzdem etwas betroffen. Wenn diese Menschen einmal die Jalousie hochziehen und sich in die Karten schauen lassen, wird man schnell desillusioniert. Da ist Schluss mit lustig. Von Multikulti, Volkstänzen und kultureller Weiterentwicklung ist dann keine Rede mehr.

Das tägliche Erleben von Verwahrlosung, Rowdytum und Gewaltbereitschaft auf der Straße prägt einen Polizeibeamten anders als den Jugendgerichtshelfer. Der eine wird mit der Straftat und dem Opfer konfrontiert, der andere muss die Ursachen ergründen, verstehen und möglichst die Wiederholungsgefahr bannen. Der Richter wiederum muss entlastende und belastende Dinge abwägen. Und gerade bei der Jugendkriminalität die erzieherische Wirkung seines Urteils in den Vordergrund stellen. So entwickelt jede Profession ihre eigenen Ansichten zu dem gemeinsam zu bekämpfenden Grundübel.

Ich teile die Auffassung, dass unser gesetzlicher Werkzeugkasten zur Kriminalitätsbekämpfung völlig ausreicht. Allerdings nur dann, wenn wir ihn auch benutzen und die gegebenen Möglichkeiten ausschöpfen. An dieser Stelle komme ich ins Grübeln. Nach den Veröffentlichungen des Statistischen Bundesamtes wurden zum Beispiel im Jahr 2006 von 100 000 jungen Straftätern in Deutschland nur 91 zu Jugendstrafen zwischen fünf und zehn Jahren verurteilt. 16 000 Mal wurden überhaupt Jugendstrafen verhängt, davon 10 000 zur Bewährung ausgesetzt. Vergleicht man diese Zahlen mit der Zahl der veröffentlichten schweren Gewalttaten gegen Leib und Leben, vermittelt dies schon einen ersten Anschein von einem sehr verständnisvollen Umgang mit jungen Straftätern.

Ich erinnere mich gut an die leidenschaftliche Debatte vor einigen Jahren in Deutschland, ob Straftäter zwischen 18 und 21 Jahren (also Heranwachsende) regelmäßig nach dem Erwachsenenstrafrecht behandelt werden sollten oder nach dem Jugendstrafrecht. Ein ehemaliger Ministerpräsident von Hessen hatte damit seinen Wahlkampf geführt. Er forderte mehr Härte und eine regelmäßige Aburteilung nach dem Erwachsenenstrafrecht. Nun war es aber gerade in Hessen so, dass 75 % der Täter dieser Altersstufe nach dem Jugendstrafrecht behandelt wurden. Wer mit einem Finger auf andere zeigt, übersieht mitunter, dass drei Finger auf ihn selbst gerichtet sind. Die Kampagne floppte damals zu Recht. Man darf aber nicht die Augen davor verschließen, dass es Jugendrichter gibt, nach deren Auffassung alleine schon die Tat der Beweis dafür ist, dass die Täter noch nicht über die Reife eines Erwachsenen verfügen. *Hätten sie die Reife, hätten sie die Tat nicht begangen* – nach dieser Logik wäre dann ausnahmslos das Jugendstrafrecht anzuwenden.

Wenn ich mir das Kaleidoskop der Gewalttaten in jüngster Vergangenheit in Berlin und speziell in Neukölln anschaue, erscheint es aber auch mir so, dass die Taten immer brutaler werden, die Täter immer mehr verrohen, unsere Justiz jedoch immer zögerlicher agiert. Der frühere Berliner Innensenator Körting sorgte vor einigen Jahren für einen Skandal, als er öffentlich erklärte, dass »Allesversteher« unter den Richtern mitverantwortlich für die Gewaltmisere seien. Es gehe ihnen nur um die Psyche des Täters, die Opferpsyche sei »etlichen Richtern scheißegal«. Jeder, der die Empfindlichkeit von Richtern kennt, kann sich vorstellen, zu welchem Aufruhr es damals gekommen ist. Richter darf man eben nicht kritisieren. Für sie gilt die Leistungsbandbreite des Menschen im Allgemeinen nicht. Vor Gerichtsurteilen ist nach der Meinung eines Standesvertreters durchaus Demut angezeigt. Da sind Bezirksbürgermeister menschlicher und kritikfähiger.

Besonders in den Fällen, in denen absehbar ist, dass sich gerade eine kriminelle Karriere aufbaut, muss bereits im Anfangsstadium versucht werden, Denkprozesse beim Straftäter auszulösen. Aus meiner Sicht ist hier Über-den-Kopf-Streicheln nicht die richtige Methode. Der junge Mensch muss durch eine energische Reaktion des Staates bzw. der Gesellschaft merken, dass er irgendetwas falsch macht. Ich erinnere an dieser Stelle an meine gute alte Bekannte, die Jugendrichterin Kirsten Heisig. Sie sagte immer, »schnell muss es gehen, und konsequent muss es sein«. Ausgestiegene Gewalttäter erklären rückblickend immer wieder, dass ihnen der Ausstieg aus der Kriminalität schon sehr viel früher gelungen wäre, wenn man ihnen rechtzeitig das Stoppschild gezeigt hätte. Auf der verbalen Ebene gibt es hierzu auch in der Politik eigentlich wenig Dissens. Selbst die GRÜNEN finden in diesem Zusammenhang klare Worte. Ein früherer Fraktionschef sagte einmal, wir dürften nicht zulassen, dass Jugendkriminalität und Gewalt in der nächsten Generation so weiter gehen. Gegenüber manchen Jugendlichen müsse auch Härte gezeigt werden.

Wir stehen in Berlin an einer Schwelle, an der man handeln muss. Im Grunde genommen geht es um die Frage, bis zu welchem Punkt wir dem Primat des Erziehens und Lenkens im Jugendstrafrecht folgen, bevor wir das Schwergewicht auf den Sanktionsgedanken des Strafens und der Abschreckung legen. Wir wissen heute aus vielen Fällen, dass an bestimmten Tätern pädagogische Maßnahmen komplett abprallen. Ja, dass sie sogar eher amüsieren. Das ermahnende Wort des Richters wird zum »Gelaber«, die auferlegten Arbeitsstunden zum »krassen Schwachsinn«, den man häufig ignoriert, die Schulweisung verlacht und die zur Bewährung ausgesetzte Freiheitsstrafe als ein verkappter Freispruch aufgefasst.

Dort, wo der erste Gefängnisaufenthalt der eigentliche Eintritt in die Erwachsenenwelt ist, dort haben erzieherische und pädagogische Ansätze kaum eine Chance. Kirsten Heisig berichtete mir einmal von einem jungen Täter, den sie zur Jugendstrafe, also zum Knast, verurteilt hatte. Er schien ihr davon völlig unberührt, und sie fragte ihn danach. Seine Antwort lautete: »Knast macht Männer, sagt Mama.« Man mag über diesen Blödsinn lachen, aber das Problem ist bitterernst. In nicht wenigen unserer bekannten Sorgenfamilien bedeutet »einfahren« den Aufstieg zum vollwertigen Mitglied der Familie. Zum Strafantritt wird man mit einer Feier zu Hause verabschiedet und nach Verbüßung mit einer Feier wieder empfangen.

Nach einem Höchststand im Jahr 2009 konnten wir im Juni 2012 immer noch 192 jugendliche Serienstraftäter unser Eigen nennen. Zur Erinnerung, hierbei handelt es sich um Intensivstraftäter mit mehr als zehn Straftaten im Jahr, Schwellentäter mit fünf bis neun Straftaten und kiezorientierte Mehrfachtäter, die auf dem besten Weg sind, in den Täteradel der Schwellen- und Intensivtäter aufzusteigen.

Nun sind 192 junge Menschen von 65 000 Einwohnern unter

21 Jahren weniger als ein halbes Prozent. Eigentlich mengenmäßig bedeutungslos. Bedenkt man, dass die Hälfte immer gerade sitzt, halbiert sich die Zahl auch noch. Gleichwohl reichen 100 völlig skrupellose Gewalttäter aus, um ganze Gegenden zu terrorisieren und in Angst und Schrecken zu versetzen. Sie belagern Schulwege und fordern Wegezoll, Benutzungsgebühren für den Spiel- oder Bolzplatz, stehlen Jacken, Turnschuhe, Handys – »abziehen« nennt man das – oder erzwingen mit Gewalt blödsinnigste Unterwerfungs- und Demutshandlungen. Und sie sind ständig auf der Suche nach Opfern. Wer keine Kinder hat, bekommt von solchen Vorgängen meist nur durch Zufall etwas mit. Die jungen Leute aber sind untereinander vernetzt, sie wissen, wo was in der Stadt los ist, und sie wissen, wer wo sein Unwesen treibt. Danach entscheiden sie auch, wo sie hingehen und welche Gegenden sie meiden. Das ist einer dieser Aspekte, der dazu führt, dass die jungen Menschen nicht zueinanderfinden, sondern sich voneinander entfernen. Unsere Polizei schätzt, dass in Problemgebieten wie Neukölln etwa 80 % der deutschen Jugendlichen zwischen 12 und 18 schon einmal Opfer einer Gewalttat geworden sind. Berichte von Eltern bestätigen diese Wahrnehmung. Die Wahrscheinlichkeit, dass ein junger Mensch bei uns Opfer einer Straftat wird, ist vierzigmal höher als für einen über 60-Jährigen.

Solche Aufteilung der Lebensräume in Gut und Böse bleibt nicht ohne Folgen. Ich bin teilweise richtig erschrocken darüber, wenn mir bei Diskussionen mit Oberschülern Stimmungslagen begegnen, die ich zwar nicht gleich als rassistisch bezeichnen möchte, die aber eine deutliche Trennung in »die« und »wir« erkennen lassen. Ein Beispiel. Als ich vor Jahren bei einer Schule anfragte, ob nicht Teile des Schulchores regelmäßig gegen eine kleine Aufmerksamkeit bei der Einbürgerungsveranstaltung das Stimmengerüst zum Singen der Nationalhymne abgeben möchten, erhielt ich eine Abfuhr: »Wir singen nicht für die, die uns auf der Straße verprügeln.« Das kann man für einen Ausreißer halten. Ich glaube das aber nicht.

Im Jahr 2006 drehte der Regisseur Detlef Buck den Film *Knallhart*. Die Geschichte eines Jungen, der aus einem gutbürgerlichen Viertel mit seiner Mutter nach Neukölln umziehen und hier infolge des Mobbings durch Straßenjugendliche und seine neuen Klassenkameraden ein Martyrium durchleiden muss. Die Handlung endet in einer Katastrophe. So weit der Film. Im Rahmen der Premierenfeier wurde die Filmklasse, die es in einer Neuköllner Schule wirklich gab, bei einem Interview gefragt, wie die Schüler die Gewalttaten im Film in ihrer dramaturgischen Übertreibung empfinden. Die Antwort war kurz und deutlich: »Wieso Übertreibung? Das richtige Leben ist bei uns noch viel härter.«

Die Zahl der Opfer dieser Möchtegern-Gangster ist nicht gering. Wir haben, wie erwähnt, in Neukölln im Jahr 2011 rund 2660 Straftaten jugendlicher Täter registriert. Das ist absolut gesehen zweifellos ein Rückgang, denn im Jahr 2008 waren es 3600 Taten. Allerdings darf man sich nicht an seligen Friedenszeiten von 1990 mit 1600 Delikten orientieren. Dann handelt es sich doch wieder um eine Steigerung. Das heißt, trotz rückläufiger Tendenz ist die Kriminalität immer noch deutlich höher als vor 20 Jahren.

Beim Täter-Opfer-Schema sind sich alle meine Gesprächspartner einig. In die erste Opferkategorie fallen deutsche Jugendliche, an zweiter Stelle kommt die deutsche alte Frau, und den dritten Rang nehmen alle ein, die den Eindruck der Schwäche vermitteln oder die in irgendeine (nervende) Beziehung zum Täter getreten sind. Letzteres sind bereits Aufforderungen zum Fahrscheinlösen oder zur Einhaltung des Rauchverbots im ÖPNV. Die Fachleute berichten, dass sich in jüngster Zeit anscheinend ein Opfermangel entwickelt. Es gibt in den Brennpunkten und an ihren Rändern nicht mehr genug junge Deutsche. Dadurch werden jetzt vermehrt Straftaten zwischen den Einwandererethnien registriert. Also Araber gegen Türken, Araber und Türken gegen Russen oder Bulgaren und Rumänen. Je nachdem, was gerade im Angebot ist. Manchmal mischen sich die Gruppen auch. Das hört sich zynisch an, beschreibt aber einfach nur die Realität.

Erinnert sei daran, dass ich an dieser Stelle nicht über alle jungen Leute schreibe. Noch nicht einmal über alle jugendlichen Straftäter. Für die meisten von ihnen bleibt die Kriminalitätserfahrung eine Episode in ihrem Leben. Junge Männer testen Grenzen aus, suchen den Kick, wollen der Coolste der Straße sein oder nur einfach einmal ausprobieren, was passiert. Etwa 80 % bis 85 % aller Erst- und Zweittäter erscheinen nie wieder vor Gericht. Auch sind die Verfehlungen eher untergeordneter Bedeutung. Meist geht es um Schwarzfahren, Laden- und Mopeddiebstahl, Fahren ohne Führerschein bis hin zur zünftigen Schlägerei, also Körperverletzung. Bei Jugendlichen, die wegen »Körperverletzung in Mittäterschaft« zu einer Jugendstrafe verurteilt werden, liegt die Rückfallquote übrigens nur bei rund 30 %. Bei Intensivtätern zwischen 50 % und 70 %. Aber selbst der letztere Wert bedeutet, dass fast jeder dritte Intensivtäter noch einzufangen ist. Ich glaube, dass bei einer anderen Haltung der Justiz die Rückfallquote noch erheblich gesenkt werden könnte.

Die Stammkundschaft und die Täter mit den schwerwiegenden Gewalttaten, das sind die, die ich in diesem Abschnitt meine. Diese Täter sind es auch, die mit ihren Taten in den Gazetten erscheinen und die immer wieder öffentliche Diskussionen unter der Überschrift »Immer jünger und immer brutaler!« auslösen. Das trifft für Marokkaner in den Niederlanden, Algerier in Frankreich, Pakistani oder Schwarzafrikaner in London genauso zu wie für türkisch- und arabischstämmige Jugendliche bei uns. Gewaltbereitschaft ist keine ethnische Spezialität. Allerdings zeigen alle Untersuchungen auch in anderen Ländern, dass Komponenten wie eigene Gewalterfahrung und religiöses Egodoping stark begünstigende Faktoren sind. Den Risikofaktor »jung, männlich, Migrant« zum Abgleiten in die Kriminalität habe ich bereits erwähnt. Eine frühere Berliner Justizsenatorin fügte im Jahr 2010 folgende Ergänzung hinzu: »Der typische Serientäter ist männlich, arabischer Herkunft und bleibt auch als Erwachsener kriminell.« Dieses Erklärungsmuster führt natürlich sofort zu der Diskussion, ob die Gewaltbereitschaft junger Muslime durch ihre Religion bedingt ist oder nicht.

Das Kriminologische Forschungsinstitut Niedersachsen (KFN) hat hierzu einmal eine Studie mit dem Ergebnis vorgestellt, dass junge kaum religiöse Migranten zu über 40 % das Abitur ansteuern, zu über 60 % deutsche Freunde haben und sich zu zwei Dritteln auch als Deutsche fühlen. Junge gläubige Muslime hingegen streben nur zu 16 % das Abitur an, haben zu 28 % deutsche Freunde und fühlen sich lediglich zu 22 % als Deutsche. Diese Unterschiede sind schon beachtlich, obgleich ich auch an dieser Stelle erneut darauf hinweisen möchte, dass es mit an Sicherheit grenzender Wahrscheinlichkeit Studien oder Forschungsarbeiten gibt, die zu einem gegenteiligen Ergebnis kommen. Zu bedenken gebe ich aber, dass der hinter dem KFN stehende Wissenschaftler für Kriminalitätsforschungen Prof. Pfeiffer schlechthin als der »Papst« auf diesem Gebiet im deutschsprachigen Raum gilt. Aus diesem Grund ist dem Wahrheitsgehalt seiner Veröffentlichung, die auf der Basis von 45 000 Befragungen von Schülerinnen und Schülern der 9. Klassen in 61 Städten beruht, schon ein recht hoher Grad zuzubilligen. Selbst der GRÜNEN-Chef Cem Özdemir stufte die Studie als realistisch ein.

Ein signifikantes Merkmal von Gewalttätern ist sicher, dass mit abnehmendem Bildungsgrad auch die Fähigkeit zur gewaltlosen Konfliktlösung schwindet. Also: Je geringer die geistigen Kompetenzen, desto dicker die Muskeln. Zwei Drittel aller jungen Häftlinge haben keinen Schulabschluss und 90 % keine Berufsausbildung. Das bestätigt die These. In Berlin ist der Zusammenhang sogar noch deutlicher, hier haben 80 % keinen Schulabschluss, und bei einem Drittel der späteren Intensivtäter enthalten bereits die Schulakten Hinweise auf schwieriges und/oder aggressives Sozialverhalten, Sitzenbleiben und Schulschwänzen.

Dort, wo man ein Bildungssystem nicht kennt, nie selbst eine Schule besucht hat, gilt die Schulpflicht als eine Art unverbindliche Empfehlung. Wer von frühester Kindheit an Gewalt erlebt und spürt, für den ist Gewalt ein legitimes Mittel zur Durchsetzung eigener Ansprüche.

Die Leiterin einer Neuköllner Schule erklärt das verhängnisvolle Erbe der Gewaltbereitschaft so:

»Obwohl es uns gelungen ist, eine weitgehend gewaltfreie, angenehme Schulatmosphäre herzustellen, kommt es dennoch manchmal auch zu Konflikten, die den Schulfrieden nachhaltig stören können. Der Grund hierfür ist, dass sich Familienmitglieder zum Beispiel arabischer Großfamilien in die inneren Angelegenheiten der Schule einmischen. Dabei wird deutlich, dass sie die Autorität der Institution Schule nicht anerkennen und die Idee vorherrscht, dass Recht und Ehre ihrer Kinder nur wiederhergestellt werden können, indem sich Väter, Onkel, Cousins in und vor der Schule versammeln und massiven Druck auf die Entscheidungen der Schule auszuüben versuchen. Diese Situationen können bisweilen nur durch Mitwirkung der Polizei gelöst werden.

Eine Schule, in der solche Vorkommnisse auftreten, hat es schwerer, soziale und sprachliche Heterogenität zu stärken, da Eltern Angst um ihre Kinder haben.

Die mangelnde Anerkennung staatlicher Institutionen durch eine Minderheit ist ein gesamtgesellschaftliches Problem, das Schule nicht allein lösen kann. Dazu braucht es die Zusammenarbeit mit dem Jugendamt, der Polizei und zum Beispiel den arabischen Vereinen.

Mehrheitlich kommen unsere Schüler/innen aus Familien mit patriarchalischen und hierarchischen Strukturen. Der vorherrschende Erziehungsstil ist autoritär, was die Schüler/innen als Stärke erleben. Daraus erwächst für eine Schule, deren erklärtes Ziel selbständiges, eigenverantwortliches Lernen und Teilhabe an Schulentwicklungsprozessen ist, eine doppelte Schwierigkeit. Zum einen interpretieren die Schüler/innen einen aushandelnden Erziehungsstil als Schwäche. Als schwach wahrgenommene Pädagogen/innen können Schüler/innen aber nur bedingt zum Lernen motivieren. Und zum anderen hält dieser autoritäre Erziehungsstil die Kinder bis hinein ins frühe Erwachsenenalter in der Unselbständigkeit. Da sie im familiären Bereich anders geprägt wurden, fehlen ihnen das Verständnis für die Sinnhaftigkeit eines solchen Vorgehens sowie wichtige Fähigkeiten wie Problematisieren und kontrovers Diskutieren. Und so spiegelt sich dieses Unverständnis in ihrer Ablehnung gegenüber einem Unterricht wider, der Selbständigkeit und Eigenverantwortung verlangt.

Aus unserer Erfahrung heraus wäre ein Dialog zwischen Wissenschaft und Praxis wichtig, um Wege zu finden, die helfen, dieses Dilemma zu überwinden.«

Wie bereits erwähnt, entstammen nach Einschätzung des Türkischen Bundes bis zu 80 % der bei uns lebenden türkischstämmigen Bevölkerung der Unterschicht in der Türkei. Erfahrungsgemäß wird in dieser Gesellschaftsschicht Gewalt erheblich weniger in Frage gestellt als in bildungsorientierten Familien. Nach Erkenntnissen des KFN wird in Einwandererfamilien etwa drei- bis viermal häufiger Gewalt ausgeübt als in deutschen Familien.

Ein Einschub ist wichtig an dieser Stelle. Wenn junge Menschen aus der Spur geraten sind und die kriminelle Szene als völlig normale Lebensform für sich entdeckt haben, dann gibt es unter den Entwurzelten keinen Unterschied mehr. Ein russischer Intensivtäter unterscheidet sich in nichts von einem türkischen, arabischen oder deutschen. Der eine trägt Kurzhaarschnitt und Springerstiefel und ist gleichermaßen durch Verwahrlosung geprägt wie der, der kahl geschoren ist und einen Trainingsanzug mit Kapuze anhat. Mit Blick auf die Geburtenrate stellt sich nur das Problem: Verwahrlost heißt nicht impotent.

In Berlin haben 80 % der Intensivtäter einen Migrationshintergrund und verfügen über selbst erlittene Gewalterfahrung. Es ist gesicherte Erkenntnis, dass in bestimmten migrantischen

Milieus Gewalt, insbesondere interfamiliäre Gewalt, eine diskussionsbeendende und hierarchiebestimmende Akzeptanz genießt. Von den 193 Mitgliedsstaaten der Vereinten Nationen haben bisher rund 20 das Recht auf gewaltfreie Erziehung auf eine nationale gesetzliche Grundlage gestellt. Was in modernen, demokratischen Gesellschaften heute selbstverständlich ist, gilt noch lange nicht überall auf der Welt.

Gewalt in der Familie und eine keinen Widerspruch duldende autoritäre Erziehung sind mit Sicherheit eine entscheidende Grundlage für den überproportional hohen Anteil an Gewalttaten durch junge Männer mit Migrationshintergrund. Selbst für den Türkischen Bund steht fest, dass schon durch die Erziehung in den Familien Gewalt als normal angesehen werde. »Gewalt gilt als probates Mittel.« Familien, in denen Väter zwar nicht arbeiten gehen, kein oder nur ganz schlechtes Deutsch sprechen, aber ansonsten immer das letzte Wort behalten und alles bestimmen wollen und dies zur Not mit der Faust oder dem Bügel durchsetzen, das sind, denke ich, auch die Familien, in denen ein Schulabschluss weniger Bedeutung entfaltet als die sogenannte Familienehre.

Wer mit Gewalt aufgewachsen ist und Gewalt für sich adaptiert hat, der wird auch Gewalt an seine Kinder weitergeben. Gewalt führt immer wieder zu Gewalt. Auf die Frage, ob ein Mann seine Frau schlagen darf, wenn sie ihn betrügt, antworteten 4 % der bio-deutschen Jungen mit ja, bei den türkischen waren es 24 %. Nach der Erhebung durch das KFN erleben 45 % der Kinder in türkischstämmigen Familien Misshandlung und schwere Züchtigung.

Gerade zu diesem Punkt wird mir immer das Argument entgegengehalten, dass es auch Gewalt in deutschen Familien gibt. Natürlich gibt es die. Nicht umsonst hatten wir schon in der Weimarer Republik mit dem Jugendwohlfahrtsgesetz eine Schutzbestimmung für Kinder, die durch das Kinder- und Jugendhilfegesetz noch erheblich erweitert wurde. Den Unterschied macht die Häufigkeit. In den bio-deutschen Familien beträgt der Anteil vergleichbar leidender Kinder »nur« rund 12 % und rund 6 % bei den Jugendlichen.

In Neukölln ist es Usus, dass das Jugendamt als Wächter über das Kindeswohl über jeden Polizeieinsatz unterrichtet wird, der mit häuslicher Gewalt unter Anwesenheit von Kindern zu tun hatte. Ich bin immer wieder erschüttert, welche Grausamkeiten das Faxgerät dort ausspuckt. Ich habe darüber keine Statistik geführt, aber gefühlt muss ich zu dem Ergebnis kommen, dass die genannten Werte bei uns noch weit übertroffen werden. Es sind fast nur Einwandererfamilien, bei denen die Polizei bei oder nach schweren Misshandlungen durch die Männer tätig werden muss.

Neben der familiären Gewalt und der gewaltdurchsetzten Erziehung ist ein weiteres Merkmal bei muslimischen Jugendlichen auffällig. Hierbei handelt es sich um den Ehrenkodex. In traditionellen und auch intellektuell kaum gebildeten muslimischen Elternhäusern spielen tradierte Rollenmuster nach wie vor eine dominierende Rolle. Die männliche Identität kennzeichnet der Begriff »Virilität«, also die Mannbarkeit und die Zeugungskraft, die in der Erziehung zu Kampfesmut, Tapferkeit, Stärke und selbstbewusstem Auftreten münden. Die weibliche Identität wird mit dem Schlüsselbegriff »Virginität«, also Jungfräulichkeit und Unberührtheit, versehen, der in der Erziehung Keuschheit, sexuelle Reinheit und Gehorsam gegenüber Ehemann, Eltern und Schwiegereltern als Ideale fordert.

Wenn man jungen Männern von klein auf immer wieder beibringt, dass sie selbstbewusst auftreten sollen, kampfesmutig und stark zu sein haben und dass die wichtigste Körperregion ihr Unterleib ist, dann muss man sich nicht darüber wundern, wenn sie ein entsprechendes Paschaverhalten an den Tag legen. Diese Gewalt legitimierende Machokultur begünstigt natürlich das Absenken der Skrupel, Gewalt gegen andere Menschen auszuüben. Befragt, was denn für sie Straßenkampf ist, antworten Jugendliche: »Wenn jemand meine Familie beleidigt oder meine Ehre.« Diese diffusen Vorstellungen von Ehre, Familie, Beleidigtwerden oder Benachteiligtsein sind in den Köpfen dieser jungen Leute schon allein die Rechtfertigung dafür, einen anderen Menschen niederzustechen, ihm mit Stiefeln ins Gesicht zu treten oder zu springen und damit seinen Tod billigend in Kauf zu nehmen.

»Wer zeigen will, dass er ein vollwertiger Mann ist, muss jemanden mit einem Messer verletzt haben«, sagt ein Polizeibeamter. Einen Mitarbeiter der Verkehrsbetriebe in Bus oder U-Bahn zu schlagen oder zu treten, ist eine Mutprobe. Ein zweifelhafter Ritus, dem in Berlin täglich zwei Angestellte der BVG zum Opfer fallen. Als Anmerkung möchte ich nicht unerwähnt lassen, wie man diesem Spuk schnell ein Ende bereiten könnte. Für 30 Cent Aufschlag pro Fahrschein könnten 2000 Sicherheitskräfte mehr bei der BVG dafür sorgen, dass die Verkehrsmittel von jedem angstfrei benutzt werden können. Das wäre übrigens nichts aufregend Neues. In London bezahlen die Verkehrsunternehmen jährlich umgerechnet bis zu 190 Millionen Euro, damit 2000 Polizeikräfte im Bereich des Nahverkehrs für Sicherheit sorgen.

Zu welch verwirrten Gedanken dieses vordemokratische Erziehungsmuster bei jungen Männern führt, erklärt uns einer von ihnen auf die Frage, wie seine Zukunft aussehen soll, so: »Ich weiß es nicht, aber Gewalt wird immer eine Rolle in meinem Leben spielen.« Und was er werden will? »Vielleicht Kriminalkommissar oder Bodyguard. Irgendetwas, das mit Schlagen zu tun hat, und wo man viel Geld verdient.« Die Londoner Polizei macht sich diese kruden Gedanken zunutze. Ich erinnere an die Ausführungen zu den Volunteer Police Cadets in London.

Die wirtschaftliche Verelendung durch Arbeitslosigkeit und die mangelnden Möglichkeiten, den Lebensunterhalt durch eigene Erwerbstätigkeit selbst zu verdienen, führen zu einer stark eingeschränkten Liquidität der jungen Leute. Umgangssprachlich ausgedrückt, haben die Jugendlichen oder Heranwachsenden keine Kohle, um sich all das zu kaufen, was sie unbedingt haben wollen oder meinen, haben zu müssen. Das ärgert sie, und sie fühlen sich ausgeschlossen und diskriminiert. Andere, meist die verhassten Deutschen, haben vermeintlich all das, was sie nicht haben. Das passt nicht in ihr Weltbild. Oft tritt zu ihrer materiellen Situation noch eine fundamentalistische Überreligiosität. Sie sind doch die besseren Menschen, und allein aus diesem Grund können sie ihre so empfundene Diskriminierung nicht hinnehmen. Ihre übermäßige, religiös fundierte Wertschätzung dieser Gewalt-»Kultur« ermächtigt sie dann zu dem, was wir Kriminalität nennen. Bei einem Streitgespräch mit dem Rapper Bushido erklärte mir dieser, dass die Jungs, über die ich hier rede, einen Finanzbedarf von 300 bis 500 Euro am Tag haben. Auf legale Art und Weise kommen sie niemals an solche Summen. Sozialneid und das Gefühl, von der Gesellschaft nicht gemocht zu werden, also ein unschuldiges Opfer zu sein, sind häufig die Grundlage für Suchtverhalten und eben auch für Kriminalität.

Nicht entscheidend, aber sicher verstärkend muss man zumindest einen kleinen Hinweis darauf verwenden, dass auch der Konsum von Brutalo-Filmen im Fernsehen und am Computer einen wesentlichen Einfluss auf die Persönlichkeitsentwicklung und das Verhalten der Jugendlichen ausübt. In diesem Bereich ist davon auszugehen, dass türkischstämmige 10-Jährige durchschnittlich 210 Minuten täglich vor dem Bildschirm verbringen. Die Vergleichszahl für gleichaltrige deutsche Kinder beträgt 130 Minuten.

Zusammenfassen kann man die Risikofaktoren für Kriminalitätserscheinungen in den Einwanderercommunitys wie folgt: mangelnde Bildung, eigene Gewalterfahrung, Erziehungsstil der Machokultur, ständiger Geldmangel gepaart mit religiöser Selbsterhöhung. Kommen all diese Faktoren zusammen und hat das Wertegefüge unserer Gesellschaft – umschrieben mit Begriffen wie Disziplin, Fleiß, Ordnung, Rücksichtnahme, Toleranz und Respekt vor anderen – keinen Eingang in die Persönlichkeitsentwicklung des jungen Menschen gefunden, dann ist eine randständige Karriere recht wahrscheinlich.

Nach all seinen Studien und Forschungen kommt Prof. Pfeiffer zu dem Ergebnis, dass bei muslimischen Jugendlichen die Feindlichkeit gegenüber anderen Kulturkreisen und Verhaltensweisen oder Religionen wie zum Beispiel Deutschen, Homosexuellen oder Juden am stärksten ausgeprägt ist. Diese herbe Aussage wird den Muslimen nicht gefallen. Aber auch meine Erfahrungen in den letzten 20 Jahren bestätigen im Ganzen diese Sicht. Gerade die, die am lautesten nach Akzeptanz, nach Respekt und nach Toleranz rufen, sind diejenigen, die den niedrigsten Vorrat an diesen Kompetenzen aufweisen können. Prof. Pfeiffer kommt im Übrigen zu dem Ergebnis, dass die wirksamste Gegenmaßnahme gegen all diese Integrationshemmnisse im Bereich der Kriminalität ein möglichst frühes und langes gemeinsames Aufwachsen, Lernen und Miteinanderleben der kommenden Generationen wäre. Er spricht sich deshalb vehement für eine Vernetzung der Menschen im Alltag aus. Nur eine wie auch immer geartete Form der Durchmischung könne für das Aufbrechen der Barrieren sorgen. Leider kann ich ihm an dieser Stelle nicht folgen. Nicht, weil ich inhaltlich anderer Auffassung wäre, aber eine Bevölkerungsmischung wiederherstellen zu wollen ist Utopie. Die Segregation der Stadtquartiere ist aus meiner Sicht irreversibel. Die Durchmischung ist Geschichte, die bildungsaffinen Familien werden nicht zurückkommen. Wir müssen uns damit abfinden, dass sich geschlossene Stadtlagen entwickelt haben, in denen sich einzelne Ethnien selbst organisieren und auch ihr eigenes Dorf wiederauferstehen lassen. Parallelgesellschaften eben.

In jüngster Zeit mussten wir uns immer stärker mit der Erscheinungsform der Kinderkriminalität auseinandersetzen. In Berlin zählen wir pro Jahr etwa 5100 Kinder zwischen 12 und 14 Jahren, die Straftaten begehen. Schon unter den 8- bis unter 12-Jährigen sind es mehr als 2000. Knapp 50 Kinder gelten in Berlin bereits als Intensivtäter. Das kann im Einzelfall an der persönlichen Entwicklung und den Lebensumständen liegen. Leider haben wir aber auch den Eindruck, dass in verschiedenen Familien Kinder planmäßig zur Kriminalität erzogen und ausgebildet werden.

Das ist wohl traditionell ein Markenzeichen von durchziehenden Banden aus Südosteuropa. Aber nicht nur. Teile der organisierten Kriminalität machen sich bewusst die Strafmündigkeitsgrenze von 14 Jahren zunutze: Wird ein Kind unter 14 Jahren bei einer Straftat erwischt, nimmt es die Polizei in Gewahrsam. Routiniert holt das Kind einen Zettel mit einer Telefonnummer aus der Tasche. Auf den Anruf der Polizei, dass sich das Kind bei ihr befindet, kommt jemand und holt es wortlos ab. Dieser Vorgang kann sich durchaus in einem kurzen Zeitraum mehrfach wiederholen. Deutlicher kann man uns die Grenzen des Rechtsstaats nicht aufzeigen.

Eine Besonderheit waren in Berlin vor etwa zwei Jahren sogenannte Kinderdealer. Diese erklärten im Falle der Festnahme, sie seien unter 14 Jahren und müssten deshalb wieder laufen gelassen werden. Von Statur und Aussehen war ihnen die Aussage nicht zu widerlegen. Es entwickelte sich eine heftige öffentliche Diskussion, wie lange Polizei, Justiz und Politik bräuchten, um überhaupt eine Möglichkeit zu schaffen, diese »Kinder« medizinisch untersuchen zu lassen. Die Wehrhaftigkeit unseres Rechtssystems wurde tatsächlich massiv der Lächerlichkeit preisgegeben. Insider der Szene wussten damals längst, dass es sich nicht um Kinder handelte. Es waren Angehörige eines besonders kleinwüchsigen Stammes aus dem arabischen Raum, die von Berliner Clans für den Drogenhandel eingekauft und importiert worden waren. Davor hatte es eine solche Masche schon einmal mit zierlichen Menschen aus Südosteuropa gegeben. Als es routinierte Untersuchungen und Nachweise des natürlich viel höheren Lebensalters gab, war der Spuk recht bald vorbei. Gleichwohl ist es ein gutes Beispiel dafür, wie ideenreich bestimmte Bevölkerungsgruppen unsere staatlichen Institutionen quasi an den Rand der Handlungsunfähigkeit führen können. Einen Rechtsstaat auszutricksen ist nicht allzu schwer. Insbesondere dann nicht, wenn er auch noch nur zögerlich mit seinen eigenen Instrumenten umgeht.

Angesichts der zunehmenden Brutalität herrscht bei den

Fachleuten wenn nicht Hilflosigkeit, dann zumindest Ratlosigkeit. Die Aspekte der täglichen Gewöhnung an Gewalt, das Heranzüchten von kleinen Paschas, die das Gefühl überhaupt nicht kennen, in die Verantwortung genommen zu werden, der Väter, die selbst das Geld aus öffentlichen Kassen nicht für ihre Kinder ausgeben, sondern es verspielen, bis zu der Frage, wie selbst junge Menschen schon so verrohen können, bauen ein schier unüberwindliches Bollwerk auf. In der Jugendgerichtshilfe und vor Gericht sitzen brutalste Täter, vergießen Tränen und bemitleiden sich selbst: wie schlecht sie es haben, wie gemein die Welt zu ihnen ist und dass an ihrer Lage nur die Gesellschaft schuld sei. Die Eltern sind fassungslos, sagen, dass sie für ihren Sohn alles getan hätten, er nur in schlechte Gesellschaft gekommen sei, und die Polizei habe ihn auf dem Kieker gehabt. Es kann aber auch sein, dass sie vor dem Richter sitzen und lachen, ja, selbst im Gerichtssaal ihre Opfer noch verhöhnen. Mitleid und Empathie für die Opfer ist etwas, was sie nicht kennen. Es interessiert sie auch nicht, was aus dem Opfer geworden ist oder noch wird. Selbstkritisch muss man wohl anfügen: Sie sind Produkte einer Gesellschaft, die sich eben um junge Leute in prekären Lebenslagen nicht wirklich kümmert, die ihnen nichts abverlangt und die darauf setzt, dass sich schon alles irgendwie zurechtruckelt.

»Intensivtäter kann man nur in den Knast stecken.« Das ist eine harte Aussage, aber im Interesse der Integration und im Interesse des sozialen Friedens im Quartier bleibt nichts anders übrig. Solche Worte von einem Sozialarbeiter oder einem Jugendrichter zu hören ist schon bemerkenswert. Eine weitere Entwicklung muss uns Sorge machen. Unsere Jugendrichter sagen, eigentlich hätten sie es fast nur noch mit den Eierdieben am Rande der organisierten Kriminalität zu tun. Dort, wo wirklich »die Post abgeht«, in den Clans, in der professionellen Unterwelt, da herrscht Schweigen. Auch vor Gericht. Jeder weiß, dass es ihm schlecht ergeht, wenn er den Mund aufmacht. Deswegen bleibt der zu. Da ist etwas entstanden, was mit unserer Werteordnung nichts zu tun hat.

Das ist nicht nur die alleinige Erkenntniswelt eines Bürgermeisters. Die, die tagtäglich mit diesen selbstgezimmerten Rechtfertigungen einer Randgesellschaft konfrontiert werden, sind in ihren Wertungen unmissverständlich. Nachstehend gebe ich Ihnen einen Einblick in meine Gespräche mit verschiedenen Jugendrichtern:

»Nein, vor Gericht öffnen sich die Jugendlichen nicht. Sie präsentieren meist nur dumme und faule Ausreden. Sie wollen nur alles ganz schnell hinter sich bringen. Die Erinnerung an das Opfer stört. Es war doch selbst schuld, warum war es auch gerade da an diesem Ort?«

»Das Problem bei meiner ›Kundschaft‹ ist, dass es in diesen Familien keine Bildungsideale gibt, keinen Willen zum sozialen Aufstieg durch Bildung. Meine jungen Leute haben völlig unrealistische Vorstellungen über ihre Zukunft. Sie wollen alle Profifußballer werden oder Polizeibeamte. Sie wissen einfach nichts mit ihrem Leben anzufangen.«

»Es macht mir wirklich Sorgen, dass in Berlin eine ganze Generation von Kindern aufwächst, die es zu nichts bringen wird. Sie haben nichts gelernt. Gar nichts. Sie werden ihr ganzes Leben lang auf staatliche Transferleistungen angewiesen sein, weil sie kaum lesen und schreiben können. Sie wissen gar nicht, wie es sich anfühlt, sich für etwas anzustrengen, richtig reinzuhängen und darauf dann stolz zu sein. Sie haben kein Selbstwertgefühl und verkraften nicht den kleinsten Rückschlag. Die winzigste Kränkung lässt sie ausrasten, sie sind angefüllt von Frustrationen und Missgunst über den Erfolg anderer und kriegen selbst nichts hin. Sie verfügen weder über Erfahrungsschätze noch Ziele, die ihnen Halt geben könnten. Aber sie haben bei uns eines von Anfang an gelernt: dass man für seinen Lebensunterhalt nichts tun muss.«

»Als Richter bin ich sehr beglückt, wenn ich Hartz-IV-Bescheide sehe, die höher sind als mein Gehalt. Ja, und wie verrückt muss eine Gesellschaft eigentlich sein, die noch Kindergeld für Kinder zahlt, die andere halb totgeschlagen haben und im Knast sitzen?«

»Die Episodenkriminalität ist nach meiner Auffassung auf dem Rückmarsch. Die, die wir allzu häufig wiedersehen, sind nicht nur zu viele, es werden auch nicht weniger. Warum bekannte Familien keinen permanenten Fahndungsdruck spüren, wieso wir sie mit dicken Autos durch die Straßen donnern lassen, obwohl sie Hartz-IV beziehen, erschließt sich auch mir als Richter nicht. Da ist doch ein Anfangsverdacht gegeben, mit dem man die Autos beschlagnahmen kann. Man muss diesen Familien das Leben schwerer machen. Das ist kein Generalverdacht über alle Einwanderer, das ist ein Schutz für Einwanderer, die eine tatsächliche Bereicherung für unser Land darstellen.«

»Aber was ist die Realität? Ich sehe fünf vietnamesische Zigarettenhändler an einer Ecke stehen und gegenüber ein Polizeiauto. Ich gehe hin und frage: ›Warum unternehmen Sie nichts?‹ Die Antwort lautet: ›Wenn wir aussteigen, dann sind die doch weg.‹ Die Polizei schaut also tatenlos zu, wie Straftaten geschehen. Damit untergraben wir die Regeltreue der Mehrheit unserer Bevölkerung. Daneben müssen wir feststellen, dass unser Rechtsstaat mit seinen Regeln und auch seiner Justiz in einige vor allem arabisch geprägte Milieus nicht hineinreicht, seine Rechtsordnung gilt dort nicht wirklich, wird jedenfalls nicht durchgesetzt. Kommt von dort dann ein Fall zu uns, können wir gegen Absprachen und Schweigen nichts machen.«

»Wir brauchen eine Ausländerpolitik, die ehrlich geführt wird, und nicht eine, die über Jahre alles schleifen lässt und damit massenhaft Härtefälle produziert. Ich habe in einem Bezirk jahrelang an einem Konzept zur Jugendkriminalität mitgearbeitet. Irgendwann, als wir glaubten, etwas Gutes vollbracht zu haben, kam der Datenschutz, und wir schmissen alles in den Papierkorb. Die eine Dienststelle darf nicht erfahren, was die andere macht. Das ist doch völlig krank. Niemand darf etwas voneinander erfahren, alles bleibt im Gestrüpp des Datenschutzes hängen.

Der dickste Abschnitt im Jugendstrafvollzugsgesetz ist der Datenschutz. Ich will eine Geschichte erzählen von einer Mutter, die als Analphabetin weder lesen noch schreiben konnte. Ihr Sohn schwänzte immer die Schule. Das Amt schrieb ihr Brief auf Brief, Bußgeldbescheid auf Bußgeldbescheid. Es dauerte bis zum 14. Lebensjahr ihres Sohnes, bis die Polizei kam und ihn zur Schule brachte. Das waren acht Jahre sinnlosen Behördenschlafs.«

Ich denke, es muss uns aufrütteln, wenn Menschen, die den jungen Leuten zugewandt sind, solche harten wie auch bitteren Worte finden. Wir können auf zwei Arten darauf reagieren. Wir können versuchen, daraus zu lernen und die Verhältnisse, die die Entwicklung begünstigen, zu verändern. Oder wir können sie diskreditierend abwürgen. Das erste wäre der anstrengendere Weg, das zweite der übliche.

Die Schwestern der Streetfighter sind lebenstüchtig und ehrgeizig. Warum sind ihre Brüder so anders? Hierauf gibt es eine schöne Antwort. »Lernen ist wie Puppen anziehen, lernen ist schwul.« Da ist es wieder, das Merkmal Pascha. Bei dieser Denkart bleibt keine Alternative zum Umhauen eines anderen. »Deutet denn wenigstens die sinkende Jugendkriminalität auf eine Veränderung der Verhältnisse hin?«, wollte ich wissen. Da war bei allen meinen Gesprächspartnern deutliche Zurückhaltung: »Es kann auch daran liegen, dass wir neben dem Geburtenrückgang auch einen Anzeigenrückgang haben.« Man könne heute den Jugendlichen nicht ernsthaft raten, Anzeige zu erstatten. Sie können als Zeugen nicht geschützt werden. Und sie haben keine Großfamilie im Hintergrund, keinen siebten, achten und neunten Cousin, der sie schützen und für sie »mal etwas klarmachen« kann. Sie haben auch keine Familien, die sich untereinander Alibis verkaufen, sich absprechen und alles über den Friedensrichter regeln. Und sie begegnen ihren Drangsalierern jeden Tag wieder auf dem Schulweg, im Bus und auf dem Bolzplatz. Was bleibt ihnen? Die jungen Leute weichen aus, im Alltag und bei der Polizei. Und was können wir tun?

Eine Antwort auf diese Frage lautete: Jugendrichterin Kirsten Heisig. Sie wollte sich partout nicht mit der traditionellen Rolle der Justiz abgeben. *Wir Richter sind nicht das hilflose letzte Glied in der Kette, das nur noch über Geschehenes zu urteilen hat, ohne einen Einfluss auf die Entwicklung nehmen zu können. Auch wir tragen Verantwortung dafür, ob junge Menschen immer wieder vor uns stehen und abgeurteilt werden müssen oder ob sie doch noch den Weg in ein normales Leben finden.* Das waren ihre Gedanken und ihre Triebfeder, über die man nächtelang mit ihr diskutieren konnte. Wenn sie am frühen Nachmittag die Robe auszog, stand sie eine Stunde später in Neukölln auf der Matte: Sie stellte sich den jungen Leuten und organisierte Gesprächsabende mit türkischen und arabischen Eltern. »Ich will eure Jungs nicht ins Gefängnis stecken, und wenn ihr es auch nicht wollt, müsst ihr mir helfen«, rief sie im Rathaus den Eltern zu. Sie bildete Polizeibeamte fort und war ein Wirbelwind in der Berliner Jugendgerichtsbarkeit.

Leicht wurde es ihr nicht gemacht. Aber sie war vor Ort ein Idol. Sie gab Menschen Kraft, und sie zeigte, dass sie bereit war, mit hartem, gutem Beispiel voranzugehen. Sie war weiß Gott keine Heilige. Der Fußball und ein Glas Bier passten genauso gut zu ihr wie ihr Engagement für die jungen Leute. Dabei half ihr ihr übersprudelndes Temperament. In ihrer gefühlten Rolle als Sozialarbeiterin und ihrer Profession der gefürchteten »Richterin Gnadenlos«. Wer sie wie ich kannte, konnte über diese Bezeichnung nur lachen. Obwohl, wer nicht hören wollte, ganz schnell einfuhr. Und wer das Bußgeld fürs Schulschwänzen angeblich nicht bezahlen konnte, der fing sich schon mal einen Haftbefehl ein.

Ihr tragischer Tod war für mich ein Tiefschlag. Ich hätte sie gerne weiter als meine Ratgeberin zur Seite gehabt. Das Leben hat die Geschichte leider anders zu Ende erzählt.

Ihr Credo ist geblieben. Kirsten Heisig forderte: früher, schneller, konsequenter eingreifen. Sie schuf das Neuköllner Modell: Straftaten mit einfacher Beweislage (wenn also entweder ein Geständnis vorliegt oder das Gericht maximal drei Zeugen benötigt), bei denen höchstens ein Monat Jugendarrest zu erwarten ist, werden innerhalb von drei Wochen zum Abschluss gebracht. Sie hat mit aller Kraft dafür gekämpft, aber ist ihr wirklich der Durchbruch gelungen? Ja, formal schon. In Berlin ist das Neuköllner Modell inzwischen stadtweit eingeführt. Im Jahre 2008 wurden 61 Fälle nach diesem Modell abgearbeitet. Im Jahr 2009 dann 87 Fälle, 123 im Jahre 2010 und 57 in 2011. Zur Erinnerung, wir hatten 2660 Jugendstraftaten in Neukölln in 2011. Also gerade 2 % aller Vorfälle haben den Weg ins Neuköllner Modell gefunden. Außenstehenden mag das wenig erscheinen. Aber meine Gesprächspartner sind dennoch nicht unzufrieden. Sie verweisen darauf, dass es auch bei der Diversion, also der Erledigung eines Verfahrens ohne richterliche Beteiligung, mehrere Jahre gedauert hat, bis sie Routine im polizeilichen Alltag wurde. Die Schulungen für die Polizei laufen weiter. Richter werden sogar von Rechtssprechungsaufgaben freigestellt, um Polizisten fit zu machen für das Neuköllner Modell. Vor allem aber sehen die Fachkräfte seinen Vorteil darin, dass die Strafverfolgungsbehörden nicht mehr übereinander, sondern miteinander reden – und das am konkreten Fall.

Früher gab es in den Polizeiabschnitten Jugendsachbearbeiter. Das waren Beamte, die nur auf Vorgänge mit und um Jugendliche spezialisiert waren. Diese Funktion ist dem Allzuständigkeitsprinzip zum Opfer gefallen. Kirsten Heisig wollte, dass sie wieder eingeführt wird. Ich glaube auch, dass es sinnvoll wäre, so zu handeln. Sie hat es nicht mehr erlebt. Im Moment scheint es aber so, als gäbe es bald wieder zumindest einen »Jugendsachbearbeiter light«. Jemanden, der diese Aufgabe mit übernimmt. Besser als gar nichts.

Auch einen zweiten Kampf hat Kirsten Heisig nicht siegreich beenden können: die Regionalisierung der Staatsanwaltschaft.

Wie in Rotterdam sollte es örtlich zuständige Staatsanwälte geben, die ihre Klientel und deren soziales Umfeld kennen und möglichst auch vor Ort im Bezirk arbeiten. Doch dagegen wehrt sich die Berliner Staatsanwaltschaft bis heute erfolgreich mit Händen und Füßen. Die Staatsanwälte wollen nicht weg aus ihren Gemäuern. Sie wollen den Schutz der Herde nicht aufgeben, um vor Ort transparent und nachprüfbar zu sein. Und sie wollen auch nicht weg von der Zuordnung nach Buchstaben oder Eingängen. Sie wollen einfach nicht regionalisiert werden. Und damit schneller wohl auch nicht. Die Erfahrungen aus Rotterdam und Tilburg lehren uns, dass das keine schlaue Haltung ist. Aber bequem ist sie schon.

Weil die Zahl der Straftaten rückläufig ist, gehen natürlich auch weniger Fälle beim Jugendgericht in Berlin ein. Man nutzte aber diesen Rückgang nicht dazu, die Dauer der Verfahren zu verkürzen, sondern vielmehr dazu, vier Jugendrichter abzuziehen und sie an anderer Stelle einzusetzen. So kommt es, dass es trotz zurückgehender Fallzahlen immer noch rund vier Monate dauert, bis ein Fall vor Gericht abgeschlossen werden kann. Unbefriedigend, aber wieder ein kleines Lehrstück zum Thema Übereinstimmen von Worten und Taten in der Politik. Hieß es früher »Für mehr Richter haben wir kein Geld«, so heißt es heute »Wir brauchen die Richter woanders dringender«. Aber weinten nicht alle vor kurzem noch Krokodilstränen und beschworen die Bedeutung der Verkürzung der Verfahrensdauer? Was schert mich mein Geschwätz von gestern …

Doch zurück zur Praxis. Vor Gericht gegen die eigene Community auszusagen, wäre für Täter, Mittäter und Mitwisser extrem gefährlich. Die eigene Familie würde es nicht billigen, weil es Stress mit einer anderen Großfamilie bedeutet und weil man den Deutschen auch vor Gericht keinen Einblick in die Gesetze der Ethnie gewähren will. *So etwas regeln wir unter uns*, lautet der Grundsatz. Die Deutschen sind das Feindbild. Sie sind schwach, sie sind Weicheier, sie haben niemanden, der sie beschützt und der für sie kämpft. Der Knast hat kein Drohpotential. *Da war mein Bruder, da war mein Vater, schon der Großvater.* Dort, wo Gefängnis nicht als schlimm empfunden wird, hat Strafe ihre Abschreckung verloren. Wenn der, der aus dem Knast kommt, der Star ist, man ihm ein Auto schenkt, ja, warum soll er dann mit seinem Schicksal hadern?

Diese Verhaltensweisen schlagen sich natürlich auch auf dem Stimmungsbarometer nieder. In einer Studie erklärten rund 25 % der Jugendlichen mit Migrationshintergrund, dass sie schon einmal bewusst einen Deutschen beschimpft haben, und 5 % sogar, einen Deutschen geschlagen zu haben. Bei einer anderen Erhebung zeigte sich, dass 19 % der bio-deutschen männlichen Jugendlichen sich in ihren Äußerungen als sehr ausländerfeindlich präsentierten. Ein deutlicher Beleg dafür, dass die Abneigung steigt. Man sieht Bilder vor dem geistigen Auge, die an amerikanische oder britische Städte erinnern. Separierte Stadtviertel und abgeschottete Lebenswelten sind dann an der Tagesordnung. Die Idee und die Vision der integrierten Stadtlagen wären damit nicht mehr ein erreichbares politisches Ziel. Das entspricht meinem Eindruck bei dem Besuch in London.

Auch wenn ich es mir im Moment nur schwer vorstellen kann, so muss ich doch zur Kenntnis nehmen, dass es ernstzunehmende Menschen gibt, die durchmischte Stadtlagen vom Grundsatz her nicht für erstrebenswert halten. Für den französischen Wissenschaftler Gilles Kepel bedeutet Multikulturalismus nichts anderes als die strikt getrennte Entwicklung verschiedener Bevölkerungsgruppen. Er sagt dazu Apartheid. Und der Bischof von Rochester stellt fest, dass es Gegenden in Großbritannien gibt, in denen Nicht-Muslime nur schwer leben und arbeiten könnten, weil dort Feindseligkeit anderen gegenüber herrsche. Die Äußerung unterscheidet sich inhaltlich nicht sehr von Herrn Kepel.

Aber inzwischen besteht unter Fachleuten Einigkeit, dass sich in der bio-deutschen Jugend Veränderungen vollziehen. Vermehrt sind Stimmen zu vernehmen, sich nicht mehr alles gefallen zu lassen. Die treibenden Kräfte im Hintergrund sind junge

Frauen. Sie sind es leid, sich permanent sexueller Anmache und sexuellen Angriffen in Bus und Bahn ausgesetzt zu sehen. Sie finden die Frage nach Interesse an einem Fortpflanzungsvorgang, gekleidet in die Kurzformel des Straßenjargons »Willst du gefickt werden?« weder als schmeichelnd oder angemessen, noch wollen sie das Angebot annehmen. Ich kann diese Stimmungslage bestätigen. Bei Diskussionen mit Schülern zwischen 15 und 20 Jahren registriere ich immer häufiger eine Trotzhaltung. Aber Gegengewalt ist keine Lösung, sondern führt nur dazu, dass sich die Spirale weiter dreht. Das ist schon deshalb ein Irrweg, weil die deutschstämmigen Jugendlichen niemals den bedingungslosen Organisationsgrad der Einwandererjugendlichen erreichen werden. Ihnen fehlt nicht nur die rekrutierbare Masse, sondern auch der Hass auf alles als Triebfeder. Aber selbst wenn es anders wäre, darf die »West Side Story« nicht zum politischen Programm werden.

Irritiert hat mich, dass Vertreter der Justiz die Forderung erheben, der Staat müsse Stärke zeigen. Sind sie es nicht, die es in der Hand haben, ihre eigene Forderung auch in die Realität umzusetzen? Schlagworte wie »Opportunität« und »ethnische Rabatte« machen dann schnell die Runde. Im Jugendamt überlegt man, ob das Risiko gerechtfertigt ist, ein Kind aus einer Clanfamilie herauszuholen. Wer schützt dann die Sozialarbeiterin oder den Sozialarbeiter? Wir haben in Neukölln unsere Erfahrungen mit Mitarbeitern, die zusammengeschlagen oder zusammengetreten wurden, weil sie der Familie nicht preisgeben wollten, in welchem Heim das Kind untergebracht ist. Oder mit Sozialarbeitern, die in der Sprechstunde malträtiert, beim Hausbesuch aus der Wohnung geworfen und mit dem Messer über die Straße gejagt wurden. Da wird das Postulat, der Staat müsse Stärke zeigen, es dürfe keine rechtsfreien Räume geben, schnell zur Worthülse.

Es gibt sie längst, die rechtsfreien Räume. Und bis zu einem gewissen Grad verstehe ich sogar, wenn ein Funkwagen an Verkehrsordnungswidrigkeiten vorbeifährt, als hätte er nichts gesehen. Wenn ältere Menschen, die sich über Lärmbelästigungen unter ihrem Fenster beschweren, zu hören bekommen, dass man wegen zehn debattierender Menschen nicht mit einer Hundertschaft anrücken könne. Oder wenn illegale Partys und Kundgebungen geduldet werden, »um eine Eskalation zu vermeiden«. Man kann nicht jedes Mal eine Straßenschlacht beginnen, wenn drei Autos falsch geparkt sind oder fünf Familien grillen oder zehn Jugendliche über den Zaun geklettert sind, um auf dem Sportplatz Fußball zu spielen. Man nennt das die normative Kraft des Faktischen. Nur, wo ist die Grenze? Wann ist die Linie überschritten, an der die Missachtung der gesellschaftlichen Normen nicht mehr toleriert werden kann?

Polizeihauptkommissar Karlheinz Gaertner sagte mir, er würde bei einem beruflichen Neustart in Neukölln weder als Lehrer noch als Polizist arbeiten wollen. Die Ausführung der Gesetze, vor allem aber das Strafmaß entspreche nicht mehr dem, was er einmal gelernt habe und was er sich unter Gerechtigkeit vorstelle. »Ich habe Tausende von Straftätern festgenommen und Hunderte von Wohnungen durchsucht. Allein eine Person aus einer Großfamilie habe ich zwölfmal festgenommen. Ich stand dann vor 14 Verteidigern für sieben Angeklagte, von denen nicht einer einen einzigen Tag gearbeitet hatte. Aber sie waren wirtschaftlich voll integriert. Es mangelte ihnen an nichts. Ich bin beschimpft und bedroht worden. Den Richter hat es nicht weiter interessiert.« Man hört Resignation in seiner Stimme, wenn er von Kollegen berichtet, die sich vor der Gerichtsverhandlung mit Medikamenten beruhigen, um dieser nervlich gewachsen zu sein. Und wenn er zu dem Schluss kommt, dass es für Polizisten nicht leicht ist, in einer freien, toleranten und defensiven Gesellschaft dem Gesetz Achtung zu verschaffen und es durchzusetzen.

Es ist einfach so, dass Bevölkerungsschichten entstanden sind, die keinerlei Interesse daran haben, sich in diese Gesellschaft zu integrieren. Sie akzeptieren staatliche Repräsentanten und Institutionen in keiner Form und werden das auch künftig nicht tun. Davon können alle ein Lied singen, die in Uniform ihre Arbeit leisten, egal, ob Polizisten, Ordnungsamtsmitarbeiter, Feuerwehrleute, Sanitäter, Soldaten, Bus- und Bahnpersonal oder Behörden- und Krankenhausmitarbeiter. Jeder, der in irgendeiner Form die deutsche Gesellschaft sichtbar repräsentiert, wird zum Ziel von Aggressionen.

In Neukölln betrifft das insbesondere die arabischen Großclans, die zu einem erheblichen Anteil in die organisierte Kriminalität verstrickt sind oder sie auch darstellen. 7 % der Neuköllner Bevölkerung sind arabischer Herkunft, aber 49 % unserer jugendlichen Serienstraftäter tragen arabische Namen. Nach meiner Einschätzung ist ein großer Teil dieser Familien nicht besonders religiös. Dieses Erklärungsmuster greift nicht. Die Clans sind eher mit Revierauseinandersetzungen und dem Aufbau und Erhalt mafiöser Strukturen beschäftigt.

Der normale Bürger merkt manchmal gar nicht mehr, in welchen Netzwerken er sich bewegt. So eng sind die Verbindungen zwischen Lokalen, Shisha-Bars, Spielcasinos, Wettbüros, Schnellimbissen sowie Türstehern, Prostitution, Mädchen- und Drogenhandel inzwischen geknüpft. Immer mehr Grundstücke, Wohn- und Geschäftshäuser werden direkt oder über Strohleute erworben. Moscheen werden großzügig finanziert. Von allem geht eine einzige Botschaft aus: *Die Macht haben wir.*

Mieter werden nach dem Hauserwerb unter Gewaltandrohungen vertrieben, in Schulen werden die Sekretariate laut schreiend besetzt, um irgendwelche vermeintlichen Rechte durchzusetzen, die Benotung einer Arbeit zu verändern oder sich über das rassistische Verhalten der Lehrerin zu beschweren. In der Neuköllner Klinik wusste man sich ob der unangemessenen und Gewalt androhenden Auftritte nicht mehr anders zu helfen, als die Notaufnahme mit Wachschützern zu sichern. Über eine Ausweitung auf die Kinderklinik wird derzeit nachgedacht.

Es sind die permanent fordernden und Angst einflößenden Auftritte, die zu Abschottungsverhalten führen. Das Verhalten der Erwachsenen wird von den Kindern kopiert. Sie machen einfach das nach, was sie beim Vater, Onkel, Bruder und Cousin sehen. So ist es keine Seltenheit, dass Kinder unter zehn Jahren zu einem ausgesprochenen Problem im Wohnviertel werden. Die Bewohnerschaft schweigt zumeist. Jeder weiß, dass hinter den Kindern eine große Familie steht und man *richtig* Ärger bekommen kann, wenn man sich mit den Dreikäsehochs wegen eines Ladendiebstahls, einer Sachbeschädigung oder sogar auch wegen tätlicher Angriffe auseinandersetzt.

Einige Beispiele sollen die Ausführungen nachvollziehbar machen. Zwei 14-jährige Mädchen geraten in der Schule in einen Streit. Die eine ruft ihre Familie per Handy zu Hilfe. Auf dem Nachhauseweg wird das andere Mädchen überfallen, zu Boden geschlagen, und eine erwachsene Frau tritt ihr mit dem Absatz ins Gesicht. In dem anderen Fall sticht ein 13-Jähriger einem Gleichaltrigen mit dem Messer ins Bein. Die Mutter verteidigt ihren Sohn mit dem Hinweis, dass der andere Junge ihn wütend gemacht habe, weil er nicht mit ihm reden wollte.

Zwei als verfeindet bekannte Clan-Chefs sitzen im Hinterzimmer einer Shisha-Bar und verhandeln irgendetwas. Der eine hat eine Schussverletzung am Bein. Eine Anzeige gab es nicht. Offensichtlich wurde gerade der Ausgleich für die erlittene Verletzung gesucht. Zwei andere Clan-Chefs geraten in Streit miteinander, und sie schießen die Sache gemeinsam mit anderen Familienangehörigen auf der Straße aus. 60 Projektile fand die Polizei in Hauswänden und Autos. In der Gerichtsverhandlung konnte sich niemand mehr an den Vorfall erinnern. Alle nahmen ihre Freisprüche entgegen und gingen ihrer Wege.

Wegen eines Parkknöllchens greift ein arabischstämmiger Mann den Mitarbeiter des Ordnungsamtes tätlich an. Bei der darauf folgenden Verhandlung vor Gericht bedroht er ihn erneut: Er lässt ihm ausrichten, dass er die gesamte Familie des Mitarbeiters auslöschen lassen wird, wenn dieser ihn belastet und er verurteilt wird. Er schwört es bei Allah, dem Koran und seinem ältesten Sohn. Der Mann ist vor 20 Jahren als Asylbewerber nach Deutschland gekommen, bringt es auf eine erkleckliche Anzahl von Straftaten, taucht hin und wieder unter oder sitzt auch ein.

Er erhält öffentliche Unterstützung und fährt Mercedes. Jemand, der in unserer Gesellschaft Schutz vor eigener Bedrohung sucht, bedroht hier seinerseits andere mit dem Tod. Wir alimentieren ihn, und er tritt – nicht nur – unsere Gesetze mit Füßen.

Ich könnte seitenweise so fortfahren. Andere könnten sie aus ihren Städten ergänzen. Ich habe die Fälle aufgelistet, um die Haltung des zitierten Polizeibeamten verständlich zu machen. Wenn die Polizisten, die bei uns jeden Tag ihre Haut zu Markte tragen, feststellen müssen, dass sie wenige Wochen später vor demselben Täter stehen, weil wieder nichts passiert ist, dann verlieren sie Lust und Elan. Wenn man eine defensive Gesellschaft des alles verzeihenden und zurückgezogenen Staates will, darf man hinterher nicht nach mehr Sicherheit rufen oder bei eigener Betroffenheit klagen. Ich weiß nicht, wie viele versuchte Gefangenenbefreiungen es in den letzten Jahren in Neukölln gegeben hat. Es waren aber bestimmt nicht wenige. Diese Aktionen sind ein deutliches Zeichen dafür, dass die Autorität und das Gewaltmonopol des Staates in bestimmten Einwanderercommunitys nicht akzeptiert und mehr als in Frage gestellt wird.

Polizeihauptkommissar Karlheinz Gaertner holt noch einmal tief Luft: »Für uns als Polizeibeamte ist es inzwischen völlig normal, beleidigt zu werden. Aus Sicht unserer Klientel darf man das auch, denn Deutsche haben keine Ehre. Ungefähr 70 % meiner Kollegen haben Gewalt gegen sich erlebt. Auch mein Sohn ist schon überfallen worden. Meine Kinder fahren deswegen nicht mehr U-Bahn. Sie wären der klassische Opfertyp, noch vor der deutschen Oma.«

Es war viel Verbitterung in diesem Gespräch. Auf meine Frage, wie man denn dieser Situation begegnen sollte, lautete die Antwort: »Die Welt ist so, wie sie ist. Aber es gibt zwei Dinge, die unsere Arbeit extrem behindern. Erstens, dass niemand diesem Milieu ans Geld geht und die Gesellschaft immer noch mehr Geld in dieses System hineinpumpt, und zweitens, dass wir einen Täterschutz haben, der Datenschutz heißt. Die Gesellschaft ernährt und beschützt diese Kreise.« – »Woher kommt das

Geld für die schweren Autos?«, fragte ich. »Fahren Sie um Mitternacht durch Neukölln, schauen Sie sich die geöffneten leeren Geschäfte an mit drei, vier Leuten Personal. Da wird in vielen Fällen Geld gewaschen. Die Einnahmen aus dem Drogen- und Mädchenhandel oder was auch immer wandern so in den Wirtschaftskreislauf und mehren das offizielle Vermögen. Es landet in Luxusartikeln, teuren Autos und Immobilien hier oder in der ursprünglichen Heimat.«

Ich habe den Schwerpunkt in diesem Kapitel auf den Aspekt der Jugendkriminalität gelegt. Wenn wir in die Zukunft schauen, ist die Jugenddelinquenz auch bedeutsamer für die Gesellschaft als das, was die Alten treiben. Neben Bildungsferne, Arbeitslosigkeit und sedierendem Sozialstaat ist das die vierte Säule, die die Integration tragen oder zusammenbrechen lassen kann. Ich habe versucht darzustellen, was Menschen auseinandertreibt und Stadtlagen veröden lässt.

Kriminalität ist so alt wie die Menschheitsgeschichte. Es gab sie immer, und es wird sie immer geben. In einer Großstadt ist sie fast Normalität. Das ist nicht schön, aber Fakt. Allerdings geht sie bei uns schon über das Normalmaß, was jeder auch darunter verstehen mag, weit hinaus. Dass in einem Monat im Frühjahr 2012 vier Menschen grundlos oder aus nichtigem Grund niedergestochen wurden, dass ein junger Türke auf der Straße niedergeknallt und ein arabischer junger Mann bei einer sinnlosen Rangelei durch einen Messerstich tödlich verletzt wird, dass sich zwei Großfamilien zu fünfzigst eine Massenschlägerei gönnen, dass zwei Familien sich eine Schießerei auf offener Straße liefern, es dürfte eigentlich jedem einleuchten, dass solche Verhältnisse den Fortzugsgedanken näher rücken lassen. Wir können die Zahl der Sozialprojekte verdoppeln oder verzehnfachen: Bleibt das Lebensumfeld weiterhin so unakzeptabel und fühlt sich darüber hinaus die Bevölkerung auch noch unsicher, dann wird es immer wieder Möbelwagen bei uns geben.

Unsere Kindertagesstätten

Immer wenn mich die Lust packt, wieder einmal eine Lehrstunde im täglichen Neuköllner Leben zu nehmen, besuche ich eine Kindertagesstätte oder eine Grundschule. Nicht nur, dass diese beiden Institutionen am dichtesten an den Familien dran sind, hier arbeiten normalerweise auch die fittesten Kräfte des öffentlichen Erziehungsangebots. Die menschliche Bandbreite immer einbezogen. Will man wissen, was sich im Gebiet tut, verändert und worauf man sich einstellen muss, so sind sie die untrüglichen Manometer im Melting Pot.

Ein Frühstück mit der Leiterin einer Kindertagesstätte oder einer Grundschulrektorin vermittelt mehr Einblicke in den Stadtteil als drei Workshops mit akademischen Sprechblasendrehern von der Metaebene. Das Prä haben ein klein wenig die Kindertagesstätten, weil dort meist das Verhältnis zwischen Eltern und der Einrichtung etwas entspannter ist als später in der Schule. Schule ist schon erheblich formaler, es ist eine staatliche Zwangseinrichtung, und erst dort geht es nach Meinung vieler Eltern ja wirklich um die Entwicklung des Kindes. Das ist zwar eine völlige Fehleinschätzung, aber sie korrespondiert mit dem landläufigen Vorurteil, dass Kindertagesstätten Einrichtungen sind, in denen Kinder aufbewahrt werden, weil die Eltern gerade keine Zeit für sie haben – die Kleinen spielen eben ein bisschen herum unter der Aufsicht von Kaffee trinkenden Erzieherinnen.

Kindertagesstätten sind Bildungseinrichtungen. Und ich gehe noch weiter. Sie sind das Fundament unseres gesamten Bildungssystems. Sie sind weder die Brückenköpfe einer sozialistischen Einheitserziehung noch ein Kinderheim light für Kinder von erziehungsunterbelichteten Eltern. Die weitverbreitete und immer wieder propagierte Meinung: »Nur Eltern, die arbeiten müssen oder zu faul sind, sich um ihre Kinder zu kümmern, bringen ihren Nachwuchs in die Kindertagesstätte, gute Eltern erziehen ihre Kinder alleine zu Hause«, ist genauso töricht wie fachlich unhaltbar.

Keine Kindertagesstätte kann und will den Kindern das Elternhaus ersetzen. Dass sie es manchmal doch muss, ist eine traurige Realität. In der Zeit vom 3. bis zum 6. Lebensjahr entwickelt sich das menschliche Gehirn mit einer unglaublichen Dynamik. Eigentlich beginnt sie schon vom 2. Lebensjahr an, indem die Kinder ihre Muttersprache ohne Lehrer erlernen und sich das Sprachzentrum ordnet. In dieser Lebensphase sind Kinder wie Schwämme: Sie saugen Erlebtes, also Wissen und Sprache, begierig auf. Geschieht das in einem Sozialraum unter Gleichaltrigen, entwickeln sich parallel ihre sozialen Kompetenzen. Hierbei müssen die Kinder unterstützt werden durch Stimulanz, Impulse und Motivation. Kinder entdecken die Welt. Alles ist aufregend für sie, und sie lernen gern. Die Herausbildung ihrer kognitiven Fähigkeiten, also die Kompetenz, Dinge wahrzunehmen und zu verstehen, sich Wissen anzueignen, entscheidet nahezu irreversibel über den weiteren Lebensweg. Keine noch so engagierten, bildungsbeflissenen und liebevollen Eltern sind in der Lage, ein gleiches Feuerwerk an Kreativität und Abwechslungsreichtum aufzubieten, wie es eine Kindertagesstätte kann. Deshalb ist es innerhalb des Bildungsbürgertums absolut üblich, dass die Kinder in diesem Alter einem sozialen Lebensraum zugeführt werden. Seien es die Kindergruppen der Kirchengemeinde, schichtenreine Initiativkindergärten oder stinkteure gewerbliche Frühförder- oder Hochbegabten-Einrichtungen. Welches Türschild angeschraubt wird, ist eigentlich unwichtig. Das Ziel heißt immer, dem Kind eine herausfordernde Erlebniswelt zu bieten. Daran ist ja auch nichts falsch.

Aus all dem folgt, dass Kindertagesstätten als Institution der vorschulischen Bildung eine enorme Bedeutung für die Bildungskarriere der Kinder haben. Kinder lernen zehnmal schneller als Erwachsene. Aber man muss es ihnen beibringen. Werden die Weichen in den ersten Lebensjahren aus Unwissenheit oder Bequemlichkeit falsch gestellt, hat das zur Folge, dass viele Begabungen und intellektuelle Fähigkeiten für den Rest des Lebens ungenutzt verkümmern.

Bildungsferne Eltern haben zumeist die klare Vorstellung, dass ihr Kind Doktor, Anwalt oder Pilot werden soll. Allerdings fehlt ihnen die Einsicht, welche Anstrengungen hierfür notwendig sind. Sie wissen nicht, wie eine Leistungsgesellschaft funktioniert und dass die Erfüllung der Träume vom gesellschaftlichen Aufstieg mit Lernen und Bildung zu tun hat. Da die Erfindung des Nürnberger Trichters weiterhin auf sich warten lässt, wird bis auf Weiteres die alte Methode des Lehrens, Übens und Lernens den Vorzug erhalten. Den Teilen der Gesellschaft, denen solche Erkenntnisse verborgen sind und eventuell auch verborgen bleiben, muss man bei der Erziehung ihrer Kinder helfen. Genau dies geschieht durch Kindertagesstätten. Aus meiner Sicht optimal vom 13. Lebensmonat an.

Aber genug der Philosophie. Wenden wir uns der praktischen Kindergartenwelt von Neukölln zu. 172 Kindertagesstätten bieten in Neukölln 12 400 Plätze an. Am 31. Mai 2012 waren diese Plätze mit rund 11 300 Verträgen belegt, von denen 6200 zur Gruppe der Einwandererkinder gehörten. Also etwa 55 %. Unsere Betreuungsquote betrug bei den unter 3-Jährigen 27 % und bei den 3- bis 5½-Jährigen (5½ ist das Einschulungsalter in Berlin) 89 %.

All diese Zahlen sind mit äußerster Vorsicht zu genießen. Fest steht nur, dass rund 1100 Plätze mit Betriebserlaubnis nicht genutzt werden, vorwiegend aus dem Grund des Erziehermangels. Uns fehlt es nicht an Plätzen, sondern an Personal. »Die haben Sorgen«, wird so mancher von Ihnen jetzt denken. In der Zahl der Verträge sind auch die Neuköllner Kinder enthalten, die eine Kita außerhalb Neuköllns besuchen. Ich gehe davon aus, dass sich diese Zahl mit der Zahl derjenigen aufhebt, die in Neukölln einen Platz belegen, den Vertrag aber in ihrem Wohnort haben.

Noch skurriler ist die Angabe des Anteils der Einwanderer-kinder, in Berlin, wie gesagt, »Kinder nicht-deutscher Herkunftssprache« (»ndH-Kinder«) genannt. Die statistische Erfassung beruht ausschließlich auf der Selbstauskunft der Eltern durch Ankreuzen eines Kästchens, ob zu Hause überwiegend deutsch gesprochen wird oder nicht. Für sehr belastbar halte ich diese Angaben daher nicht. Schon gar nicht mehr, seit ich in Erfahrung gebracht habe, dass dieses Merkmal immer wieder von Eltern nachträglich geändert wird, wenn ihr Kind vor einiger Zeit in einer Einrichtung aufgenommen wurde. Die Änderung erfolgt von der Kategorie »es wird zu Hause deutsch gesprochen« in »es wird zu Hause nicht überwiegend deutsch gesprochen«. Zum Hintergrund muss man wissen, dass Kindertagesstätten-träger für Kinder mit dem Merkmal »kein überwiegender Gebrauch der deutschen Sprache« staatliche Zuschläge erhalten. Ein Schelm, wer Böses dabei denkt.

Für das Eintauchen in den Alltag habe ich zwei Leiterinnen in den Zeugenstand gerufen. Sie haben mir ungeschminkt ihre Erfahrungen und Schlussfolgerungen aus jahrzehntelanger Arbeit mit Kindern in Neukölln auf den Tisch gelegt. Beide waren damit einverstanden, dass ich ihre Namen nenne. Es sind eben sehr selbstbewusste und nicht so leicht umzupustende Frauen. Trotzdem tue ich es nicht. Ich belasse sie in ihrer Anonymität. Sie kennen das Geschäft nicht. Sie wissen nicht, wie es ist, wenn man planmäßig gemobbt wird. Auch dafür, dass man nur das beschrieben hat, was jeder mit gesundem Augenlicht selbst sehen kann. Eine Schulleiterin hat einmal mit mir zusammen ein öffentliches Interview gegeben. Sie nahm kein Blatt vor den Mund. Zwei Jahre hatte sie darunter zu leiden.

Ich möchte, dass meine beiden Leiterinnen weiter ungestört für die Neuköllner Kinder arbeiten können. Deswegen bleiben sie die großen Unbekannten. Beide leiten Einrichtungen von freien Trägern und nicht des bezirklichen Kindertagesstättenbetriebes. Sie sind also weder direkt noch indirekt von mir abhängig und haben es daher auch nicht nötig, mir nach dem Mund zu reden.

Beide Kindertagesstätten liegen in einem geschlossenen Wohngebiet in Nord-Neukölln. Einmal mit rund 5000 Einwohnern und einmal mit 3500. Der Gesamt-Einwandereranteil liegt bei 68 % bzw. bei 58 %.

Meine erste Gesprächspartnerin beschreibt, dass es in »ihrem« Wohngebiet in letzter Zeit eine hohe Zuzugsrate gegeben hat. Betrug die Leerstandsquote der Wohnungen in der als sozialer Brennpunkt bekannten Siedlung früher mindestens 10 %, so ist heute von einer Vollvermietung auszugehen. Sie hat jährlich 200 Anmeldungen für 20 freie Plätze. Zu dem früher üblichen Bestand der türkisch- und arabischstämmigen Bevölkerung haben sich zunehmend Schwarzafrikaner im Gebiet niedergelassen. Mit den Afrikanern ist noch mehr Brutalität, Drogen- und Alkoholmissbrauch eingezogen. Türkische und arabische Männer sitzen in den Cafés. Afrikanische Männer sitzen zu Hause, sehen fern, spielen, telefonieren und trinken. Afrikaner lassen sich noch schwerer in die Karten schauen als die anderen Ethnien.

Männer lassen sich in ihrer Kita selten blicken. Nur wenn sie Druck macht und darauf besteht, bequemen sie sich, zum Gespräch zu erscheinen. Fordernd werden, das kann sie, diese resolute Frau. Sie kommt aus dem Kiez. Sie hat ihre Nase schon in alle Ecken gesteckt. Auch in die, wo es manchmal nicht so gut riecht. Angst hat sie keine. Es kann durchaus passieren, dass jemand, der ihr zu nahe kommt oder zu unverschämt wird, einfach rausfliegt.

Die Kinder werden in die Einrichtung gebracht, damit sie Deutsch lernen. »Viele Familien haben schon kapiert, dass ein guter Schulabschluss wichtig ist. Und deswegen wollen sie, dass wir ihr Kind auf die Schule vorbereiten.« Dass dies auch ihre Aufgabe als Eltern ist, sei ihnen schon weniger bewusst. Auch nicht, dass man sich an Uhrzeiten halten muss und pünktlich zu sein hat. Spontanität und Beliebigkeit bestimmen den Alltag stark.

Die Elternarbeit liegt unserer Leiterin sehr am Herzen. Das beginnt damit, dass die Mütter, wenn sie morgens die Kinder in die Einrichtung bringen, freundlich und höflich begrüßt werden. »Das ist nicht in jeder Neuköllner Einrichtung so«, sagt sie. »Wenn unser Gruß nicht erwidert wird, wiederholen wir ihn so lange, bis ein nettes Lächeln die Antwort ist.«

Elternarbeit ist für sie auch der Deutschkurs in der Einrichtung. Frauen, die anfangs überhaupt kein Deutsch sprachen, können sich inzwischen verständlich machen. Aber auch hier heißt es, immer am Ball bleiben, motivieren, anfeuern und das Abschlusszertifikat zum Ziel erklären. Spielenachmittage mit den Müttern organisieren und ihnen den Sinn von »Mensch ärgere dich nicht« oder »Mau-Mau« erläutern. Die Männer müssen je nach Fertigkeit ackern, reparieren und bauen. Dabei kann man viel besser mit ihnen reden als auf einem Elternabend, zu dem sowieso niemand käme.

Die Sprachausbildung der Kinder ist für meine Gesprächspartnerin heute selbstverständlich. Sie verfügt über vier dafür ausgebildete Erzieherinnen. Hinzu kommen Lesepatinnen, die schon in der Krippe den Kindern aus dem Bilderbuch vorlesen. Und sie sagt, man kann zusehen, wie sich der Sprachstand der Kinder dadurch verändert. Das ist wirklich anders als früher, erinnere ich mich. In meiner Zeit als Jugenddezernent begannen wir mit der Sprachausbildung von 3-Jährigen zu experimentieren. Wir wurden damals mit der Tatsache konfrontiert, dass immer mehr Kinder zu Hause kein Deutsch sprachen. Aber niemand wusste, wie man mit so kleinen Menschen lernen und üben kann. Wie lange können sie sich konzentrieren? Wie viel Inhalt auf einmal verkraften? Wie »unterrichtet« man 3-Jährige? Für Kids vom 6. Lebensjahr an wussten wir alles. Da hatten wir unsere Lehrer. Zu jener Zeit war aber Lernen in der Kindertagesstätte geradezu tabu. »Gegen die Verschulung der Kindertagesstätten!«, lautete ein Schlachtruf. Wenn ich mich richtig erinnere, begannen damals der Bezirk Kreuzberg und wir mit Experimentierphasen im Kindergartenalter. In Neukölln probierten drei Einrichtungen drei Konzepte von unterschiedlichen Hochschulen aus. Ich stellte damals Geld zur Verfügung, damit sich die Einrichtungen auf den Weg machen konnten. Heute ist

Sprachtraining und Sprachausbildung in unseren Kindertagesstätten Alltag. »Und sie bewegt sich doch«, würde Galileo Galilei an dieser Stelle sagen.

Unsere Leiterin ist Optimistin. Sie sagt, das Bildungsniveau wird besser. Alleine schaffen es die Eltern und die Kinder aber nicht. Sprache, Sport und vernünftige Ernährung sind die drei Stellschrauben, meint sie. Kinder aus der Siedlung, die in der Kita waren, haben in der Schule eine Chance, die anderen gehen den Bach runter. Das ist ein sehr brutales Resümee. »Ja«, sagt sie, »aber es hilft nichts, sich daran vorbeizumogeln.« Und sie weiß, was das konkret bedeutet: Wir brauchen zumindest in den Stadtgebieten, in denen prekäre Lebenssituationen dominieren, eine Kindertagesstättenpflicht. Und wenn es nicht genug Plätze und Erzieher gibt, dann müssen wir welche aus dem Boden stampfen. Manchmal tun es ausgediente Bahnwagen auch. Wir müssen für die Kinder den Rucksack des Lebens packen. In der Schule kristallisieren sich dann die Unterschiede der intelligenten Kinder und der nicht so intelligenten heraus. Und dann kommt wieder so ein Hammersatz: »Schlechte Eltern machen Kinder zu Zeitbomben.«

Niemand geht mit den Kindern in den Zoo, der Fernseher regelt alle Probleme, eigene Anstrengung ist verpönt. Die Kita-Leiterin ist durchaus dafür, dass man Eltern Druck macht. Wenn jemand seine Kinder vernachlässigt: weg mit dem Kindergeld und kein Hartz IV. Wir haben die Menschen bequem gemacht, die Gesellschaft regelt alles für sie. Sie bügelt die Falten aus dem Hemd des Lebens. Aber jeder Familienhelfer macht die Familie noch unselbständiger.

Gut 30 % der Kinder der Siedlung haben eine Chance, weil sie ihre Kindertagesstätte besucht haben. 70 % kommen vom Fernseher zu Hause motorisch gestört und intellektuell verarmt in die Schule. Als ich ihr sage, dass wir im letzten Jahr 39 % der Einwandererkinder mit schwersten Sprachdefiziten in Neukölln eingeschult haben, entlässt sie mich mit einem kurzen und knackigen Satz: »Aber die kamen nicht aus meiner Kita!«

Meine zweite Gesprächspartnerin gilt ebenfalls als ausgesprochen resolut. Sie leitet eine große Einrichtung. Das Haus hat Regeln, die für alle gelten. Wem sie nicht gefallen, der kann gehen. Wer nicht freiwillig geht, wird nachdrücklich entfernt.

In ihrer Kindertagesstätte gibt es keine Kopftücher, und man schaut sich an, wenn man miteinander spricht. Väter, die verlangen, dass sie als Frau den Blick vor ihm zu senken hat, müssen weiter nach einem Platz suchen. Seit 1996 macht sie ihren Job. »Früher war es einfacher«, sagt sie. »Wir hatten hier klare türkische und arabische Mehrheiten. Heute sprechen unsere Kinder 26 verschiedene Sprachen. Wir sind eine Bildungseinrichtung, die einzige, die die Kinder haben. Unsere Siedlung ist das Dorf. Und ihr Dorf lieben alle, das kennen sie.«

Viele Familien verlassen die Siedlung nie. Mit den Kindern irgendwo hinzufahren, in den Tiergarten oder ins Kindertheater, darauf kämen die meisten nie. »Wir inszenieren Ausflüge über die nahegelegene nächste Hauptstraße. Das sind zwar nur 100 bis 200 Meter, aber die Wirkung, die das Überschreiten dieser Grenze auf die Kinder hat, ist unglaublich. Wir sind in unserer Arbeit kleinteilig geworden, aber auch bescheiden bei der Erfolgserwartung. Wenn wir sehen, dass 10 % der Eltern das annehmen, was wir trainiert haben, dann sind wir froh.«

»In unserer Einrichtung wollen wir den Kindern Verlässlichkeit beibringen«, sagt sie. »Der Tag ist strukturiert. Jeder kann sich darauf verlassen: Was angekündigt wird, findet auch statt. Es beginnt damit, dass alle Kinder bis 8.30 Uhr zum Morgenkreis da sein müssen. Dann schließen wir die Tür ab. Das hört sich hart an, aber wir müssen die Menschen in Regeln zwingen. Bei 90 % haben wir Erfolg.«

Es gibt in allen Gruppen ein gemeinsames Frühstück. Eltern kaufen ein und zahlen 10 Euro extra im Monat. Obst und Brot sind obligatorisch. Diese kleine Selbstverständlichkeit funktioniert nur, wenn alle da sind. Und sie klappt auch nur, wenn alle bezahlen. »Es ist ein immer währender Kampf um diese 10 Euro. Fast ein Spiel mit Eltern, die laut über ihre Armut klagen, um dann die dicke Rolle Geldscheine aus der Gesäßtasche zu ziehen.« Bei einer Familie standen sage und schreibe acht schwere Autos vor der Tür, aber das Frühstücksgeld konnte nicht erübrigt werden. Da schlägt die Kindertagesstättenleiterin schon mal härtere Töne an. Sie sagt, in ihrer Einrichtung seien ungefähr 20 % der Familien wirklich arm. Das sind die, die für gebrauchte Kleidung dankbar sind. Der Rest befindet sich in der antrainierten Opferhaltung, mit der man in Deutschland sehr gut durchs Leben kommt. Da könne man sich mit gebrauchter Kleidung nur eine Ablehnung einhandeln. Unter denen, so schätzt sie, gibt es noch einmal 20 %, die sie als Deutschenhasser bezeichnet, für die wir alle einfach nur Ungläubige sind. An dieser Stelle berichtet sie mir von Auseinandersetzungen zwischen den Eltern über das Essen. Polnische Eltern wollen Schweinefleisch und haben wenig Verständnis für *Halal*-Forderungen der Muslime. Letztere am unversöhnlichsten vorgetragen von Konvertiten.

Stolz berichtet sie von ihrer Väterarbeit. Arabische und türkische Väter mit der Kittelschürze, die in der Küche helfen. Die ehrenamtlich in den Gruppen sitzen und vorlesen. Und die malern, schrauben und reparieren. »Das sind die kleinen Fortschritte, die uns am Leben erhalten.«

Die Kinder sollen sich frei entwickeln können. Egal, wie verschroben der Vater manchmal ist. In ihrer Einrichtung können Jungen auch mit Puppen spielen. Und sie müssen auch fegen und saubermachen, obwohl das angeblich keine Jungenarbeit ist.

Es ist schon manchmal abenteuerlich, was einem alles begegnet. Ein Vater verätzte seinem Kind das Gesicht, weil er ihm mit irgendeiner scharfen Substanz den Mund ausgewaschen hat, als er erfuhr, dass sein Kind in der Kindertagesstätte Gummibärchen gegessen hatte, die nicht *halal* waren.

Die Einrichtung verfügt auch über türkische Erzieherinnen. Wer glaubt, das erleichtere den Alltag, irrt. Es ist ein erstklassiges Konfliktpotential mit arabischstämmigen Eltern.

Beim Thema Sprachentwicklung kommt unsere zweite Leiterin zum gleichen Ergebnis wie die erste. Noch vor drei Jahren benötigten 50 % der Kinder eine Sprachförderung vor dem Schulbeginn. Heute sind es erheblich weniger. Und die, die noch eine Förderung brauchen, waren keine zwei Jahre in der Einrichtung: Beim letzten Test waren nur 7 von 55 Kindern länger als zwei Jahre dabei. Hinzu kommt, dass der Besuch mitunter recht unregelmäßig ist und die Kinder Fehlzeiten von bis zu drei Tagen pro Woche aufweisen. Die Anwesenheitsquote aller Kinder beträgt höchstens 70 %.

Eines will sie unbedingt loswerden. Als Beleg dafür, dass auch deutsche Kinder die gleichen Sprachprobleme haben, wurde einmal der Bezirk Hellersdorf angeführt. Es handelte sich aber, wie sich dann herausstellte, um die Kinder von Spätaussiedlern aus Russland.

»Es bringt gar nichts, das Kind ein Jahr in die Kindertagesstätte zu schicken. Wir brauchen eine Kindertagesstättenpflicht. In Brennpunkten sind Kindertagesstätten familienergänzende Einrichtungen.« Meine Gesprächspartnerin wird bitterer. Sie sagt, unsere Gesellschaft sei zu schlapp für die Kinder. Wir schauen zu, wie Kindergeld für alles Mögliche ausgegeben wird, aber nicht für die Kinder. Wir entmündigen die Eltern, indem wir sie behutteln und betutteln. Man nimmt ihnen damit jedes Verantwortungsgefühl. »Das einzige, bei dem viele Familien munter werden, ist Geld.« Nur über die Verknüpfung von Geld und Leistung wird man zu Verhaltensänderungen kommen, meint sie.

Auch sie berichtet von Kindern mit schweren Mängeln im Bewegungsablauf, weil sie nur gekarrt oder im Auto gefahren und bis zum Alter von vier oder fünf Jahren gestillt werden oder bei der Einschulung noch Windeln tragen. Kinder, die in diesem Alter einer normalen Unterhaltung nicht folgen können, weil sie über keinen Wortschatz verfügen, hält sie für fast schon gescheitert.

»Wir haben die Latte inzwischen sehr niedrig gehängt«, sagt sie. »Ich merke, dass ich zu hart werde. Ich liebe Kinder und möchte ihnen helfen, dass sie den Weg ins Leben finden. Hier stoße ich an meine Grenze. Ich werde meine Einrichtung und Neukölln verlassen.«

Ein halbes Jahr nach dem Gespräch treffe ich die Kita-Leiterin wieder. Sie hat es wahrgemacht und arbeitet jetzt in einem anderen Berliner Bezirk. »Ich mache gerade eine neue Lebenserfahrung«, antwortet sie mir auf die Frage, wie es ihr denn so gehe fernab vom eigentlich geliebten Kiez. »Es kommen Kinder in mein Büro und reden mit mir in ganzen Sätzen.«

So weit der Blick hinter die Kulissen von zwei Neuköllner Kindertagesstätten und in die Erfahrungswelt von zwei Frauen, die ihr gesamtes Berufsleben lang Kindern und Eltern Ratgeber waren. Mich packte bei beiden Gesprächen immer dann ein unbändiger Zorn, wenn meine Gedanken auf Wanderschaft gingen und mir das Betreuungsgeld in den Sinn kam, diese Mutation einer verantwortungsvollen Politik für die Kinder dieses Landes. Jahrelang wurde hierüber gestritten, ohne dass Klarheit herrschte, ob sich die vernünftigen Kräfte in der CDU/CSU doch noch durchsetzen oder ob sie dem massiven Druck erliegen und plattgemacht werden. Im Juni 2012 verhalf ein Verfahrenstrick der Opposition zu einem kleinen Zeitgewinn. Aber damit konnte die Schlacht letztendlich vorerst doch nicht gewonnen werden. Anfang November 2012 kreißte der Koalitionsgipfel und gebar die Herdprämie, wie das Betreuungsgeld spöttisch genannt wird. Eltern, die für ihre 2- bis 3-jährigen Kinder keine staatlich geförderte Betreuung in Anspruch nehmen, sollen ab August 2013 monatlich 100 Euro kassieren dürfen. Ab August 2014 soll die von Peer Steinbrück als Schwachsinn titulierte Prämie dann auf 150 Euro im Monat erhöht werden. So eine Art »Kindergeld de luxe«. Damit nicht genug. Um die Kritiker aus den eigenen Reihen mundtot machen und das Betreuungsgeld durchboxen zu können, gibt's sogar noch 15 Euro drauf, wenn die Prämie nicht in bar abgegriffen, sondern zur Altersversorgung oder für einen Bildungssparvertrag angelegt wird. In einem solchen Fall soll die Herdprämie dann auch Hartz-IV-Empfängern zugute kommen.

Dumm nur, dass es Zweijahresverträge zur Altersversorgung gar nicht gibt. Über die Rahmenbedingungen zum Bildungssparen zerbrechen sich die Bundesbeamten derzeit noch den Kopf. In Rede ist eine Laufzeit von mindestens 12 Jahren. Wer nach Auslaufen der 22 Monate Betreuungsgeld die monatlichen Raten von 165 Euro nicht mehr weiter zahlen kann, der wird nach Berechnungen von Experten am Ende für sein Studium gerade einmal auf rund 4500 Euro zurückgreifen können. Dies entspricht noch nicht einmal einem Zehntel der durchschnittlichen Kosten eines Masterstudiengangs.

Der Kuhhandel Praxisgebühr für Betreuungsgeld, der Wahn, dass Wahlgeschenke die Macht erhalten und die Existenzangst der Fast-Drei-Prozent-Partei werden im Ergebnis zur Zementierung der Unterschicht führen. Hunderttausende Kinder, die in prekären Lebensverhältnissen aufwachsen, werden ihrer Bildungschancen beraubt. Nach einer Untersuchung der Bertelsmann Stiftung erhöht sich die Wahrscheinlichkeit einer gymnasialen Schulbildung nach einem Krippenbesuch um bis zu 83 %, wenn ein Kind aus einem Elternhaus mit lediglich Hauptschulbildung stammt. Legt man nur den Status als Migranten zugrunde, beträgt der Steigerungsfaktor noch 56 %. Der symptomatische Titel dieser Untersuchung lautete: »Der volkswirtschaftliche Nutzen der Krippen-Erziehung«.

Ich empfinde die Herdprämie auch als zutiefst unmoralisch. Es ist unanständig, Menschen mit sehr schwach ausgeprägten sozialen Kompetenzen und damit einhergehendem permanenten Geldmangel Euroscheine unter die Nase zu halten und sie zu fragen: »Willst du die haben? Oder willst du lieber Geld für einen Kita-Platz bezahlen?« Vorsätzlich und schamlos die Schwäche von Menschen zu Lasten Dritter, nämlich ihrer Kinder, auszunutzen ist weder christlich noch verantwortungsvoll. Zwei Milliarden Euro soll der Steuerzahler für diesen Quatsch auf den Tisch legen. Es schüttelt mich. Man kann nur hoffen, dass dieser Unfug von der nächsten Bundesregierung als erstes einkassiert wird. Um nicht auf neue Mehrheiten nach der Bundestagswahl vertrauen zu müssen, hat die Opposition bereits eine Klage vor dem Verfassungsgericht angekündigt.

Ohne die bei näherer Betrachtung sich auch nur als Nullnummern erweisenden Optionen Altersvorsorge und Bildungssparen wird das Betreuungsgeld bei Hartz-IV-Empfängern nach dem Grundsatz »vorne rein, hinten raus« gleich wieder mit dem Regelsatz verrechnet. Das macht die Situation nicht besser. Der Hartz-IV-Empfänger zahlt die Mindestsätze für den Besuch einer Kindertagesstätte und die Essensbeiträge von seinem Existenzminimum, und der andere bekommt eine Prämie obendrauf. Wenn man überhaupt schon solche absurden Gedankengänge anstellt, dann kann doch das Ergebnis nur sein, dass Hartz-IV-Empfänger, die das Betreuungsgeld nicht erhalten, im Gegenzug wenigstens von jeglichen Beiträgen für die Kindertagesstätten freigestellt werden.

Das Betreuungsgeld soll eine Anerkennung für die besondere Erziehungsleistung sein. Auch das ist ein Etikettenschwindel. Die Herdprämie ist nämlich gar nicht an den eigenen Herd gebunden. Denn sie wird auch an Eltern gezahlt, die ihr Kind von »Vertrauenspersonen« oder Au-Pair-Mädchen betreuen lassen. Es geht also einzig und allein um finanzielle Aspekte. Wer keine staatliche Förderung in Anspruch nimmt, erhält sozusagen als Bonus so eine Art Schadensfreiheitsrabatt.

Anders als es die CSU immer wieder hervorhebt, schafft das Betreuungsgeld auch keine Wahlfreiheit. Denn wo sind denn die Betreuungsplätze für die unter 3-Jährigen als Alternative. In vielen Regionen Deutschlands wird der ab dem 1. August 2013 geltenden Rechtsanspruch auf einen Kitaplatz ab dem 1. Lebensjahr nicht erfüllt werden können. Im Herbst 2012 fehlten noch mindestens 220 000 Plätze. Die Bundesregierung kauft mit dem Betreuungsgeld den Kindern das Recht auf frühkindliche Bildung günstig ab. Dieses Recht ist aber genauso unverkäuflich wie sich der Staat nicht der Pflicht entledigen kann, die Rahmenbedingungen für die Vereinbarkeit von Beruf und Familie zu schaffen. Als die damalige Familienministerin Ursula von der Leyen gegen den Widerstand aus den eigenen konservativen Reihen den Rechtsanspruch und damit den Kitaplatzausbau durchsetzte, ging es ihr zum einen darum, Müttern die Teilnahme am Arbeitsleben zu ermöglichen. Für Frauen, die arbeiten wollen, aber nicht können, weil es keine Betreuungsplätze gibt oder Randzeiten nicht abgedeckt sind, ändert sich mit dem Betreuungsgeld gar nichts. Damit wird sich weiterhin jede gut ausgebildete Frau zweimal überlegen, ob sie überhaupt Kinder bekommt. Zum anderen war es ihr ein wesentliches Anliegen, Kindern in prekären Familienverhältnissen ein Stück Chancengerechtigkeit zu schaffen.

Im Übrigen ist der vernünftigste Gedanke, den ich in den letzten Monaten im Zusammenhang mit dem Betreuungsgeld gehört hatte, natürlich wieder eingedampft worden. Es ging um den Vorschlag, die Prämie an den Nachweis der Wahrnehmung der Vorsorgeuntersuchungen für die Kinder zu koppeln. Das war wohl zu logisch und zu sehr im Interesse der Kinder. Vielleicht auch wieder so ein Generalverdacht, weil doch alle Eltern selbstverständlich die U1- bis U9-Untersuchungen in Anspruch nehmen. Was allerdings Träumerei ist.

Es ist ein Novum, dass wir steuerfinanzierte Prämien dafür zahlen wollen, dass mit Steuermitteln geschaffene Angebote nicht wahrgenommen werden. Dann kann man auch Nichtschwimmern eine Prämie dafür zahlen, dass sie das Schwimmbad nicht in Anspruch nehmen. Das Betreuungsgeld hindert Frauen an der Berufstätigkeit, benachteiligt Kinder aus schwierigen Familienverhältnissen, konterkariert den Rechtsanspruch auf einen Betreuungsplatz und ist familienpolitisch rückwärtsgewandt. Die Erfahrungen in Norwegen und in Thüringen bestätigen eindrucksvoll, dass gerade die Kinder mit dem größten Förderbedarf von ihren Eltern des Geldes wegen von der Kindertagesstätte ferngehalten werden. Norwegen ist inzwischen dabei zurückzurudern. Das Betreuungsgeld für Kinder ab zwei Jahre wurde bereits abgeschafft. Es hat sowohl die Geschlechtergleichstellung als auch die Integration in Norwegen ausgebremst, heißt es zur Begründung. Auch aus Schweden hört man ähnliche Pläne. Die Erfahrungen sind vergleichbar wie in Norwegen, man will dort daraus ebenfalls Konsequenzen ziehen.

Ich halte die Entwicklung, wie sie das Land Berlin mit der stufenweisen Einführung der Kostenfreiheit eingeschlagen hat, für alternativlos. Nur so bündeln wir unsere Kräfte in ihrer Wirkung auf die Kinder. Es ist schon bezeichnend, dass aus Bayern der heftigste Widerstand gegen die Kostenfreiheit in Berliner Kindertagesstätten kam.

Unsere Schulen

In Neukölln besuchen 29 500 Schülerinnen und Schüler 66 öffentliche und drei private Schulen. Die öffentlichen Schulen unterteilen sich in 39 Grundschulen von der 1. bis zur 6. Klassenstufe, die mit einer Durchschnittsfrequenz von 21,5 Kindern je Klasse von 14 000 Kindern besucht werden. Im Jahr 2012 wurden 2350 Kinder eingeschult.

Die 18 weiterführenden allgemeinbildenden Schulen werden von 12 000 Schülerinnen und Schülern besucht, wovon die sechs Gymnasien 5000 Jugendliche unterrichten.

Ergänzend gehen 1300 Kinder in neun Schulen mit sonderpädagogischem Schwerpunkt. Die drei Neuköllner Privatschulen versorgen 2000 Schülerinnen und Schüler. Hierbei handelt es sich um eine katholische, eine evangelische und eine privat betriebene Einrichtung, die allerdings mit 100 Schülern im Bezirk keine wesentliche Rolle spielt.

Rund 18 000 Schülerinnen und Schüler sind nicht-deutscher Herkunftssprache, also Kinder von Einwanderern. Ihr Anteil beträgt 61 % an der gesamten Schülerschaft, in Gymnasien 51 % und in den Grundschulen 66 %. Für Nord-Neukölln liegt dieser Wert, wie gesagt, bei 87 %, wobei in nicht wenigen Schulen die 90-%-Marke weit überschritten ist. Es sind im Schuljahr 2011/2012 immerhin 25 Schulen, deren Schülerschaft zu 80 % und mehr aus Einwandererkindern besteht. Ergänzend sei gesagt, dass von den rund 800 Berliner Schulen inzwischen jede dritte über einen Anteil von mehr als 40 % an Schülern nichtdeutscher Herkunftssprache verfügt.

Die Schulen sind an der Basis der stärkste Partner der Integration. Sie sind ihr bedingungsloser und konsequenter Förderer, sie sind das Bollwerk gegen Bildungsferne und der Hoffnungsträger für Kinder aus prekären Verhältnissen. Ohne die Schule und ohne das Bildungswesen mit dem Versuch, Chancengerechtigkeit herzustellen, lassen sich gesellschaftliche Barrieren nicht überwinden. Ich verbreite hier keine neue Erkenntnis, das ist seit über 150 Jahren Allgemeinwissen. Gesellschaften haben darauf unterschiedlich reagiert. Mal mehr, mal weniger erfolgreich.

Das deutsche Bildungswesen galt lange Zeit als vorbildlich. Diese Zeiten sind allerdings vorüber. Bei internationalen Vergleichsstudien dümpeln wir stets am Ende des Zuges oder schaffen es gerade mal ins untere Mittelfeld. Natürlich gibt es Beispiele, auf die Schönredner gern verweisen, und natürlich gibt es Vorzeigeschüler. Darum geht es aber nicht, sondern vielmehr um die Frage, wie unser Schulwesen mit den kompletten Jahrgängen des Nachwuchses umgeht. Werden alle mitgenommen? Wird die ganze Bandbreite der Bevölkerung erreicht oder doch nur der Teil der durch die elterliche Herkunft ohnehin schon Privilegierten, und wie viele lassen wir zurück?

Erinnern Sie sich an die ersten Pisa-Studien? Was war das für eine Aufregung! Keine Ausrede war zu flach, als dass sie nicht als Beweis dafür herhalten musste, dass die Ergebnisse für Deutschland natürlich falsch sein müssten. Inzwischen sind wir zwangsläufig etwas realistischer geworden, auch wenn der Aufprall für viele etwas hart war.

Zu einem deutlichen Kritiker unseres Bildungswesens hat sich unser Ex-Außenminister Klaus Kinkel, heute Vorsitzender der Telekom-Stiftung, entwickelt. Aus seiner Sicht sind unsere Schulen eher als ein Reparaturbetrieb zu bezeichnen. Er fordert, dass eine Top-Wirtschaftsnation konsequent mehr Geld in die Bildung investieren muss. Deutschland nimmt auf dem Technologie-Ranking nur Platz 11 in der Welt ein. Von Verbesserung könne keine Rede sein, wir müssten uns schon anstrengen, diese Position zu halten. Hier einige Sätze aus einem Interview, das die *tageszeitung* im November 2010 mit ihm geführt hat:

»Ich habe nicht wirklich gewusst, wie sehr wir mit unseren Schulen hinterherhinken. Ich habe in meinen acht Jahren als Stiftungschef viel dazu gelernt und bin auch erschrocken. (...) Wir tun vor allem zu wenig für jene Schulen, in denen es wirklich brennt. Es geht nicht nur um die Hauptschulen, sondern auch um bestimmte städtische Viertel, in denen sich die Probleme der Migranten und des schwachen sozialen Hintergrundes oftmals konzentrieren. (...)
Zu spät, zu wenig, zu zögerlich. Mit 1000 Bildungslotsen beheben wir nicht das strukturelle Problem, das wir haben. Wir müssen zuerst das Kooperationsverbot zwischen Bund und Ländern aufheben, damit wir gemeinsam an der Zukunft arbeiten können.«

Klaus Kinkel bemängelt in einem weiteren Zitat auch die frühkindliche Bildung in unserem Land: »Wir verlieren zu viele Jugendliche, weil wir in der frühkindlichen Bildung zu spät und zum Teil auch falsch mit den Kindern lernen.«
Klaus Wowereit unterstreicht in seinem Buch die Aussagen des früheren Außenministers. Er wird an dieser Stelle auch ganz konkret, indem er sagt, dass die Bildungseinrichtungen in »Stadtteilen mit besonderem Handlungsbedarf«, wie er die sozialen Brennpunkte nett zu verpacken pflegt, einer besonderen Ausstattung bedürfen. Materiell wie personell. Nahtlos schließt sich seine Ankündigung aus dem Jahre 2009 an, künftig sollten »bis zur 4. Klasse alle Bildungsdefizite der Schüler behoben sein«. Es gelte, »sich vor allem auf die ersten Bildungsjahre zu konzentrieren«. Er hat völlig recht, und ich hoffe, dass der Masterplan für dieses Programm bald fertig ist und der Senat dann durchstarten kann.

Der Ihnen bereits bekannte Stadtsoziologe Prof. Dr. Häussermann brachte es 2010 auf die markante Formel: »Heterogene Schülerschaft entscheidet über den Lernerfolg der Kinder. Im Moment erleben wir meiner Meinung nach eine regelrechte

Bildungskatastrophe. Statt beispielsweise für eine gute Mischung zu sorgen, sind bildungsbewusste Eltern gerade dabei, sich mehr und mehr abzusondern.«

Die Bandbreite, mit der die Fachwelt diese Fragen seit Jahren diskutiert, streitig diskutiert, kann kaum größer sein. Ja, es stimmt, viele Eltern in Neukölln nehmen Reißaus, wenn ihre Kinder in das Einschulungsalter kommen. Eigentlich fühlen sie sich im Kiez wohl, aber bei der Schulausbildung hört der Spaß auf. Die Kindergartenzeit kann man ja noch mit einer weltsolidarischen Elterninitiativkindertagesstätte überbrücken, die die Beiträge so gestaltet, dass ungewollter Zulauf ausbleibt. Bei der Einschulung der Kinder allerdings heißt es dann: »Mit dem eigenen Kind experimentiert man nicht.« Oder: »Mein Kind ist kein Integrations-Pionier.« So sind die Sprüche zur Selbstrechtfertigung. Gern auch der *taz*-Abonnenten. Kennen wir von früher. Links reden – rechts leben.

Das Kind soll nicht in einer Klasse mit verlangsamtem Fortschritt den Anschluss an ein normales Lernniveau verlieren. Deswegen tricksen sie mit Scheinadressen, mit dem Wohnsitz der Oma oder einem angeblichen Umzug. Natürlich wird die billige Gründerzeitwohnung in Nord-Neukölln nicht wirklich aufgegeben. Eine beinahe schon als professionell zu bezeichnende Aktion für die Schulflucht hat uns eine in einem überschaubaren Umkreis lebende Gruppe junger kreativer Eltern mit leichter Antipathie zum Spätkapitalismus vorgemacht. Man kauft sich gemeinsam einen VW-Bus und verpflichtet eine sich bereits im Rentenalter befindende Taxifahrerin. Diese fährt die lieben Kleinen täglich in die Wunschschule im Süden des Bezirks, in der man sich kollektiv angemeldet hat. Ansonsten ist Neukölln aber super, bunt, international und cool. Ein solcher Einfallsreichtum ist aber nicht die Regel, in den meisten Fällen reagieren die Eltern tatsächlich konsequent mit dem Fortzug. Das hört sich leidenschaftslos an, man liest über die zwei Zeilen auch flink hinweg. Für das Gemeinwesen ist diese Form der Segregation eine Katastrophe.

Aber die Situation ist so, wie sie ist. In einem Neuköllner Gymnasium ist im Jahre 2012 kein einziges Kind deutscher Herkunft für den Übergang aus der Grundschule in die 7. Klassen der Mittelstufe angemeldet worden. In einer 8. Klasse des Gymnasiums wurde der einzige deutsche Schüler solange drangsaliert und weggemobbt, bis seine Eltern ihn von der Schule nahmen. Diese Vorgänge führten dazu, dass seitens der Schulaufsicht die beachtliche Feststellung getätigt wurde: »Wir müssen uns langsam Gedanken machen, wie wir die deutschen Schüler schützen.«

Lesen Sie auch die beiden folgenden Elternbriefe. Sie sind echt und nicht für das Buch bestellt. Und einsame Ausreißer sind sie auch nicht.

Der erste Brief stammt von einem Vater:

»Ich war als Elternvertreter der XXX-Grundschule und des XXX-Gymnasiums tätig.

Der Kontakt zu den Eltern türkischstämmiger, aber auch der zu den Eltern von Kindern aus dem Balkan ist so gut wie unmöglich. Sie erscheinen nicht auf Elternversammlungen, beteiligen sich nicht an klasseninternen Projekten und lassen ihre Kinder nur schwer Kontakte zu deutschen Kindern aufbauen. Diese Erfahrungen hat unser Jüngster in seiner Kita gemacht. Unser Ältester ist in der XXX-Schule, und diese Erfahrungen macht der Mittlere momentan in der XXX-Schule in Schöneberg als einer der letzten drei deutschen Jungs in der Klasse. Die Gründe hierfür sind vielfältig und sollen nicht Thema sein. Aber ich möchte feststellen, dass dies fast ausschließlich Eltern aus bildungsfernen Schichten sind. Sie haben nicht mal eine Vorstellung davon, dass sie durch Förderung ihrer Kinder diesen eine Chance zu gesellschaftlichem Aufstieg geben können, da sie selbst noch, und das ist teilweise in der dritten Generation, in ihren alten Strukturen leben.

Überwiegend, so habe ich aus der Schule erfahren, sind es die Mädchen, die sich ihrer Chance bewusst sind und mit viel Ehrgeiz und Lernbereitschaft nach den Sternen greifen. So hatte das Mädchen, das vor einigen Jahren von einer Tätergemeinschaft aus Brüdern, Vater und Großvater ermordet wurde, an meinem Gymnasium Abitur gemacht. Auch Klassenfahrten, die der Integration förderlich sind, werden durch Mehrheiten von ndH-Eltern blockiert, wie wir es immer wieder in den Schulen erfahren haben und in der unseres Mittleren jetzt erfahren. Wir sind kurz davor, ihn aus der Schule zu nehmen. Allah sei Dank, haben wir doch für unseren Jüngsten außerhalb von Schöneberg mit der XXX-Schule eine gefunden, wo wir nicht mit einem Ausspucker und ndH-Rotten empfangen werden. (…)

Mit Freiwilligkeit geht hier gar nichts mehr, eine Integration muss auf gesetzlicher Ebene erzwungen werden. Fundamentale Voraussetzungen wie das Erlernen der deutschen Sprache müssen zur Pflicht werden, für Eltern und Kinder, die Vergabe unterstützender Mittel muss an die Integrationsbereitschaft gebunden werden. Höchstgrenzen für den Anteil an ndH-Kindern an Schulen müssen gesetzlich verankert werden. Die Leitung einer Schule muss die Möglichkeit haben, nach integrativen und pädagogischen Kriterien eine Höchstgrenze festzusetzen.«

Aber auch Mütter machen sich ihre Gedanken:

»Sehr geehrter Herr Rektor,
vor einem Jahr haben wir unseren Sohn an Ihrer Schule angemeldet, und er wurde abgelehnt. Wir dachten lange, dass wir wohl umziehen müssten, aber nachdem wir dann auch die Absage der anderen Schule bekamen, war es im Grunde schon zu spät, und aus einem Mix aus Sturheit (wir wollen aber hierbleiben und laufen doch davon, vor etwas, das wir gar nicht kennen) und Neugierde (das wird doch mal ein Abenteuer) haben wir also beschlossen, unseren Sohn in der XXX-Schule anzumelden.
Die Schule erschien uns von denen, die wir zu Fuß bequem er-

reichen können, die attraktivste, da sie einen Blog hat, in dem sie ihre Lage und Probleme zu thematisieren schien, was für uns wichtig war, da sie schon seit ein paar Jahren eine Ganztagsschule ist und da wir wirklich nicht in die andere XXX-Schule wollten. Wir konnten im Unterricht hospitieren, waren begeistert von der Lehrerin und von der Art, wie sie JüL (Anm. d. Verf.: jahrgangsübergreifendes Lernen) in ihrer Klasse umsetzt. Also haben wir uns für die Schule entschieden.

Warum schreibe ich Ihnen das? In meinem Kopf hatte sich ein Satz festgesetzt, den Sie am Tag der offenen Tür in Ihrer Schule letztes Jahr sagten: Sie könnten uns beruhigen, die Schulen der Umgebung seien alle gut und unsere Kinder dort sehr gut aufgehoben. Das habe ich Ihnen geglaubt, und ich wollte es Ihnen auch glauben.

Seit sechs Wochen nun geht mein Sohn in diese Schule, und ich glaube, es könnte auch jede andere in der Gegend sein. Es gibt viele engagierte Lehrerinnen dort, und mein Sohn hat ohne Zweifel eine so wunderbare Lehrerin und ein so schön eingerichtetes Klassenzimmer, dass selbst ich am liebsten dort jeden Morgen zum Lernen bliebe. So weit so perfekte äußere Bedingungen. Ich versuche dennoch jeden Morgen auf dem Schulweg, wenn wir die vielen Kinder treffen, die aus allen Richtungen in ihre Schule laufen oder von den Eltern gebracht werden, die Bitterkeit runterzuschlucken, die ich dabei empfinde, dass mein Sohn nicht die Chance bekommen hat, mit wenigstens ein paar Kindern zusammen zu lernen, die in seiner Welt aufwachsen. Wir lassen ihn jeden Morgen sehenden Auges in eine Umgebung laufen, die ihm völlig fremd ist, wo niemand auch nur annähernd so ist wie er, wo alle Kinder ungewöhnliche Namen haben und er als eher dunkelblondes Kind schon als ›Der Junge mit den weißen Haaren‹ bezeichnet wurde. Mein Sohn sagt jetzt bereits immer öfter ›Isch‹ – nur als Zeichen dafür, wie schnell man eine Sprache lernen kann, leider falsch herum.

Ich glaube eigentlich sehr an die Integrationskraft von Kindern, die über viele Unterschiede ja leicht hinwegsehen können. Aber wenn die Schnittmenge der Lebenswelten so gering ist, wird es doch schwerer, als ich es selbst gedacht hätte. Zum Beispiel wollten wir unseren Sohn wenigstens in den Religionsunterricht schicken, aber den bieten die Kirchen in der Schule natürlich nicht an. Für wen auch?«

So weit der Auszug des Briefs einer Mutter. Sie hat übrigens danach eine Elterninitiative gegründet, die mit Flugblättern im Wohngebiet dafür wirbt, dass bildungsorientierte Eltern ihre Kinder nicht woanders anmelden, sondern sich zusammenschließen und ein anderes Klima in die Schule hineintragen. All diese Dinge habe ich täglich im Kopf, wenn ich an den Satz unserer Kanzlerin denke: »Wir müssen die Bildungsrepublik Deutschland werden. Das ist es, was unsere Zukunft für die nächsten Jahrzehnte sichert.«

Recht hat sie mit dieser Aussage. Die Realität allerdings ist, dass ein Fünftel bis ein Viertel der Schülerinnen und Schüler in Deutschland die Schule lebensuntüchtig verlassen. Das ist die Ursache dafür, dass so viele junge Menschen, insbesondere Kinder der Einwanderer, es nicht zu einem Ausbildungsplatz und auch nicht zu einem Berufsabschluss bringen. Insgesamt beträgt der Anteil der Ungelernten bei den 20- bis 30-Jährigen 15 %. Davon sind knapp 50 % Frauen. Bei denjenigen mit Migrationshintergrund in dieser Altersgruppe liegt der Wert bei 30 %.

Aber zurück zu unseren Schulen in Neukölln. Auch an einer anderen Stelle kann man die Herausforderung des Alltags ablesen. Die Grundschulempfehlung zum Wechsel auf das Gymnasium erhalten in gutbürgerlichen Bezirken regelmäßig so um die 50 % der Schülerinnen und Schüler. In Neukölln erreichen keine 30 % der Kinder diese von ihren Eltern so begehrte Einstufung. Unsere Grundschulen schaffen es eben in der Masse selbst in sechs Jahren des gemeinsamen Lernens nicht, alle Handicaps, die die Kinder von zu Hause mitbringen, auszugleichen. Unsere Lehrerinnen und Lehrer sind halt keine Zauberer.

Lassen Sie mich an dieser Stelle verdeutlichen, warum die Rahmenbedingungen eine so große Rolle spielen. Die Leiterin einer Schule in Nord-Neukölln berichtet, dass sie trotz Ganztagsbetrieb nur bei jedem vierten Kind zu einer Gymnasialempfehlung kommt. Eine Grundschule im Süden mit einem relativ geringen Anteil von 30 % Einwandererkindern und großzügigstem Geländezuschnitt mit eigenem Schulzoo bringt es hingegen auf 63 % zum Gymnasium empfohlene Schülerinnen und Schüler. Veränderte Lernbedingungen durch eine andere Schülerzusammensetzung, räumliche Verhältnisse und der Umgang mit Tieren führen zu einem anderen Schulklima und damit zu einer stärkeren Wissensaufnahme durch die Kinder. Selbstverständlich gibt es auch in den Elternhäusern dieser Schule Auffälligkeiten. Sie schlagen nur nicht mehr 1:1 durch, haben also nicht die üblichen fatalen Folgen. So entstehen schon innerhalb des Bezirkes unterschiedliche Schulmilieus. Es gibt durchaus mehrere Grundschulen, von denen über 50 % der Kinder dem Gymnasium empfohlen werden. Allerdings ist die Zahl der Grundschulen größer, bei denen nur ungefähr 20 % der Schüler diese Empfehlung erhalten.

Auch als Laie nehme ich die Diskrepanz im Entwicklungsstand der Kinder leicht wahr. Mich besuchen häufig Schulklassen im Rathaus. Sie wollen mit mir reden, mich zu ihren Problemen befragen und schauen, wie ein Bürgermeister so regiert. Sitzt er auf einem Thron und hat er eine Krone auf? Die zwar goldfarbene, aber doch preußisch schlichte Amtskette ist dann eher eine Enttäuschung.

Bei diesen Begegnungen wird sehr schnell deutlich, ob eine völlig normale Kommunikation mit den Kindern möglich ist oder ob sie nur in Einfach-Sprache gelingt, weil die Kinder über den erforderlichen Wortschatz nicht verfügen. Ob sie den Begriff »Flaschenöffner« für das Teil kennen, mit dem sie an ihre Brause kommen, was ein Kronkorken ist, wer ein eigenes Handy und einen eigenen Computer hat oder Sport in einem Verein betreibt. Ob sie zuhören, andere ausreden lassen, stillsitzen und sich konzentrieren können oder Zappelphilippe sind, wird in Minuten-schnelle offenkundig. Es sind Kinder aus wirklich verschiedenen Welten, die mich besuchen. Diese Welten entscheiden über ihr weiteres Leben. So etwas darf es eigentlich nicht mehr geben.

Der Rektor einer Grundschule in schwerer See – also in einem »Gebiet mit Ausgrenzungstendenz«, wie Soziologen sagen wür-den – schrieb mir, dass seine Schüler bis etwa zur 2. Klasse mit ihren eigenen Kompetenzen im Schulalltag gut klarkommen. Ab der 3. Klasse benötigen sie Förderung und Motivationsschübe von außen. Erhalten sie diese Impulse nicht, beginnen sie, sich zurückzuziehen, weil sie nicht mehr mitkommen. Die Leistun-gen verschlechtern sich rapide, und es stellt sich Schulangst und Schulunlust ein. 20 % bis 30 % der Schüler kommen zwar noch täglich zur Schule, nehmen aber am Unterricht nicht mehr aktiv teil. Bereits zu diesem Zeitpunkt sind bis zu 10 % »schuldistanz-gefährdet«, also auf dem Weg zum Schulschwänzer, teilte er mir mit. Von den Eltern komme keine Hilfe. Sie besitzen selbst keine Schulbildung, sind zum Teil sogar Analphabeten, oder es ist ih-nen einfach nicht wichtig. Die Kinder werden oft sogar aktiv da-ran gehindert, rechtzeitig Deutsch zu lernen, und so ist es keine Seltenheit, dass in Berlin geborene Kinder bei der Einschulung kein Wort Deutsch beherrschen. Die Eltern sind nach Einschät-zung des Rektors völlig überfordert und belasten ihre Kinder mit ihren Problemen. Konflikte in den Familien werden mit Gewalt gelöst, und den Kindern wird durch die Eltern immer wieder nahegebracht, dass Schule nicht wichtig sei. Auf die Frage, was Abhilfe schaffen könnte, antwortete er: »Wir müssen die Kinder individuell analysieren und versuchen, Verhaltensänderungen in den Familien zu erreichen.« Das gehe nur mit zusätzlichem Personal, weiteren Professionen wie Sozialarbeitern und Erzie-hungsberatern. »Die Schule allein schafft es nicht«, meinte er.

Ich mache hin und wieder eine kleine Tournee, wie ich es nenne. Ich besuche in einem kurzen Zeitraum verschiedene Grund-schulen des Bezirks, immer die gleiche Klassenstufe, immer im selben Lehrfach. Ich beginne im Norden mit einer ganz normalen Schule. Also einer, die am frühen Nachmittag um halb zwei Schluss macht. Über eine gebundene Ganztagsschule ebenfalls im Norden lande ich wieder in einer »Mittags-Schluss-Schule« im Süden. In letzterer ist der Anteil der bildungsorientierten Eltern höher bis sehr hoch. Ich empfehle jedem, der sich für diese Materie interessiert, ein solches Experiment. Es ist ungemein lehrreich. Doch Vorsicht: Es ist ebenso romantikfeindlich. Wer einmal durch verschiedene Schulwelten unterschiedlicher sozialer Milieus gewandert ist, der wird aufhören davon zu fabulieren, es herrsche Chancengerechtigkeit oder die Kinder hätten auch nur annähernd gleiche Voraussetzungen.

Meist gehe ich in die 3. Klassen. Da sind die Kinder auch Fremden noch freundlich zugewandt, nett und nahezu lernwütig. Man könnte sie alle in den Arm nehmen. Egal, welchen Vornamen sie tragen. Aber sie sind eben nicht gleich lernfähig. Der Lehrstoff muss mühsamst immer wieder mit einfachen Worten an sie herangetragen werden, weil sie die Aufgaben oder die Geschichten wegen ihres sehr geringen Sprachstands überhaupt nicht verstehen. Ihnen fehlt der nötige Wortschatz, viele Begriffe haben sie noch nie gehört, können sie nicht deuten und damit keine Inhalte verknüpfen. Sie wissen nicht, was ein Springbrunnen ist, ein Kapitän oder eine Etage. »Finstere Gestalten« muss man ihnen erklären. Oft ist die 3. Klasse fast ein ganzes Jahr zurück. Die Lesekompetenz entspricht der einer 1. Klasse mit Kindern aus bildungsorientierten Schichten. Lesen lernt man nur durch Lesen. Aber zu Hause übt niemand mit den Kindern. Im Schrank steht oft kein Buch. Wozu auch?

Die Schülerinnen und Schüler aus einem fast identischen Wohngebiet, die aber eine Ganztagsschule besuchen, sind bereits weiter. Natürlich bestehen die gleichen Probleme mit dem fehlenden Wortschatz und den mangelnden sozialen Kompetenzen. Aber die Kinder verfügen über mehr Sicherheit, und sie wirken irgendwie selbstbewusster. Der Unterricht macht einen deutlich strukturierteren Eindruck, und die Übungsarbeitsschritte funktionieren reibungsloser. Das hat nichts mit der Lehrkraft zu tun. Und auch nichts mit den Kindern an sich, denn an Begeisterungsfähigkeit, an Liebesbedürftigkeit und Lernhunger unterscheiden sie sich von denen der ersten Schule nicht. Es ist der angehängte Nachmittag, der den Unterschied ausmacht, dieses »spielend Lernen«. Die Vertiefung des Stoffes nebenbei oder auch nur die längere Zeit der Gemeinsamkeit mit anderen Kindern oder die Aktivitäten unter Anleitung. Vielleicht ist es aber auch viel profaner: Sie sind einfach länger weg vom Fernseher.

Welche Erklärung auch immer die richtige ist: Fest steht, Kinder aus identischen Lebensverhältnissen lernen an einer Ganztagsschule effektiver als Kinder in einer Schule mit traditionellem Betrieb bis 13.30 Uhr.

Den Kulturschock gibt es immer an der dritten Station. Die Kinder der gleichen Altersstufe sind in den Fächern deutlich weiter als die der beiden anderen Schulen. Sie lesen flüssiger, sie reden differenzierter, sie sind kreativer, selbstbewusster und beherrschen den Wechsel zwischen abstrakter und realer Ebene. Ein Unterschied wie Tag und Nacht. Das liegt nicht an schlechteren oder besseren Lehrern. In allen drei Schulen wird engagiert gearbeitet. Es liegt einfach am Elternhaus. In dem einen werden die Kinder inspiriert, sie erhalten Impulse, die Eltern kümmern sich um sie, hören ihnen zu und versuchen, an ihrer kindlichen Welt teilzuhaben. Sie führen die Kinder auch, sie kontrollieren die Schulleistungen, und sie üben, üben, üben. In den anderen Familien geschehen diese Dinge vielfach nicht. Mädchen müssen Hausarbeit verrichten. Die Hausaufgaben machen sie auf dem Boden liegend, weil sie keinen Schreibtisch haben. Die Jungen chatten, hocken vor dem Fernseher oder machen das Einkaufszentrum unsicher. Hauptsache, sie stören nicht. So sieht es aus, das Gefälle innerhalb Neuköllns. Und wie immer gilt das Gesetz der Bandbreite. Nicht alle im Süden sind bildungsorientiert und nicht alle im Norden bildungsfern.

Wenn ich einmal wieder eine Besuchstour durch die Schulen hinter mich gebracht habe, bin ich für eine Weile zu nichts zu gebrauchen. Ich habe dann Zorn im Bauch. Ich sehe diese unschuldigen Kinder, die auf der Suche nach ihrem Weg im Leben und auch bereit und willens sind, auf ihm voranzukommen, und die doch fast keine Chance haben. Ich stehe vor 9-Jährigen, die es mit hoher Wahrscheinlichkeit nicht schaffen werden. Das kann einen nicht kalt lassen. Und es lässt mich auch nicht kalt. Ja, die Hauptverantwortung dafür tragen die Eltern. Aber wir als Gesellschaft sind auch nicht ganz unbeteiligt an dem Desaster. Es mag objektiv so sein, dass viele Eltern überhaupt nicht in der Lage sind, ihren Kindern den Weg ins Leben zu ebnen und sie zu begleiten. Aber es ist auch so, dass sich ganz viele gar nicht darum bemühen. Das ist eine schmerzhafte Wahrheit für Gutmenschen. Es sind eben nicht alle Menschen edel, verantwortungsbewusst und engagiert. Es gibt auch Vollpfosten. Und auch die in unterschiedlicher Farbe. Wegschauen und schwadronieren statt zu intervenieren ist wie das Händewaschen von Pontius Pilatus.

Wenn ich mich in den Schulen erkundige, wie stark angebotene Hilfe von Eltern angenommen wird, wie stark das Elternzentrum nachgefragt ist und wie die angebotenen Kurse ausgelastet werden, ernte ich nicht selten resignierende Blicke. Unter den Eltern ist eine gewisse Trägheit weit verbreitet, und sie ist bequem: Ich habe mein Kind in der Schule abgegeben, und die trägt jetzt die Verantwortung dafür, dass aus ihm etwas wird, dass das Kind alles lernt, was es lernen muss, um Doktor, Ingenieur oder Anwalt zu werden.

Eine andere Variante meiner regelmäßigen Schulbesuche sind Elternversammlungen. Um die Eltern gewissermaßen nach dem Prinzip »Mit Speck fängt man Mäuse« in die Schule zu locken, habe ich gemeinsam mit dem türkischen Generalkonsul Elternversammlungen besucht. Zwei Konsuln haben mit mir schon eine Rundreise durch Neuköllner Schulen gemacht. Der Hintergedanke war: Wenn der Generalkonsul kommt, haben viele etwas mit ihm auf völlig anderer Ebene zu regeln, die Gelegenheit ist günstig, *ich gehe da einmal hin.* Wenn der Bürgermeister kommt, gibt es vielleicht auch etwas mit ihm zu bereden über die Einbürgerung, über den Lärm im Nachbarhaus oder ähnliches. Also dachten wir uns, eine Elternversammlung, zu der wir einladen, müsste eigentlich erfolgreicher sein als die üblichen.

Tja, Pustekuchen. Bis auf ganz wenige Ausnahmen war das Resultat genauso niederschmetternd wie bei jeder Routineeinladung: Bei Schulen mit Schülerzahlen zwischen 450 und 650 saßen 25 bis 40 Personen im Raum. Die Atmosphäre war, von Ausnahmen abgesehen, stets zurückhaltend bis aggressiv und nicht sehr zugewandt. Die Eltern ergingen sich in endlosen Vorwürfen, wie schlecht die Lehrer und die Schule seien, die Kinder würden nichts lernen, und überhaupt sei vieles ausländerfeindlich. Die Schule bringe den Kindern kein Türkisch bei, und die Krönung war dann manchmal noch, dass die Eltern unterschiedlicher Ethnien sich gegenseitig beschimpften. Ich musste bei mehreren Elternabenden wirklich stark an meiner Zurückhaltung arbeiten, weil die Vorwürfe so absurd und teilweise so unverschämt waren, dass sie eigentlich einer sehr deutlichen Abfuhr bedurft hätten. Ich habe letztlich nicht zur Eskalation beigetragen, weil es keinen Zweck gehabt hätte. Nur in zwei Fällen wurde meine Höflichkeit zu stark auf die Probe gestellt.

Nachdem der türkische Generalkonsul und ich mehrfach auf die Bedeutung der deutschen Sprache hingewiesen hatten, wollten die nachdrücklich vorgetragenen Forderungen nach Türkischunterricht für die Kinder nicht enden. Eine Mutter beschwerte sich, dass sich ihr Sohn im Urlaub in der Türkei nicht mit anderen Kindern auf Türkisch habe verständigen können. Daran könne man die schlechte Qualität der Schule erkennen. Ich habe daraufhin in extrem leicht verständlichen Formulierungen die Position vertreten, dass es Aufgabe einer deutschen Schule in Neukölln sei, den Kindern die deutsche Sprache beizubringen, um sie auf ein Leben in Deutschland vorzubereiten. Wenn sie als Mutter das Kind auf ein Leben in der Türkei vorbereiten wolle, sei das ihr Job, bei dem sie bisher nach ihren eigenen Aussagen aber nicht sehr erfolgreich gewesen sei.

In einer anderen Schule habe ich mir mehrere Redebeiträge zum selben Thema anhören dürfen: dass Deutschland die Menschen aus dem Ausland holt, sie auspresst und dann noch nicht einmal dafür sorgt, dass die Kinder etwas lernen. Diese Weltsicht ermunterte mich zu Hinweisen, welche Anstrengungen andere Menschen unternehmen, um in das als so schrecklich dargestellte Land zu kommen, und welche Leistungen unsere Gesellschaft für jeden Menschen im Land für ein Leben in Würde und frei von Angst vor existentieller Verelendung bereithält. Mit großer Wahrscheinlichkeit sind diese Leistungen höher als jede Form des Gelderwerbs im Herkunftsland. Allerdings würde ich niemanden daran hindern wollen, die Probe aufs Exempel zu machen.

Ich habe diese Form der Elternabende inzwischen eingestellt. Irgendwann muss man einsehen und begreifen, dass Zwangsbeglückung ein ganz schlechter Kampagnenansatz ist. Auch wenn's schwer fällt.

Die zunehmende Islamisierung mit immer stärkeren fundamentalistischen Tendenzen macht auch vor unseren Schulen nicht halt. Es gehört inzwischen zum Alltag der Lehrer, sich mit Eltern über ihre Religionsvorstellungen auseinanderzusetzen. Da gibt es sehr konfliktbereite Kollegien, die nicht bereit sind, zu weichen. Das sind die mit der Haltung: *Wir machen hier Schule und nicht Religion.* Das schafft natürlich Konfliktpotential mit überreligiösen Eltern. Und diese inszenieren manchmal auch demonstrativ diese Konflikte, um sich lautstark in Szene zu setzen. Insofern fand ich die Idee nicht schlecht, in Berlin zum Themenkreis »Islam und Schule« eine Handreichung für Lehrerinnen und Lehrer herauszugeben. Man kann sich natürlich fragen, warum es keine Handreichung »Katholizismus und Schule«, »Protestantentum und Schule«, »Hinduismus und Schule« und so weiter gibt, aber das Thema der aggressiven Egozentrik des Islam hatten wir ja schon.

Seit einiger Zeit gibt es nun eine solche Broschüre. Ich finde, sie ist misslungen. Sie erklärt bestimmte Besonderheiten des islamischen Glaubens, bleibt aber im Ganzen eine klare Position schuldig. Es ist eine Schrift, die in wohlgesetzten Worten Rezepte dafür ausstellt, wie man ohne Gesichtsverlust zurückweicht und das Feld räumt. Beispiele hierfür sind die Feststellung, dass der Ramadan natürlich keinen Einfluss auf das Schreiben von Leistungstests haben dürfe, man aber den Leistungstest so legen könne, dass er nicht in den Zeitraum des Ramadan fällt. Selbstverständlich legen wir nach wie vor Wert auf Sportunterricht für Mädchen, aber bitte, während dieser Zeit darf der Hausmeister die Turnhalle nicht betreten. Bei der Frage des Nahost-Konfliktes sollten sich Lehrer nicht zu sehr aus dem Fenster lehnen, und bei der Diskussion um Gleichberechtigung empfehle es sich, Schüler »aus eher traditionell eingestellten Elternhäusern« nicht moralisch zu überwältigen. Auch sollten wir bei der Frage des Duschens oder des Schwimmens nicht zu rigide sein. Im Sexualkundeunterricht möge man auf naturalistische Darstellungen verzichten und stilisierte Graphiken verwenden. Es hätte nur noch gefehlt, dass das beliebte Beispiel mit den Bienen vorgeschlagen worden wäre. Insbesondere hierüber empörte sich eine Schulleiterin: »Diese Broschüre ist mit unseren gesellschaftlichen Werten nicht vereinbar. Wir fühlen uns der Aufklärung und Emanzipation verpflichtet. Es ist doch wichtig, dass Kinder aufgeklärt sind und über ihren Körper gut Bescheid wissen (hoffentlich so gut wie über die Bienen). Dazu brauchen sie realistische Bilder. Wenn ein kleines arabisches Mädchen beim Wickeln ihres kleinen Bruders nicht dabei sein darf, finde ich das unglaublich. Wir wissen auch, wie wichtig Aufklärung in Bezug auf sexuellen Missbrauch ist. Es kann doch nicht sein, dass Kinder nicht wissen dürfen, wie erwachsene Menschen nackt aussehen, aber heimlich in ihren Kinderzimmern Pornos im Fernseher anschauen.« Eine andere Schulleiterin sagte mir, als ich sie zu ihrer Meinung nach dieser Broschüre fragte, kurz und zackig: »So wie die Dinger gekommen sind, habe ich sie genommen und in den Müll geworfen.«

Ich will mich in den Schulalltag überhaupt nicht einmischen. Das ist nicht meine Baustelle. Aber ich akzeptiere nicht, dass hinterweltlerische, vordemokratische Denkstrukturen all jene Dinge in Frage stellen und sogar über sie obsiegen, die sich unsere Gesellschaft in über 100 Jahren auf dem Weg zur Modernität und zur Liberalität erarbeitet hat. Ich persönlich bin nicht bereit, mich diesem Quatsch zu beugen, dass das Anschauen eines anderen Menschen unzüchtig ist, eine Berührung an den Händen unrein macht und dass ein gottgefälliges Leben von der Verbreitung des Glaubens mit Blut und Tränen abhängt.

Natürlich habe ich mir auch zum Bereich der Schulen zwei Kronzeuginnen an meine Seite geholt. Beide leiten Grundschulen in abgegrenzten Wohnsiedlungen, beides gestandene Persönlichkeiten, die durchaus der Meinung sind, dass in ihrer Schule das geschieht, was sie sagen. Nicht das, was die Väter sagen, und nicht das, was der benachbarte Imam sagt.

Die eine führt ihre Schule seit 1992 und erinnert gern daran, dass der Anteil der Einwandererkinder einmal 23 % betrug und alle Eltern einer Erwerbstätigkeit nachgingen. Heute beträgt der Anteil der Einwandererkinder 83 % bei fast deckungsgleichem Anteil der Familien im Hartz-IV-Bezug.

Die Entwicklung in ihrem Einzugsgebiet hält sie für eine Folge der Heiratspolitik der Familien. Das Einfliegen von Importbräuten für die jungen Männer greift seit längerem um sich, und bei den jungen Frauen ist es zu 90 % der Cousin aus der Heimat, der urplötzlich die Liebe im Herzen entzündet hat. Die allermeisten ihrer Schüler kommen aus arabischen Familien, und die Mehrheit holt die Ehepartner jeweils neu ins Land. Zu diesem Themenkreis gehört aus Sicht dieser Schulleiterin auch die zunehmende Zahl der Konvertierten. Meist ungelernte, junge deutsche Mädchen, die ihren »Omar Sharif für Arme« gefunden haben. Allein an ihrer Schule sind 25 Mütter Konvertitinnen. Und 25 % der Schüler jedes Abschlussjahrgangs erhalten an ihrer Schule eine Gymnasialempfehlung mit der Note 2,2 oder besser. Das sind fast ausschließlich Kinder von den Eltern, die noch berufstätig sind. Dieselben, die sich an der Schulkonferenz beteiligen oder Elternsprecher sind.

Ihre Schule liegt im Einzugsbereich der Al-Nur-Moschee, eines der beiden Salafiten-Zentren in Berlin. Daher rührt auch der ständige Nachzug von arabischen Familien in dieses Gebiet. Sie sagt: »Diese Familien leben in großen Gebinden, in Clans.« Die türkischen Familien leben dagegen fast wie die Deutschen. Ihre Kinderzahl ist europäisiert, und sie sind Einzelfamilien. In der Schule bekommen die Kinder das zu essen, was ihnen schmeckt. Niemand *muss* Schweinefleisch essen, aber es werden auch Gerichte mit Schweinefleisch angeboten, weil es Schüler gibt, die diese Gerichte essen wollen. Obst und Gemüse gibt es immer umsonst, und belegte Brötchen sind für 30 Cent zu haben.

Die Mitarbeit der Eltern in der Schule lässt sehr zu wünschen übrig. Bei den Vätern ist diese Erlebniswelt völlig unterbelichtet. Bleibt der Schulerfolg aus oder gibt es Unregelmäßigkeiten, so ist die Schule natürlich schuld, der Lehrer faul, die Lehrerin dumm. Gewalt erlebt sie weniger an ihrer Schule. Es ist mehr die emotionale Verwahrlosung der Kinder, die sie stört. Es ist auch anders als früher, sagt sie. »Da haben die Kinder noch von zu Hause erzählt. Heute tun sie das gar nicht mehr. Sie sind darauf gedrillt, ja nichts von daheim zu offenbaren.«

Das große Thema der Schulversäumnisse, des Schwänzens, und das Problem, dass immer wieder Kinder vor Ferienbeginn in die Heimat fliegen und erst einige Tage nach Ferienende wieder in die Schule kommen, weil die Flugtickets dann billiger sind, überspringt sie mit flotten Sätzen. Alles hat sich eingeschliffen. Die Familien sind professionalisiert, sie haben ihre Ärzte, die alles Erforderliche bestätigen. Die Krankenkassen, das Schulamt und das Jugendamt sind nicht in der Lage, Sachverhalte zu ermitteln oder Dingen wirklich auf den Grund zu gehen. In einem eindeutigen Betrugsfall mit einem vom Arzt falsch ausgestellten Attest unter Missbrauch der Krankenversicherungskarte hat sie sich einmal an die AOK gewandt. Die Antwort: »Das interessiert uns nicht. Wenn die Ärzte zu viel abrechnen, schaden sie sich nur selbst. Wir zahlen eine Pauschale. Die Aufteilung machen die Ärzte untereinander.« Ich weiß nicht, ob das so stimmt. Aber wenn dem so ist, dann wundert mich auch der bekannte »flexible« Einsatz der Krankenkassenkarte nicht mehr. *Kannst du ruhig machen, passiert nix,* ist zum System geworden. Die Rektorin wäre für die Nürnberger Gangart: In den letzten zehn Tagen vor den großen Ferien kontrolliert die Polizei auf dem Flughafen alle Familien mit schulpflichtigen Kindern darauf, ob sie eine Schulbefreiung vorweisen können. In Neukölln würden solche Schulversäumnisse noch im Rahmen des Möglichen geahndet. In anderen Bezirken geschieht ihrer Kenntnis nach gar nichts mehr.

An dieser Stelle passt der Hinweis, dass mich zu Beginn der Sommerferien 2012 ein Hilferuf eines Neuköllner Gymnasiums erreichte: Man wisse nicht mehr, wie man die eigenmächtige Verlängerung der Heimataufenthalte über die Ferienzeit hinaus abstellen könne. Ohne von der Kollegin aus der Grundschule zu wissen, regte die Schulleitung ebenfalls Kontrollen schulpflichtiger Kinder an den Flughäfen an. Apropos, beim Thema große Ferien fallen mir noch die im Jobcenter zu dieser Zeit immer sprunghaft ansteigenden Anträge ein, mit der zum Zwecke der Fahrt in die Heimat die Genehmigung für – wie es im Behördendeutsch so schön heißt – Ortsabwesenheit beantragt wird. Schenkt man den Begründungen Glauben, warum man sich momentan leider nicht dem Arbeitsmarkt zur Verfügung stellen könne, sondern ein längerer Aufenthalt im Heimatland unbedingt erforderlich sei, so stehen wir jedes Jahr vor dem Phänomen, dass Vater, Mutter, Onkel, Tante oder andere nahe Verwandte gerade in den Sommerferien epidemieartig schwer erkranken. Doch zurück zu unserer Grundschulrektorin.

Auf die Frage, wie groß ihrer Einschätzung nach der Anteil der Familien ist, die sie als ihre Sorgenkinder bezeichnen würde, sagt sie 30 %. Die Hardcore-Fälle sind fünf bis sieben pro Klasse. An denen kann man sich trefflich abarbeiten. Es beginnt damit, dass mehr als die Hälfte aller Eltern morgens im Bett liegt, wenn die

Kinder zur Schule müssen. Der Fernseher hatte abends halt zu lange Besitz von ihnen ergriffen. Für die Kinder gilt das manchmal gleich mit. Das merkt man daran, dass sie um 11:00 Uhr im Klassenraum einschlafen.

Befragt nach den Kopftüchern bei kleinen Mädchen, berichtet sie, dass dies eher eine Spezialität bei den Araberfamilien ist. Und zwar bei den Familien, die sich im Transferbezug befinden. Arbeitende Eltern, insbesondere türkische, treten in diesem Zusammenhang selten in Erscheinung.

Sie ist eine der engagiertesten Gegnerinnen der Einschulung bereits mit 5½ Jahren. Sie sagt: »Was soll ich hier mit diesen Schnullerkindern? Sie sind noch nicht gruppentauglich, dazu sind sie oft auch noch entwicklungsverzögert, viele können nicht richtig sprechen, und eigentlich bräuchten alle ein Jahr Vorklasse.« Sie sagt, dass die Familien, die bewusst neben der deutschen Gesellschaft her leben und diese auch ablehnen, in den letzten Jahren deutlich mehr geworden sind. Es passt auch alles gut zusammen. In der Siedlung gibt es schöne große Wohnungen, die Familien haben so viele Kinder, dass auch das Jobcenter die Wohnungen als angemessen akzeptiert, und die Moschee ist gleich um die Ecke. Der Anteil der Analphabeten nimmt zu, insbesondere durch den Zuzug von Roma-Familien, aber auch innerhalb der arabischstämmigen Community.

Ihr Steckenpferd sind der Schwimm- und Sportunterricht, das Duschen und die Körperhygiene. »Doch was soll ich machen?«, klagt sie. »Ich kriege Briefe von eigentlich funktionalen Analphabeten in perfektem Deutsch mit einem beigehefteten Attest vom arabischen Arzt, dass das Kind irgendwas am Öhrchen hat und nicht schwimmen darf.« Die Schulärztin ist überlastet, kann sich um den Fall nicht kümmern, und damit ist wieder alles geregelt.

Auf die Armut unter den Eltern angesprochen, reagiert sie gereizt. »Wenn elektronische Geräte ein Indiz für den Lebensstandard sind, dann geht es meinen Familien nicht schlecht. Wenn die Autos, die morgens vorfahren, ein Indiz für ihren Wohlstand sind, dann geht es meinen Familien sogar sehr gut.« Bildung und

Teilhabe, ist das ein Thema bei Ihnen? »Ja, wir prüfen jetzt drei Berlin-Pässe, um 1,50 Euro erstattet zu bekommen. Noch einen Zettel und noch einen Zettel füllen wir aus. Außerdem gibt es 100 Euro für Schulmaterial, aber die landen natürlich wieder nicht beim Kind.«

Es ist alles ein bisschen düster, was die Rektorin mir erzählt. Wir gehen anschließend durch die Schule, treffen Kinder, scherzen und lachen mit ihnen, da sind die dunklen Wolken weg. Aber ich denke mir, so eine Schulleiterin wird wohl wissen, worüber sie redet.

Meine zweite Gesprächspartnerin ist in ihrer Wohnsiedlung ebenfalls nicht als Knutsche-Entchen bekannt. Seit 1972 ist sie hier. Sie kämpft für ihre Kinder, und dabei nimmt sie auf kaum etwas oder irgendjemanden Rücksicht. Als ich einmal mit dem Regierenden Bürgermeister ihre Schule besuchte, hat sie ihm unverblümt ihre Meinung gesagt. Ich fand es gut. Wie er es fand, weiß ich nicht.

Die kämpferische Frau hat die Widerstandsbewegung gegen das jahrgangsübergreifende Lernen (JüL) in Berlin angeführt und ist eine hartnäckige Gegnerin des Senats bei der Frage, ob Vergleichstests wie »VERA 3« wirklich überall Sinn machen. (Für die Nicht-Lehrer unter Ihnen sei darauf hingewiesen, dass dies die Bezeichnung für die Vergleichstests für Grundschüler der 3. Klassen ist.)

Meine Schulleiterin bekennt sich zum Widerstand, betont aber, dass sie weder etwas gegen Differenzierung noch gegen Tests habe. Nur müssten die Dinge auf die Kinder zugeschnitten sein. Und die meisten der Kinder in Neukölln haben einfach zu wenig Vorwissen. Sie haben kein Buch, keiner liest ihnen vor, und keiner spielt mit ihnen. Die Sozialkompetenz entspricht nicht ihrem Lebensalter. Kinder werden durch ihre Umwelt eben völlig unterschiedlich geprägt. Während die Kinder ihrer Schule noch an Dinge herangeführt werden, lesen Gleichaltrige an anderen Orten bereits selbständig. Deshalb hält sie weder von JüL noch von VERA 3 in ihrer Schule etwas: Weil die Grundvoraussetzungen der kommunizierenden Kompetenzröhren einfach nicht vorhanden sind. Weil Dinge von ihren Kindern gefordert werden, die sie nicht liefern können. Sie jedenfalls zieht Lernentwicklungsberichte solchen nicht aussagekräftigen Momentaufnahmen vor.

Ihre Klagen über die sich verweigernden oder nicht verstehenden Eltern sind die gleichen wie die von ihrer Kollegin. Papa und Mama nehmen wenig teil am Schulleben, die Resonanz bei Themenabenden ist gering, und allgemeine Elternabende haben eben keine Bedeutung, oder es ist schlicht zu mühselig hinzugehen. 87 % der Familien ihrer Schule sind nicht-deutscher Herkunftssprache, und 90 % sind von der Zuzahlung zu den Lernmitteln befreit. Aufgrund der Arbeitslosigkeit verharren die Eltern in Lethargie und Antriebslosigkeit. Die Menschen leben einfach in den Tag hinein. Ihr Aufstiegswille ist völlig verkümmert, und der Ehrgeiz, etwas aus ihrem Leben zu machen, ist, wenn er jemals da war, erlahmt. Somit erhalten die Menschen auch von außen keine Inspiration mehr. Erwerbstätige müssen sich immer auf Neues einstellen. Aber wer nur zu Hause sitzt oder es maximal bis ins Café schafft, stumpft ab. *Das Kind ist in der Schule abgegeben, und jetzt sollen die Deutschen mal machen.* Dass die Zensuren auch eine Benotung ihrer Mitarbeit sind, dass sie selbst etwas zum Erfolg ihrer Kinder beitragen müssen, das verstehen sie nicht, oder sie hören einfach nicht hin. Sprachmängel können zum Selbstschutz auch hilfreich sein.

Es sind keine Vorwürfe, die die Schulleiterin formuliert. Es ist eine nüchterne, ungeschminkte Bestandsaufnahme ihres täglichen Ringens. Viele Kinder sind überbehütet und unselbständig. Sie werden viel zu lange gefüttert und von der Mutter angezogen. Ein Junge kam in die Schule und konnte nicht alleine essen, weil er das zu Hause nicht lernen durfte. Viele Kinder werden jeden Morgen in die Schule gebracht, obwohl der Schulweg kurz ist und sie nicht mal eine Straße überqueren müssen. Manchmal muss man schon einen Moment tief durchatmen.

Die Rektorin hat eine enge Kooperation mit der benachbarten

Kindertagesstätte geschlossen. Beide Leitungen sprechen sich ab, welche Schwerpunkte sie bilden, wie sie die Kinder zum Beispiel an ein gesundes Frühstück gewöhnen. Obst und Gemüse gibt es hier wie dort jederzeit umsonst. Einen wachsamen Blick haben sie auf die Entwicklung der Mädchen. Frauen und Mädchen werden in den Familien oft überfordert. Von früh an müssen sie im Haushalt helfen oder auf kleinere Geschwister aufpassen. Die Jungen haben sehr viel mehr Freiheiten. Sie sind die kleinen Prinzchen, denen oft keine Grenzen gesetzt werden und die sich in der Schule nicht an Regeln halten können. Viele sind schon bei Schuleintritt verhaltensauffällig. Die Anzahl dieser Jungen hat in den letzten Jahren leider zugenommen. Die Erziehung zum King führt dazu, dass sie irgendwann merken, dass sie nichts von dem beherrschen, was einen tatsächlichen King ausmacht. Dann bleibt ihnen meist nur die Gewalt.

Analphabetismus der Eltern ist nicht das Hauptproblem an dieser Schule. Verschuldung schon eher. Bis zu dem Punkt, dass die Mieten nicht gezahlt werden. Dann muss das Quartiersmanagement ran und versuchen, den Eltern mit einer Schuldnerberatung zu helfen und zwischen Mieter und Vermieter zu vermitteln. Auf das Thema Schwarzarbeit angesprochen, antwortet sie, dass sie aufgehört hat, darüber nachzudenken. Es ist nicht ihr Job und auch nicht ihr Gebiet. Es würde sie unnötig belasten. Für Statussymbole scheint immer Geld da zu sein. Die sind eben wichtig, wichtiger als die Miete. Mit den arabischstämmigen Familien zu arbeiten sei nicht einfach. Sie fühlten sich immer sofort als Opfer. *Jeder kritisiert uns, jeder will was von uns, und ständig werden wir angegriffen.* Früher waren wir weiter, so empfindet sie es.

Besondere Bedeutung misst sie dem Kopftuch bei. An ihrer Schule gebe es keine kopftuchtragenden kleinen Mädchen. Sie lasse nicht zu, dass Kinder schon im jüngsten Alter auf eine bestimmte Rolle festgelegt werden, dass sie nicht Fahrrad fahren oder schwimmen dürfen. In diesen Dingen sei sie knallhart. Ob das denn ohne Konflikte abgehe, will ich wissen. Nein, beileibe nicht, sie habe schon viele böse schimpfende arabische und türkische Väter er- und überlebt.

Von einem Vater wurde sie als »General« betitelt, weil sie jeden Morgen im Foyer der Schule Aufsicht macht und darauf achtet, dass die Kinder ihre Mappen und Turnbeutel selber tragen. Sie sollen auch ohne Eltern in die Klasse gehen, um die schulischen Angelegenheiten allein mit der Lehrerin oder dem Lehrer zu klären. Auf diese Weise sollen sie Selbständigkeit und Eigenverantwortung lernen. »Da steht wieder die Rote«, musste sie sich von Eltern anhören, die diese Erziehungsmaßnahmen nicht richtig finden.

Sie versucht, die Eltern zur Mitarbeit zu gewinnen. Mit den Kompetenzen, die sie haben. Väter sollen ihre Jungen zur Fußball-AG begleiten, gemeinsam spielen und hinterher zusammen grillen. Weil zu wenige Väter kamen, wurde das Projekt eingestellt. Väter sollten auch bei der Gestaltung des Schulhofs helfen und Pflastersteine mit Schubkarren transportieren. Leider kamen die Väter nicht. Sie achtet darauf, dass ihre Kinder während des Ramadan nicht fasten, und rückt, wenn nötig, den Eltern auf die Pelle. Die Klassenlehrerin, der Klassenlehrer oder sie selbst ruft die Eltern an. Sie will nicht warten, bis unter 10-Jährige Kreislaufprobleme bekommen, nur weil die Alten nicht vernünftig denken können.

Ja, sie ist auch autoritär. Zum Beispiel, wenn es um Pünktlichkeit geht. Bei ihr gibt es keinen flexiblen Schulbeginn, bei dem die Kinder zwischen 7:45 und 8:15 Uhr kommen können. Angeblich sind sie dann entspannt, wenn der Unterricht beginnt, kommen nicht gehetzt mit rotem Kopf und müssen sich in der ersten Stunde erst einmal beruhigen. So sehen es jedenfalls die Schulen, die sich für jenes Modell entschieden haben. Sie habe damit keine guten Erfahrungen gemacht. Schulbeginn ist Schulbeginn, und da muss man pünktlich sein. Gerade bei den arabischen Familien ist es wichtig, dass sie Verlässlichkeit und Zuverlässigkeit lernen. In den weiterführenden Schulen und am Arbeitsplatz werden diese Tugenden und Pünktlichkeit erwartet.

Viele der Lehrerkollegien stehen immer wieder vor der Frage, auf wen sie sich konzentrieren sollen oder wollen. Auf die Eltern oder auf die Kinder. Das macht sich an ganz praktischen Dingen fest. Viele Eltern geben ihren Kindern keine Schulbrote mit. Soll man in einer Cafeteria gespendete und von ehrenamtlich tätigen Menschen aus der Nachbarschaft belegte Brötchen, Süßwaren und Obst kostenlos oder zu minimalem Preis bereitstellen oder nicht? Braucht man eine Notfallkasse, um Kindern Schuhe und Jacken gegen die schlechte Witterung kaufen zu können? Soll man in der Klasse Ersatzschulmaterialien für Kinder bereithalten, die sie nicht mithaben – weil vergessen, von anderen Geschwistern verbummelt oder zerstört oder aber im elterlichen Chaos untergegangen?

Die eine Schule entscheidet alle diese Fragen mit Ja. Sie legt den Fokus auf das Wohl des Kindes. Es braucht Nahrung, es braucht Kleidung, und es muss dem Unterricht folgen können. Das Kind kann schließlich nichts für seine Eltern.

Die andere Schule entscheidet mit Nein. Sie sagt, auch wir sehen das Kind. Wir möchten, dass es lernt, sich um seine Sachen zu kümmern und zu Hause auch seine Bedürfnisse einzufordern. Treten wir an die Stelle des Elternhauses, fördern wir die Vollkasko-Mentalität und Faulheit nach dem Motto »Klappt doch, irgendjemand kümmert sich und löst mein Problem«.

Ich werde an dieser Stelle kein Votum abgeben. Jede Schule muss ihren eigenen Weg finden.

Der Mensch ist so, wie er ist. Ich erinnere mich an eine Geschichte aus meiner Zeit als Jugenddezernent. Gegenüber einer Kindertagesstätte befand sich ein Kinder-Clubhaus. Also ein freiwilliges Angebot der Freizeitgestaltung. Ich ordnete an, dass in der Kita nicht verbrauchtes Mittagessen nicht weggeworfen, sondern dem Kinder-Clubhaus zur kostenlosen Verteilung überlassen wird. Nach einem halben Jahr habe ich diese Anweisung widerrufen. Ein Teil der Eltern hatte seine Kinder im Hort abgemeldet, weil es nunmehr kostenloses Essen gegenüber im Kinder-Clubhaus gab. Ich habe das auf dem Konto Lebenserfahrung verbucht. Übrigens: Die Frage von Einwanderung war hier nicht tangiert.

Es ist immer dasselbe, was ich zu hören bekomme. Es geht um den Fernseher, der zu einem ausgesprochenen Hassobjekt für alle Außenstehenden geworden ist. Die Familie sitzt davor, und er erschlägt jeglichen Alltag. Ein Schulleiter sagte einmal: »Bei unseren Schülern läuft der Fernseher als optisch-akustische Tapete permanent mit. Er ist ein Familienmitglied.« Besonders dann, wenn es draußen dunkel, kalt oder nass ist. Outdoor-Leben findet nicht statt. Den Plänterwald – eine große Grünanlage an der Spree –, nur wenige Minuten entfernt, kennen viele Kinder nicht.

Aktiv werden viele Eltern immer nur dann, wenn ihre persönlichen Erwartungen nicht erfüllt werden. Die Schulleiterin berichtet mir von den Auftritten der Eltern, wenn das Kind beim Übertritt in die Mittelstufe keine Gymnasialempfehlung erhalten hat. Sie erinnert dann an ihre ständigen Ermahnungen, mit dem Kind zu üben. Doch gerade die Eltern, die sich am lautesten beschweren, haben damals nicht auf sie gehört. Jetzt ist sie schuld, und manchmal wird auch gern noch die Rassismuskarte gezogen.

Der Schulalltag hat viele Gesichter

Bei der Abfassung eines Buches mit der Aufgabenstellung, die ich mir gesetzt habe, kommt man immer wieder an die Stelle, an der man sich selbst fragt, ist es nicht genug? *Haben jetzt nicht alle begriffen, was du meinst?* Oder ist es der Chronisten-Pflicht geschuldet, umfassend zu berichten? Mir fallen dann die schnellen, besänftigenden Kommentare ein, die bei irgendeinem unschönen Vorgang beteuern, dies sei ein absoluter Einzelfall, den man auf gar keinen Fall verallgemeinern dürfe. Das ist eben die Lebenslüge! Bestimmte Entwicklungen sind identisch und von einer Stelle oder von einem Ort auf den nächsten übertragbar. Deswegen helfen uns ja auch keine Projekte. Diese wirken regional und temporär. Aber schon an der nächsten Ecke helfen sie nicht mehr. Deshalb will ich die Beispiele weiter streuen, um zu zeigen, dass sich viele engagierte Leute an unterschiedlichen Orten mit immer den gleichen Problemen auseinandersetzen müssen.

Eines Tages schickt mir unaufgefordert eine Grundschule ihr neues pädagogisches Konzept mit der Bitte um Unterstützung. Auf den ersten Blick bin ich etwas verwundert, denn die Schule liegt, geographisch gesehen, in einem »befriedeten« Gebiet. Auch die statistischen Werte sind für Neukölln nicht wirklich eine Sensation. Der Anteil der Einwandererkinder beträgt 70 % und der Anteil der Schüler mit Lernmittelbefreiung 35 %. Eine Schule im Innenstadtbereich würde diese Verhältnisse als sehr entspannt bezeichnen. Trotzdem gibt es Probleme. In ihrem Konzept beschreibt die Schule die Situation so:

»Alle bisherigen Bemühungen, Eltern zur Zusammenarbeit mit unserer Schule zu bewegen, führen zu schmalen Ergebnissen. An unserer Schule existiert seit drei Jahren ein Eltern-Café. Seit einem Jahr kommen von 340 Eltern nun ca. zehn Mütter regelmäßig. Seit drei Jahren finden gemeinsame Konferenzen für Eltern, Lehrer und Hort-Erzieherinnen an unserer Schule statt, in denen wir mit den Eltern unsere Themen und unsere Arbeit besprechen wollen. Teilnahme 40 von 340 Eltern. Entwickelte Förderpläne für lernschwache Kinder werden von den Lehrerinnen zusammen mit den Kindern und Eltern besprochen und unterschrieben, denn zu Hause müssen die Eltern mit ihren Kindern üben, wenn sie nachhaltige Erfolge für ihre Kinder erleben wollen. Nachweislich üben die wenigsten Eltern mit ihren Kindern zu Hause.

Am Gesamtelterntreffen nimmt noch nicht einmal die Hälfte der Eltern teil. Elternabende sind zunehmend schlecht besucht. Die wöchentliche Sprechstunde der Lehrerinnen wird kaum von den Eltern genutzt. Von der Schule ins Leben gerufene Elternaktionen zur Verschönerung der Schule, die schließlich ihre Kinder besuchen, wurden nur von ca. 5 % der Eltern wahrgenommen. Andererseits sind die Eltern anspruchsvoll. Der Anspruch richtet sich gegen die Schule. Wir Lehrerinnen und Erzieherinnen sollten die Kinder rundum bilden und erziehen.

Die Kinder leben in Armut, aber darunter ist nicht die finanzielle Situation zu verstehen, sondern die Erziehungs- und Bildungsarmut. In der Schule werden von Organisationen der Einwanderer Seminare für arabisch- und türkischstämmige Menschen angeboten. Konkrete Aktionen kommen nicht zustande, weil die Mindestzahl von zehn Teilnehmern nicht erreicht wird.«

Diese sehr engagierte Schule hat einen Strich gezogen. Sie sagt, die Erfahrung der letzten Jahre zeige, dass unsere Eltern dringend Unterstützung benötigen. Wenn die freiwilligen Angebote jedoch nicht in Anspruch genommen würden, müssten sie künftig verpflichtend sein. Nur mit Verbindlichkeit lasse sich Nachhaltigkeit erreichen. Die Schule hat die Sorge: »Auch an unserer Schule lassen sich in den letzten Jahren vermehrt Bullying-Situationen, also körperliche, verbale und psychische Gewaltausübung unter den Schülern, beobachten. Zudem werden wir vermehrt Zeugen rassistischer Äußerungen.« Zu Recht bemängelt die Schule, dass sie mit ehrenamtlichen Mediatoren und nur dem Stammpersonal diesen Herausforderungen auf Dauer nicht gewachsen ist.

Die Erziehung und Bildung eines Kindes vollziehen sich in einem Dreieck, bestehend aus dem Elternhaus, der Schule und dem sozialen Umfeld. Dies ist unstrittig. Gelegentlich gibt es unterschiedliche Präferierungen für die einzelnen Mosaiksteine. Mal werden sie als gleichgewichtig angesehen, mal weist man dem Elternhaus die bestimmende Wirkung zu, mal der Schule, mal dem sozialen Umfeld. In einem sind sich alle Fachleute jedoch einig: Bricht einer der drei Bereiche weg, können die beiden anderen die Funktionsfähigkeit des Dreiecks kaum aufrechterhalten. »Wenn ein Elternhaus einem Lehrer, einer Lehrerin oder einer Schule ablehnend gegenübersteht, haben wir ganz, ganz schlechte Karten, weil das Kind in seinen negativen Sozialhandlungen gedeckt wird«, so formuliert es ein Schulpsychologe mit langjähriger Berufserfahrung.

Bei all meinen Kontakten mit Erziehern, Sozialarbeitern und Lehrern habe ich niemals gehört, dass von diesen Klage über die Kinder geführt worden wäre. Auch die Eltern wurden nur indirekt als Verursacher der kritischen Situation empfunden. Ansatzpunkt für die zum Teil ja doch recht heftigen Worte waren stets unser gesellschaftliches Versagen auf der einen Seite und auf der anderen die importierten Wertegerüste, die archaischen Verhaltensweisen und tradierten Rollenmuster, in denen die Familien verhaftet sind und die zu ihrer Unbeweglichkeit und mangelnden Anpassung führen. Religiöser Wahn, fundamentalistische Glaubensriten, aber auch Bequemlichkeit und

Abzocke – das sind die Dinge, die die Helfer zur Verzweiflung treiben.

Im folgenden Kapitel werden Sie der Rütli-Schule erneut begegnen. An dieser Stelle nur ein kleiner Vorgeschmack, wie alles begann. Es war ein richtiges Medien-Festival. Als ob jemand den Spund aus dem Weinfass gezogen hätte. Ich hatte so etwas in meinem Leben noch nicht gesehen. Die ganze Rütlistraße glich einem Heerlager: Zelte waren aufgebaut, Wohnwagen, Dutzende von überdimensionierten Satellitenschüsseln aufgestellt. Ich glaube, die Redewendung »Hunderte von Journalisten« ist nicht übertrieben. Alles musste damals herhalten: Bilder der Gewalt, unflätige Äußerungen der Schüler, Kommentare, die das Blut in Wallung brachten. Die veröffentlichte Meinung brauchte ihren Horrortrip. Noch lange gab es Streit um die Anschuldigungen, dass Journalisten Schülern Geld dafür gezahlt hätten, dass sie vor laufenden Kameras randalieren.

Als einige Journalisten damals durch das Gebäude geführt wurden, waren sie arg enttäuscht. Es gab keine beschmierten Wände, keine herausgetretenen Türen, und nirgendwo waren Blutlachen auf der Erde zu sehen. Ich will die schwierige Situation seinerzeit nicht schönreden. Aber die Rütli-Schule war eine Hauptschule wie viele andere in Deutschland. Die, die da unterrichtet wurden, waren nicht selten sogenannte »Wanderpokale«. Also Schülerinnen und Schüler, die von Schule zu Schule durchgereicht worden waren, bis sie dann in der Rütli-Schule landeten.

Natürlich wussten die jungen Leute das. Ihnen war klar, dass die Rütli-Schule nicht der Start in ein glorreiches Leben, sondern eher das Ende einer vermasselten Schulkarriere war. Und so benahmen sie sich auch. Sie hatten bis zur Ankunft in dieser Schule nichts getan und nichts gelernt, und sie setzten diese Haltung routiniert fort. Unterricht im klassischen Sinne war an dieser Schule nicht möglich.

Das war die eine Seite der Medaille. Die andere Seite war ein Kollegium, das auf die Schülerschaft nicht vorbereitet war und ihrer auch nicht Herr wurde. Die kulturelle Kompetenz der

Lehrkräfte war schnell ausgeschöpft. Das merkten die jungen Leute sehr flink. Rücksichtslos, wie Jugendliche nun einmal sind, nutzten sie jede Schwäche aus und feierten jeden Nervenzusammenbruch, jeden Tränenschwall einer Lehrerin als einen gigantischen Sieg über die verhasste Schule.

Aus dieser Situation heraus entstand die Erfolgsgeschichte vom Campus Rütli. Ein Vorzeigeprojekt, auf das wir stolz sind und an dem viele Menschen ihren Anteil haben. Es macht inzwischen richtig Spaß, die sich immer weiter steigernden Erfolge der Rütli-Schule mitzuerleben.

Das zweite Beispiel, dass Schule in Brennpunkten anders geht, ist das Albert-Schweitzer-Gymnasium. Es liegt in einem »kriminalitätsbelasteten Gebiet«, wie die Polizei sagt. Im Inneren war wohl auch nicht alles Gold, was glänzte. Jedenfalls war es 2006 so, dass es noch 385 Schülerinnen und Schüler auf 640 Plätzen gab. Die Schule starb. Wir hätten sie damals schließen können. Ja, eigentlich schließen müssen. Die öffentliche Reaktion hätte gelautet: »Die Doofen in Neukölln brauchen kein Gymnasium.« Der damalige Schuldezernent und ich wollten das nicht. Wir wollten eine erfolgreich funktionierende Schule. Und so wurde ein neuer Direktor geholt. Einer, der tschechische Schüler zum deutschen Abitur geführt hatte. Was mit Tschechen geht, muss mit Neuköllnern auch klappen, dachten wir uns. Und wir machten aus dem Normal-Gymnasium eine Modellschule – Berlins erstes Ganztagsgymnasium. Als Partner holten wir das Quartiersmanagement und das Türkisch-Deutsche Zentrum ins Boot. Sie übernahmen die Freizeitgestaltung und das Schülercoaching. Die Coaches sprechen die Sprache der jungen Leute, für die ein Oberstudiendirektor eine Anzeige bekommen würde. Wir führten Förderkurse ein. Förderkurse in Deutsch an einem deutschen Gymnasium! Der Skandal war perfekt. Im Probejahr fingen wir mit den Schülern an, die gerade die Grundschule beendet hatten und jetzt in die 7. Klasse kamen, und verlängerten mit Erfolg die Probezeit auf zwei Jahre. Der Anteil von Einwandererkindern beträgt nach wie vor 93 %. Überwiegend aus bildungsfernen Familien. Die Schule analysiert die Defizite und geht sie an.

Heute, sechs Jahre später, hat das Gymnasium 691 Schüler. Wir mussten die Räume erweitern. Es ist inzwischen eine sehr beliebte Schule. Die Zahl der Abiturienten wurde versechsfacht. Die Noten liegen im Berliner Durchschnitt, und heute hat jeder Berliner Bezirk ein Ganztagsgymnasium. Über die Kosten hatte ich bereits berichtet. Das Albert-Schweitzer-Gymnasium ist keine bildungspolitische Revolution. Aber es hat uns gezeigt, dass Schule und Bildung auch im sozialen Brennpunkt funktionieren können.

Das sind die Beispiele, die ich an anderer Stelle meinte. Das Albert-Schweitzer-Gymnasium und die Rütli-Schule sind zwei Leuchttürme Neuköllns. Trotzdem reicht ihre Kraft natürlich nicht, um die Gesamtsituation in einer Stadt von 313 000 Einwohnern zu verändern. Solange wir die Regelsysteme nicht den veränderten Anforderungen anpassen, solange werden die Probleme uns beherrschen und nicht wir sie. Auch in Neukölln haben wir noch immer Schulen mit starken Disziplinproblemen, mit Schulverweigerern, Rowdys, Gewalt und Vandalismus. Die ethnischen Komponenten wirken dabei im Tagesgeschäft unserer Kollegien erschwerend. Die Rütli-Schule war nur das Synonym für eine gescheiterte Bildungspolitik. Immer wieder gibt es solche Aufwallungen in anderen Bezirken Berlins oder auch bei uns. Die nachstehenden Auszüge eines Briefes der Lehrerschaft einer anderen Neuköllner Schule stammen von Mitte 2011. Also fünf Jahre nach Rütli. Hat sich grundlegend etwas geändert?

»Folgende Probleme sind in den höheren Jahrgangsstufen besonders gravierend und führen das Kollegium an die Grenze seiner Belastbarkeit:
- geringe Lernbereitschaft
- mangelnde Sprachkompetenz, sowohl bei Schülern nichtdeutscher Herkunftssprache als auch bei deutschen Schülern

- fehlendes Arbeitsmaterial
- vermehrte Verspätung und erhöhte Schuldistanz
- massive Störung des Unterrichtsablaufs durch immer mehr verhaltensauffällige Schüler
- gesteigerte Missachtung gegenüber der Institution Schule (Zerstören von Mobiliar, Müll auf den Boden werfen, Urinieren in Aufgängen, Spucken auf Boden, Treppengeländer und Türklinken usw.)
- zunehmende Respektlosigkeit, Gewaltbereitschaft und Gewaltausübung gegenüber Mitschülerinnen und Mitschülern, Lehrerinnen und Lehrern und pädagogischem Personal
- Im April 2011 wurde ein Lehrer von einem Schüler des 9. Jahrgangs mehrfach beleidigt und körperlich bedroht.
- Innerhalb von sieben Monaten hat unsere Schule drei gewaltbereite, verhaltensauffällige Schüler aus anderen Schulen aufgenommen. Sie mussten Klassen zugewiesen werden, die ihrerseits als überdurchschnittlich schwierig gelten. Zwei dieser Schüler hatten an ihren vorherigen Schulen Lehrer verletzt, an unserer Schule bedrohte einer dieser Schüler eine Lehrerin und beabsichtigte außerdem, einen pädagogischen Mitarbeiter anzugreifen, was Mitschüler jedoch verhindern konnten.«

Wenn ich über diese Dinge berichte, sie aufschreibe und publiziere, dann will ich mich daran nicht ergötzen. Aber man kann es drehen und wenden, wie man will: Schule ist in einem Brennpunktgebiet schon der Kristallisationspunkt schlechthin. Dafür ist ein trauriger Beleg, dass in einer Neuköllner Schule niemand von den Eltern zum vorgesehenen Termin erschien, um sich in die Schulkonferenz wählen zu lassen. Es war den Eltern völlig egal, was an der Schule ihrer Kinder passierte. Mitmachen, warum denn? Ein Jahr später war es nicht viel besser. Auf ein erstes Einladungsschreiben zur Besetzung von 20 Plätzen in der Elternvertretung erschienen vier Eltern. Auf eine zweite Einladung kamen sieben. Auf die Einladung zum Elternsprechtag anlässlich des Jahrgangswechsels aus der 8. in die 9. Jahrgangsstufe und zur Durchführung eines Schülerpraktikums erschienen von 40 Eltern lediglich fünf.

Positivbeispiele sind Neuköllner Schulen, die immer wieder nationale und internationale Preise gewinnen. Teilweise zum zweiten oder dritten Mal. Das sind Schulen mit sehr starken Leitungen, hinter denen sich gerne Lehrer versammeln, die ihre eigenen hohen Maßstäbe in die Praxis umsetzen wollen. Es sind die, die sagen: *Ich kann es, ich weiß, dass es geht, und ich werde Erfolg haben.*

Hierunter fällt auch der von einer Deutschlehrerin in einer Sekundarschule mit schwieriger Schülerschaft gegründete Literaturzirkel. Der »Eintrittspreis« in den Arbeitskreis ist der auswendig gelernte Erlkönig. Zu den Programmpunkten gehören Exkursionen auf den Spuren berühmter Dichter und Schriftsteller. Der Schülerkreis ist inzwischen auf 40 Mitglieder angewachsen, so dass schon eine Warteliste eingerichtet werden musste – ein weiteres Beispiel dafür, dass es gelingen kann, extrem destruktive junge Menschen zu erreichen. Mit Engagement, und wenn man sie ernst nimmt und es ihnen auch zeigt.

Das eben geschilderte Desinteresse der Eltern hat im Übrigen nichts damit zu tun, dass sie keine klaren Vorstellungen zum gewünschten Arbeitsergebnis der Schulen haben. Das Meinungsforschungsinstitut TNS EMNID hat eine Untersuchung vorgelegt, für die 500 Eltern befragt wurden, die ihre grundschulpflichtigen Kinder zur Nachhilfe schicken. Von den Eltern mit Migrationshintergrund wollten 54 %, dass ihre Kinder einmal das Gymnasium besuchen. Von den deutschen Eltern waren es nur 25 %. Die Einwanderereltern beklagen sich auch nicht über Druck an der Schule. Das ist eher eine deutsche Domäne. In den Nachhilfefächern belegen Deutsch und Mathematik die ersten beiden Plätze. Diese Studie bestätigte eine Befragung türkischer Einwanderer des Instituts Allensbach. Auch hier stellte man einen auffallenden Bildungsehrgeiz fest. 71 % der türkischen Eltern stimmten der Aussage zu: »Meinen Kindern soll es einmal besser gehen als uns.« In der Gruppe aller Eltern waren es nur 41 %. Wenn man also das Verhalten der Eltern im Schulalltag in Beziehung zu ihren Bildungserwartungen stellt, ist eine Diskrepanz in vielen Fällen unübersehbar.

Wenn wir zur Kenntnis nehmen müssen, wie wenig sich im Alltag unserer Schulen in den letzten Jahren geändert hat, dass die Unterstützungsmaßnahmen stets nur halbherzig waren, dann erhalten die am Beginn des letzten Kapitels wiedergegebenen Zitate von Klaus Kinkel und Klaus Wowereit einen bitteren Beigeschmack. Die Auflösung der Hauptschulen in Berlin war richtig und wichtig, kam aber zu spät und ohne ausreichende materielle Unterfütterung. Dazu gesellen sich Wunderlichkeiten: Ich empfinde es noch heute als einen Treppenwitz, dass im Jahre 2008 der Berliner Senat die Klassenfrequenzen in den Grundschulen der Problembezirke – nein, nicht gesenkt, sondern aufgestockt hat, nämlich von 20 auf 24 Kinder. Hintergrund war, dass die Absenkung der Frequenz in den sozial schwierigen Gebieten auf die Missgunst der Parteifunktionäre in den bürgerlichen Bezirken fiel. Das war die berühmte Berliner Solidarität. Insbesondere in der SPD, versteht sich.

JüL und VERA 3 sind Ihnen schon begegnet, aber ich denke, wir sollten diese Themen noch etwas vertiefen. Die Abschaffung der Vorklassen war meines Erachtens ein kapitaler Fehler. Gerade in den Brennpunktlagen waren die Vorklassen eine prima Einrichtung, um die Kinder aus bildungsfernen Familien ein Jahr lang zu trainieren und auf die Schule vorzubereiten. Man kann auch sagen: um sie schulfähig zu machen. Bis heute trauern die Schulen den Vorklassen nach. Ein Vorschulkind machte in diesen zwölf Monaten einen solchen Sprung im Kompetenzerwerb, dass sich der Start in die Schullaufbahn erheblich reibungsloser vollzog als mit der modernen Nachfolgelösung. Diese heißt »jahrgangsübergreifendes Lernen«: JüL. Man kann auch Schulanfangsphase in altersgemischten Klassengruppen

dazu sagen. Das Einschulungsalter wurde auf 5½ Jahre herab-
gesetzt. Die Kombination aus Aufgabe der Vorklasse und gleichzeitigem Absenken des Einschulungsalters bezeichnen Praktiker
als bildungspolitische Katastrophe. Insbesondere Kinder, die vor
der Einschulung nicht mindestens zwei Jahre in einer Kindertagesstätte waren, haben sich zu einer ausgesprochenen Herausforderung für die Lehrer entwickelt. Diese Erstklässler sind teilweise noch sehr kleinkindlich, motorisch sehr stark zurück und
nicht altersgemäß entwickelt, weil sie keinerlei Bewegungserfah-
rung haben, nie herumtoben konnten und immer nur im Auto
oder Buggy hin- und hergekarrt wurden. Das ist einfacher und
geht deutlich schneller, als mit einem kleinen Kind an der Hand
zu laufen. Aus dem Wagen vor den Fernseher – das führt nun
einmal nicht zu einer altersgemäßen Entwicklung. Aber dieses
Thema hatten wir jetzt schon mehrfach.

Zunehmend treffe ich Lehrkräfte, die der Verzweiflung nahe
sind. Sie sagen: »Ich habe nie gelernt, mit ›halben Babys‹ Schule
zu machen.« JüL beruht auf dem Grundsatz, dass ältere, bereits
fortgeschrittene Kinder die Verantwortung für jüngere übernehmen und sie an ihren Kompetenzen teilhaben lassen. Für
die Jüngeren wiederum sind die Älteren ein Vorbild, sie ahmen
sie nach. Das alles funktioniert aber nur, wenn die Älteren über
Kompetenzen verfügen und diese auch verantwortungsbewusst
einsetzen wollen und können. Dort, wo der Kleinere und Schwächere zum willkommenen Opfer wird, oder dort, wo der Ältere
eher Vulgärsprache und körperliche Bedrohung sowie die Erfahrung der Überlegenheit vermittelt, bricht das System zusammen.
Das gilt analog, wenn Kleinere nicht Sozialverhalten und Wissen
vom Älteren aufnehmen, sondern den Beweis antreten wollen,
dass kleiner nicht schwächer heißen muss.

Dieses JüL wurde zum jahrelangen Glaubenskampf in der
Berliner Lehrerschaft. 1000 Lehrer aus Brennpunktschulen unterschrieben damals eine Resolution, in der sie darum baten, JüL
an ihren Schulen nicht einführen zu müssen. Es hörte niemand
hin. Heute sind wir einen Schritt weiter. Inzwischen wird den

Schulen freigestellt, ob sie mit JüL die Schullaufbahn starten oder mit traditionell altersgetrennten Klassen. So, wie es zu jedem Kollegium und zu den Anforderungen des Einzugsgebiets passt. Man hätte in einem Rutsch auch die Vorschulklassen gleich wieder reanimieren können. So viel Revolution hat dann leider doch nicht geklappt. Schade.

Ein ähnlicher Zankapfel ist der bundesweite Leistungstest VERA 3. Auch hier weisen die Schulen in den sozialen Brennpunkten darauf hin, dass dieser Test den Kindern nicht hilft, sondern sie eher zurückwirft. Nach Meinung der Lehrer ergibt es keinen Sinn, Kindern Aufgaben vorzulegen, die sie nicht lösen können. Die sie schon deswegen nicht lösen können, weil sie sie gar nicht verstehen. »Kann man aus Seemannsgarn einen Pullover stricken?« Die Antwort auf diese Frage niederzuschreiben ist für viele Kinder nicht möglich. Sie wissen nicht, was Seemannsgarn ist, sie wissen unter Umständen nicht, was ein Pullover ist, und das Wechseln von einer abstrakten in eine reale Ebene überfordert sie völlig.

Ich könnte noch mehr Beispiele aus VERA 3 zum Besten geben, aber ich möchte nicht, dass Sie eventuell an einer Aufgabe scheitern und traurig werden. Ich habe für meine Person entschieden, mich den Lehrern anzuschließen. Wir produzieren damit nur Kinder, die sich schämen. Oder Kinder, denen wir quasi »staatliches Schummeln« beibringen, weil die Lehrer unerlaubterweise helfen. Um festzustellen, dass die Kinder das nicht können, von dem wir wissen, dass sie es nicht können, brauchen wir den Test nicht. Trotzdem kommt es immer, wie es kommen muss. 38 % der geprüften Drittklässler erfüllen bei uns nicht einmal die Mindestanforderungen im Bereich Leseverständnis (von den Drittklässlern aus Migrantenfamilien sind es über 60 %), beim Zahlenrechnen bleiben weit mehr als 40 % unter den Mindestanforderungen. Einzig positiv ist dabei vielleicht die Kontinuität der schlechten Ergebnisse, könnte man sarkastisch anfügen.

Das desaströse Ergebnis der Prüfung zum Mittleren Schulabschluss habe ich bereits angesprochen. In Neukölln fielen 2012 über 80 % der Realschulprüflinge in Mathematik durch. Im Jahr zuvor waren es »nur« etwas mehr als 70 %. Eine ähnliche Entwicklung ist in ganz Berlin zu beobachten: Es bestanden nur 52 % die Matheprüfung. 2011 waren es 53 %, 2010 noch 67 % und ein Jahr zuvor 69 %. Auf Deutsch: Das Leistungsniveau sackt von Jahr zu Jahr ab. Aber wie erwähnt, diskutieren wir jetzt über das Leistungsproblem mit den Schülern. Das verhilft zum Zertifikat. Das Schwadronieren ist in Berlin eine beliebte Methode, um schwierigen Situationen verbal zu begegnen.

Ein immer wieder gern genommenes Thema sind in Berlin die Schulschwänzer, korrekt bezeichnet als »schuldistanzierte Jugendliche«. Die Überschriften sind martialisch, jeder hat etwas dazu beizutragen, und verbal kann man alle Marterinstrumente mal richtig zähnefletschend zeigen. Zwar ist das wirklich ein wichtiges Thema. Aber in der Praxis bleibt es bei den Drohgebärden. Das geht so weit, dass man nach außen doppelt die Muskeln spielen lässt und im Dienstbetrieb Schulschwänzen gar nicht verfolgt.

Es ist ja auch schwierig. Aktive Schulschwänzer, die einfach keine Lust haben, zur Schule zu gehen, handeln vorsätzlich und sind durchaus gewieft darin, Eltern, Schule und Behörden hinters Licht zu führen. Eltern, die nicht am Schulbesuch ihrer Kinder interessiert sind und wichtige, andere Aufgaben in der Familie für sie haben, sind ein ganz anderes Kaliber. Einigkeit besteht sicher darüber, dass es überhaupt keinen Sinn macht, Schulschwänzer in Handschellen der Schule zuzuführen oder das SEK die Wohnung stürmen zu lassen. Die Verhältnismäßigkeit der Mittel verbietet derartige Gedankenspiele. Trotzdem bleibt die Tatsache, dass fast alle verpfuschten Leben mit dem Schulschwänzen angefangen haben. Nicht jeder Schulschwänzer wird Intensivtäter, aber jeder Intensivtäter war Schulschwänzer.

Ich habe schon angesprochen, dass es Berliner Bezirke gibt, die keine Schulverweigerer kennen. Also müssen sie sich auch keine Gedanken darüber machen, wie man mit ihnen umgeht. Die Glücklichen. Um die Dimension zu verdeutlichen: Als wir noch Hauptschulen hatten, lag dort die Schwänzerquote bei etwa 25 %. Das heißt, ein Viertel der Schüler blieb im Jahr länger als drei Wochen unentschuldigt der Schule fern. Seit der Auflösung der Hauptschulen können wir mit solchen Daten nicht mehr dienen. Der Vergleichswert bei den Gymnasien lag übrigens zwischen 3 % und 4 %.

Wir hatten uns in Neukölln auf eine Linie verständigt, die Maßnahmen und Möglichkeiten anzuwenden, die uns das Gesetz gab. Also, Schulversäumnisse anzeigen, Bußgeldbescheide und – soweit möglich – auch Zuführung zur Schule durch die Polizei. Letzteres war immer heftig umstritten. Die Polizei wollte es nicht, weil es ein undankbarer Job ist, und die Gutmenschen erklärten uns, dass dadurch die jungen Leute nicht besser werden, sondern nur noch verbockter. Das haben wir nie bestritten. Der damalige Schuldezernent und ich waren nicht so weit jenseits von Gut und Böse, dass wir glaubten, durch die Zuführung mit der Polizei würde aus dem »schuldistanzierten Jugendlichen« nun ein Messdiener werden. Wir wollten ihm aber den Vorbildcharakter nehmen. Wir wollten, dass alle anderen Schüler in der Schule sehen, dass es Ärger mit der Polizei gibt, wenn man nicht zur Schule geht. Die Ansprache: »Ey, Alter, Schule ist uncool, lass uns lieber Einkaufscenter gehen, abhängen, im Media-Markt ein bisschen gamen, und vielleicht finden wir einen zum Abziehen. Kannst du ruhig machen, passiert sowieso nichts«, sollte nicht auf fruchtbaren Boden fallen. Das war unser Ziel. Das funktionierte bis 2008 auch recht gut. Dann hatte sich – vermutlich dank einiger Reality-Shows – herumgesprochen, dass man nur die Tür nicht aufzumachen braucht, wenn die Polizei draußen steht, und schon ist diese ausgetrickst und abgewehrt. Das Schwert wurde stumpf. Wir sind nunmehr dazu übergegangen, die Bußgeldbescheide mit der Androhung der Erzwingungshaft zu versehen. Damit haben wir im Moment guten Erfolg. Leider ist uns damit aber die öffentliche Abschreckungswirkung verloren gegangen.

Bei den Bußgeldverfahren wegen Schulschwänzens litten wir in Berlin jahrelang darunter, dass diese von den Verkehrsrichtern mitbearbeitet wurden. Mit welchem Elan sich Verkehrsrichter einem Bußgeldbescheid von 75 Euro wegen fünf Tagen Schulschwänzens widmeten, kann sich jeder vorstellen. Die Verfahren wurden reihenweise eingestellt. Erst als es auf deutliches Drängen der Schulen zu einer Zuständigkeitsverlagerung von den Verkehrsrichtern zu den Jugendrichtern kam, änderte sich die Spruchpraxis.

Die vor ihrem Tod für Neukölln zuständige Jugendrichterin Kirsten Heisig war beim Thema Schulschwänzen gnadenlos. Einsprüche gegen Bußgeldbescheide waren zwecklos oder führten sogar noch zum Aufsatteln der Summe. Selbst sich im Schonbereich wähnende Hartz-IV-Eltern mussten Ratenzahlung vereinbaren; zahlten sie nicht, erließ Kirsten Heisig einen Haftbefehl. Die Geldscheine waren dann noch warm vom Drucken, so rasch gingen sie in der Gerichtskasse ein. Diese Praxis sprach sich schnell herum, genauso wie die Erfahrung, dass Kirsten Heisig durch Nachfragen in der Schule überprüfte, ob die von ihr erlassene Schulweisung befolgt wurde. Wer da schlampte, fing sich einen wunderbaren Nachschlag ein. Solche Dinge zeigten Wirkung. Nicht übermäßige, aber die Verhältnisse verschlimmerten sich auch nicht. Zartbesaitete können entspannen. Es musste nie ein Haftbefehl vollstreckt werden: Wir machten die gleichen Erfahrungen wie die Niederlande.

Ebenfalls der Abschreckung diente der Wachschutz. Die Zahl der Gewaltvorfälle an unseren Schulen, die von außen – also von Schulfremden – in die Einrichtungen hineingetragen wurden, hatte im Jahre 2007 eine beängstigende Höhe erreicht. In jedem Schulmonat kam es zu zwei zum Teil wirklich brachialen Gewalttaten in unseren Schulen. Lehrerinnen und Lehrer, Rektoren, Schülerinnen und Schüler wurden zusammengeschlagen oder gequält.

Eines Tages hatten sich vier arabischstämmige 16-jährige Gymnasiasten bei mir angemeldet. Im Gespräch fragten sie mich, was ich als Bürgermeister dagegen tue, dass Fremde auf ihr Schulgrundstück kämen und sie verprügelten? Ich saß ziemlich bedeppert da. Mangels einer wirklichen Antwort machte ich den vier jungen Leuten gegenüber lichtvolle Ausführungen, wie schwierig diese Frage sei, dass es sich oft um Beziehungstaten handle und dass man ja nicht in jeder großen Pause einen Polizeibeamten auf den Hof stellen könne. Ob sie mir mein Gerede abnahmen, es für glaubwürdig hielten oder nicht, haben sie nie verraten.

Die von den jungen Schülern hinterlassene Frage ließ mich aber nicht los. So kamen ein wenig später der Schuldezernent und ich zu dem Ergebnis, dass wir unsere Schulen schützen müssen. Da die Polizei es mit ihrem Personalbestand nicht kann und wir kein eigenes Personal dafür zur Verfügung hatten, blieb nur die Beauftragung eines externen Wachschutzunternehmens. Das schlug in Berlin ein wie eine Bombe. Schwarze Sheriffs an staatlichen Schulen! Die linke SPD in Berlin stand Kopf. Der damalige Innensenator beschimpfte mich ob des Einsatzes von »paramilitärischen Einheiten« an Schulen. Damit würden wir das Gewaltmonopol des Staates untergraben. Das verstanden wir gar nicht. Hatte uns die Polizeiführung doch belehrt, dass der Schutz des Grundstücks Angelegenheit des Eigentümers sei. Auch das großherzige Angebot, wir sollten doch Kooperationsvereinbarungen mit der Polizei schließen, lief ins Leere. Erstens helfen Kooperationsvereinbarungen nicht gegen einen akuten Angriff, und zweitens gab es die längst. Mit 55 Vereinbarungen standen wir sogar an der Spitze der Berliner Bezirke.

Senatsjuristen prüften alle möglichen Gesetze, ob man Neukölln das nicht verbieten könne. Der Schuldezernent wurde mehrfach in die Gremien des Parlaments einbestellt, um den ketzerischen Plänen abzuschwören. Er hielt es aber mit Martin Luther: »Hier stehe ich und kann nicht anders.«

Wir schrieben damals also den Auftrag aus. Die Firma Dussmann gewann die Ausschreibung. Sie unterschrieb auch den Vertrag. Eine Woche vor Dienstbeginn trat sie überraschend von ihm zurück. Verhandlungen seien zwecklos, das sei eine Anweisung von oben, hieß es.

Wir fanden eine zweite Firma. Diese sagte plötzlich ab, weil sie Schaden von sich und ihren Mitarbeitern abwenden müsse. Sie war stark in die Bewachung der Polizeieinrichtungen in Hessen involviert. Der Verband der Wachschutzunternehmen gab seinen Mitgliedern die Empfehlung, sich nicht um den Auftrag in Neukölln zu bewerben. Es wurde damals an allen Strippen gezogen, um das Projekt zu torpedieren.

Aber wir fanden doch ein Unternehmen, und unter großer Beteiligung der Medienwelt nahm der Wachschutz an Neuköllner Schulen seinen Dienst auf. Nun begann man, die Mitarbeiter zu bespitzeln. Wühlte in ihrer Vergangenheit herum, hinterfragte ihre Ausbildung und suchte nach Schmutz. Es gelang jedoch nicht, die Aktion zu diskreditieren. Das war in meinem gesamten politischen Leben in Berlin der unappetitlichste und bis an den Rand des Strafgesetzbuches reichende Vorgang, den ich miterlebt habe. Durchgehalten haben wir damals nur, weil es auch uns wohlgesonnene »Maulwürfe« in anderen Ebenen gab.

Eine kleine Ergänzung aus der Sparte Unterhaltung gibt es noch dazu. Die Anzahl der Übergriffe in den Berliner Schulen – unter den Schülern oder von außen hereingetragen – war damals recht hoch. Insbesondere die Vorfälle, in denen die Lehrer zur Zielscheibe wurden. Was tat man, um das Thema zu entschärfen? Ganz einfach: Die Meldepflicht wurde so geändert, dass bestimmte Vorfälle nicht mehr unter sie fielen und so nicht mehr in der Statistik auftauchten. Und schon sah die Welt viel friedlicher aus.

Zum Jahresende 2011 mussten wir den Vertrag mit den Wachschützern kündigen. Wir hatten in Folge der Wahlen und des Regierungswechsels keinen beschlossenen Haushalt und somit kein Geld mehr, um einen neuen Vertrag abzuschließen. Es handelt sich um rund 750 000 Euro. Im Jahre 2011 hatten inzwischen 16 Schulen Wachschutz, wobei dieser immer nur auf Antrag der Schule zum Einsatz kam. Er wurde niemandem übergestülpt. Schon am zweiten Schultag ohne Wachschutz kam es in einem Gymnasium zu einem schweren Vorfall mit Drogensüchtigen.

Kurze Zeit später folgte ein weiterer Übergriff: Der einzige deutsche Schüler einer Schule hatte außerhalb der Schule Ärger mit einigen arabischstämmigen Jugendlichen einer anderen Schule, und am Tag darauf kam eine Horde von mehreren Dutzend Jugendlichen in die Schule, stürmte in das Klassenzimmer, räumte die Lehrerin beiseite, zertrümmerte das Mobiliar und schlug den Schüler zusammen. Ein Polizist sagte später, er sei der klassische Opfertyp. Auf Nachfrage der Medien wurde der Vorfall als Folge einer Schneeballschlacht bagatellisiert, und einige Monate später konnte sich niemand mehr so recht an die Sache erinnern. Insgesamt hat sich die Zahl der Fälle von Störungen durch schulfremde Personen, Vandalismus, Beleidigungen und Tätlichkeiten an Neuköllner Schulen seit dem Ende des Wachschutzes nach Aussage der Schulen wieder deutlich erhöht. Deshalb wird es im neuen Schuljahr ab 2013 in Neukölln auch wieder Wachschutz geben.

Glücklich ist jede Stadt, die keinen Wachschutz wegen solcher Verhältnisse benötigt. Wir haben ihn gebraucht. In den vier Jahren des Wachschutzes gab es nicht einen einzigen Gewaltvorfall in einer Neuköllner Schule, der durch Außenstehende ausgelöst oder verursacht worden wäre. Darüber hinaus können die Wachschützer 400 Fälle belegen, bei denen sie durch ihre Anwesenheit und ihren Einsatz Eskalationen und Gewaltvorfälle verhindert haben. Wenn es Maßnahmen in den letzten Jahren in Neukölln gegeben hat, die nachweislich ihren Zweck erfüllt haben, dann gehört der Wachschutz definitiv dazu.

Wo genau wir heute mit unseren Schulen stehen, lässt sich pauschal nicht beantworten. Ich kenne auch nicht jede Schule von innen. Aber ich kenne eine erkleckliche Anzahl mehr, als in diesem Abschnitt zu Wort gekommen sind. Der Fokus lag auf den Bereichen, in denen wir unser Pflichtenheft noch nicht abgearbeitet haben. Dort, wo wir nach wie vor blind sind. Natürlich gibt es Schulen in Neukölln mit einem hervorragenden Profil, musisch, sprachlich, sportlich, naturwissenschaftlich. Es gibt

Schulen, die besuche ich zur Erbauung, um die negativen Erfahrungen nicht zur Norm werden zu lassen, um mich selbst wieder aufzurichten und zum Weitermachen zu motivieren. Ich kenne auch viele Elternvertreter, die einen tollen Job machen. Das alles gibt es. Ich sagte ja bereits, wir haben immerhin 66 öffentliche Schulen.

Natürlich kenne ich auch nicht jeden unserer 3500 Lehrerinnen und Lehrer und nicht jedes Kollegium. Aber ich nehme wahr, dass die Stimmung nicht gut ist. Es hat sich irgendwie ein Duckmäusertum breitgemacht. Die Macht der Political Correctness, öffentliches Mobbing und Resignation haben bei vielen wohl ihren Tribut gefordert. Starke Schulleiterinnen und Schulleiter sind in Pension gegangen. Einige haben sich versetzen lassen. Anderen wurde der Schneid abgekauft. Ich vermisse inzwischen eine ganze Reihe von mutigen Gesprächspartnern. Zum Beispiel den Rektor, der die Äußerungen seiner Schüler nach dem Mord an Hatun Sürücü – *Sie ist zu Recht gestorben, sie hat gelebt wie eine Deutsche* – öffentlich machte und dafür »Prügel« bezog. Ich verneige mich vor denjenigen, die Tag für Tag die Werte unserer Gesellschaft verteidigen und sich nicht kleinkriegen lassen. Egal, wie stark die Hierarchie ihre Krallen unter der Decke zeigt. Ich hatte bereits angedeutet, dass mir Journalisten zunehmend sehr deutliche Hinweise geben, dass sich Aktive aus dem Berliner Schuldienst nicht mehr trauen, ihr Gesicht zu zeigen, ihren Namen zu nennen oder sich überhaupt öffentlich zu äußern.

Die Gesamtsituation hat sich in der Sache nicht viel verändert. Wir haben etliche Schulen ohne Leitung – zum Teil seit Jahren. Es gibt Lehrerinnen und Lehrer, die ausgebrannt sind, und Schulen, bei denen mir eigentlich die Kinder leid tun, weil sie dort hingehen müssen. Wir haben nach wie vor zwangsversetzte Lehrer, die mit den gesellschaftlichen Verhältnissen in Neukölln überhaupt nicht klarkommen. Die auch unsere Einwandererkinder nicht mögen. Die sie hänseln und beschimpfen. Ja, es ist wahr, dass es Diskriminierung an unseren Schulen gibt. Auch in

Neukölln. Ich schäme mich dafür. Aber wo Menschen sind, sind auch Unzulänglichkeiten, Schwächen und Entgleisungen.

Manchmal ist es zum Verzweifeln. Ich stehe eines Abends bei meinem Lieblings-Chinesen, die Inhaberin kennen Sie ja schon. Ein junger Mann spricht mich an, der mich offenkundig erkannt hat. Es stellt sich heraus, er ist 20 Jahre alt, türkischstämmig und hat zwei Jahre zuvor in Neukölln sein Abitur abgelegt. Er engagiert sich ehrenamtlich in einem Projekt, das sich in einer bekannt schwierigen Schule Schülern widmet, um als gutes Beispiel wegweisend zu wirken und Jugendlichen mit Migrationshintergrund politische Bildung nahezubringen. »Vor einem halben Jahr habe ich eine 7. Klasse zur Betreuung übernommen. Die Kinder kamen alle frisch von der Grundschule. Nach dem Neuköllner Weltbild waren sie völlig normal. Ich konnte gut mit ihnen arbeiten. Heute, ein dreiviertel Jahr später, sind fast alle völlig kaputt. Ich kann mit ihnen kaum noch etwas anfangen.« Ob er eine Erklärung für den Wandel habe, frage ich ihn. »Ja«, sagt er, »Alkohol und Drogen. Kiffen tun alle.« – »Und die Lehrer, was machen die?«, entgegne ich. »Gar nichts, die sind auch kaputt und kommen an die Kids noch weniger ran als ich«, war seine resignative Bemerkung.

Der junge Mann war sehr betroffen. Ich merkte, wie sehr die Situation ihm zusetzte. Zum einen, weil er sich die Frage stellte, ob nicht er versagt hätte, und zum anderen, weil ihm klar wurde: Sein Lebensweg und der seiner Schützlinge werden wohl nicht in die gleiche Richtung gehen. Nach einem solchen Erlebnis ist man bedient für den Abend. Nicht einmal Ente kross konnte mich da noch richtig erfreuen. Ich kenne die Schule, von der er mir erzählte. Sie bräuchte dringend unsere Hilfe. Auf 100 freie Schulplätze kamen dort zum letzten Schuljahreswechsel ganze 20 Anmeldungen.

Für die inneren Angelegenheiten einer Schule sind bei uns in Berlin nicht die Bezirke zuständig. Eigentlich haben wir in den Schulen gar nichts zu sagen. Wir dürfen nur die Toilettentüren reparieren oder in Brand gesteckte Teile wieder aufbauen lassen. Dass von den vollmundigen Versprechungen, die ich eingangs zitiert habe, irgendetwas in der Praxis umgesetzt worden wäre, habe ich noch nie erlebt. Im Gegenteil. Wir bleiben wohl die Abschiebestation für die, die man woanders nicht haben will. Aber man wird sie brauchen, diese unsere Kinder, wenn sie die Renten und Pensionen des Bürgertums sichern sollen.

Das wird aber nicht so gehen wie in amerikanischen Kinofilmen, in denen ein »Hero« in der von »Outlaws« beherrschten Schule erscheint und in 90 Minuten alle Probleme löst. Bei uns dauert das ein bisschen länger. Ich glaube, dass es ein guter Schritt war, in Berlin das viergliedrige Schulsystem abzuschaffen. Hauptschule, Realschule, Gymnasium und Gesamtschule. Heute haben wir nur noch zwei Schulformen, die Sekundarschule und das Gymnasium. An beiden Schultypen kann man das Abitur ablegen. Auch Spätstarter bekommen also eine Chance. Am Gymnasium geht es ein bisschen schneller, an der Sekundarschule hat man ein Jahr mehr Zeit. Es gibt keine »Ausländerresteschulen« mehr. Und auch keine Endstationen. Wir wissen, dass pädagogische Reformen ihre Ergebnisse nach etwa zehn Jahren zeigen. Auf das Hopp oder Topp müssen wir also warten.

Den Zeitraum des Wartens können wir aber nicht tatenlos verstreichen lassen. Unsere Schulen brauchen jetzt Hilfe und Unterstützung. Was ganz bestimmt nicht hilfreich ist, ist die Form von Bürokratie pur, wie sie uns immer wieder begegnet.

Ein junger, mit sechs Jahren aus der Ukraine eingewanderter Mann besteht sein Abitur mit der Traumnote 1. Er studiert Biochemie und erhält aufgrund seiner außerordentlichen Studienleistungen vom Fakultätsrat der Uni die Sondergenehmigung, den Masterabschluss zu überspringen und gleich in die Promotionsphase einzutreten. Unmittelbar vor Abschluss seiner Doktorarbeit stehend, arbeitet er als Vertretungslehrer an einer Neuköllner Schule. Die Schule bietet ihm eine Stelle an, die er auch gerne annehmen würde. Doch beide haben die Rechnung ohne den Wirt in Gestalt der Schulbehörde gemacht. Seine höherwertige Qualifikation wird nicht anerkannt, hingegen auf den Masterabschluss gepocht. »Ich verstehe nicht«, so der junge Mann, »wie es sein kann, dass bei dem herrschenden Lehrermangel in den naturwissenschaftlichen Fächern solch unflexible und irrationale Entscheidungen getroffen werden.«

Ich kann das auch überhaupt nicht nachvollziehen. Junge motivierte Nachwuchslehrer, die den höchstmöglichen Abschluss in Deutschland haben und motiviert sind, an einer Problemschule zu arbeiten, wo es keinen Lehrer lange hält, werden mit sinnlosen formalen Bestimmungen vor den Kopf gestoßen.

Das ist vor allem kein Einzelfall. In einer Neuköllner Oberschule ist eine ungarischstämmige Lehrerin mit einem Zeitvertrag tätig. Als Klassenlehrerin in der Brennpunktklasse macht sie einen tollen Job. Deswegen möchte die Schule sie fest anstellen. Der Schulrat ist einverstanden und der Personalrat auch. Doch die hohe Landesschulverwaltung will nicht. Sie hat in Ungarn studiert und einen Abschluss mit zwei Wahlfächern erreicht. In Deutsch und in ungarischer Literatur. Letzteres interessiert hier keinen. Also braucht sie ein neues zweites Wahlfach. Das will sie auch gerne nachholen. Leider geht das nur mit einer Festanstellung. Eine Festanstellung erhält sie aber nur, wenn sie ein zweites Wahlfach hat. Alles klar?

Die beiden vorstehenden Fälle zeigen deutlich, wo wir trotz allen Geredes wirklich stehen und weshalb wir an manchen Stellen nicht weiterkommen. Schade. Wie gut hat es da der Rektor in London.

Dabei wird es Zeit für uns. In Deutschland erlangen etwa 40 % der Schüler die Berechtigung zum Hochschulstudium. Mexiko und die Schweiz schaffen noch weniger, aber ansonsten schneidet kein OECD-Staat schlechter ab. An der Spitze stehen Irland, Israel, Finnland, Polen, Schweden, die alle 80 % bis 90 % auf die Waage bringen. Nun muss man davor nicht in Ehrfurcht erstarren. In anderen Ländern sind Berufe an eine Hochschulausbildung gebunden, die bei uns einen anderen Bildungsweg haben. Beispiele hierfür sind die Meisterausbildung, die man in anderen

Ländern so gar nicht kennt, oder das Berufsbild der Erzieher, das in anderen Ländern den Lehrern gleichgestellt ist und eine Hochschulausbildung erfordert. Eine Grundbedingung aber bleibt bestehen. Ob Hochschulausbildung oder nicht, Lesen, Schreiben und Rechnen muss jeder beherrschen. Egal, ob er aus Neukölln kommt, aus Badenweiler oder von der Elbchaussee.

Ich möchte dieses Kapitel mit einer kleinen Geschichte beenden, die so irre ist, dass man sie gar nicht glauben mag. Sie stimmt aber, ich war dabei.

Zur Schlusskonferenz des »Forums demographischer Wandel« war ich beim Bundespräsidenten im Schloss Bellevue eingeladen. Zum Einstieg gab es ein Panel – man kann auch Gesprächsrunde sagen – mit vielen dekorierten und renommierten Wissenschaftlern. Plötzlich erklärte ein Teilnehmer, dass er auf dem Weg zur Veranstaltung eine wunderbare Geschichte in der Zeitung gelesen habe: Eltern aus einem Berliner Nobelviertel hätten sich zu einer Initiative zusammengeschlossen und Bildungspatenschaften für Neuköllner Schüler übernommen. Diese Patenschaften wollten sie beleben, indem sie die Kinder aus Neukölln mit dem Auto von zu Hause abholen und sie dann nach Zehlendorf in die Schule fahren. Die Initiative hatte 20 Köpfe, alle gut betucht, und gab sich den Namen »Lift-Power – Zehlendorf hilft«. Der Fahrdienst sollte die Kinder jeden Morgen holen, damit es nicht zu Schulversäumnissen kommt. Nach der Schule würden die Neuköllner Kinder noch für eine Stunde nach Hause geholt. Es würde Snacks geben, und die Schüler würden sich gegenseitig *Harry Potter* vorlesen. Danach würden die Neuköllner wieder nach Hause gebracht. Es gab in dem ganzseitigen Pressebericht noch viele weitere Schmankerl, die würden an dieser Stelle aber zu weit führen.

Das gesamte Auditorium hochgeistiger Menschen war beeindruckt. Alle schauten sich an, nickten sich zu, der Bundespräsident war gerührt, und viele drehten sich zu mir um, wohl mit dem Gedanken: *Siehste, Buschkowsky, wird doch! Nicht immer alles mies machen.* In der anschließenden Kaffeepause wurde ich von mehreren Teilnehmern gefragt, wie ich zu dem Projekt stehe. Leider war ich auf dem falschen Fuß erwischt worden und peinlich berührt. Ich kannte die Aktion überhaupt nicht. Hastig fragte ich per Handy im Rathaus und im Schulamt nach. Doch keiner wusste etwas. So konnte ich mich nur in Belanglosigkeiten des Smalltalks retten, um das Gesicht zu wahren.

Am nächsten Tag kam die Auflösung: Die Veranstaltung hatte am 2. April stattgefunden, und der Artikel war am Tag zuvor erschienen. Es war nichts weiter als der Aprilscherz einer Zeitung. Aber die Geschichte war so schön, und die Spitze der Republik wollte sie halt glauben.

Das System Neukölln

Es ist gar nicht so lange her, dass die Integrationspolitik sich zur zentralen Herausforderung unseres kommunalen Wirkens entwickelt und Eingang in unsere Neuköllner Strategien gefunden hat. Noch 1989 war im bezirklichen Wahlprogramm der SPD kein Abschnitt zur Integration zu finden. In den politischen Kernforderungen war das Thema nicht enthalten. Auf 32 Seiten findet sich nur ein einziger Satz: »Die hohe Bevölkerungsfluktuation und die Konzentration der Mitbürger ausländischer Nationalität führen im Innenstadtbereich zu problematischen Strukturverschiebungen im Bezirk.«

Nach der alles überlagernden Euphorie des Mauerfalls waren Mitte der 1990er Jahre die Veränderungen des öffentlichen Raums und die beginnenden sozialen Verschiebungen nicht mehr zu übersehen. Folgerichtig findet sich dann auch seit der Wahl 1995 in jedem Programm ein Abschnitt zur Integration, zu Sprache oder Bildung.

Von 1995 bis 1999 war ich Jugenddezernent. In diesem Job erlebt man Veränderungen in der jungen Bevölkerung in voller Breitseite. Das ging mir nicht anders. Immer wieder forderten Jugendliche lautstark die Einrichtung eines eigenen Jugendclubs. Auf den Hinweis, dass es doch schon einen Club ganz in der Nähe gebe, hieß es dann: »Mit denen da wollen wir nichts zu tun haben.« Ich musste sehr schnell einsehen, dass Jugendlicher nicht gleich Jugendlicher ist. Sondern dass eben arabische Jugendliche Einrichtungen meiden, die von türkischen dominiert werden, und umgekehrt. Besitzansprüche erhielten eine völlig neue Dimension. Jugendliche, die z. B. westlich der Hermannstraße

wohnten, wurden im Club, der von Jugendlichen östlich der Hermannstraße beherrscht wurde, weggebissen. Ich lernte zu dieser
Zeit, was es heißt, wenn junge Menschen zu Gewalt und zum
Egoismus erzogen werden. Entscheidend war, wer der Stärkste in
der Gruppe und welche Gruppe die stärkste in der Gegend war.
Schon vor meiner Zeit, Anfang der 90er Jahre, musste der Bezirk
mehrfach Jugendeinrichtungen aufgrund der Gewaltproblematik
schließen. Der damalige Jugenddezernent war ein Grüner.

Wir begannen damals, Stück für Stück ein System von kleineren Stadtteilläden aufzubauen, um den einzelnen regionalen und
ethnischen Gegebenheiten Rechnung zu tragen. Im Rückblick
glaube ich, das waren die ersten praktischen Reaktionen unserer
Bezirksverwaltung, sich auf die veränderten Bevölkerungsstrukturen einzustellen.

Etwa in demselben Zeitraum begannen auch unsere Schulen
darüber zu klagen, dass vermehrt Kinder zur Einschulung kämen, deren Sprachstand eine Beschulung eigentlich nicht zulas-
se. Sie waren nicht schulfähig. Sie zu Hause zu lassen, war aber
auch keine Lösung. So fingen wir an, mit der Sprachausbildung
in Kindertagesstätten zu experimentieren. Darüber aber mehr
im nächsten Kapitel.

Während bei uns in Neukölln die Problemdichte allmählich,
aber stetig zunahm, reagierte man in anderen Bezirken oder in
der Landespolitik zunehmend genervt auf dieses Thema. »Nicht
schon wieder die Neukölln-Nummer«, bekam ich immer wieder
zu hören, wenn ich überregional auf die sich abzeichnende Entwicklung hinwies. Einen Hoffnungsschimmer gab es 1998, als
der damalige Regierende Bürgermeister Eberhard Diepgen mit
riesigem Medienrummel durch die Bezirke zog, um sich über Integrationsprobleme sachkundig zu machen. Er forderte uns auf,
alle Dinge, die wir für wichtig hielten, aufzuschreiben und ihm
zu schicken. Er werde dann für Abhilfe sorgen. Der Neuköllner
Brief muss auf dem Postweg verlorengegangen sein.

Es war wohl die Summe der herben Enttäuschungen, die
die SPD Neukölln nach der Rathausübernahme 2001 dazu ver-

anlasste, die Grundausrichtung ihrer Politik völlig zu verändern. Auf eine Kurzformel gebracht, lautete damals unser Credo: Nicht jammern, sondern die eigenen Kräfte mobilisieren und nutzen und die anderen krähen lassen, was sie und wie lange sie wollen. Im Prinzip haben wir das bis heute durchgehalten. Das hat sicherlich die Zahl unserer Freunde in der eigenen Partei übersichtlich gehalten, die Zuneigung unter den führenden Genossen bis an die Nachweisgrenze reduziert, aber unsere Wahlergebnisse kontinuierlich gesteigert.

Im Jahre 2001 war also nach 17 Jahren christdemokratischer Bürgermeister, davon elf Jahre mit absoluter Mehrheit, eine politische Wachablösung erfolgt. SPD, Grüne und Linke schlossen sich zusammen, um eine neue Integrationspolitik zu kreieren, die auch einen Paradigmenwechsel weg von der bisherigen Leitlinie »Wir haben alles im Griff, alles wird gut« bedeuten sollte. Dieser Zusammenschluss, dem viele im politischen Berlin eine Halbwertszeit von maximal sechs Monaten zugetraut hatten, hielt immerhin acht Jahre. Alle für den Bezirk wesentlichen Weichenstellungen sind in dieser Zeit erfolgt. Auch wenn die Partner von einst heute in nur sehr eingeschränktem Maße noch Sympathien füreinander empfinden, so wird man in einer retrospektiven Betrachtung diese Epoche einmal als ausgesprochen fruchtbar für Neukölln beurteilen. Im Geschichtsspeicher zählt das Ergebnis. Für lächerliche Animositäten und kleinkarierte Kindereien ist da kein Platz. Wir konnten zwar die fast naturgesetzlichen Entwicklungen nicht anhalten und auch nicht rückgängig machen, weil eine Bezirksverwaltung nicht über die großen Stellschrauben verfügt. Aber wir haben viele Impulse gesetzt und mit innovativen Projekten bewiesen, dass man Integration machen kann und nicht passiv auf sie warten muss. Ich denke, Neukölln würde heute anders aussehen, wenn nur ein Bruchteil der Sonntagsreden und vollmundigen Versprechungen durch Land und Bund in die Tat umgesetzt worden wären. Es ist eben keine nachhaltige Politik, sich, wenn alle Medien da sind, in einem Konvoi aus schwarzen Dienstwagen vor die Rütli-Schule vorfahren zu lassen, eine Stunde ein wichtiges Gesicht zu machen und dann auf Nimmerwiedersehen abzurauschen.

Wir fingen ganz klein an und setzten erst einmal einen Migrationsbeauftragten und einen Migrationsbeirat ein. In einem Bezirk mit 120 000 Einwanderern gab es beides bis dahin nicht.

Das Ziel unserer Politik war nicht der nächste Workshop, nicht die nächste Resolution und nicht die nächste Seminarübung. Unsere Arbeit sollte (und soll immer noch) nachprüfbare, praktische Ergebnisse haben. So entstand unser Kollege UDO: unmittelbar, direkt, operativ – das war und das ist unser Handlungsansatz. Im Laufe der Jahre entwickelten sich daraus Grundsätze und ein ganzes Konzept. Mit unserer Berufung in den Kreis der Intercultural Cities erhielten wir dafür sogar internationale Weihen. Aus dem Konzept nach außen entstand zwangsläufig ein Leitbild zur interkulturellen Öffnung der Verwaltung des Bezirksamtes Neukölln.*

An dieser Stelle möchte ich lediglich die Präambel unserer Integrationspolitik und die zehn Grundsätze wiedergeben:

>>Präambel

Integrationspolitik vollzieht sich weder von allein noch ist sie die Angelegenheit Einzelner. Sie ist vielmehr ein hochkomplexer wie hochsensibler Vorgang, der eine offene und aufnahmebereite, aber auch konfliktfähige Gesellschaft erfordert. Die Hinzukommenden hingegen müssen Integrationswilligkeit, Lernfähigkeit und Anpassungsbereitschaft mitbringen. Für die individuell beteiligten Personen können die einzelnen Schritte bis zur erfolgreichen Bewältigung dieses Prozesses, also bis zum Abschluss einer erfolgreichen Integrationskarriere, als anstrengend, widersprüchlich und voller Zweifel empfunden werden, einschließlich einer Identitätsreflexion. Die

---

* Abrufbar unter: http://www.berlin.de/ba-neukoelln/migrationsbeauftrag ten/integrationspolitik.html

Aufnahmegesellschaft läuft gleichzeitig immer Gefahr, aus Gleichgültigkeit, Ignoranz und Überfremdungsängsten die notwendigen Anstrengungen zu unterschätzen oder auch zu unterlassen, die Migranten zu über- oder unterfordern bis zu falsch verstandener Liberalität, die Integrationsnotwendigkeit in die Beliebigkeit zu stellen. Die Folgen gescheiterter Integrationspolitik sind immer gefährdete bzw. verlorene Wohnquartiere einerseits und misslungene Lebensentwürfe und Lebensverläufe andererseits. Schuldzuweisungen erfolgen stets wechselseitig in Form der beklagten Opferrolle wie der postulierten Integrationsverweigerung.

In Neukölln versuchen wir, diesen Zyklus zu durchbrechen. Dieses ehrgeizige Vorhaben kann weder in Neukölln noch gesamtgesellschaftlich durch singuläre Aktionen oder Einzelkämpfer zum Erfolg geführt werden. Nur ein Netzwerk mit umfassenden Kompetenzen, vielfältigen Ansätzen und Möglichkeiten, gebündelten Ressourcen auf und aus unterschiedlichen gesellschaftlichen Ebenen ist in der Lage, die multiplen Herausforderungen zu meistern. In Neukölln besteht dieses Netzwerk aus so gut wie allen Akteuren des Sozialraums. Öffentliche wie freie Träger, Bezirks-, Landes- und Bundesinstitutionen, Verbände und Vereine, politische Initiativen wie bürgerschaftliches Engagement, deutschstämmige Bürger wie Neuköllner mit Migrationshintergrund arbeiten gemeinsam am Laboratorium Neukölln, einem Schmelztiegel und Dienstleister der Integration für die Gesamtstadt.

Zehn Grundsätze:

1. Alle Menschen in Neukölln leben nach den Werten und Regeln der freiheitlichen, demokratischen Grundordnung. Es gilt der Grundsatz der sozialräumlichen Mischung.
2. Wir nehmen Zuwanderer als gleichberechtigte und gleichverantwortliche Partner ernst.
3. Jeder erhält die Chance auf einen eigenen Lebensentwurf und ein selbstbestimmtes Leben.

4. Ein tolerantes Neukölln akzeptiert jeden und hat klare Regeln. Wer gegen diese Regeln verstößt, muss mit der Intervention der Gemeinschaft rechnen.

5. Leistungsbereitschaft und die eigenen Fähigkeiten wie Kompetenzen sind der Motor für den gesellschaftlichen Aufstieg.

6. Bildung ist der Schlüssel zur Integration.

7. Integrationspolitik kann nie durch Projektpolitik gelingen.

8. Regelsysteme müssen sich dem Bevölkerungswandel anpassen.

9. Unsere Integrationspolitik orientiert sich an den konkreten Lebenslagen und Problemen der Menschen.

10. Wir definieren und lösen Probleme gemeinsam.«

Es ist sicher nur eine Petitesse, aber sie ist symptomatisch: An welcher Stelle der zehn Grundsätze, glauben Sie, haben sich leidenschaftliche Diskussionen entfacht? Richtig, Grundsatz vier, zweiter Satz. Es ist bei uns eben gesellschaftspolitisch immer noch so, dass allein schon die Erwähnung von Sanktionen gegen die Verletzungen von Gemeinschaftsregeln als anstößig und totalitär empfunden wird. Dahinter steckt diese Lebensphilosophie: *Regeln sind für die gut, die sich daran halten. Aber sie sind ein unverbindlicher Vorschlag. Wenn jemand sich nicht daran halten will – auch gut.* Dass die Regelverweigerung so gut wie immer zu Lasten der Allgemeinheit geht, ist halt der Preis, den die Gemeinschaft für die Individualität Einzelner zu tragen bereit sein muss. Das ist eine Logik, die mir fremd ist, aber eine nette Reinwaschargumentation von gesellschaftlichen Parasiten.

Den Startschuss gaben damals die Sprachkurse der Volkshochschule Neukölln. Auslöser war, dass mehr Bewerber eine Ablehnung zum Sprachkurs erhalten mussten, als wir Zusagen erteilen konnten. Das passte aus unserer Sicht nicht so sehr zur Aufforderung, alle Einwanderer sollen Deutsch lernen. Wir bauten unsere Volkshochschule um drei weitere Sprachzentren aus, und so ist das kleine Neukölln heute einer der größten Einzelanbieter auf dem Sektor »Deutsch als Zweitsprache«. Im Jahr 2011 haben in 580 Sprachkursen 6800 Teilnehmer aus 110 Nationen 62 000 Unterrichtsstunden erhalten.

Ein weiterer Schritt hin zu einer Willkommenskultur gelang mit der Umgestaltung unserer Einbürgerungen. War das Überreichen der Einbürgerungsurkunde früher ein bürokratischer Vorgang in einem schmucklosen Büro, so ist es heute Teil einer zweimal monatlich stattfindenden feierlichen Zeremonie. Der Vorsteher der Bürgervertretung, der Bürgermeister oder ein Dezernent begrüßen die Einzubürgernden, führen mit jedem einen kleinen Smalltalk und stehen für ein Erinnerungsfoto zur Verfügung. Alles wird umrahmt mit Musik, und zum Abschluss singen alle mehr schlecht als recht die deutsche Nationalhymne. Letzteres ist kein nationalistischer Fahnenappell. Den Neubürgern soll lediglich die Gelegenheit gegeben werden, einmal bewusst zur Kenntnis zu nehmen, wie sich die Nationalhymne anhört, die nun auch die ihrige ist.

Ich habe im Laufe der letzten Jahre ungefähr 6500 Menschen eingebürgert. Die Auswirkungen sind auf der Straße spürbar. Oft winken mir Menschen zu oder sprechen mich an. Sie kennen eben ihren Bürgermeister von der Einbürgerung. Übrigens: Nicht wenige Neu-Neuköllner haben Spaß an der Feierstunde. Viele bringen Angehörige und Blumen mit, haben ihren feinsten Anzug an und sind sichtlich gerührt. Manche kommen auch mehrfach, nur so zum Zuschauen. Die paar, die mir die Hand nicht geben oder vor der Nationalhymne rausrennen, verkrafte ich da leicht. Selbst meine Streetfighter benehmen sich. Na also, geht doch.

Seit 2004 haben wir im Rathaus die Aktion »Bürger helfen Bürgern«. Türkische und arabische Vereine bieten wochentags Beratung in ihrer jeweiligen Muttersprache an. Es werden Briefe erklärt, Anträge ausgefüllt oder auch Hilfestellungen beim direkten Behördenkontakt geleistet. Gut 2500 Beratungsgespräche im Jahr finden so statt. Bis jetzt etwa 20 000. Ein schöner Erfolg.

Die Selbsthilfe-Aktion entstand aus der Forderung des Türkisch-Deutschen Zentrums und des Vereins AKI (Arabisches Kultur-institut) nach mehr Orientierungshilfe für die Einwanderer im Behördenverkehr. Ich bot damals an, Räume, Telefon und Computer kostenlos zur Verfügung zu stellen. Nicht jammern, sondern eben tun, riet ich. Der Hinweis wurde aufgenommen. Der Start war schwierig. Und für einige politische Mandatsträger war das Überlassen eines Rathaus-Raumes schon die Vollendung der Landnahme. Es gab Testanrufe, Kontrollbesuche und Ausspähungen. Eigentlich war das auch fast wieder unterhaltend.

Entsprechend unserem Leitbild zur interkulturellen Öffnung haben wir seit 2006 auch ein besonderes Augenmerk darauf gelegt, dass vorhandene Ausbildungsplätze mit jungen Leuten aus Migrantenfamilien besetzt werden. In Zahlen bedeutet das, dass wir seither von 183 Auszubildenden für den Beruf des Verwaltungsfachangestellten 72 junge Leute mit Migrationshintergrund ausgebildet haben bzw. noch ausbilden. Das sind knapp 40 %. Bei diesen jungen Leuten gibt es zwei Auffälligkeiten. Männer sind eindeutig unterpräsentiert. Ein Beruf im Büro entspricht nicht dem, was aus ihrer Sicht die Aufgabe eines Mannes ist. Als ich einmal einen jungen Mann fragte, ob er nicht Lust habe, sich im Rathaus zu bewerben, lautete seine Antwort: »Glaubst du, ich bin schwul, oder was?« Die verquere Erziehung mit dem Männlichkeitswahn früherer Zeiten begegnet einem immer wieder.

Der zweite Aspekt ist, dass wir bei der Ausbildung lernen mussten, wie extrem unterschiedlich die Ausstattung mit sozialen Kompetenzen ist. Die Ausschläge sind enorm. Die Zeiten, in denen ein gewisser Grundlevel an Benehmen, Pünktlichkeit und Lernbereitschaft vorausgesetzt werden konnte, sind offenbar vorbei. Einige der jungen Leute kriegen sich auch nach mehrfachen Beratungen und Ermahnungen nicht ein. Sie nehmen arbeitsrechtliche Maßnahmen in Kauf, fühlen sich dann aber sofort diskriminiert und verfolgt, weil sie doch Ausländer sind. Diejenigen allerdings, die rundlaufen und bei denen die Basics, also Grundrechenarten und Umgangssprache stimmen, sind dann wiederum auch gleich wieder Vorbilder für die deutschen Azubis. Nur um Missverständnissen vorzubeugen, gebe ich den Hinweis, dass wir fehlende schulische Kompetenzen mit Nachhilfe während der Arbeitszeit auszugleichen versuchen.

Trotzdem sind wir schließlich um die Erkenntnis nicht herumgekommen, dass uns als einer nicht im Produktionsprozess stehenden Behörde Grenzen gesetzt sind. Eine Ausbildungsstelle kann nun einmal nicht die Erziehung von Mama und Papa oder die Grundschule ersetzen. Unser stolzes Vorzeigeprojekt zur Ausbildung benachteiligter Migranten haben wir letzten Endes nach drei Jahren einstellen müssen. Unsere Ausbilderinnen und Ausbilder waren einfach nicht länger bereit, Prellbock für die vorhandenen massiven Defizite unfertiger und leider auch zum Teil unwilliger junger Menschen zu sein. Jedem Sprücheklopfer nach dem Motto »Da müssen sich die Arbeitgeber eben anstrengen, den maßgeschneiderten Azubi gibt es nun mal nicht« empfehle ich die Probe aufs Exempel bei sich selbst.

Wir legen großen Wert auf die Förderung von Begabungen außerhalb des Standardbereichs. Ein Ansatz ist hierbei der Ausbau unserer Musikschule. In den letzten Jahren haben wir erhebliche Mittel investiert, um schon eine frühkindliche Förderung in der Musikschule zu ermöglichen. Das soll ein Baustein gegen die Segregation sein. Keine Familie verlässt Neukölln, weil das Kind hier keinen Geigenunterricht bekommt, lautet das einfache Konzept. 200 Honorarkräfte kümmern sich tagtäglich um die Musikschüler. Es gelingt uns auch immer wieder, der Musikschule neue Übungsräume und Aufführungsmöglichkeiten zu verschaffen. Das Projekt »Musik – Sprache – Bewegung« soll jedem Neuköllner Kind zwischen drei und sieben Jahren die Möglichkeit geben, ein Jahr kostenlose Förderung durch Musik zu erhalten. Der Unterricht findet in den Kindertagesstätten oder in der Musikschule in Gruppen von acht bis zwölf Kindern statt. Beim gemeinsamen Musizieren wird die Teamfähigkeit von Kindern mit unterschiedlicher sozialer, ethnischer und kultureller Herkunft gestärkt. Sie sollen lernen, aufeinander zuzugehen, dem anderen zuzuhören und ihn mit seinen Schwächen und Stärken zu akzeptieren. Die Musikschule ist eine wichtige Kulturwerkstatt der Integration, ohne dass es draußen dran steht. Leider ist es so, dass bildungsferne Eltern die Bedeutung des Musizierens für ihre begabten Kinder nicht erkennen wollen und sich nach dem Jahr der Kostenfreiheit zurückziehen. Wenn es anfängt, Geld zu kosten, ist Schluss mit lustig. Diese Erfahrung hatten wir bereits mit Schnuppertanzkursen gemacht, die nach der kostenlosen Phase nur noch auf geringes Interesse stießen. Da hilft auch BuT nicht – das Bildungs- und Teilhabepaket, das einen Teil der Kosten übernimmt.

Aufgrund unserer Erfahrungen, dass kleine Schlampereien wie häufiges Zuspätkommen, beginnende Aggressivität gegenüber Lehrern und asoziales Verhalten gegenüber Mitschülern die Vorboten von schwerwiegenden Verhaltensauffälligkeiten sind, haben wir in Neukölln das System der Schulstationen immer weiter professionalisiert. Ursprünglich hatte der Senat dieses Projekt angestoßen. Als es dann darum ging, es zu verfestigen und auszubauen, versiegte der Geldstrom. Da die Schulstationen jedoch eine solch positive Wirkung erzielten, entschlossen wir uns, das Netz aus eigenen Mitteln weiter auszubauen. Im Jahre 2005 verfügten wir über vier Schulstationen, 2006 waren es schon sechs, und 2008 erweiterten wir das Angebot um zusätzliche zehn. 2013 kommen sieben Schulstationen hinzu, so dass dann 23 Grundschulen über diese aus Bezirksmitteln finanzierte Hilfestellung verfügen.

Schulstationen sind bei uns ethnisch gemischte Sozialarbeiterteams, die auf Hinweis aus der Lehrerschaft die Betreuung einzelner Schülerinnen und Schüler schulbegleitend übernehmen. Sie machen präventive Angebote zur Vermeidung von Schuldistanz, beraten bei Konflikten und suchen Problemlösungsstrategien. Auch die Kontaktaufnahme zu den Eltern, Hausbesuche und die Stärkung des Selbstwertgefühls von Schülerinnen und Schülern gehören in das Aufgabenspektrum. Die Schulstationen stellen also eine Erweiterung der Professionalitäten und des Leistungsspektrums über das reine Lehrerkollegium hinaus dar. Sie übernehmen Einzelaufgaben, kümmern sich um Schulschwänzer, helfen Schülern bei der Bewältigung ihrer Probleme oder schlichten Konflikte zwischen den Kids. Das alles erfordert oftmals weit mehr Zeit, als eine Lehrkraft aufbringen könnte. Die Kosten pro Schulstation belaufen sich auf 75 000 Euro im Jahr.

Beim Start hatten wir die Schulstationen organisatorisch dem Jugendamt zugeordnet. Das entsprach einer üblichen Regelung im Land Berlin. In der Praxis verschoben sich die Tätigkeitsfelder jedoch immer mehr in Richtung Jugendhilfe und allgemeine Jugendarbeit. Die Aufgaben der schulbegleitenden, insbesondere schulunterstützenden Arbeit traten in den Hintergrund. So war das aber nicht gedacht, denn nun entstand ein Konkurrenzdenken und Konkurrenzverhalten. Eigentlich die traditionelle Hassliebe zwischen Jugendarbeit und Wissensvermittlung oder Sozialpädagogik und Pädagogik. Jugendamt und Schulamt, Jugendeinrichtungen und Schulen mochten sich in Berlin noch nie. In Schulzentren eingelagerte Jugendclubs scheiterten. Additive Vorklassen in Kindertagesstätten scheiterten ebenfalls. Und sozialpädagogisches Personal hat sich stets vom pädagogischen schlecht behandelt gefühlt (und umgekehrt).

Aus den im Alltag hinderlichen »Menscheleien« haben wir die Konsequenzen gezogen. Seit dem Schuljahr 2011/2012 sind die Schulstationen organisatorisch und personell den Schulen zugeordnet. Das gefällt natürlich dem Jugendwesen nicht, und so beschäftigen wir uns wieder mit uns selbst, statt uns unseren gesellschaftlichen Aufgaben zu widmen. Nichts ist so schön wie die Verwaltungsonanie und das Gerangel um Zuständigkeiten.

Eigentlich beschränke ich mich in diesem Kapitel auf Dinge, die der Bezirk ins Leben gerufen hat, die also in der öffentlichen Hand liegen. Ich will bei zwei Initiativen davon abweichen, weil sie für das Gesamtthema wichtige Fingerzeige geben. Das eine ist das Projekt »Hürdenspringer«, das einen sehr positiven Verlauf nimmt. Das andere ist das Projekt »Hauptschüler in den Beruf« (HiB), mit dem wir gescheitert sind.

Der Träger von »Hürdenspringer« ist das Unionhilfswerk. Nach einer Aufbauphase 2008 hat das Projekt 2009 seinen regulären Betrieb aufgenommen. »Hürdenspringer« ist ein Mentorenprojekt 1:1 für Schülerinnen und Schüler ab der 8. Klassenstufe. Derzeit sind zwei Neuköllner Sekundarschulen und ein Gymnasium einbezogen. Das Prinzip ist schnell erläutert. Ein ehrenamtlicher Erwachsener begleitet als Pate einen Jugendlichen aus prekären Familienverhältnissen bis zum Abschluss der 10. Klasse. Der Pate inspiriert das Freizeitverhalten, kümmert sich begleitend um den Schulbesuch und die Hausarbeiten, berät beim Berufswunsch, hilft bei der Praktikumssuche und ist einfach für seinen Jugendlichen immer da. Er ist Elternersatz. Über 150 Tandems gibt es inzwischen. Der Erfolg kann sich sehen lassen. Die schulischen Fehlzeiten wurden zu 100 % beseitigt, und in 90 % aller Fälle gab es eine erfolgreiche Berufswahl mit einem Ausbildungs- oder Studienplatz. Hier zeigt sich wieder einmal: Wenn ein Dritter einspringt und die vakante Stelle einnimmt, die eigentlich das Elternhaus besetzen müsste, nimmt das Leben der jungen Menschen einen anderen Verlauf. Es sprengt aber die Möglichkeiten der Gesellschaft, allen Einwanderern und ihren Kindern einen individuellen Betreuer an die Hand zu geben, der ihnen alle Wechselfälle des Lebens abnimmt und für sie regelt. Also das Rundum-Sorglos-Paket.

Das Projekt HiB unter der Trägerschaft der Arbeiterwohlfahrt verfolgte die gleiche Zielrichtung, aber auf einem anderen Weg. Es wandte sich ebenfalls an junge Menschen der 8. Klasse. Wenn sie zwei Jahre lang freitags und samstags einige Stunden »Nachhilfeunterricht inklusive Firmenpraktika« im weitesten Sinne wahrnahmen, dann sollten sie dafür einen garantierten Ausbildungsplatz erhalten. Das Projekt startete mit 24 Schülerinnen und Schülern, am Ende der Laufzeit waren vier davon übriggeblieben. Der Rest hatte nicht durchgehalten. Ich weiß, dass diese Form der Unterstützung in anderen Städten der Bundesrepublik erfolgreich durchgeführt worden ist. Vielleicht ist der Großstadt-Effekt ein zu starker Gegner gewesen.

Unser Jugendamt beteiligt sich an dem Jugendberatungshaus des Neuköllner Netzwerkes Berufshilfe, das junge Menschen beim Übergang von Schule zum Beruf begleitet. »Ich bin Jugendlicher in Neukölln und habe den beruflichen Anschluss verpasst. Ich will etwas tun, weiß aber nicht, wie …« beschreibt dessen Zielgruppe: Jugendliche, die es ohne Hilfe Dritter nicht packen. Das Projekt ist wieder ein gutes Beispiel für die Verzahnung verschiedener Träger. Arbeitsagentur, Jobcenter, berufsbildende Schulen und Jugendhilfe wursteln nicht jeder vor sich her, sondern ziehen Honig aus ihren Schnittstellen. Im Jugendberatungshaus werden im Jahr etwa 4000 Neuköllner Jugendliche beraten, darunter über 60 % mit Migrationshintergrund. Ein durchaus beachtlicher »Gebrauchswert« der Einrichtung.

Zwei Projekte führen wir derzeit im Versuchsstadium. Das eine nennt sich die »Task Force Okerstraße«. Es richtet sich gegen die Verwahrlosung des öffentlichen Raums und kümmert sich um überforderte Nachbarschaften. Das andere ist ein Schulschwänzer-Internat – offiziell »Schulwohnprojekt« genannt – für junge Leute, die eigentlich willig sind, aber immer wieder den Versuchungen des Milieus erliegen.

Die Task Force ist in einem Gebiet tätig, das gekennzeichnet ist durch einen mit randständigen Menschen hoch belasteten öffentlichen Raum und vielfach illegal vermietete, völlig verwahrloste Häuser, an denen sich Mietabzocker eine goldene Nase verdienen. Denn hier werden nicht Wohnungen, sondern bis zu 20 Schlafplätze pro Wohnung à 100 bis 300 Euro pro Monat vermietet. Die Begleiterscheinungen solcher Vermietungsstrategie kann sich jeder vorstellen: Die hygienischen Bedingungen sind katastrophal, ein ständiges Kommen und Gehen »neuer Nachbarn« schafft Unruhe und Unsicherheit im Wohnumfeld.

Das Quartiersmanagement Schillerpromenade hat darauf reagiert und die Idee für ein Projekt entwickelt, welches von seinem Quartiersrat als Bewohnervertretung mit großer Mehrheit beschlossen wurde. Die TFO, wie sie in Kurzform genannt wird, ist eine Kooperation zwischen Quartiersmanagement, tangierten Verwaltungen und Polizei. Vor Ort wurde ein Träger der Sozialarbeit damit beauftragt, Einfluss auf die Verhältnisse zu nehmen und mit der TFO zusammenzuarbeiten. Es geht um die Organisation eines halbwegs friedlichen Miteinanders und eines einigermaßen belastungsarmen Lebens für alle. Dafür müssen einige Problemgruppen ihr Verhalten ändern: Wir lassen die Leute nicht in Ruhe. Das ist natürlich repressiv. Deswegen gibt es aus der bekannten politischen Szene auch militanten Widerstand gegen das Projekt. Immer wieder eingeschlagene Scheiben, beschmierte Wände, verwüstete Büros, immer wieder bedrohte Mitarbeiterinnen. Das sind die Methoden, zu denen diejenigen greifen, die Begriffe wie »Demokratie«, »Toleranz« und »Freiheit« ständig im Munde haben, aber nur sich selbst meinen.

Weil vorhersehbar bei solch »bösen« Maßnahmen, bei denen eigentlich gar nichts passiert, die doch nur dazu dienen sollen, einigermaßen erträgliche und zivilisierte Lebensverhältnisse für alle Bewohner des Kiezes herzustellen, mit Ärger zu rechnen war und auch der Senat Dinge nicht liebt, an denen er sich die Hände schmutzig machen könnte, hat er seine offizielle Teilhaberschaft an dem Projekt abgelehnt. Er fördert uns lieber still und unerkannt. Positiv sei erwähnt, dass Klaus Wowereit nach einem der Überfälle auf das Büro dort einen demonstrativen Solidaritätsbesuch gemacht hat. Das hat den Mitarbeiterinnen gut getan.

Beim Schulschwänzer-Internat ist die Zielgruppe ein Kreis von Jugendlichen, die eigentlich noch nicht ganz verloren sind, gute Ansätze haben, aber immer wieder den Verhältnissen zu Hause oder im Kiez nicht widerstehen können. Ihnen geben wir Gelegenheit, Montag bis Freitag im Internat zu leben und zur Schule zu gehen. Von Freitagabend bis Sonntagabend können sie nach Hause, wenn sie wollen. Das Gelände ist nicht verschlossen, die Häuser auch nicht. Das Programm beruht nur auf Freiwilligkeit.

Als mir die Idee das erste Mal vorgestellt wurde, war ich völlig begeistert. Es hörte sich alles so gut und rund an. Nach inzwischen gut zwei Jahren Probebetrieb muss ich gestehen, dass uns der Durchbruch bisher nicht gelungen ist. Viele Jugendliche schaffen auch mit Unterstützung in dieser besonderen Form der Beschulung nicht den gewünschten Sprung zurück in einen regelmäßigen Schulbesuch. Wir haben uns jetzt noch ein Jahr Zeit gegeben bis zu einer Entscheidung Hopp oder Topp.

Muslimische Jugendliche trinken keinen Alkohol und nehmen keine Drogen, so heißt es. Ein Problembereich, um den wir uns also nicht zu kümmern brauchen, dachten wir. Inzwischen müssen wir feststellen, dass Allah auch nicht alles sieht und dass es immer eine Lösung gibt. Bei den Drogen heißt sie Tilidin. Ein starkes Schmerzmittel, das bei krebskranken Menschen im finalen Stadium eingesetzt wird. Es macht schmerzunempfindlich und euphorisch. Etwa 3000 Rezeptfälschungen fliegen jedes Jahr in Berlin auf. Die Dunkelziffer ist groß. Außerdem kommt Tilidin häufig aus Polen und den Niederlanden, wo ein 50-ml-Fläschchen rund 60 Euro kosten soll. Der Stoff wird häufig in Hinterzimmern von Shisha-Bars u. ä. verkauft. Auch an Jugendliche. Wenn Sie sechs bis zehn Polizeibeamte benötigen, um einen 14-Jährigen zu bändigen, dann ist Tilidin im Spiel. Und was den Alkohol betrifft, ist es mittlerweile schlicht so, dass immer mehr auch muslimische junge Männer mit dem Saufen anfangen. Die Folgen sind dieselben wie bei Angehörigen anderer Religionen. Eine Religion hat offensichtlich keinen Einfluss auf die Wirkung des Alkohols. Ist ja auch eine Erkenntnis.

Aufgrund der vorstehenden Erfahrungen haben wir Ende 2008 im Rathaus die »AG Jugendschutz« – im Jargon der Mitarbeiter: »Soko Suff« – gegründet. Rund 30 Mitarbeiterinnen und Mitarbeiter bilden eine Einheit, die am Wochenende von 19.00 bis 2.00 Uhr wechselnd im Bezirk unterwegs ist, um den Alkohol- und Drogenmissbrauch zu bekämpfen. Sie alle engagieren sich ehrenamtlich. Bei ihrer Tätigkeit sind sie am Körper passiv geschützt und aktiv durch sie immer begleitende Polizeibeamte. Die »Soko Suff« hat bisher in rund 1900 Lokalen, Verkaufsstellen und Jugendtreffs 5900 Personen überprüft. Einige

Jugendliche verdanken ihr das Leben. Wahrscheinlich können sie sich daran aber nicht mehr erinnern.

Die neue Armutswanderung aus dem südosteuropäischen Raum findet an dieser Stelle nur mit dem nachrichtlichen Hinweis Erwähnung, dass sie im letzten Kapitel behandelt wird.

Die Leuchttürme der Neuköllner Integrationspolitik sind das Albert-Schweitzer-Gymnasium, der Mitmachzirkus, die Stadtteilmütter und der Campus Rütli.

Das Albert-Schweitzer-Gymnasium, das Sie bereits kennengelernt haben, ist ein unumstößlicher Beweis dafür, dass wir doch in die Entwicklung der Stadtgebiete, aber vor allen Dingen in die Entwicklung der Persönlichkeiten der jungen Leute erfolgreich eingreifen können. Die Volksweisheit »Doof bleibt doof, da helfen keine Pillen« ist gar nicht so weise. Da trifft doch eher der Refrain eines Kinderliedes, das ich vor kurzem bei einer Schulaufführung zu hören bekam: »Doof geboren ist keiner, doof wird man gemacht …«

Unsere Schulen müssen in die Lage versetzt werden, auf veränderte Bevölkerungsstrukturen auch mit veränderten Schulorganisationen und angepassten pädagogischen Konzepten antworten zu können. Das Modell der Albert-Schweitzer-Schule als Ganztagsgymnasium mit spezieller Sprachförderung kostet jährlich 220 000 Euro mehr als die übliche Schulform. Das ist der Gegenwert von fünf Jugendknastplätzen. Die Gesellschaft kann sich also entscheiden, ob sie fünf Knackis ernähren oder 690 Gymnasiasten zum Abitur führen will. Diese Aussage ist so banal, dass man sie nicht für möglich hält. Und doch ist es so. Die Frage ist also, wieso gelingt es nicht, diese Erkenntnisse in das generelle Politikraster zu übernehmen? Es gibt mit Sicherheit noch andere gelungene Schulversuche und Beispiele für erfolgreiche Integrationsarbeit durch Engagement und Kreativität. Das Wissen ist im Land vorhanden. Es fehlt nur am Willen der Politschwätzer, es umzusetzen.

Der Mitmachzirkus entstand im Jahr 2007. Der Kern besteht

aus einer richtigen Zirkusfamilie. Also nicht aus Sozialarbeitern mit roter Pappnase. Neuköllner Grundschüler können mit ihrer Klasse dort eine Woche lang Artisten werden. Sie jonglieren, sie laufen über Scherben, sie hängen am Trapez, sie führen Tierdressuren vor und machen gewagteste Akrobatik in Form eines Purzelbaums. Letzteres ist für manche Neuköllner Kinder eine echte Herausforderung. Der Sinn dieser Aktionswoche ist nicht, den Kindern das Diktat oder das Rechnen ersparen zu wollen. Wir zeigen ihnen eine andere Lebenswelt, die sie nicht kennen und die sie herausfordert. Wir wollen ihnen Solidarität vermitteln. *Du kannst stehend auf dem Rücken des Pferdes reiten, wenn dich dein Klassenkamerad an der Longe festhält. Das macht er aber nur, wenn du ihn anschließend auch festhältst, und nicht, wenn du ihm eine reinhaust.* Die Zirkusleute sprechen mit den Kindern in deren Sprache. Klar und unmissverständlich. Revierverhalten nach dem Motto »Was soll der Babykram hier? Ich bin ein harter Kämpfer« wird im Trainingszelt mit einer Viertelstunde auf der Matte geklärt. Das hält für eine Woche.

Nach fünf Tagen gibt es eine Abschlussvorstellung. Mit Glitzer, Schminke, Scheinwerfer und Musik. Die Eltern sollen kommen, um ihren Kindern zuzuschauen. Wie viele Mamas und Papas tatsächlich erscheinen, hängt von der sozialen Situation im Einzugsgebiet der Schule ab. Sind die Kinder aus dem Einfamilienhausgebiet, reichen die 400 Plätze nicht aus. Ist knallharter Kiez aus dem Norden angesagt, sitzen 20 bis 30 Eltern auf den Bänken. Den anderen ist es egal, was ihre Kinder machen. Kinder, die wichtige Einzelrollen in der Vorstellung haben, erscheinen plötzlich nicht. Irgendetwas in der Familie war wichtiger als die Aufgabe des Kindes. Heulende Kinder am Eingang des Zirkuszeltes stehen zu sehen, die bis kurz vor Beginn hoffen, dass ihre Eltern doch noch kommen und ihnen zuschauen, macht echt zornig. Nicht nur den Zirkusdirektor, sondern auch mich.

Die Erfolge dieser Maßnahme sind unglaublich. Außenseiter sind plötzlich in den Sozialverbund der Klasse integriert, Kinder, die im Unterricht nie den Mund aufmachen, treten als Ansager auf, und Hasenfüße schweben am Trapez unter der Zirkuskuppel. Jährlich 80 000 Euro kostet der Mitmachzirkus. Geschenkt für die 5000 Kinder pro Jahr oder die 25 000 Kinder seit wir ihn haben. Es kann so einfach sein, Kindern aus einer prekären Welt etwas Glanz in ihren Alltag zu bringen. Sogar Königin Beatrix nebst Kronprinz Willem und der bezaubernden Prinzessin Maxima bestanden darauf, ihn bei ihrem Staatsbesuch 2011 zu besuchen. Eine hohe Ehre für die Zirkusfamilie und für Neukölln.

2004 war die Geburtsstunde der Stadtteilmütter. Nach dem Campus Rütli wohl das zweitbekannteste Neuköllner Projekt. Wir wollten eine Art Kopie der Rucksack-Mütter aus Rotterdam ausprobieren. Das sind Migrantinnen, die als Botschafter des Vertrauens die eigene Ethnie aufsuchen. Der Unterschied zu Rotterdam war, dass die Frauen nicht mit Rucksäcken in die Kindergärten gehen sollten, um ihr Wissen zu verbreiten, sondern sie sollten mit der Stadtteilmutter-Tasche hinter die Wohnungstüren kommen. Hinter die Türen von Familien, bei denen der Bürgermeister mit der Amtskette zehnmal klingeln kann, und sie gehen trotzdem nicht auf. Das sind Familien, zu denen auch die Migrantenorganisationen keinen Kontakt haben.

Es begann mit einem kleinen Projekt im Quartiersmanagement Schillerpromenade. Damals stiegen 27 Einwandererfrauen ein, die weder einen Beruf erlernt hatten noch erwerbstätig waren. Die meisten lebten von Hartz IV. Sechs Monate lang haben sie damals gebüffelt und gelernt. Gesunde Ernährung, gewaltfreie Erziehung, was ist ein Kindergarten, warum gibt es Impfungen, wie funktioniert das Schulsystem und welche Gründe gibt es dafür, einen Sprachkursus zu belegen?

Zwei Dinge mussten die Stadtteilmütter als Voraussetzung mitbringen: den guten Willen und die deutsche Sprache. Und dann machten wir sie zu Botschafterinnen der deutschen Gesellschaft. Sie erhielten als Erkennungszeichen einen burgunderfarbenen Schal und die markante Stadtteilmütter-Tasche. Der Erfolg dieses kleinen Projektes war so groß, dass wir uns entschlossen, die Stadtteilmütter zum Markenzeichen von Neukölln zu machen.

Seit 2007 haben wir inzwischen 309 Stadtteilmütter ausgebildet, und diese haben 5200 Familien mindestens zehnmal besucht. Unterstellen wir nur eine durchschnittliche Kinderzahl von drei in jeder Familie, haben wir den Lebensraum von rund 15 000 Kindern erreicht. Gönnen wir den Stadtteilmüttern keinen Erfolg und nehmen wir an, in 90 % aller Fälle waren ihre Bemühungen vergebens, dann waren sie immerhin bei 1500 Kindern erfolgreich. Nicht schlecht für ein Hartz-IV-Projekt, jedenfalls kein Vergleich zu Blätter in die Luft werfen und wieder zusammenfegen. Insgesamt sind einschließlich der Hartz-IV-Kosten 9,2 Millionen Euro in das Projekt geflossen. 600 000 Euro hat der Bezirk bezahlt, 1,2 Millionen Euro der Senat und 7,3 Millionen Euro das Jobcenter. Die Stadtteilmütter wurden bisher zehnmal national und international ausgezeichnet. Berlin erhielt für ihre Leistungen den Metropolitan Award. Gelobt werden sie viel, kopiert werden sie Gott sei Dank inzwischen auch häufig. Aber ihre Finanzierung ist alle zwei Jahre eine blamable Schacherei. Der Regierende Bürgermeister hat ihnen schon 2009 versprochen, dass sie in die Regelfinanzierung kommen. Den Spickzettel muss er wohl verloren haben. Im Jahr 2012 kämpften wir wieder mal um das Überleben des Projekts, weil die Finanzierung auszulaufen drohte. Letzte Meldung: Es ist wieder geschafft.

Die Stadtteilmütter haben ihr Zuhause im Rathaus Neukölln. Sie werden geführt und geleitet durch das Diakonische Werk. Bundesminister haben die Frauen besucht, Vizekanzler Müntefering hat mit ihnen diskutiert, Bundestagsfraktionen wollten sie hören und sehen. Überall wird ihnen hohe Anerkennung gezollt. Auch im Jobcenter, dort wird ihre Tätigkeit über den öffentlichen Beschäftigungssektor gefördert. Ich erinnere mich gut an eine Begebenheit beim Besuch von Franz Müntefering. Eine Stadtteilmutter erzählte ihm, dass sie das erste Mal das Gefühl hat, im Leben Verantwortung zu tragen und etwas Sinnvolles zu machen. Eine andere Frau berichtete, dass es in der Schule für die Kinder eine Ehre ist, sagen zu können: »Meine Mutter ist Stadtteilmutter.« So ganz nebenbei haben wir den Einwandererfrauen also zu einer neuen Identität verholfen. Und die eine oder die andere haben wir an den ersten Arbeitsmarkt verloren. Wir tragen das mit Fassung. Übrigens: Kinder von Stadtteilmüttern benehmen sich in der Schule völlig anders als ihre Straßenkumpels.

Das engagierteste, finanziell aufwändigste, aber inzwischen wohl auch berühmteste Projekt der Neuköllner Integrationspolitik ist der Campus Rütli – CR[2].

Auslöser war 2006 der Brandbrief des damaligen Lehrerkollegiums mit der ultimativen Aufforderung, die Schule in der jetzigen Zusammensetzung zugunsten einer neuen Schulform zu schließen, weil die Lehrerschaft der dortigen Verhältnisse nicht Herr wird. Einen Abdruck des Briefes finden Sie im Anhang des Buches. Nachdem der Presserummel und die zum Teil wirklich widerliche Geilheit nach Skandalfotos abgeklungen waren, blieb trotzdem die Frage: »Und wie gehen wir mit der Situation weiter um?« Ein zu zwei Dritteln aus dem Ostteil der Stadt zwangsversetztes Lehrerkollegium, das jeden Tag einen Kulturschock erlebte, auf der einen Seite. Andererseits eine von dauergeduldeten, arabischen jungen Männern dominierte Schülerschaft, die nichts weiter im Kopf hat, als Stress raushängen zu lassen. Ich sprach damals mit Sozialarbeitern, die mit Projekten versuchten, die jungen Leute irgendwie zu motivieren. Sie berichteten, dass der Konzentrationshorizont der Jugendlichen etwa bei 20 Minuten liegt. Wenn dann keine Abwechslung erfolgt, drehen sie am Rad.

Bei meinen Gesprächen mit den Schülerinnen und Schülern stellte ich immer wieder fest, dass ihre Wünsche an das Leben sehr kleinbürgerlich normal waren. Friseurin, Schneiderin, Mechatroniker. Dass die Erfüllung genau dieser ihrer Wünsche in einem direkten Zusammenhang mit der Schule und dem Beherrschen bestimmter Grundlagen des Lebens steht, verstanden sie nicht. *Ich will hier raus, ich will hier raus, ich will endlich Verkäuferin lernen.* Ich hörte mir das an und wusste, dass eine herbe Enttäuschung auf die junge Frau wartete. Als ich eine Sportstunde von zwei Klassen besuchte, sollten eigentlich 18 junge Damen in der Halle sein. Sechs machten mit einer Lehrerin ein Programm. Sechs saßen auf einer Bank und relaxten. Auf meine Frage, warum sie denn nicht mitmachen würden, nannten sie mir nicht, wie erwartet, biologische Vorgänge, sondern hatten die kurze Botschaft »Wir haben keine Lust«. So war das damals.

Im Jahr 2007 kam der ehemalige Senator Volker Hassemer für die Stiftung Zukunft Berlin auf mich zu. Er fragte, ob ich eine Idee hätte, wie man für die Rütli-Schule ein zukunftsträchtiges Konzept entwickeln könnte, ein Konzept, das sich auf andere Schulen übertragen ließe? Gleichzeitig nahm die Freudenberg-Stiftung das Quartier in ihr Programm »Ein Quadratkilometer Bildung« auf. Beim nächsten Treffen präsentierte ich der Stiftung die Grundidee des Campus Rütli. Ich gab zu bedenken, dass man dafür Geld brauche. Dieses Geld müsse vom Senat kommen. Millionen Euro für ein Projekt von Buschkowsky? Niemals! In dieser Phase erschien der rettende Engel in Form einer Schirmherrin: Christina Rau. Das wurde zur Sternstunde für den Campus. Spötter meinen auch, CR^2 stehe für »Christina Rau«.

Unsere Schirmherrin machte sich auf den Weg, um Klinken zu putzen. Das tut sie übrigens heute noch. Es begannen jetzt all die Dinge, die geschehen müssen, um ein Großprojekt zum Laufen zu bringen. Es wurde ein Konzept erarbeitet, eine Lenkungsgruppe ins Leben gerufen, Finanzverhandlungen wurden geführt, ein Bebauungsplan wurde festgesetzt, und es wurden zwei Architektenwettbewerbe durchgeführt. Die Schule selbst hat sich inzwischen zur ersten Gemeinschaftsschule Neuköllns gemausert. Das Gebäude ist umfangreich umgebaut. Es wurden Prozesse über Prozesse geführt, um Zwischennutzer von den Grundstücken des Landes Berlin zu holen und darauf den Campus zu verwirklichen. Der erste Neubau, die Quartiers(sport)halle, wird Ende 2012 eingeweiht werden können. 2014 ist der geplante Baubeginn für die Schulerweiterung, die Arbeitslehre, das Elternzentrum, die Beratungsdienste und die Berufswerkstatt. 2016 soll alles fertig sein. Der Finanzaufwand wird dann etwa bei 35 Millionen Euro gelegen haben.

Wo es um so viel Geld geht, ist auch der Neid nicht weit. Selbst Neuköllner Schulen beklagen sich, dass dem Campus Rütli alles »vorne und hinten rein gesteckt wird« und sie gar nichts bekommen. Letzteres stimmt zwar nicht, macht sich aber aus dramaturgischen Gründen immer gut. Es haben immer noch nicht alle verstanden, dass Campus Rütli mehr ist als eine modernisierte Schule.

Campus Rütli ist ein neuer Anlaufpunkt in der Größe von über 40 000 Quadratmetern für eine Einwohnerschaft von 20 000 Menschen. Dieser Sozialraum will die sozioökonomischen Kompetenzen im Gebiet ganzheitlich erfassen. Unter Aufbrechen aller bisher bestehenden Ressortstrukturen sowie traditioneller Versäulungen der öffentlichen Infrastruktur soll dort ein Zentrum des Lernens, der Freizeit, der Begegnung und des Heranwachsens entstehen. Krippe, Kindergarten, Hort, Grundschule, Mittelstufe, Oberstufe, Jugendclub, Berufsfindungswerkstätten, Elternzentrum, Jugend- und Gesundheitsamt, Spielplätze, Musik- und Volkshochschule – all diese Angebote sollen die Menschen des Quartiers auf den Campus führen, Identität und Wiedererkennungseffekte stiften und aus anonymen Anwohnern Nachbarn machen. Es ist der Versuch, mit einer neuen und anderen Form der Stadtstruktur auf den Wandel der Bevölkerung zu reagieren. Die Menschen haben ihre gewohnten Strukturen verloren, und wir müssen ihnen neue bieten.

So weit, so theoretisch. Das Konzept des Campus Rütli wird im In- und Ausland mit großem Interesse verfolgt. Das Auswärtige Amt warb mit ihm auf seiner Website weltweit für die Integrationsleistungen Deutschlands. Nach einigem Zögern entdeckte auch der Senat die Chancen, die in diesem Projekt für das internationale Renommee Berlins liegen. Insbesondere der ehemalige Schulsenator Prof. Zöllner entwickelte sich zu einem ausgesprochenen Förderer. Bis Mitte des Jahres 2012 haben über 300 nationale und internationale Gruppen den Campus besucht, und das Auswärtige Amt hat Staatsgäste zu uns geführt. Ich selbst werde die Einweihung des Gesamtareals nicht mehr im aktiven Dienst erleben. Es erfüllt mich aber mit Befriedigung, zum Gelingen beigetragen zu haben. Ein besonderer Gruß gilt an dieser Stelle noch einmal Christina Rau. Sie ist eine phantastische Frau, und wer weiß, ob Campus Rütli ohne sie jemals das Licht der Welt erblickt hätte.

Ein kleines Zwischenresümee: Früher war der fehlende Schulabschluss ein tragendes Kennzeichen der Leistungen der Schüler der Rütli-Schule. Bei der Jahrgangsprüfung 2011 haben vier Schüler keinen Abschluss hingekriegt. Die Schulleiterin legt aber Wert auf die Feststellung, dass es sich nur bei zwei Schülern um solche handelt, für die sie seit längerem Verantwortung trägt. Die anderen beiden Schüler waren aus anderen Schulen zwangsversetzt worden. Von den restlichen 120 Prüflingen erreichten 36 die Berechtigung zum Übertritt in die gymnasiale Oberstufe (!), und alle anderen Schüler schafften einen Abschluss in unterschiedlicher Güte. Beim letzten Schulinspektionsbericht erhielt die Schule in elf von 14 Bewertungskategorien die Bestnote. Auf 96 freie Schulplätze zum Schuljahreswechsel 2011/2012 meldeten sich 105 Schüler an. Das heißt, die Rütli-Schule ist inzwischen eine übernachgefragte, ja, eine der beliebten Schulen. Sie hat eine eigene Oberstufe und ist heute so weit, dass ein Drittel des Jahrgangs Abitur macht. Von Mobiliar, das aus dem Fenster im dritten Stock fliegt, keine Rede mehr.

Das Ziel ist noch nicht erreicht. Bis dahin ist es noch ein langer Weg. Ein chinesisches Sprichwort sagt: »Hast du es weit, geh mit Freunden.« Die Rütli-Schule hat inzwischen viele starke Freunde. Sie ist eine Gemeinschaftsschule geworden, mit einer Grundschule und einer Realschule verschmolzen. Auch das war nicht einfach. Ein türkischstämmiger Vater der Realschule schrieb mir damals, dass die Eltern gegen die Fusion mit der Rütli-Schule protestierten. Er beendete seinen Brief mit der Formulierung: »Unsere Kinder fühlen sich zur Zeit wohl, und wir als Eltern werden unsere Kinder von der Heinrich-Heine-Schule abmelden, wenn es zu einer Zusammenlegung kommt.« Es ist eben nicht immer leicht, den Fortschritt zu erkennen. Egal, davon spricht heute niemand mehr. Die Rütli-Schule, ein Ort für Loser, das ist Geschichte.

Was zu tun ist

Als Frau Prof. Dr. Böhmer im Sommer 2012 ihren neuen Bericht über »Die Lage der Ausländerinnen und Ausländer in Deutschland« vorstellte, war ich erst einmal ziemlich geklatscht. »Paradigmenwechsel von der nachholenden zur vorausschauenden Integrationspolitik: Neben der Reparaturwerkstatt öffnen wir die Zukunftswerkstatt«, verkündete die Integrationsbeauftragte der Bundesregierung stolz. Jetzt haben sie es ja doch geschnallt, dachte ich, dein Buch kannst du in die Ablage tun. Ich war ziemlich vermault, was sich aber schnell legte, als ich mir die Erfolgsmeldung etwas genauer ansah.

Die Betreuungsquote der migrantischen Kinder unter drei Jahren in Kitas ist zwischen 2008 und 2011 um 53 % angestiegen. Donnerwetter, denkt da doch jeder, jetzt sind wir aber mit Siebenmeilenstiefeln unterwegs.

Dieser »sensationelle« Wert relativiert sich jedoch sehr schnell mit der Feststellung, dass dennoch gerade einmal 14 % der Kinder eine Einrichtung besuchen. Nicht nur, dass die Betreuungsdichte bei deutschen Kindern mit 29 % doppelt so hoch ist, der Abstand zwischen den Kindern mit und ohne Migrationshintergrund hat sich sogar weiter vergrößert. In der Schule sieht es nicht anders aus. Schüler nicht-deutscher Herkunft brechen die Schule mehr als doppelt so häufig ab wie ihre Klassenkameraden ohne Migrationshintergrund. Beim Übergang in das Berufsleben stoßen wir auf eine weitere riesige Baustelle. Der Anteil der Migranten im Alter zwischen 25 bis unter 35 ohne Berufs- oder Studienabschluss lag 2010 mit 31,6 % mehr als dreimal so hoch wie bei den gleichaltrigen Bio-Deutschen (9,2 %). Also, ganz ehrlich, Erfolgsberichte einer Zukunftswerkstatt stelle ich mir irgendwie anders vor.

Das Erklärungsmuster, warum die Trendwende auf dem Ausbildungsmarkt für jugendliche Migranten noch immer nicht gelungen ist, ist rituell abgedroschen. Dass Migranten einen wesentlich schwierigeren Zugang zu betrieblichen Ausbildungen haben, könnte an den »Selektionsprozessen« der Betriebe und daran liegen, dass die Unternehmen pauschal über die Gruppe der Migranten urteilen, meint Frau Prof. Dr. Böhmer. Mit anderen Worten: Die Firmen sind schuld. Sie grenzen aus und sind latent ausländerfeindlich. Das sagt Frau Prof. Dr. Böhmer zwar so nicht, aber das kann man inhaltlich so verstehen.

Da sind sie also wieder, unsere alten Bekannten: die Schönrederei und die beliebte Opferrolle. Ich denke, schon dieser kleine Seitenblick auf den Bericht der Bundesregierung zeigt, dass sich substantiell nicht viel geändert hat. Insofern kann ich mich getrost dem Schlusskapitel widmen, um darzulegen, was aus meiner Sicht zu tun ist.

Egal, wie jeder die einzelnen Teilaspekte der Einwanderung nach Deutschland und ihre Folgen bewertet, in einem müssten wir uns alle eigentlich einig sein: So, wie die Dinge sich in unseren Städten entwickelt und verfestigt haben, so können wir sie keinem weiteren Wildwuchs überlassen. Negativbeispiele der Entwicklung von ausgegrenzten Stadtlagen in anderen Ländern müssten genug Überzeugungskraft besitzen, gleiche oder ähnliche Entwicklungen nicht auch bei uns zuzulassen. Dies setzt eine fordernde und intervenierende Gesellschaft im Einklang mit einer aktiven, mutigen und konfliktbereiten Politik voraus. Die größte Voraussetzung ist allerdings ein Konsens, dass wir das alle so wollen. Ich persönlich glaube, die Integrationspolitik ist der ungeeignetere Ort für parteipolitische Sandkastenspiele, gleichwohl sind alle kräftig am Buddeln. Der jahrzehntelange parteiübergreifende Grundsatz, in allen die Grundfesten unserer Gesellschaft betreffenden Fragen das Einvernehmen zu suchen, war bisher immer ein Garant innenpolitischer Stabilität. Für mich gehört die Integrationspolitik zu den tragenden Säulen unserer Gesellschaft. Ein Fortsetzen der langjährigen Versäumnisse hätte katastrophale Folgen und würde irreparable Schäden für das gesellschaftliche Gefüge hervorrufen.

Aus meiner Sicht müsste eine Übereinstimmung zu folgenden Leitsätzen herstellbar sein:

1. Wir sind eine für jeden offene, tolerante Gesellschaft.
2. Jeder, der in dieses Land einwandert oder hier geboren wird, hat ein Recht auf ein selbstbestimmtes Leben frei von existentieller Not.
3. Jeder hat in diesem Land das Recht auf gleichen Zugang zu Bildung, Arbeit und Wohlstand.
4. Jeder ist in diesem Land willkommen, wenn er gewillt ist, seine Stärken zum Wohle der Gesellschaft und seiner Familie einzubringen.
5. Die Gesellschaft erwartet von jedem Hinzugekommenen und jedem noch Hinzukommenden Anerkennung und Achtung der geltenden Gesetze sowie den Willen zur Integration in das kulturelle Leben wie Wertegefüge.
6. Integrations-, Bildungs- und Arbeitsmarktpolitik bedingen einander und sind nicht voneinander zu trennen.

Die vorstehenden Sätze beschreiben Selbstverständlichkeiten. Dennoch bin ich sehr sicher, dass bereits an dieser Stelle die Emotionen hochschlagen.

Das deutsche Politiksystem hat für Probleme und Fehlentwicklungen immer eine Hauptantwort parat. Die heißt Geld. *Tun wir hier und tun wir dort einen zusätzlichen Geldschein hin, dann regelt sich alles von alleine.* Bei der Integrationspolitik halte ich diesen Ansatz nicht nur für schädlich, sondern für tödlich. Geldscheine ersticken Aufbruchsstimmung, Aufstiegswillen und die Besinnung auf die eigenen Stärken. Steigende Zahlen für von Armut bedrohte Kinder bekämpft man effektiv nicht durch eine Erhöhung der Transfersätze, sondern mit einer Kompetenzerweiterung der Eltern zum eigenen Broterwerb und einem Jobangebot mit Löhnen, von denen man leben kann. Der Deutschkurs oder das Abitur sind schärfere Waffen gegen prekäre Lebensverhältnisse als zehn Euro mehr Kindergeld oder Hartz-IV-Regelsatz. Politische Spinnereien wie das bedingungslose Grundeinkommen oder die Verdoppelung des Kindergeldes lasse ich an dieser Stelle unkommentiert.

Eine sehr bemerkenswerte Standortmarkierung hat vor einigen Jahren Prof. Barbara John, die frühere Ausländerbeauftragte des Berliner Senats, vorgenommen. Auszugsweise will ich ihre Gedanken hier wiedergeben:

»Herr Buschkowsky will mehr Geld für seinen Bezirk, wo nachweislich Gruppen von Einwanderern ihre soziale und ökonomische Isolation nicht überwunden, sondern sich darin eingerichtet haben. Mehr staatliches Geld auf Probleme ›werfen‹, das war und ist scheinbar noch immer das Allheilmittel. (…)

Trotz dieser Unterstützung über teilweise Jahrzehnte haben viele Einwanderer keine Kompetenzen erworben, um eine Arbeit zu finden und ihre Kinder schulisch zu unterstützen. (…) Die Gründe liegen viel näher: Integration durch Bildung und Arbeit war für Migranten in Deutschland immer nur ein Angebot, nie eine Notwendigkeit, der man nicht ausweichen konnte. Es gab und gibt den Ausweg, auch ohne Aufstieg durch Bildung und Arbeit finanziell abgesichert zu leben, nämlich mit Hilfe öffentlicher Mittel. (…)

Lange Abhängigkeit von sozialen Hilfen lähmt aber nicht nur die Eigeninitiative der Eltern. (…) Migranten über jahrelangen Bezug durch Transfermittel integrieren zu wollen, das konnte nur scheitern. (…) Zuwanderung zahlt sich für alle aus, wenn die Einwanderer über Bildung und Arbeit an unserer Gesellschaft beteiligt werden. (…) Mit den traditionellen Instrumenten des ›fürsorglichen‹ Sozialstaates wird dieses selbstverständliche Ziel nicht erreicht werden. Wie wäre es mal mit einem Konzept not made in Germany: Großzügig mit der Erlaubnis zur Arbeit und knauserig mit der Sozialhilfe?«

Auch der weit über Berlin hinaus bekannte Pastor Bernd Siggelkow hat sich sehr klar zur Frage der Transferleistungen geäußert:

»Es bringt nichts, Hartz-IV-Empfängern mehr zu zahlen und die Sätze zu erhöhen. Die meisten Betroffenen leben ja nicht in einer finanziellen, sondern einer emotionalen Armut (…). 50 oder 100 Euro mehr im Monat ändern daran doch nichts. Heranwachsende brauchen mehr finanzielle Hilfe. Denkbar wäre der vorgeschlagene Bildungschip, mit dem Kinder konkret Mittagessen, Nachhilfeunterricht und Musikstunden bezahlen können. Das wäre auch die richtige Unterstützung für alleinerziehende Mütter.«

Ich teile beide Einschätzungen ohne jede Einschränkung. Der moderne Ablasshandel des Wohlfahrtsstaats – *Nimm deinen Scheck, geh nach Hause und sei ruhig* – ist keine zeitgemäße Antwort auf das Problem der in bildungsferner Lethargie oder Kriminalität verharrenden Bevölkerungsschichten. Solange es so ist, dass Geringqualifizierte keine Chance haben, mit ihrer Hände Arbeit mehr Geld zu verdienen, als ihnen das Jobcenter ohne Gegenleistung überweist, solange werden wir die emotionale Aufstiegsblockade bei den Menschen nicht beseitigen.

Nicht mehr Geld auf Probleme zu werfen bedeutet natürlich nicht, dass die Lösungen kostenlos sind. Gemeint ist vielmehr ein Systemwechsel. Weg von der teuren und dazu auch noch zukunftsfeindlichen Sozialalimentierung des Einzelnen hin zu Strukturen, die es ihm ermöglichen, sein Leben in die eigenen Hände zu nehmen. »Wenn ein Volk hungert, so schicke ihm kein Brot, sondern lehre es, die Äcker zu bestellen«, so lautet der alte Grundsatz der Entwicklungshilfe. Zehn Euro Kindergeld weniger werden durch ein kostenloses Mittagessen in der Schule mehr als aufgewogen. Das eine kommt dem Kind direkt zugute und führt auch zu Einsparungen im Portemonnaie der Eltern, das andere geht im Familienbudget manchmal unter.

Die skandinavischen Länder gelten wohl weltweit als die Wohlfahrtsstaaten schlechthin und als die Gesellschaften, die die größten Erfolge bei der sozialen Gleichheit und der Generationen- wie Chancengerechtigkeit für die Jungen vorweisen können. Dass dort auch nicht alles Gold ist, was glänzt, ist nicht Thema dieses Buches. Ein offenes Geheimnis aber ist, dass die Effektivität des allumsorgenden Staates in diesen Ländern inzwischen stark in Zweifel gezogen wird und sich die starke Steuerlast lähmend in der Wirtschaft bemerkbar macht. So hat die dänische Regierung kinderreichen Familien das Kindergeld gekürzt und Migranten während der ersten sieben Jahre ihres Aufenthalts die Sozialhilfe halbiert. Man diskutiert sogar, Einwanderern weitere Sozialleistungen bis hinein in den Gesundheitsdienst zu streichen.

Nun will ich an dieser Stelle gar nicht den Dänen das Wort reden oder auf andere skandinavische Finessen kommen wie den völligen Fortfall von Sozialleistungen bei Arbeitsverweigerung, sondern nur anklingen lassen, dass in anderen europäischen Staaten ebenfalls dem Zusammenhang von Sozialleistungen und ihrer möglichen Kontraindikation zu Eigeninitiative immer mehr Beachtung geschenkt wird. Ich halte das nicht nur für vernünftig und richtig, sondern darüber hinaus auch für zwangsläufig.

Wenn Menschen sich bei der Suche nach mehr Glück und Wohlstand auf die Wanderschaft begeben, folgen sie einem natürlichen Instinkt. Selbstverständlich aber muss eine Gemeinschaft ebenso ihrem natürlichen Instinkt folgen und darauf bedacht sein, dass Hinzukommende sie stärken und ihr nutzen. Wenn weite Kreise der Linkspolitik schon derart triviale Grundprämissen diskreditieren, dann verwundern Auseinandersetzungen um geringere Angelegenheiten nicht.

Genauso verhält es sich nach meinem Dafürhalten mit den politischen Standards, die hochgehalten werden, um den jeweiligen politischen Gegner aus der Reserve zu locken. Sie heißen doppelte Staatsangehörigkeit und Wahlrecht für alle. Beidem stehe ich ablehnend gegenüber und befinde mich damit im Dissens zur Linie meiner Partei. Die Ideologen sagen, die zum Beginn des Integrationsprozesses dargebotene Staatsangehörigkeit ist ein Vertrauensvorschuss und ein Akt der Willkommenskultur. Die Gesellschaft beweist damit dem Neuankömmling ihre Wertschätzung. Sie bietet von Beginn an alle Rechte wohlfeil, über die ein Mensch bei uns als Staatsbürger verfügt. Der theoretische Überbau für das allgemeine Wahlrecht ist sehr ähnlich. Jeder, der legal im Land lebt, soll auch mitbestimmen. Egal, ob er morgen wieder fort ist.

Das allgemeine, gleiche und freie Wahlrecht ist das höchste Gut eines Bürgers in einer Demokratie. Durch Wahlen werden die Grundzüge und die politische Ausrichtung unserer Gesellschaft bestimmt. Deshalb ist dieses Recht für die gesetzgebenden Körperschaften, also für die Parlamente, auf Staatsbürger, bei uns also Deutsche, und auf der kommunalen Ebene auf EU-Angehörige, also Angehörige des Staatenverbundes, begrenzt.

Staatsbürgerschaft und Wahlrecht auf dem Altar der Beliebigkeit zu opfern halte ich für einen fundamentalen Irrweg. Ich glaube nicht, dass auf diese Weise irgendetwas zum Positiven bewegt werden kann. Stattdessen werden tragende Grundsätze über Bord geworfen.

Deutschland hatte in den letzten Jahren zweifellos einen Negativsaldo beim Bildungsstand der Ein- und Auswanderer. Nicht nur quantitativ, sondern auch substantiell. Die gegenwärtige Finanz- und Wirtschaftskrise in der EU hat jedoch im Moment zu einer Verschiebung geführt. War es bisher so, dass es sich bei denjenigen, die auswandern, zumeist um gut ausgebildete junge Menschen handelte, während es sich bei den Einwanderern vorwiegend eher um Menschen ohne jegliche Schul- und Berufsausbildung handelte, so ist im Zuwandererbereich derzeit ein Trend zu mehr und höher qualifizierten Fachleuten zu verzeichnen. Sie kommen aus Griechenland, Spanien und Italien. Zumindest ist die Gruppe der Einwanderer heterogener geworden. Man kann nicht mehr nur von einer Einwanderung in die Sozialsysteme sprechen.

Beim Fortzug hochqualifizierter junger Leute stehen meist erhoffte Berufs- und Verdienstmöglichkeiten im Vordergrund, die über denen in Deutschland liegen. Teils werden ihre Erwartungen erfüllt, teils nicht. Ein Aspekt, der mir gegenüber immer wieder geäußert wird, ist die Abgabenlast. Es bleibt einfach zu wenig Netto vom Brutto. Der Solidaritätsgedanke und die Ausstattung des Sozialsystems werden eher defensiv aufgenommen. Auch dann, wenn in der eigenen Familie das Sozialsystem durchaus gegenwärtig ist.

Einwanderung vollzog sich in Deutschland im Wesentlichen völlig ungesteuert. Es wurden an der einen oder anderen Stelle, zum Beispiel im Zuwanderungsgesetz, je nach politischer Tagesform mal Erleichterungen oder Erschwernisse geschaffen. Eine konzeptionelle Einwanderungspolitik und eine daraus abgeleitete, systematisch gesteuerte Einwanderung gab es bei uns nie, und es gibt sie bis heute nicht.

In den Jahren 2000/2001 versuchte die von der rot-grünen Bundesregierung eingesetzte Süssmuth-Kommission diesen Mangel zu beseitigen. Das fiel aber auf keinen fruchtbaren Boden. Die CDU/CSU verschloss sich dem Gedanken einer gewollten, konzeptionell strukturierten Einwanderungspolitik. Und so blieb alles beim Alten. In 2010/2011 wurde versucht, die Ergebnisse der Kommission zu reanimieren. Der politische Diskurs scheiterte ohne Ergebnis. So müssen wir weiter mit der Situation leben, dass Länder wie Kanada oder Australien sehr wohl schauen, wer zu ihnen kommt und was derjenige mit- und einbringt, während wir uns nach dem Prinzip der Wundertüte überraschen lassen, welche Inspiration unsere Bevölkerung durch Zuzug von außen erfährt.

Dass in Kanada die Kinder von Einwanderern im Durchschnitt eine erfolgreichere Schulkarriere mit besseren Abschlüssen als die der Einheimischen erzielen, mag auch an einem anderen

Schulsystem und anders ausgebildeten Lehrern liegen. Das kann ich nicht beurteilen. Ein Hauptgrund besteht aber mit Sicherheit darin, dass die Einwandererkinder infolge des Ausleseprinzips der Familien bei der Einwanderung im Durchschnitt einfach bildungsorientierter sind als die Masse der Inländer. Der Taxifahrer oder Hausanstreicher mit akademischem Abschluss wird alles daran setzen, dass seine Kinder einen besseren Job bekommen können als er. Und er wird sie mit positivem Input auf den Weg des Wissenserwerbs begleiten. Das unterscheidet uns von Kanada oder Australien und nicht die Höhe des *social transfer*.

Wir sind dabei, den globalen Wettbewerb um die klugen Köpfe zu verlieren. Wenn es nicht schon zu spät ist. Nach Erhebungen der Mercator-Stiftung wanderten von 2007 bis 2009 ganze 363 hochqualifizierte Arbeitnehmer nach Deutschland ein. Von Januar bis September 2009, also in nur neun Monaten, waren es in Großbritannien 15530. Den Sonntagsreden über das internationale Renommee Deutschlands und die Attraktivität des deutschen Arbeitsmarkts machen diese Fakten schlicht den Garaus. Wir haben heute schon einen Mangel an Fachkräften in den Bereichen Mathematik, Informatik, Naturwissenschaften und Technik (MINT). Umgekehrt gehörte Deutschland in den vergangenen Jahrzehnten zu den OECD-Staaten, welche die am schlechtesten qualifizierten Einwanderer angezogen haben. Aber vielleicht wird die neue Blue Card dazu beitragen, mehr ausländische Fachkräfte nach Deutschland zu locken. Mussten Zuwanderer aus Nicht-EU-Staaten dem Zuwanderungsgesetz nach bislang ein Jahresgehalt von 66000 Euro nachweisen, sind es jetzt nur noch 44800 Euro. Für die genannten Mangelberufe liegt das Mindesteinkommen mit 35000 Euro im Jahr noch niedriger. Ausländische Hochschulabsolventen, die im Land bleiben wollen, haben jetzt nicht mehr nur zwölf, sondern 18 Monate Zeit, eine Anstellung zu finden. Unabhängig von dieser gesetzlichen Neuregelung scheint auch die Eurokrise an einer Stelle unser Verbündeter zu sein. Machen sich doch deutlich vermehrt auch hochqualifizierte Menschen aus Südeuropa auf den Weg zu uns.

Ich bin dafür, die gesamte Thematik der Einwanderung sehr viel rationaler als bisher zu betrachten. Einwanderung ist mehr als gewollter oder inszenierter Familiennachzug. Es ist richtig, nicht nur den Benefit für die Ankommenden zu betrachten, sondern auch den, den die Gesellschaft von der Einwanderung hat. Das bedingt sich wechselseitig. Die Einwanderung von Menschen, die nach menschlichem Ermessen in unserer Gesellschaft nur wenige Chancen haben werden, sollte sich auf den Asylbereich beschränken. Die Forderung von sprachlichen Mindeststandards halte ich genauso für zumutbar wie die Erwartung, dass sich ein 23-Jähriger entscheiden kann, mit welcher Staatsangehörigkeit er künftig leben möchte. Die große Politik unterstellt 16-Jährigen die politische Reife für das Wahlrecht, hält aber 23-Jährige für überfordert von der Aufgabe, sich klar darüber zu sein, wo sie hingehören. Logik geht anders.

Was uns weiterhin von anderen Einwanderungsnationen unterscheidet, ist das starre Bildungssystem. Irgendwie habe ich das Gefühl, dass wir in der Zeit stehen geblieben sind, als in der Schulfibel Familien abgebildet waren, in denen die Mädchen blonde Zöpfe und weiße Kniestrümpfe und die Jungen kurze Hosen mit Hosenträgern und Linksscheitel trugen. Wie ich in den anderen Kapiteln ausgeführt habe, sieht unsere Gesellschaft so aber nicht mehr aus. Das Bildungssystem hat nicht die Aufgabe, sich eine neue Bevölkerung zu schaffen, sondern die auszubilden, die da ist. Innerhalb des Aufgabenspektrum der OECD gibt es keinen Bereich, in dem so starke Kritik an der Bundesrepublik laut wird wie beim Bildungswesen. Und dennoch stampfen unsere Bildungspolitiker weiterhin trotzig mit den Füßen auf und sagen: »Alles ist gut.«

Mein SPD-Boss Sigmar Gabriel erzählte mir unlängst, dass wir bei den Bildungsaufwendungen dem kleinen Dänemark »nur« um 50 Milliarden Euro hinterherhinken. Immer wieder bestätigt uns die OECD, dass der Lebensweg der Kinder in keinem anderen Industrieland so stark vom gesellschaftlichen und sozialen Stand der Eltern abhängt wie in Deutschland.

Die ungleichen Entwicklungschancen für Kinder beginnen schon bei der Vorschulerziehung. Dass Kinder einen Sozialraum mit anderen Kindern benötigen, dass die Herausbildung der kognitiven Fähigkeiten der Kinder bereits ab dem 13. Lebensmonat einer stürmischen Entwicklung unterliegt, dass das Sprachzentrum mit zwei und drei Jahren extrem belastungsfähig ist, dass Motorik und Feinmotorik stimuliert werden müssen, all diese Dinge sind völlig unbestritten. Dennoch sind bei uns Kindertagesstätten und Krippen nach wie vor mit einem Stigma versehen. Das hat dazu geführt, dass wir zum Beispiel auf dem Gebiet der Plätze für die unter 3-Jährigen ungefähr auf einer Stufe mit Bulgarien und Griechenland stehen. Führend sind hier natürlich die Skandinavier, aber auch die USA sind weiter. Das Gesetz von 2007, bis zum Jahre 2013 die Krippenplätze auf 35 % Bedarfsdeckung auszubauen, wird unser Ranking zwar verbessern, aber noch lange nicht den Durchbruch bedeuten.

Ein Jahr vor Inkrafttreten des Rechtsanspruchs auf einen Betreuungsplatz pfeifen es alle Spatzen von den Dächern: Das Ziel wird verfehlt werden. Zu langsam und zu zögerlich sind Gemeinden und Städte an die Aufgabe herangegangen. Nicht, weil sie nicht wollen, sondern weil die Finanzierung nicht so reibungslos lief wie versprochen. Auch die Annahme, dass der Bedarf mit 35 % ausreichend gedeckt ist, wird sowohl vom Deutschen Städtetag als auch dem Deutschen Gemeinde- und Städtebund bestritten. Den Anteil der Familien, die auf das Angebot einer Betreuung ihrer Kinder unter dem 3. Lebensjahr angewiesen sind, schätzt man dort auf 60 % bis 65 %.

Nach all meinen Erfahrungen und den Urteilen der Erzieherinnen, der Lehrerinnen und Lehrer wie der Vertreter der übrigen Professionen, die sich in einem Gebiet wie Neukölln um das Wohlergehen von Kindern kümmern, bin ich zu dem Ergebnis gelangt, dass wir um eine Kindergartenpflicht nicht herumkommen werden. Ich bin zutiefst davon überzeugt, dass der Leidensdruck so zunehmen wird, dass auch die heute bei der etablierten Politik noch bestehenden Hemmnisse werden weichen müssen.

Ich habe bewusst von den Widerständen der etablierten Politik gesprochen. Mir scheint es, als wäre der Bewusstseinsstand der Eltern viel weiter. Ich bin bei meinen Vorträgen quer durch die Republik noch nicht ein einziges Mal auf formulierten Widerspruch gegen eine Kindergartenpflicht gestoßen. Bei einer Online-Bürgerbefragung »Zukunft durch Bildung – Deutschland will's wissen« von Roland Berger, der Bertelsmann Stiftung, *BILD* und *Hürriyet* mit 480 000 Teilnehmern haben sich 87 % für eine Kindergartenpflicht ausgesprochen. Übrigens, zwei Drittel der teilnehmenden türkischen Migranten haben ebenfalls eine Kindergartenpflicht verlangt. 67 % sind auch dafür, dass die Kindertagesstätten kostenlos sein sollen. Die Umfrage war nicht repräsentativ, weil die Teilnehmer nicht ausgewählt wurden, sondern über ihre Teilnahme im Internet selbst entschieden.

Im Grundsatz stimmt eine übergroße Mehrheit der Kindergartenpflicht dennoch zu. Einräumen muss ich, dass es zur Frage, ab welchem Lebensalter diese Pflicht gelten soll, unterschiedliche Einschätzungen gibt und dass ich etwa einer Minderheit von 10 % bis 15 % angehöre. Als verschriener Kita-Fanatiker trete ich für eine Besuchspflicht ab dem 13. Lebensmonat ein. Das hat etwas mit den erwähnten Entwicklungsstadien des Kindes zu tun, aber auch mit den generellen Gedanken einer Infrastruktur für Kinder und einer Erwerbstätigkeit der Frauen.

Ich erinnere an die Ausführungen zur demographischen Entwicklung und der zu geringen Geburtenrate in Deutschland von 1,4. Die Gewissheit, dass nach dem sehr engen Mutter-Kind-Beziehungsjahr der ersten zwölf Monate eine umfassende und gute Betreuung des Kindes zur Verfügung steht, würde mit Sicherheit dazu führen, dass auch beruflich erfolgreiche Frauen sich einen Kinderwunsch erfüllen. Welche Probleme Eltern heute haben, für ihr Kind unter drei einen Platz zu finden, wissen Sie vielleicht aus eigener Erfahrung oder aus Ihrem Bekanntenkreis. Oft scheitert der Versuch völlig. Manchmal hilft noch eine Tagesmutter. Berlin ist eine sehr komfortable Region in Sachen Krippenplatz. Trotzdem benötigen die Menschen mehrere

Monate, um ihr Kind unterzubringen. Es ist keine Seltenheit, dass bereits Schwangere sich auf die Warteliste für einen heißumkämpften Kitaplatz im nächsten Jahr setzen lassen. Flexibilität hinsichtlich der Entfernung zur Wohnung oder zum Arbeitsplatz wäre auch nicht schlecht. Die Erwartungshaltung, eine Kindertagesstätte muss direkt vor der Tür sein, wird meist nicht befriedigt. Aus diesem Grund bleiben auch viele Einwandererkinder zu Hause.

Es gibt eine ganze Reihe von Studien, die den Nutzen eines möglichst frühen und möglichst langen Kindertagesstättenbesuchs für die Entwicklung der Kinder bestätigen. Legen wir unseren Fokus auf die Einwandererkinder oder auch sonst sozial Benachteiligte, so verbessern sich deren Startchancen beim Schuleintritt deutlich, wenn sie vorher drei Jahre im Kindergarten waren. Interessant ist, dass sich bei einer Verweilzeit von nur einem Jahr keine nachweisbaren Verbesserungen ergeben. Hierbei handelt es sich um eine Studie des Deutschen Instituts für Wirtschaftsforschung (DIW). Wenn die Eltern keinen Bildungsabschluss haben und das Kind überhaupt nicht oder nur kurz in der Kindertagesstätte war, liegt die Wahrscheinlichkeit, dass es vom planmäßigen Schulstart zurückgestellt wird, bei 50 %.

Die Ergebnisse des DIW zeigen, dass ein Krippenbesuch die spätere Schulkarriere positiv beeinflusst. Dies wird durch die bereits erwähnten Untersuchungen der Bertelsmann Stiftung bestätigt. Den beeindruckendsten Bericht habe ich über ein Vorschulexperiment, das »Perry Preschool Project«, gelesen. Es wurde im Jahre 1962 begonnen. Man wählte damals 123 3- bis 4-jährige Kinder mit niedrigem IQ aus, die unter sozial schwierigen Bedingungen aufwuchsen. Sie kamen aus afroamerikanischen Elternhäusern. Die Eltern waren oft ohne Arbeit, und die Kinder lebten in unvollständigen Familien.

58 Kinder wurden bis zum Schuleintritt täglich 2½ Stunden mit einem Programm, das dem in unseren Kindertagesstätten ähnelt, und einem 90-minütigen wöchentlichen Besuch der Erzieherin zu Hause betreut. Mit den anderen 65 Kindern geschah

nichts, sie wurden nur regelmäßig beobachtet. Die Kinder von damals wurden im Alter von 40 Jahren abschließend befragt. Die Ergebnisse sind frappierend. Obwohl der Einfluss nur zwei Jahre im Kleinkindalter andauerte, waren die Erwachsenen lebenstüchtiger, intelligenter, mit einem höheren Schulabschluss versehen, verdienten mehr Geld, kamen seltener ins Gefängnis und hatten weniger Drogenprobleme als die nicht geförderten. Die Unterschiede betrugen bis zu 50 %. Ich kann die Ergebnisse dieser Langzeituntersuchung natürlich nicht bestätigen, ich war nicht dabei. Aber der amerikanische Nobelpreisträger James Heckman hat sie evaluiert und für belastbar erklärt. Also ein Plädoyer für die Kindertagesstätte als Bildungseinrichtung.

Ich will Ihnen auch nicht verschweigen, was ein leidenschaftlicher Gegner zu diesem Thema zu sagen hat. Der *FOCUS-Online*-Autor Alexander Kissler kam in einem Beitrag zu der Erkenntnis: »Brave Bürger züchtet sich der Staat desto leichter, je früher er ihrer habhaft wird. Schon das Kleinkind soll die Wonnen der Staatstreue auskosten. Erziehungs- und Bekenntnisfreiheit müssen hintan stehen. (…) Die Kita-Pflicht soll den Staatsbankrott verhindern. ›Alle Kinder‹ sollen durch Fremdbetreuung einen frühkindlichen Beitrag zum Bruttosozialprodukt leisten. Ihr Daseinszweck ist es, die ›Steuern und Sozialabgaben‹ der Eltern anwachsen zu lassen (…).« So etwas kann man in deutschen Politmagazinen lesen. Ist doch unterhaltend.

Dabei waren wir schon einmal viel weiter. Die SPD präsentierte 2005 einen radikalen Neuanfang in der Bildungspolitik. Für Kinder unter drei Jahren sollte ein flächendeckendes, ganztägiges und kostenloses Betreuungsangebot geschaffen werden. Und für die 3- bis 6-jährigen Kinder war eine verpflichtende und kostenfreie Ganztagsvorschule vorgesehen. Ab dem 6. Lebensjahr sollten alle Kinder eine ganztägige Gemeinschaftsschule besuchen. Die Auflösung des drei- bzw. viergliedrigen Schulsystems rundete die Vorschläge ab.

Natürlich kam von konservativer Seite sofort die Gegenwehr. Gleichmacherei und Zentralisierungswahn, hieß es da. Ganz ohne Wirkung blieben die Vorschläge der SPD aber anscheinend doch nicht. Die damalige Bundesfamilienministerin Dr. Ursula von der Leyen und die Integrationsbeauftragte der Bundesregierung Prof. Dr. Böhmer wiesen zwar den Gedanken an eine Kindergartenpflicht mit Abscheu von sich, erklärten aber in trauter Zweisamkeit, dass die Kindergartenbeiträge mittelfristig abgeschafft werden sollten.

Nun, an ihre eigenen Vorschläge erinnert sich die SPD heute nur noch ungern, und von kostenfreien Kindertagesstätten redet die CDU auch schon lange nicht mehr. Der Fortschritt für die Kinder war so nah und ist doch inzwischen wieder so fern. Heute setzen wir uns mit dem Rollback auseinander, Kinder gegen Geldprämie von der Kindertagesstätte fernzuhalten. Arme Kinder in Deutschland.

Mir ist schon bewusst, dass meine Radikalforderung nach der Kindertagesstättenpflicht ab dem 13. Lebensmonat wohl noch einige Zeit, eine sehr lange Zeit, benötigen wird, um sich durchzusetzen. Vielleicht schafft sie es auch nie. Generationen von Müttern werden ihr dann nachtrauern. Von den Gegnern einer Kindertagesstättenpflicht werden immer zwei Argumente ins Feld geführt. Zum einen würde sie gegen die Verfassung verstoßen, und zum anderen wäre es ein Generalverdacht gegen alle Eltern, sie könnten ihre Kinder nicht vernünftig erziehen. Beides ist Quatsch.

Artikel 6 unseres Grundgesetzes formuliert das Elternrecht wie folgt: »Pflege und Erziehung der Kinder sind das natürliche Recht der Eltern und die zuvörderst ihnen obliegende Pflicht. Über ihre Betätigung wacht die staatliche Gemeinschaft.« Der zweite Satz wird meist schamhaft verschwiegen. Er postuliert nämlich ein staatliches Wächteramt über unsere Kinder. Ich kann auch nicht nachvollziehen, wieso eine Kindertagesstättenpflicht das Grundrecht auf Pflege und Erziehung aushebeln sollte. So eine Verpflichtung bedeutet mitnichten automatisch eine Ganztagsbetreuung Montag bis Freitag von morgens bis abends. Auch zwei- oder dreimal vier Stunden die Woche kann diese

Pflicht beinhalten. Das wäre dann eine Kopie der früheren Mini-Clubs der Kirchengemeinden.

Schon vor Jahrzehnten haben Eltern im Bildungsbürgertum völlig zu Recht erkannt, dass die Kleinfamilie Kindern den Erfahrungsraum unter Gleichaltrigen geraubt hat. Eine ganze Sozialisationsebene ist weggebrochen. Deshalb schuf man die Mini-Clubs. Das hatte mit Jugendhilfe und Erwerbstätigkeit überhaupt nichts zu tun. Durch einen Teilzeitaufenthalt in der Kindertagesstätte das Grundrecht in Gefahr zu sehen ist einfach albern. Aber selbst bei einem Ganztagsbesuch steht das Erziehungsrecht der Eltern überhaupt nicht in Frage. Keine noch so gut ausgebildete Erzieherin vermag es, in das Beziehungsgeflecht und die engen emotionalen Bindungen zwischen Kindern und ihren Eltern einzudringen. Wenn immer wieder die sozialistische Einheitserziehung beschworen wird, dann dient das nur dazu, Eltern zu verschrecken, so, wie man Kindern Angst einjagt, indem man ihnen von dem bösen Schwarzen Mann erzählt.

Auch die Schule greift in das Bestimmungsrecht der Eltern ein. Schule ist staatlich angeordnete Freiheitsberaubung. Warum darf der Staat das, sobald das Kind fünfeinhalb oder sechs Jahre alt ist, mit 3-Jährigen aber nicht? Seit wann hängt ein Grundrecht vom Lebensalter ab? Zu guter Letzt, auch Grundrechtsartikel kann man ändern. Das ist eine Frage politischer Mehrheiten. Nicht mehr und nicht weniger. Eines will ich zu bedenken geben. Eine Pflicht für den Einzelnen bedeutet für die Gesellschaft auch immer eine Verpflichtung, die Voraussetzungen dafür zu schaffen, dass der Einzelne diese Pflicht erfüllen kann. Nämlich die Plätze zur Verfügung zu stellen und für Kostenfreiheit zu sorgen. Mir wird immer gesagt, wir brauchen keine Kindertagesstättenpflicht, weil doch ohnehin schon alle hingehen. Das stimmt zwar nicht, aber mal angenommen, es wäre so: Dann können wir es ja erst recht machen. Es dürfte dann niemanden stören.

Bis wir an dieser Stelle einen Schritt weiter kommen, wird es wohl so bleiben, dass die Kinder des Bürgertums wie selbstverständlich in den Kindergarten gehen und die, die es am nötigsten hätten, ihrem Schicksal überlassen bleiben. Eine Gesellschaft muss sich immer daran messen lassen, wie sie mit den Schwächsten umgeht. Das sind nun einmal die Kinder. Es ist unsere Pflicht, nach ihnen zu schauen und uns auch um sie zu kümmern, wenn die Eltern es nicht ausreichend können oder wollen. Kinder sind eigenständige Lebewesen und keine Sache im persönlichen Eigentum ihrer Erzeuger. Deshalb müssen wir unser Wächteramt eben anders wahrnehmen als bisher. Nicht erst im Konfliktfall eingreifen und versuchen zu reparieren, was dann meist gar nicht mehr zu reparieren ist. Sondern vorher, präventiv, leitend und begleitend, helfend und fördernd. Eine Bekannte von mir hat sich nach Schottland verheiratet und bekam dort eine Tochter. Über eineinhalb Jahre erschien in den schottischen Highlands engmaschig eine Sozialarbeiterin und schaute nach dem Kind. Beide Elternteile sind Akademiker und fanden das völlig normal. Ich stelle mir das in Deutschland vor. Oder lieber nicht?

An die Vorschulerziehung schließt sich konsequenterweise die Schule nahtlos an. Unser Schulsystem hat es bis heute nicht geschafft, zur Kenntnis zu nehmen, dass es sich bei der Schule in vielen Teilen des Landes nicht mehr nur um ein Institut der Wissensvermittlung handelt, sondern dass ihr auch die Rolle einer Integrationsinstanz zugewachsen ist. Sie muss bei vielen jungen Menschen insbesondere aus dem Einwanderermilieu die Aufgaben des Elternhauses mit übernehmen, weil das beschriebene Dreieck hier nicht funktioniert. Die Vertiefung des Lehrstoffs, also die Übungs- und Trainingsphase, die Erziehung im Sozialverhalten, das Vermitteln von Umgangsformen, Benehmen und die Akzeptanz von Normen, all das sind Dinge, die über die klassische Aufgabenstellung der Schule natürlich hinausgehen. Bei vielen unserer Kinder ist die Schule aber auch Elternersatz. Da reicht die Einflusssphäre der klassischen deutschen Halbtagsschule bei weitem nicht aus. Gerade in diesen Verhältnissen heißt Schulschluss um 13.30 Uhr Fernsehen ab 13.45 Uhr. Das klingt barsch, ist aber leider nicht aus der Luft gegriffen.

Die meisten europäischen Länder kennen eine Halbtagsschule überhaupt nicht. Schule ist fast immer ganztags. Auch bei uns sind Privatschulen für viel Geld natürlich Ganztagsschulen. Langes, gemeinsames Lernen heißt die Zauberformel. Alle Studien, die ich zu diesem Thema kenne, kommen zu dem eindeutigen Ergebnis, dass die Ganztagsschule der Teilzeitschule in allen Belangen überlegen ist. Das Aggressionspotential der Schüler ist niedriger, ihr Sozialverhalten verbessert sich, aber am überzeugendsten sind die Leistungswerte. Der Anteil der Klassenwiederholer, auf Deutsch Sitzenbleiber, beträgt bei der Teilnahme am offenen Ganztagsbetrieb lediglich 2,4 %. In gebundenen Ganztagsschulen sogar nur 1,4 %. Im Vergleich dazu beträgt ihr durchschnittlicher Anteil bei traditionellen Schulen mit 8,4 % das Sechsfache des Wertes der gebundenen Ganztagsschulen. Beim Sozialverhalten wurde speziell die Phase der Pubertät betrachtet. Das Störverhalten der Jugendlichen wird beim Ganztagsbetrieb als dezenter beschrieben, und fast 13 % der Schüler gaben an, dass sich, seit sie eine Ganztagsschule besuchen, ihr Verhältnis zu den Eltern verbessert hat. Ich stütze mich dabei auf Erkenntnisse, die vier Forschungsinstitute im Auftrag des Bundesbildungsministeriums erarbeitet haben.

Ich spreche mich also für einen weiteren Ausbau der Ganztagsschulen in Deutschland aus. Die erste Programmphase startete unter der rot-grünen Bundesregierung und war eine Antwort auf den Pisa-Schock. Von 2003 bis 2009 wurden vier Milliarden Euro investiert, um gut 7000 Schulen auf Ganztagsbetrieb umzustellen. Von den bundesweit rund 35 000 allgemeinbildenden Schulen hatten 2009 etwa 12 000 Schulen einen Ganztagsbetrieb. Also ein gutes Drittel. Leider hat sich die jetzige Bundesregierung entschlossen, nicht weiter in die Ganztagsschulen zu investieren. Auf die Frage, ob sie das Programm fortführen möchte, antwortete die Bundesministerin für Bildung und Forschung, Frau Prof. Dr. Schavan: »Nein, gebaut ist jetzt genug.«

Zum Thema Ganztagsschulen muss man noch wissen, dass es zwei Formen dieser Schulorganisation gibt. Die offene Ganztagsschule und die gebundene. Die offene Form bietet Nachmittagsangebote, die freiwillig wahrgenommen werden können und eventuell auch kostenpflichtig sind (Hortbetreuung). Also, normale Grundschule plus Hort gleich Ganztagsschule. Diese Formel streut Sand in die Augen. So schmückt sich das Land Berlin damit, dass über 83 % der allgemeinbildenden Schulen Ganztagsschulen seien. Richtig ist jedoch, dass noch nicht einmal 20 % der Berliner Grundschulen die gebundene Ganztagsbetreuung anbieten und bei den Sekundarschulen knapp die Hälfte. Auch trifft es nicht zu, dass jede Schule selbst entscheiden kann, ob sie offenen oder gebundenen Ganztagsbetrieb anbieten will, und die Verwaltung je nach Entscheidung das Personal servicemäßig bereitstellt. Richtig ist vielmehr, dass eine Genehmigung erforderlich ist, die versagt werden kann und auch versagt wird. Es lässt sich bei diesem Thema gut deutlich machen, wie verwirrend Informationen gestreut werden. Nur Insider sind noch in der Lage, die tatsächlichen Sachverhalte zu durchblicken. Dass es noch ein weiter Weg bis zur flächendeckenden Versorgung mit gebundenen, also echten Ganztagsschulen ist, sieht man auch daran, dass in Neukölln gerade einmal 28 % aller Grundschüler in einer solchen Einrichtung betreut werden.

In diesen Schulen ist die Betreuungszeit bis 16.00 Uhr für alle Pflicht, und sie ist natürlich kostenlos. Es wird niemanden verwundern, dass ich mich konsequent für den gebundenen Ganztagsunterricht ausspreche und alle kleineren oder größeren Schummeleien (das Angebot geht nur bis 15.00 Uhr, der verlängerte Betrieb ist nur an einigen Tagen eingerichtet) als Etikettenschwindel ablehne. Ganztagsschule heißt aber nicht ganztags pauken. Dann würden die Schüler schnell die Lust verlieren. Gefordert ist ein Konzept zum Wechsel zwischen Unterricht und Freizeit (außerunterrichtliche Aktivitäten). Eigentlich gehören ein Freizeitgebäude und eine Mensa zur selbstverstandlichen Ausstattung.

Wer für Ganztagsschule ist, der ist bei der CDU/CSU falsch. Die SPD hält hier nach wie vor die Fahne hoch. An dieser Stelle ist sie noch nicht eingeknickt wie bei den Kindertagesstätten. Erst 2011 hat die SPD ein Programm vorgelegt, in dem sie 7000 neue Ganztagsschulen bis 2015 verspricht. Bis zum Jahr 2020 sollen dann alle übrigen Schulen zu Ganztagsschulen erweitert werden mit dem Ziel, einen Rechtsanspruch auf einen Platz in einer Ganztagsschule zu schaffen.

Wie sollte es anders sein – natürlich gibt es auch Widerstände gegen die Umstellung aller Schulen auf einen Ganztagsregelbetrieb. Sie kommen erwartungsgemäß aus dem bürgerlichen Lager. In der Theorie sind wir uns ja immer alle sehr schnell einig. »Überwindung sozialer Schranken, Chancengleichheit für alle und langes, gemeinsames Lernen«, so lauten dann immer die Fanfarenstöße. Viele denken aber noch einen Halbsatz hinzu, der da lautet: »… aber natürlich nicht mit *meinem* Kind.« Ich erinnere an das Fiasko der Verlängerung der Grundschulzeit von vier auf sechs Jahre in Hamburg. Da haben die Häuser mit dem Blick auf die Elbe einmal gezeigt, wie das so ist mit der Übereinstimmung von Reden und Handeln.

Der Vollständigkeit halber erwähne ich, dass bei der bereits zitierten Online-Umfrage von Berger/Bertelsmann 81 % der Befragten für die Ganztagsschule votiert haben. 42 % als Pflicht und 38 % als freiwilliges Angebot.

Das hört sich alles gut an, weist nach vorne, und jedes Auditorium nickt beifällig. Wir sollten aber nicht vergessen, dass auch Lehrer mitunter den Drang verspüren, den Weg des Wassers zu wählen. Es ist ein Irrglaube, davon auszugehen, dass alle Kollegien Jubelschreie bei dem Angebot ausstoßen, eine Ganztagsschule zu werden. Erst im Jahr 2012 hatte ich das Erlebnis, dass ein Kollegium die Idee wenig prickelnd fand. Arbeitszeit bis 16.00 Uhr? Igitt, igitt! Außerdem kenne man viele Eltern in der Umgebung, die gar keine Ganztagsschule wünschten. Deshalb trete man für Angebotsvielfalt ein. Bla, bla, möchte man nur sagen. Die zuständige Schulaufsicht erklärte daraufhin, gegen den Willen des Kollegiums, ja, da könne sie auch nichts machen. Ein schönes Beispiel dafür, wie Theorie und Praxis auseinanderklaffen.

Die Schulorganisation ist sicherlich das eine, aber die Binnenstruktur ist der andere Baustein, der zu einem verbesserten Output führen muss. Auch an dieser Stelle leben wir immer noch mit dem Aufbau von vor Jahrzehnten. Es gibt Lehrer, eine Leitung, einen Schulrat als Aufsicht und ein Bildungsministerium. Und alles schön hierarchisch von oben nach unten organisiert. Dieser Zentralismus führt natürlich dazu, dass die Dinge nach Schema F beurteilt und gestaltet werden. Schule ist Schule. Nein, ist sie eben nicht! Auch Schule muss sich anpassen. In gutbürgerlichen Bezirken heißt der Gegner Wohlstandsverwahrlosung, und die Schulleitung muss sich mit der Klage von Vati Rechtsanwalt gegen die 4 minus in der Physikarbeit herumschlagen. Bei mir in Neukölln heißt der Gegner in vielen Fällen Bildungswüstenei und Asozialität. Beide Formen erfordern unterschiedliche Reaktionen. Persönlichen Vulgärattacken muss man anders begegnen als akademischer Schaumschlägerei.

»Bildungseinrichtungen in Stadtteilen mit besonderem Handlungsbedarf bedürfen einer besonderen Ausstattung – materiell und personell. Neben Schulsozialarbeit und Ergänzungsdeputaten ist es hier zwingend erforderlich, zügig Ganztagsangebote vorzuhalten«, so schreibt es der Regierende Bürgermeister. Darunter verstehe ich, dass eben Schule im sozialen Brennpunkt nicht gleich Schule in der Schlafstadt ist. Die besten Lehrer, so sagt man immer wieder, sollen zu uns nach Neukölln. Und die Schulen sollen die besten Profile haben, um das Wegziehen der Eltern zu verhindern. Und die Realität? Nach wie vor zwangsversetzte Lehrer, unbesetzte Schulleiterstellen, Burnout und innere Emigration in den Kollegien. Eine Folge davon ist, dass in den Neuköllner Grundschulen knapp 60 % und in den integrierten Sekundarschulen knapp 30 % des Deutsch- und Mathematikunterrichts nicht fachgerecht vermittelt werden. Das ist mitunter aufgrund verschiedener Gegebenheiten durchaus auch gewollt, aber in den genannten Größenordnungen natürlich nicht. In den Gymnasien liegt der Anteil bei unter 5 %. Als Zeichen der gerade zitierten »besonderen Ausstattung« möchte ich nicht vergessen zu erwähnen, dass im aktuellen Schuljahr 2012/2013 in 23 Neuköllner Schulen rund 410 Stunden für Förderunterricht und Klassenteilungen, nein, nicht etwa zusätzlich bewilligt, sondern gestrichen wurden.

So kann man den Teufelskreis nicht durchbrechen. Schulen in sozialen Ausnahmegebieten müssen freier werden, müssen individueller handeln können, und sie müssen sich vor allen Dingen ihr Personal selbst aussuchen dürfen. In London geht das, müsste dann doch eigentlich auch bei uns gehen. Ich weiß: das Beamtenrecht, der personelle Überhang, der untergebracht werden muss, der Personalrat, die Kosten, das Schulverfassungsgesetz und so weiter und so weiter und so weiter.

Nein, die Schulen müssen weg von der Gängelei durch mittelmäßige Schulaufsichtsbeamte. Sie müssen in der Lage sein, sich ihr Kollegium direkt von der Uni zu holen. Warum kann es nicht verpflichtend sein, dass junge Lehrer nach ihrem Studium einen gewissen Zeitraum von zum Beispiel zwei Jahren in einem sozialen Brennpunkt tätig sein müssen? Die Arbeit in schwierigen Gebieten muss einen Punktevorteil geben beim Auswahlverfahren für spätere andere Aufgaben. Zulagen für die Arbeit in Brennpunkten. Reduzierung der Unterrichtsverpflichtung, abgesenkte Klassenfrequenzen, eigene Budgetverantwortung. Das alles sind Vorschläge, die die Schullandschaft verändern würden. Genauso wie erweiterte Kompetenzen der Schulleitungen. In finanzieller Hinsicht, aber auch in disziplinarischer. Ich weiß, dass alle diese Vorschläge Stirnrunzeln hervorrufen. Bestimmt ist auch einiges schwierig wie die Ablösung einer Schulleitung durch das Kollegium. Aber ich weiß genauso, dass wir mit einem »Weiter so wie bisher« mit Vollgas an die Wand fahren. Wir brauchen andere Schulen: autark, interdisziplinär und visionär.

Ich befinde mich mit der Fokussierung auf »Stärkung der Schulen vor Ort« übrigens in guter Gesellschaft mit der Robert-Bosch-Stiftung. In deren Studie über die Bildungsreformen in New York und Berlin wird festgestellt, dass beide Städte vor vergleichbaren Herausforderungen stehen, die am Hudson River

aber der an der Spree bei so wichtigen Reformen wie Schulauto-
nomie, Leistungsverantwortung und Ausbau von Führungskom-
petenzen zehn Jahre voraus ist. In New York wird die Stärkung
der schulischen Eigenverantwortung als ein wesentlicher Baustein für einen »Schul-Turnaround« gesehen, also das Umdre-
hen einer schwierigen Schule. Dementsprechend haben die New
Yorker Einrichtungen weitreichende Freiheiten in Finanz- und
Personalangelegenheiten. Die Stiftung und der Berliner Senat
wollen nun gemeinsam ein »Programm für Schulen in kritischen
Lagen« initiieren. Ob wir davon Honig saugen können, kann ich
natürlich noch nicht beurteilen. Ich kenne das Programm ja noch
gar nicht. Aber die Hoffnung, dass der Knoten platzt und unsere
Schulen fit gemacht werden für ihre Aufgabe als Integrationsinstanz, stirbt bekanntlich zuletzt. Vielleicht sind London und
New York ja gute Paten, und die Landesschulverwaltung in Berlin hört endlich auf damit, vom grünen Tisch aus in jede Schule,
ja, bis in jede Klasse hineinzuregieren und zu glauben, die Zusammensetzung der Schüler bestimmen zu müssen. Von Schul-
autonomie, Eigenverantwortung und Kompetenzzuweisung für
die einzelnen Schulleitungen sind wir hier heute weiter entfernt
als früher – trotz weiter Reisen wichtiger Personen.

Im Zusammenhang mit der Frage, wie Schulen auf die Verhältnisse umzustellen sind, wird auch immer wieder die Be-
grenzung des Anteils an Einwandererkindern vorgeschlagen.
Da die Schüler aber nun einmal da leben, wo sie leben, ist ihre
Zuordnung zur Schule nicht beliebig gestaltbar. »Bussing« heißt
der dann sofort ins Spiel gebrachte Begriff. Er bedeutet, dass die
Kinder in andere Stadtgebiete zur Schule gefahren werden, um
eine Durchmischung zu erreichen. Da es aber keine leeren Schulen gibt, müsste in dem anderen Stadtgebiet ein Teil der dortigen Kinder ihre Schulplätze für die Neuköllner freimachen und
ihrerseits nach Neukölln gebracht werden. Organisatorisch ist
das leistbar, finanziell auch. Ob es sich allerdings auch politisch
durchsetzen ließe, da habe ich so meine Bedenken, wenn ich an
die gescheiterte Grundschulreform in Hamburg oder meine aus

Neukölln weggezogenen Eltern denke. Irgendwie ist die Vision amüsant. Uns entfliehen Eltern, und wir bringen ihre Kinder mit dem Bus wieder nach Neukölln. Ich glaube, so ein Modell umzusetzen ist schwieriger, als die Kindertagesstättenpflicht einzuführen. Trotzdem hält sich der Vorschlag seit vielen Jahren.

Das Thema Schuluniformen ist ebenso ein Dauerbrenner. Fällt aber in Deutschland in die Kategorie »Man könnte, man sollte, man müsste«. In anderen Ländern klappt das reibungslos, bei uns kommt es in den Schulen über Diskussionsabende nicht hinaus. Wir haben es in Neukölln unseren Schulen freigestellt, Schuluniformen einzuführen. Davon Gebrauch gemacht hat bisher noch keine. Für Zwang mit der Folge endloser Auseinandersetzungen wiederum ist die Frage nicht bedeutend genug. Ich persönlich fände es aber durchaus sinnvoll und identitätsstiftend. Der ständige Wettkampf, wer welche Klamotten anhat, würde aufhören. Und es wäre allemal hübscher als kleine Mädchen mit Kopftüchern schon in der Grundschule. Eine Schulleiterin hat mir so nebenbei erzählt, dass ihr Versuch, das Tragen von Kopftüchern in ihrer Grundschule zu unterbinden, mit einer unverblümten Morddrohung quittiert wurde.

Kindertagesstätten und Schulen sind die beiden Instanzen der Gesellschaft und des Staates, die besonders dicht an den Menschen sind. Wir nutzen sie aber nicht ihrer Bedeutung entsprechend. Ich halte das für einen Fehler, einen sehr schweren Fehler. Natürlich kosten alle von mir angesprochenen Veränderungen Geld. Aber die öffentliche Infrastruktur kostet immer Geld. Wir haben mit dem Albert-Schweitzer-Gymnasium und der Rütli-Schule den Beweis erbracht, dass wir auch junge Leute ins Boot holen können, denen es nicht in die Wiege gelegt ist. Die Gymnasiasten im Albert-Einstein-Gymnasium, Bio-Deutsche wie Einwandererkinder, sie finden ihren Weg sicher alleine. Falls nicht, helfen Papa und Mama. Dort sind schon tolle Mädels und Jungs. Und es macht richtig Spaß, sie zu beobachten und ihre Leistungen zu bewundern. Um sie muss niemandem bange sein.

Aber wenn wir die Rohdiamanten bei Rütli oder in der Albert-Schweitzer-Schule begeistert und zu funkelnden Brillanten geschliffen haben, dann entfalten sie das gleiche Feuer. Es geht. Was wir brauchen, ist ein echter Veränderungswille und eine Aufbruchstimmung.

Zum Schuljahreswechsel 2012/2013 konnte zum Beispiel die Rütli-Schule 30 % Neuanmeldungen von bio-deutschen Eltern verzeichnen. Noch vor kurzem hätte man jemanden, der einen solchen Wert für möglich gehalten hätte, ausgelacht. An anderen Schulen ist das noch immer so. Auf Nachfrage erklärten mir andere, ebenfalls in Nord-Neukölln beheimatete Grundschulen, dass im Extremfall nicht eines der Kinder aus deutschen Familien, die im Einzugsgebiet der Schule wohnen, bei ihnen angekommen ist. Es ist offenkundig, dass Veränderungen, Engagement und ein neues Profil in der Bewohnerschaft sehr wohl zur Kenntnis genommen werden und eine positive Resonanz erfahren. Hieraus kann und muss man die Lehre ziehen, dass die Stadtviertel der Segregation, die wir soziale Brennpunkte nennen, nicht alleingelassen werden dürfen. Wer dies tut, versündigt sich an den Menschen, die dort leben. Er betrügt die nächste Generation um ihre Lebenschancen, er erhöht die Soziallasten, füllt die Gefängnisse und spaltet die Gesellschaft. Man kann individuell diesen Vierteln durch Fortzug entfliehen, den gesellschaftlichen Folgen entgeht man dadurch allerdings nicht.

Ich kann und will Ihnen hierzu allerdings nicht die Information ersparen, dass 80 % der Teilnehmer an der schon mehrfach zitierten Online-Studie den Reformwillen der Bildungspolitiker als gering oder sehr gering einschätzen. Ein Vertrauensbonus sieht anders aus. Vielleicht ist das auch der Grund dafür, dass 92 % der Teilnehmer an derselben Studie für einheitliche Lehrpläne in allen Bundesländern sind. Wie erwähnt, gilt diese Studie als nicht repräsentativ. Doch auch einer Forsa-Umfrage zufolge wünschen sich 91 % aller Eltern, dass die Verantwortung für die Schulen ihrer Landesregierung aus der Hand genommen wird – und auf die nationale Ebene kommt. Offensichtlich sind es die

Menschen leid, dass nach jeder Landtagswahl das Schulwesen bei den Koalitionsverhandlungen zum Gegenstand von Sandkastenspielen der Parteiarbeitsgruppen wird.

Nach der vorschulischen Erziehung in der Kindertagesstätte und der Epoche der Wissensaneignung in der Schule folgt mit der Berufsausbildung die nächste Weichenstellung. Ich erinnere daran, dass 28 % aller Neuköllner Hartz-IV-Empfänger über keinen Schulabschluss verfügen und 67 % über keine Berufsausbildung. Konsequenterweise hat sich die Bundesregierung mit den Regierungschefs der Bundesländer in der »Qualifizierungsinitiative für Deutschland« 2008 das Ziel gesteckt, die Zahl der Schulabgänger ohne Abschluss bis zum Jahr 2015 auf 4 % im Bundesdurchschnitt zu halbieren und dies gleichermaßen bei den ausbildungsfähigen jungen Erwachsenen ohne Berufsabschluss von 17 % auf 8,5 % zu erreichen.

Es sind nur noch zweieinhalb Jahre Zeit. Im Jahr 2010 haben 6,5 % der Schüler keinen Abschluss erreicht (Ausländer 12,8 %). Der Anteil der Migranten im Alter von 25 bis unter 35 Jahren ohne Berufs- oder sonstigen Abschluss betrug rund 32 %. Ohne Migrationshintergrund waren es rund 9 %. Diese Werte noch einmal zur Wiederholung aus dem bereits zitierten Bericht der Bundesregierung. Der Anteil der Einwandererkinder, die in Neukölln ohne Abschluss die Schule verlassen haben, betrug im Jahre 2006 erschütternde 22 %, die sich bis 2011 auf 18 % vermindert haben. Die Berliner Werte liegen im gleichen Zeitraum mit 18 % und 14 % zwar etwas niedriger, aber immer noch weit vom Bundesdurchschnitt entfernt. Von den Zielwerten ganz zu schweigen.

Für Neukölln bedeuten die Prozentwerte in absoluten Zahlen ohne Differenzierung nach Herkunft rund 350 Schüler pro Jahrgang ohne Schulabschluss. Hinzu kommen etwa 700 Schüler mit Hauptschulabschluss, so dass allein in Neukölln gut 1000 von etwa 2500 junge Menschen jedes Jahr in ein Berufsleben entlassen werden, dessen Start mindestens mit Schwierigkeiten behaftet ist, ja für viele nicht stattfinden wird.

Aufgrund der demographischen Entwicklung gleichen sich die Ausbildungsplatzangebote und die Bewerberzahl immer mehr an. In Brandenburg gab es 2011 bereits mehr unbesetzte Plätze in Betrieben als junge Leute, die einen Ausbildungsplatz suchen. Ende September 2011 registrierte die Bundesagentur für Arbeit bundesweit 30 000 offene Ausbildungsplätze für 12 000 unversorgte Bewerber. In Berlin ist die Nachfragesituation bisher nicht gekippt. In der Schlussphase für das neue Ausbildungsjahr 2012 standen noch 5000 Angebote für 7500 Bewerber zur Verfügung.

Im Juli 2012 bewarben die Industrie- und Handelskammer (IHK) und Handwerkskammer (HWK) 1500 freie Ausbildungsplätze mit intensiver Öffentlichkeitsarbeit. Die HWK bot sogar eine App an. Trotzdem konnten nur 350 Plätze besetzt werden. Der alljährlich letzte Versuch, Ausbildungswillige mit einer Anschreibe-Aktion doch noch zu erreichen, steht für 2012 noch aus. Allerdings stimmen die Ergebnisse aus den Vorjahren nicht überbordend optimistisch.

Im Jahr 2011 wurden bei der Last-minute-Aktion 1300 Suchende wie alljährlich angeschrieben. Es kam gut ein Viertel. Das war kein Novum, sondern entsprach den Erfahrungen vergangener Jahre. 2009 konnten bei der Nachvermittlungsaktion von IHK und HWK für 2000 Jugendliche ohne Ausbildungsplatz mangels Masse an Interessenten nur 60 Ausbildungsverträge geschlossen werden.

Die Fachwelt geht davon aus, dass inzwischen jeder fünfte Ausbildungsplatz unbesetzt bleibt. Dabei suchen die Unternehmen nicht den Super-Azubi. Deutschlandweit organisiert bereits jedes zweite Unternehmen eine betriebliche Nachhilfe, in Berlin sind es sogar über 60 %. Auch die Neuköllner Verwaltung hat sich mit einem Projekt »Zweite Chance« an bis dato gescheiterte junge Leute mit Migrationshintergrund gewandt. Wie im Kapitel »Das System Neukölln« geschildert, sind wir gescheitert. Die Defizite in den sozialen Grundkompetenzen waren einfach zu groß. Über solche Erfahrungen berichten mir immer wieder auch die Neuköllner Betriebe einschließlich der türkischen

Friseurmeisterin und des arabischen Bäckermeisters. Es gibt in Neukölln freie Ausbildungsplätze. Dass jemand keinen Ausbildungsplatz erhält, kann sein. Es liegt dann aber nicht daran, dass es keine freien Plätze gäbe. Im Übrigen hat der Schlamper- und Unlustvirus längst auf viele junge Leute ohne Migrationshintergrund übergegriffen.

Man muss zu diesem Themenkreis noch wissen, dass ein erheblicher Teil der Ausbildungsverhältnisse vorzeitig wieder gelöst wird. In Berlin sind das immerhin 27 %. Alles in allem ist davon auszugehen, dass in Deutschland jedes Jahr 150 000 Jugendliche ohne Ausbildungsabschluss bleiben, obwohl ein großer Anteil von ihnen sogar über einen Realschulabschluss verfügt. Das Wissenschaftszentrum Berlin für Sozialforschung hat einmal errechnet, dass die Kosten für einen so hohen Anteil junger Menschen ohne Ausbildung sich auf 1,5 Milliarden Euro pro Jahrgang summieren. Das bedeutet, wenn wir zehn Jahre lang weiter zusehen, wie junge Leute an der Hürde zum Berufsleben scheitern, dann haben wir das Sozialsystem allein dadurch um weitere 15 Milliarden Euro »bereichert«.

Ich habe ja schon berichtet, welche Konsequenzen man in den Niederlanden aus einer vergleichbaren Situation gezogen hat. Zum einen werden Berufsbilder geschaffen, die speziell auf die Jugendlichen mit Handicap zugeschnitten sind. Sie haben eine kürzere Ausbildungsdauer und verlangen ein geringeres Einstiegswissen. Zum anderen werden alle arbeits- und ausbildungslosen Jugendlichen vom Arbeitsamt ständig in sogenannten Speedmeetings mit Angeboten von Arbeitgebern konfrontiert. Ungefähr 200 junge Leute wandern im Dreiminutentakt von Tisch zu Tisch. Hinter jedem Tisch sitzt ein Arbeitgeber, der eine Beschäftigungsmöglichkeit anbietet. Man wird sich schnell einig oder nicht. Auch hier gilt die bekannte Regel: Erscheinen die jungen Leute zu diesen Speedmeetings nicht, ist die Sozialhilfe futsch. Eine derart enge Führung könnte man bei uns genauso organisieren. Wir hatten in Neukölln vor Jahren ein Jobcenter nur für unter 25-Jährige eingerichtet. Dies führte dazu, dass die

Leine kürzer wurde. Nicht alle jungen Kunden fanden das positiv. Wir störten ihren gewohnten Tagesablauf. Einige verabschiedeten sich freiwillig aus dem Leistungsbezug.

Außer mit dem Jugend-Jobcenter haben wir mit einer allgemeinen Filiale in einem Wohnblock experimentiert. Auch das hat sich als Erfolg herausgestellt. Die Aufhebung der Anonymität, der direkte Kontakt, die entstehende soziale Kontrolle durch die stärkere Nähe und Bekanntschaft führen dazu, dass viele Hartz-IV-Empfänger sich doch in die Verantwortung nehmen lassen. Es gibt auch die, die eigene Lösungen zum Bestreiten des Lebensunterhalts finden und sich auf Nimmerwiedersehen aus der liebevollen Umarmung des Jobcenters lösen. Insbesondere bei den »marktfernen« Kunden konnte die Jobcenter-Filiale fast bessere Ergebnisse erzielen als das Haupthaus.

Ich plädiere für kleinteilige Vor-Ort-Jobcenter. Im IT-Zeitalter dürfte das technisch kein Problem sein. Die Kunden unter 25 Jahren sollten aus dem allgemeinen Betrieb ausgegliedert und einer besonderen Organisationseinheit mit speziellen Betreuungsformen zugeführt werden. Wenn es dann noch gelingt, die Ausbildungsbereitschaft in der ethnischen Ökonomie zu steigern, dann sehe ich gute Chancen, ein Stück Perspektivlosigkeit gerade bei Einwandererkindern zu beseitigen. In Deutschland gibt es etwa 300 000 migrantische Unternehmen mit rund 1,5 Millionen Arbeitsplätzen. Davon allein 80 000 türkische Selbständige mit 400 000 Beschäftigten und einem jährlichen Umsatz von 34 Milliarden Euro. Bei der Ausbildung hapert es jedoch. Sie kostet Geld und macht Mühe. Davor scheinen sich migrantische Unternehmer gern zu drücken. Ich kann schwer beurteilen, ob die Verbände und Kammern nicht doch den Druck auf ihre Mitglieder in diese Richtung erhöhen könnten und sollten.

In diesem Zusammenhang sollte man auch über eine Wirtschaftsförderung für soziale Brennpunkte nachdenken. Ein ähnliches Instrument hatten wir früher mit der Zonenrandförderung. Denkbar wäre aus meiner Sicht, Unternehmen steuerlich zu begünstigen, die in sozialen Brennpunkten Arbeitsplätze, aber vor allem Ausbildungsplätze schaffen und besetzen.

Ein Thema, das immer wieder zu leidenschaftlichen Diskussionen und Gefühlsausbrüchen führt, ist die Frage der Anwendung von Ordnungs- und Sanktionsprinzipien in der Integrationspolitik. Die Formulierung einer Berliner SPD-Abgeordneten ist dafür symptomatisch: »Dass man Eltern in die Pflicht nimmt, finde ich ok. Sanktionen, vor allem finanzielle, sind aber nicht der richtige Weg.« Ich stehe immer etwas ratlos vor solchen Sprechblasen. Wie soll ich jemanden, der sich verweigert, in die Pflicht nehmen, ohne Sanktionen anzuwenden?

Warum gilt das, was die Gesellschaft mit mir und Millionen anderer Menschen tagtäglich macht, für Einwanderer plötzlich nicht? Nämlich regelkonformes Verhalten durch die Androhung von Sanktionen zu stimulieren. Unser gesamtes tägliches Leben ist ohne »Wenn-Dann«-Situationen überhaupt nicht denkbar. Wenn du dieses oder jenes tust, dann droht dir Folgendes! Wenn du das und das nicht machst, dann musst du blechen! Selbst wenn mir das Statistische Landesamt einen Fragebogen schickt, wird die Aufforderung mit einer Bußgeldandrohung garniert, nur so für den Fall, dass ich den Bogen nicht zurücksende. Jeder einzelne von uns kann Dutzende von Beispielen aufzählen, bei denen der Staat eine vorgetragene Bitte mit dem Hinweis auf die Gehorsamspflicht beziehungsweise die drohende Sanktionskeule verbindet. Das falsche Abstellen eines Autos ist bei uns geächteter und hat spürbarere Konsequenzen als zum Beispiel die Nichtwahrnehmung der Vorsorgeuntersuchungen U1 bis U9 der Kinder. Letztere trauen wir uns nicht einmal zu Pflichtveranstaltungen für Eltern zu erklären. Die Maßstäbe in unserem Land sind nicht für jeden verständlich. Verstehen Sie sie?

Lassen Sie mich bei dem Beispiel bleiben. Es wird ein gutes Gesetz im Rahmen des Kinderschutzes erlassen, mit dem die Vorsorgeuntersuchungen zur Pflicht werden. Das Gesetz enthält aber bewusst keine Klausel einer Bußgeldandrohung – mehr käme hier sowieso nicht in Frage –, falls Eltern diese Pflicht verletzen. Also wie immer: *Musste nicht machen, passiert sowieso nix.* Die Teilnahme am Sprachunterricht für Vorschüler ist erst vor kurzem dem Schulbesuch gleichgestellt worden. Und damit wurde das Nichterscheinen des Sohnes oder der Tochter in den Bußgeldkatalog aufgenommen. Vorher war es auch beliebig. Ich erinnere an meine Ausführungen zu den Eltern, die freiwillig keinerlei Kontakt zum Amt wünschen.

Schulschwänzen und Sanktionen sind ein wunderbares Thema in diesem Zusammenhang. Wir haben durchaus die theoretische Möglichkeit, nach einer Schulversäumnisanzeige ein Bußgeldverfahren einzuleiten und mit einem Bußgeldbescheid in Höhe von 50 bis 300 Euro abzuschließen. Dann wandert der Vorgang zum Gericht. Ich habe bereits über den Fortschritt berichtet, dass seit einiger Zeit wenigstens die Jugendrichter damit befasst werden und nicht mehr die Verkehrsrichter. Das Ordnungswidrigkeitsverfahren ist jedoch sehr formell, langwierig und kompliziert. Es ist eben ein dem Strafrecht vorgeschaltetes System. Sechs bis zehn Monate gehen da schon ins Land.

»Kommt das Kind nicht in die Schule, kommt das Kindergeld nicht aufs Konto« wäre einfacher zu handhaben und für jeden verständlich. Es würde sich auch sehr schnell die Erkenntnis durchsetzen, dass das Fernbleiben der Kinder von der Schule teuer wird. Wie die Erfahrungen in den Niederlanden gezeigt haben, kann bereits das bloße Vorhandensein einer Sanktion ausreichen, um eine Verhaltensänderung zu bewirken, so dass von der Sanktion vielfach erst gar nicht Gebrauch gemacht werden muss. Die Befürchtung von Klaus Wowereit, dass die Kinder verhungern würden, wenn Schulschwänzen in die Haushaltskasse einschlägt, halte ich, ehrlich gesagt, für ziemlichen Quatsch.

Bespielen, bespaßen, alimentieren und über den Kopf streicheln, ist das wirklich eine glaubwürdige und vor allen Dingen effektive Integrationspolitik? Für mich nicht. Für mich ist das nichts anderes als Wegsehen, Beruhigen, Ignoranz und Faulheit. Die

Gesellschaft darf nicht nur beobachten, nicht nur reparieren, sie muss auch agieren, intervenieren und vor allen Dingen gestalten. Die Normen gelten für alle. Inländer, hinzugekommene »Inzwischen-Inländer« und Ausländer. Sie sind von allen zu beachten und von der Staatsgewalt durchzusetzen. Eine Gesellschaft, die ihre Normen nicht exekutiert, macht sich nicht nur zum Kasper, sondern darf sich auch nicht wundern, wenn das entstehende Vakuum sofort durch alternative Lebensregeln gefüllt wird.

Die Demokratie ist eine sehr anstrengende Gesellschaftsform. Sie setzt das aktive Engagement und die Partizipation ihrer Bürger voraus. Das mag für den Einzelnen mühselig sein. Demokratie ist aber nicht gleichzusetzen mit Beliebigkeit. Das wäre bequem und wird daher immer wieder versucht. Natürlich muss der Staat mit seinen demokratisch legitimierten Organen die Rechtsordnung durchsetzen. Nur er hat das Primat dazu. Er darf keine rechtsfreien Räume oder einen »Gegenstaat« zulassen. Das fängt bei einer »anderen« Straßenverkehrsordnung an und hört beim Ehrenmord auf.

Ein Land kann sich auch zu Tode liberalisieren. Ich bin nicht bereit, barbarische Unkulturen, die ich in einer zivilisierten Welt für immer verschwunden glaubte, plötzlich als normal und tolerabel zu akzeptieren. Am Rande des Prozesses vor dem Landgericht Detmold über einen Familienritualmord an der Tochter erklärt nach einem Medienbericht ein angeblich hochstehender Religionsgelehrter: »Man kannte unsere Regeln, als man uns Asyl gab. Jetzt sagen immer mehr, wir dürfen so nicht leben. Wir werden unsere Religion aber nicht aufgeben.« Dieser Äußerung lässt sich unschwer entnehmen, dass der Religionslehrer das Geschehen für durchaus vereinbar hält mit den tradierten Werten der archaischen Einwanderer-Lebenswelt. Dazu dürfen wir nicht schweigen. Wenn, wie im Frühjahr 2012 geschehen, ein Muslim einem anderen das Messer ins Gesicht rammt, weil dieser angeblich seine Frau zu lange angeschaut hat, dann empfinde ich für ein solches animalisches Verhalten nur Abscheu. Meine Gedanken sind hierzu klar sortiert: So etwas will ich nicht. Ich möchte auch keine Religionsfanatiker, ob sie sich nun Salafisten oder sonst wie nennen, die scheinheilig Bücher Gottes und des Friedens verteilen, aber Polizisten angreifen und unsere demokratische Grundordnung zugunsten eines Gottesstaates abschaffen wollen. Das Grundrecht auf freie Religionsausübung muss dort seine Schranken finden, wo es den sozialen Frieden der Gemeinschaft stört. Die demokratischen Grundrechte bieten zu Recht Schutzräume vor Willkür und Unterdrückung. Es ist direkt perfide, die eigenen Schutzräume dann als Vehikel gegen die Grundrechte anderer missbrauchen zu wollen.

Unter das Stichwort »Unkulturen« fällt bei mir auch die Vielweiberei, die in der muslimischen Bevölkerung in erschreckendem Maße zugenommen hat und nach meinem Eindruck weiter zunimmt. Im Kapitel »Neukölln heute« habe ich das Thema bereits angesprochen. An dieser Stelle geht es mir um den Aspekt, inwieweit wir auch im Zivilrecht gesellschaftliche Rückschritte unter dem Deckmantel der Religionsfreiheit dulden dürfen. Wenn wir die Rechtsvorstellungen des Alten Testaments wieder für gesellschaftlich akzeptiert erklären würden, dann gute Nacht demokratischer Rechtsstaat. Wir nennen es als Straftatbestände Bigamie und Polygamie. Und plötzlich ist eine Vielehe eine kulturelle Bereicherung. Im Zweifel steht unser Sozial- und Gesundheitssystem für die Folgen solcher Urzeitfamilienverhältnisse ein. Wo sind eigentlich die Frauenrechtsorganisationen geblieben bei dieser Entwicklung? Imam-Ehen sind nach deutschem Recht nicht anerkannt und entfalten keinerlei rechtliche Wirkungen. Dreimal »Ich verstoße dich«, und die Frauen können sehen, wo sie bleiben. Das hört sich nach Mittelalter an. Ist aber Realität in der Bundesrepublik Deutschland. Ein arabischstämmiger Familienhelfer schätzt, dass 30 % aller Ehen in seiner Ethnie mit dem Begriff »islamisch getraut« umschrieben werden können. Diese Frauen gelten als alleinerziehend mit allen Konsequenzen für sich selbst, für die Kinder und die deutschen Behörden.

Verbal ist selbst die ordnungspolitische Welt der Integrationspolitik meist in Ordnung. Formale Angriffsflächen werden strikt vermieden, es sei denn, es rutscht jemandem eine unachtsame Bemerkung heraus. Niemand ist gegen Ordnungsprinzipien. Da ist häufig vielmehr die Rede von Druck, Bestrafung, Riegel vorschieben, klare Kante zeigen und von staatlichen Eingriffen sowie Konsequenz. Im Text von Klaus Wowereit liest sich das dann so:

»Natürlich dürfen wir nicht zulassen, dass junge Menschen nicht mehr zur Schule kommen, dass der Schwimmunterricht gemieden wird, dass Religion als Deckmantel für Diskriminierung genutzt wird oder gar zur Rechtfertigung krimineller Auseinandersetzung. Wir müssen einfordern, dass Aufstiegswille zur akzeptierten Haltung wird. Denn dort, wo er nicht mehr da ist, sowohl bei Deutschen als auch bei Einwanderern, muss dieser Aufstiegswille geweckt werden – durch Hilfestellungen, wo sie nötig sind, aber auch mit Druck. (…) Ebenfalls unbestritten ist, dass es auch Menschen gibt, die unser System ausnutzen wollen. Das ist überall auf der Welt so. (Ja? Wie kommt er darauf?) Und solche Versuche gehören bestraft. Dem muss ein Riegel vorgeschoben werden mit allen Gesetzen und Maßnahmen, die heute vorhanden sind. Das Instrumentarium steht zur Verfügung. Es ist ausreichend und muss bei Bedarf konsequent angewandt werden. (…)
Klare Kante gilt es auch beim Thema Jugendgewalt zu zeigen oder bei Tendenzen, die Religion über das Recht zu stellen. Ja, es gibt Clans, die Deutschlands freiheitliche Gesellschaft für kriminelle Machenschaften ausnutzen. Ja, es gibt Milieus, die sich abkapseln. Ja, es gibt archaisch organisierte Familien, Gewalt und Unterdrückung. Gegen diese Strukturen gehen wir vor. (…) Nicht jede Kritik ist gleich rassistisch zu verstehen, nicht jeder Einwanderer ist heilig und will den ganzen Tag in seiner Nationaltracht Folklore aufführen. (…) Jede und Jeder ist an das Grundgesetz gebunden. Hier wird geregelt, was geht und was nicht geht. Ebenso klar ist, dass wir von Jeder und Jedem einfordern, ihren Platz in der Gesellschaft zu finden und ihren Beitrag zu leisten. (…) Dort, wo das nicht geschieht,

muss der Staat eingreifen. (...) Aus diesem Grund darf sich ein Staat nicht damit zufrieden geben, durch sozialstaatliche Maßnahmen Menschen zu alimentieren, oder sagen wir es etwas forscher: ruhig zu stellen.«

Das sind starke Worte. Genauso wie sein Ansatz, die Integrationswilligkeit einzufordern und Mehrfachtäter abzuschieben.

Der frühere Fraktionsvorsitzende der Berliner SPD und heutige Senator Michael Müller machte vor Jahren den Vorschlag, die Sozialleistungen zu kürzen, wenn Eltern ihren Pflichten nicht nachkommen. Der damalige GRÜNEN-Fraktionschef nannte das »populistischen Unsinn«. Die SPD-Abgeordnete und heutige Integrationssenatorin fand, dass Sanktionen nur die Atmosphäre vergiften. Inzwischen will sie aber Eltern in die Pflicht nehmen: Die Schulen sollen Zielvereinbarungen mit ihnen schließen, was ihre Pflichten sind. Und was machen wir mit den Eltern, die sich weigern, eine Vereinbarung zu schließen? Oder mit denen, die sie nicht einhalten? Ich vermute einmal, natürlich nichts.

In Hannover will man seit 2011 andere Wege gehen. Dort fallen monatlich 200 Bußgeldverfahren wegen Schulschwänzens an. »Es geht darum, den Kindern mit 13, 14, wenn die Pubertät zuschlägt, nicht jegliche Bildungschancen fürs Leben zu nehmen«, sagt ein dortiger Jugendrichter. Deshalb will man, wenn Kinder mehr als 20 unentschuldigte Fehltage haben und massive Probleme in der Familie vorliegen, den Eltern das Sorgerecht in schulischen Angelegenheiten entziehen. Ich finde, mit meiner Drohung, das Kindergeld zu kürzen, bin ich dagegen noch recht human. Wer sagt aber eigentlich, dass es nicht auch Eltern gibt, die es schick finden werden, wenn sie das Sorgerecht für die Schule los sind? Prima, könnten sie denken, kümmert sich jetzt ein anderer darum.

Bei dieser Gelegenheit sei erwähnt, dass den rund 2500 Bußgeldbescheiden in Hannover bei gut 500 000 Einwohnern rund 900 bis 1000 Bußgeldbescheide in Berlin bei 3,4 Millionen Einwohnern gegenüberstehen. Allerdings scheint Berlin aufzuwachen. Bereits 2011 teilte der Regierende Bürgermeister mit, dass die Eltern vom ersten Tag, an dem ihr Kind die Schule schwänzt, per Telefon, SMS und E-Mail informiert werden. Zum Schuljahr 2012/13 soll jetzt ein Testbetrieb dafür gestartet werden. Mit einer endgültigen Einführung ist frühestens 2013/2014 zu rechnen. Aber selbst diese Terminangaben sind noch mit einem dicken Fragezeichen versehen. Seien wir nicht zu streng und ungeduldig. Wenn es 2015 wird, ist doch auch gut. Für manche ist Schulschwänzen eben nur ein nachrangiges Problem, eine Art Kavaliersdelikt. Viel bemerkenswerter als die Zeitfrage finde ich etwas anderes. Wie man hört, will man die Eltern vorher darum bitten zuzustimmen, dass mit ihnen auf diese Art Kontakt aufgenommen werden darf.

Also, wir fragen Eltern, ob sie es uns erlauben, ihnen mitzuteilen, dass ihre Kinder die Schule schwänzen. Es könnte ja schließlich sein, dass sie das nicht interessiert und sie in Ruhe gelassen werden wollen. Ist doch echt rücksichtsvoll, oder? Solange wir uns wie Waschlappen zur Schau stellen, kann man nur sagen: Lieber Gott, lass Abend werden.

Schneller sollte nach meinem Dafürhalten aber der Unfug beendet werden, dass Eltern für ihre Kinder, die im Knast sitzen, Kindergeld bekommen. »Wie verrückt muss eine Gesellschaft eigentlich sein, die noch Kindergeld für Kinder zahlt, die andere halb totgeschlagen haben und im Knast sitzen« – so nochmals das Zitat des Jugendrichters. Ich finde, er hat recht.

Der Gedankenansatz, den Sanktionskatalog des Staates auch auf Kürzungen von Geldbeträgen im Transferbereich zu erweitern, ist nicht neu und entstammt auch nicht nur dem verirrten Denken eines Bezirksbürgermeisters. Bei der Reform des § 1666 BGB im Jahr 2006 leitete der Berliner Senat eine entsprechende Forderung der Berliner Richterschaft an das Bundesministerium der Justiz weiter. Der Text der Empfehlung lautete damals: »Hierzu hat uns seitens der richterlichen Praxis die Anregung erreicht, dass in diesen Fällen, sofern die Voraussetzungen für eine Herausnahme der Kinder aus der Familie nicht sicher vorliegen oder unverhältnismäßig erscheinen, der Entzug finanzieller

Mittel, beispielsweise eine Kürzung der Kindergeldleistung oder anderer staatlicher Leistungen, geeignet erschiene, die Eltern zur Erziehung ihrer Kinder zu motivieren.« Die Anregung wurde von der Bundesregierung nicht aufgegriffen. Vielleicht sieht man das heute dort anders.

Sigmar Gabriel sagte einmal zu mir, er würde als Berliner Innensenator ständig eine Einsatzhundertschaft in Neukölln demonstrativ sichtbar in Position bringen, die jederzeit in der Lage ist, die Normen des Zusammenlebens durchzusetzen. Er ist bisher nicht Berliner Innensenator geworden, so dass wir seinen Vorschlag nicht gemeinsam ausprobieren konnten.

Damit wir uns nicht falsch verstehen: Ich stimme den zitierten Aussagen von Klaus Wowereit und Michael Müller zu. Meine Kritik richtet sich lediglich darauf, dass derartige Ansagen über ihr verbales Stadium nicht hinauskommen. Natürlich hat auch Sigmar Gabriel recht. Der öffentliche Raum muss der kriminellen Szene entzogen werden. Das geht aber nicht mit Wattepusten. Da muss Staat schon Staat zeigen. In welcher Form auch immer. Es muss zumindest aufhören – und ich finde, das ist eine lächerliche Minimalforderung –, dass sich die Mitarbeiterinnen und Mitarbeiter der Polizei, des Ordnungsamtes und selbst der Rettungsdienste tagtäglich bedrohen, beschimpfen und angreifen lassen müssen. Es kann auch nicht sein, dass unser Melderecht inzwischen so liberalisiert ist, dass es zu nichts mehr taugt. Jeder kann sich überall beliebig anmelden und somit eine »amtliche« Anschrift besorgen. Davon wird auch reichlich Gebrauch gemacht. Wundern Sie sich nicht, wenn Sie eines Morgens um 6.00 Uhr das SEK in Ihrer Wohnung haben, weil es die Person X sucht, die bei Ihnen angemeldet ist, ohne dass Sie davon überhaupt wissen. Bei der Zustellung von Lohnsteuerkarten oder Wahlbenachrichtigungen haben wir allein in Neukölln bis zu 10 000 Scheinadressen aufgedeckt. Das ist zwar kein originäres Thema der Integrationspolitik. Aber natürlich erleichtern die Liberalisierungen und die Stärkung der Bürgerrechte denjenigen das Handwerk, die sie zu missbrauchen gedenken. Freiheit und Sicherheit sind nun einmal kommunizierende Röhren. So weit der Stand bis Ende Juni 2012. Inzwischen hat der Deutsche Bundestag das Melderecht wieder stärker formalisiert. Bei An- und Abmeldungen müssen Bestätigungen des Vermieters vorgelegt werden. Das ist gut so. Damit wird einigen Tausend Straftaten der Nährboden entzogen.

Ein ganz wesentlicher Punkt zur Stärkung der Interventionsfähigkeit staatlicher Institutionen muss eine neue Form der Zusammenarbeit werden. Weg von der Versäulung in vorgegebenen Zuständigkeiten hin zu einem tatsächlich gemeinsamen Arbeitsauftrag. Hier sind andere Länder weiter. Es geht darum, die Anonymität der Großstadt zu beseitigen, Strukturen offenzulegen und, soweit es geht, das Instrument der sozialen Kontrolle zu nutzen. Ob es in Deutschland sinnvoll erscheint, etwas Ähnliches wie die Police Cadets oder die Neighbourhoods Police ins Leben zu rufen, mögen andere entscheiden. Ich denke aber, es ist vernünftig, dass die Polizei in Brennpunkten einen engen Schulterschluss mit den Bürgern und den anderen staatlichen Stellen pflegt. Die Gegenseite ist organisiert und changiert chamäleonhaft. Dem kann man nur mit einem gut funktionierenden Informationsnetz beikommen.

Das Vor-Ort-Prinzip in anderen Städten hat mich überall beeindruckt. Wenn wir tatsächlich in die Alltagsgeschehnisse eingreifen wollen, müssen die staatlichen Akteure den Sozialraum kennen, wissen, wie er tickt, und vor allem schnell sein. Staatliche Reaktionszeiten von mehreren Monaten sind wirkungslos. Aus all den Gründen rede ich Möglichkeiten der Vernetzung das Wort, wie sie etwa im Safety House in Tilburg und im Transfer Informatie Punt in Rotterdam bestehen. Eines ist dafür aber zwingend notwendig. Der Datenschutz in seiner bisherigen Form müsste novelliert werden. Es müssten zumindest, wie in den Niederlanden, Möglichkeiten geschaffen werden, durch öffentliche Verträge einen Datenfluss zwischen den beteiligten Stellen zu gewährleisten.

Unter dem Stichwort Ordnungsprinzipien will ich einige kurze Bemerkungen zum Thema Kopftuch- und Burkaverbot machen. Beide Bekleidungsstücke für Frauen halte ich für entbehrlich. Sie passen nicht nach Mitteleuropa und auch nicht in unsere Zeit. Sie sind Sendboten einer Geschlechterhierarchie und des Eigentumsrechts des Mannes über die Frau. Aus diesen Gründen lehne ich beides ab. Bei Schulkindern sagt mir mein Gefühl, dass man es zumindest in der Grundstufe verbieten sollte. Auch im hoheitlichen Bereich der Verwaltung haben derartige Bekennerutensilien einer anderen Gesellschaft als der unsrigen nichts zu suchen. Man kann sich nicht in Distanz zu einer Gesellschaftsform begeben und gleichzeitig ihr Vertreter sein.

Aber wir sind ein liberales Land. Es kann sich jeder in Cowboy-Kleidung, Bhagwan-Kutte oder mit Kopf- und Körperverhüllung nach der Art der Muslime in der Öffentlichkeit zeigen. Das ist so, und das Toleranzgebot schützt die Individualität eines jeden Menschen. Ob sich das auch auf eine Bekleidungsform wie die Burka erstreckt? Da habe ich erhebliche Zweifel. In unseren Breiten schaut man sich an, wenn man miteinander redet, wir zeigen dem anderen offen unser Gesicht. Mit unserem Gesicht und unserer Mimik geben wir auch ein Stück unserer Persönlichkeit preis. Wer das nicht möchte, wer sich selbst oder einen anderen mit einem Textilgefängnis verschandeln will, hat aus meiner Sicht in Mitteleuropa nichts verloren. Ob man allerdings wie Belgien und Frankreich zu einem Verbot der Burka greifen sollte, halte ich für genauso fragwürdig. In Frankreich, sagte man, gibt es 2000 Burka-Trägerinnen. Für Deutschland kenne ich keine Zahl. Ich weiß nur, dass ich in Neukölln regelmäßig auf Burka-Trägerinnen stoße. Wie viele es sind, weiß ich nicht. Denn ich kann ja nicht erkennen, ob es immer dieselben sind. Eigentlich habe ich mich zum Ertragen in Gelassenheit entschieden. Interessant ist allerdings der Gedankenansatz des Rotterdamer Bürgermeisters Aboutaleb. Er meint, mit einer Burka führt ein Mensch seine Arbeitslosigkeit vorsätzlich selbst herbei. Er verliert damit den Anspruch auf Unterstützung durch die Gemeinschaft.

Seit etwa zwei Jahren ist Neukölln ein beliebter Zuzugspunkt für Menschen aus Südosteuropa. Bis vor kurzem nannte man sie auch Wanderarbeiter oder Zigeuner. Die letztere Bezeichnung gilt inzwischen als diskriminierend und verletzend. Man spricht von den Volksgruppen der Sinti und Roma. Meist sind es Roma, die aus Bulgarien und Rumänien in die übrigen EU-Staaten einwandern. Sie machen sich auf die Suche nach mehr Wohlstand, als ihnen ihre Heimatländer zu bieten haben. Es geht ihnen dort nicht besonders, und behandelt werden sie auch nicht gut. Sie haben also nichts zu verlieren. Seit der Aufnahme von Bulgarien und Rumänien in die EU unterliegen die Bürger dieser beiden Staaten der gleichen Freizügigkeit innerhalb des Schengenraumes wie Sie und ich.

Wenn die Lebensstandards verschiedener Länder extrem voneinander abweichen, dann ist bei herrschender Freizügigkeit eine Armutswanderung unausweichlich. Deutschland hat als einziges EU-Land die völlige Freizügigkeit für Rumänien und Bulgarien bis zum 1. Januar 2014 hinausgeschoben. Bis dahin gilt eine maximale Aufenthaltsdauer von 90 Tagen ab Grenzübertritt. Da der sich jedoch unkontrolliert und ohne Sichtvermerk im Pass vollzieht, kann niemand kontrollieren, ob die 90-Tage-Frist eingehalten wird. Verstöße gegen das Freizügigkeitsrecht der EU sind darüber hinaus folgenlos. Sie stellen noch nicht einmal eine Ordnungswidrigkeit dar. Das Überschreiten der Aufenthaltsdauer führt zwar zu einer gewissen Form der Illegalität, die aber niemand verfolgt. Mit der Perspektive 1. Januar 2014 schon gar nicht. Zumal es noch ein weiteres Schlupfloch gibt. Selbständig Gewerbetreibende sind von der Beschränkung des Aufenthalts ausgenommen. Und so haben wir in Neukölln in den letzten zwei Jahren einen ganz erstaunlichen Wirtschaftsboom durch die Gründung von 2500 Gewerbebetrieben durch rumänische oder bulgarische Staatsangehörige erlebt. Die Branchen sind Reinigungsgewerbe, Bauhilfsarbeiten, Transporte oder *promotion assistent* (Zettelverteiler). Die angebliche Gewerbetätigkeit öffnet ihnen den Zugang zum Sozialsystem, und so kommen sie meist als vielköpfige Familie gut zurecht. Einige erliegen auch den Verlockungen der Kriminalität. Wie das immer so ist.

Die Menschen leben in überbelegten Wohnungen, werden je nach Verweildauer mit Kopfmieten von 100 bis 300 Euro im Monat abgezockt, campieren im Freien und arbeiten für zwei bis drei Euro die Stunde, um die sie am Ende des Tages auch noch betrogen werden. Rechnen Sie mit mir mit: 20 Köpfe mal 100 Euro in einer Wohnung ergibt 2000 Euro pro Monat. In einem Jahr sind das 24 000 Euro Einnahmen aus einer einzigen Wohnung. Wenn das Haus mit Seitenflügel über 20 Wohnungen verfügt, ergibt das 480 000 Euro Mieteinnahmen für Substandard, den sonst keiner akzeptieren würde. Ich habe Ihnen nur die Minimalvariante vorgerechnet. Für ein Haus mit »Dauergästen« kommen schon mal 1 440 000 Euro im Jahr zusammen. Man kann also mit den Roma »prima« Geschäfte machen. Das passiert auch reichlich. Für das Ausfüllen eines Kindergeld- oder Hartz-IV-Antrages werden bis zu 2000 Euro aufgerufen. Die Begleitung zum Amt kann schon einmal 500 Euro Freundschaftssalär auslösen. Es gibt in jeder Ethnie Typen, die sich noch an den Ärmsten gesund stoßen.

Ich spreche das Thema an dieser Stelle bewusst an, obwohl es mit der originären Integrationspolitik eigentlich nichts zu tun hat. Wir dürfen nicht die gleichen Fehler ein weiteres Mal machen. Die Roma werden nicht wieder zurückgehen. Sie werden bleiben und sagen das auch ganz offen. Eine sehr große Mehrheit dieser EU-Einwanderer spricht kein Deutsch. Wenn wir nicht das Entstehen einer weiteren Parallelgesellschaft stillschweigend fördern wollen, muss der Fokus auf der Vermittlung der deutschen Sprache liegen. Das heißt: Sprach- und Integrationskurse für Bulgaren und Rumänen. Es bedeutet Beschulung der Kinder, und zwar vom Zeitpunkt ihres Eintreffens an. Die Kinder und Jugendlichen haben zum Teil noch nie eine Schule besucht und sprechen kein Wort Deutsch. In Neuköllner Schulen unterrichten wir inzwischen rund 700 eingewanderte Roma-Kinder. Jeden Monat kommt eine neue Klasse hinzu.

Anderthalb Jahre haben wir gekämpft, damit unsere oberste

Schulbehörde die sich erneut verändernde Schülerschaft überhaupt zur Kenntnis nimmt. Man hat uns sogar Lug und Trug vorgeworfen. Da müsse der Bezirk mit seinen vorhandenen Ressourcen eben flexibel umgehen. Wir sollten doch die Kinder ins »Sprachbad« der Regelklasse tun, lautete der kluge Ratschlag, als wir Sprachmittler für Rumänisch und Bulgarisch anforderten. Uns fehlt es heute massiv an Aushilfslehrern, die wenigen, die wir haben, sind meist nicht ausreichend qualifiziert. Und an Sprachmittlern, die sich um die Kinder in der Schule kümmern, um sie möglichst schnell schulfähig zu machen. Ich weiß nicht, wie viele Roma inzwischen in Neukölln leben. Gehe ich von unseren 700 Schülern aus und multipliziere diese Zahl mit drei Geschwistern und Papa und Mama, dann sind das gut 4000 Personen. Zuzüglich der Illegalen ist wohl von einer Größenordnung um 7000 bis 9000 Menschen auszugehen. Nehme ich allerdings die Zahl der »Gewerbebetriebe« und multipliziere sie mit fünf Personen, ergibt das schon 12 500. Nichts Genaues weiß man nicht.

Im Land Berlin hat man nach zwei Jahren nun als Ad-hoc-Maßnahme Arbeitsgruppen eingerichtet, und vor Ort steppt inzwischen der Bär. Es gibt Probleme, insbesondere mit der türkischen und arabischen Nachbarschaft. Man mag sich nicht. Ich erspare Ihnen die kaum zu glaubenden Details. Nur eine kleine Geschichte, sie ist harmlos, aber symptomatisch. Mich fragte ein türkischstämmiger Imbissbetreiber, wie lange die in seiner Nachbarschaft zugezogenen Roma noch bleiben. Ich antwortete ihm: »Vermutlich sehr lange, denn sie sind eingewandert und bleiben hier. Als EU-Bürger haben sie das gleiche Recht hier zu leben wie Sie.« Ich dachte, der Imbissbetreiber lyncht mich. Er schrie mich an, dass er sich jede Gleichsetzung mit den »Zigan« verbitte. Er lebe seit 40 Jahren in Deutschland, arbeite hier und zahle Steuern. Dass ich ihn auf eine Stufe mit den Roma stelle, disqualifiziere mich als seinen Bürgermeister.

Wenn ich öffentlich mehr Lehrer und mehr Geld fordere, erhalte ich E-Mails der deutschen Bevölkerung, warum ich das tue und ob ich nicht wisse, dass auch für die deutschen Kinder Lehrer fehlen. Wir baden vor Ort das aus, was die große Politik mit Lächeln im Blitzlichtgewitter unterschrieben hat. Ich weiß von meinen Besuchen in anderen deutschen Städten, dass dort die Situation identisch ist. Ein Jugendamtsleiter sagte auf einer Tagung zu mir: »Wenn ich das Kinder- und Jugendhilfegesetz auf die Roma-Familien bei uns anwende, ist meine Stadt in einem Jahr pleite. Die Menschen leben in einer anderen Kultur nach anderen Gesetzen.« Ich denke, er hat recht. Auf unser Sozialsystem kommt eine neue Herausforderung zu. Auch bei den Roma gibt es zur Integration keine Alternative.

Wir berieten eines Tages auf Verwaltungsebene eine Stellungnahme des Senats zur Roma-Einwanderung. Es war davon die Rede, dass Berlin Europas Referenzstadt für die Integration der Roma werden solle. Als ich anregte, dann aber wenigstens eine pauschale Formulierung in den Text aufzunehmen, dass auch Gelder hierfür bereitgestellt werden, lautete die Antwort eines Senatsmitglieds: »Sind Sie verrückt? Wir machen es denen hier doch nicht noch bequemer!« So weit zum Problembewusstsein und zur Glaubwürdigkeit von Politikersprüchen.

Der Vollständigkeit halber möchte ich hier eine Lanze für das Programm »Soziale Stadt« brechen. Seit 13 Jahren wird mit diesem System der Städtebauförderung versucht, in die scheinbar naturgesetzlichen Abläufe der sozialen Brennpunkte einzugreifen. Auf diesem Weg gab es viele Erfolge. Dennoch konnte der große Durchbruch nicht gelingen. Denn auch Quartiersmanagement ist wieder nur ein unverbindliches Angebot. Man kann es annehmen und mitmachen oder es sein lassen. Die Konsequenz aus dieser Philosophie ist, dass es ein Instrument für die in den Gebieten verbliebenen deutschen Bürger ist. Bei Veranstaltungen frage ich häufig: »Wo sind denn die Migranten?« Ich denke, die Kraft des Quartiersmanagements müsste gestalterischer wahrnehmbar werden. Dazu gehört auch, dass ihm eine mitbestimmende Funktion im Sozialraum eingeräumt wird. Vielleicht machen dann auch mehr mit. Die Quartiersräte werden im Wohngebiet gewählt. Die Wahlbeteiligung ist so lächerlich gering, dass ich mich nicht traue, sie hier zu nennen. Mitunter genügt ein intakter Bekanntenkreis im Hausaufgang oder ein großer Stammtisch in der Eckkneipe, um seinen Platz im Quartiersrat sicher zu haben. Das ist ein bisschen bösartig, ich weiß. Quartiersmanagement ist eine tolle Sache, nur die Verzahnung mit der Bevölkerung in ihrer ganzen Breite, die haben wir noch nicht überall hinbekommen.

Kostenlose Kindergärten und ihr flächenmäßiger Ausbau, die Umstellung unseres Schulsystems komplett auf Ganztagsschulen, eine besondere Ausstattung für Brennpunktschulen, die Fortführung des Quartiersmanagements, eine Wirtschaftsförderung für soziale Brennpunkte, all diese Strukturverschiebungen werden nicht kostenlos zu realisieren sein. Wir werden Geld in die Hand nehmen müssen. Und zwar nicht wenig. Eine neue Infrastruktur für Kinder herzustellen, um damit gleichzeitig auch der Integrationspolitik völlig neue Impulse zu verleihen, ist ein Stück soziale Revolution. Das geht nicht von heute auf morgen, nicht mit einem Parteitagsbeschluss und auch nicht aus der Portokasse. Aber wir werden irgendwann begreifen müssen, dass uns die Entwicklung überhaupt keine Handlungsspielräume mehr lässt. Die weitaus erfolgreicheren Schwerpunktsetzungen anderer Länder zeigen, dass wir uns bei den Bildungsfragen, die der Kulminationspunkt von allem sind, von der Entwicklung in den OECD-Staaten abgekoppelt haben. Der Vorsitzende des Vorstands der Bertelsmann Stiftung, Jörg Dräger, beschreibt in seinem Buch *Dichter, Denker, Schulversager* sehr eindringlich die Notwendigkeiten eines Kurswechsels.

Doch wo sollen die Milliarden nun herkommen? Zum einen muss Einvernehmen darüber hergestellt werden, dass Deutschland mehr Geld in die Bildungspolitik investieren muss. Ich glaube, die Streitphase zu diesem Thema ist überwunden. Auf dem Bildungsgipfel 2008 wurde vereinbart, den Anteil der Bildungsausgaben bis 2015 auf 7 % (10 % für Bildung und Forschung) des Bruttoinlandsprodukts zu erhöhen. 2008 lagen die Bildungsausgaben in Deutschland bei 4,9 %, der OECD-Durchschnitt bei 5,9 % und in Dänemark bei 7,4 %. Damit stehen wir auf Platz 30 von 36 Ländern, für die entsprechende Daten erhoben werden. Bei den Bildungsausgaben ist Deutschland also nach wie vor eindeutig unterbelichtet.

Um das Ziel des Bildungsgipfels zu erreichen, müssen wir noch ordentlich zulegen und mindestens 25 Milliarden Euro in die Hand nehmen. Allerdings muss ich darauf hinweisen, dass es für einen Laien ausgesprochen verwirrend ist, die unterschiedlichen Zahlen, die vorgelegt werden, zu interpretieren. Die OECD und die Bundesregierung definieren Bildungsausgaben unterschiedlich. Bei den Erhebungen der OECD bleibt ein Teil der Bildungsausgaben, die in das nationale Bildungsbudget einfließen, unberücksichtigt. Hierunter fallen Weiterbildungsausgaben sowie sonstige bildungsrelevante Aufwendungen beispielsweise für Krippen, Horte und Volkshochschulen. Deutschland würde sich unter Einbeziehung dieser Posten sicherlich um ein, zwei Plätze verbessern können. Doch wie Deutschland bei Erweiterung der engen OECD-Kriterien etwas zulegen würde, so wäre das auch bei anderen Ländern der Fall. Man kann es also drehen und wenden, wie man will. Wir können uns die Bildungsausgaben nun einmal nicht schöner rechnen.

Gut im Rennen liegen wir hingegen bei den Ausgaben des Gesundheits- und Sozialsystems. Bei der Familienförderung können wir mit 3 % des Bruttoinlandsprodukts, das sind etwa 180 Milliarden Euro, stärker punkten. Hier geben wir das meiste Geld aller OECD-Staaten aus. Bei der Effizienz belegen wir allerdings nach einer Wertung aus 2008 den drittletzten Platz. Nur Nord-Korea und die Slowakei sind hinter uns. Woran liegt das? Weniger Geld und bessere Ergebnisse in anderen Ländern. Die anderen geben etwa 50 % der Fördermittel in die Institutionen der Kindererziehung, also Krippen, Kindergarten, Horte, Ganztagsschulen, Erzieher, Lehrer. Bei uns sind es nur 20 % bis 25 %. In Deutschland liegt der Schwerpunkt bei den Direktleistungen an die Eltern. Gelänge es, an dieser Stellschraube zu Veränderungen zugunsten der Institutionen zu kommen, dann würde sich auch der Bildungs-Input für die Kinder und damit letztendlich der Output der Leistungsfähigkeit verändern.

Es ist ein völliger Wildwuchs entstanden. Nach Angaben des Bundesfamilienministeriums gibt es über 150 verschiedene Leistungen für Familien in Deutschland, die mit 125 Milliarden Euro zu Buche schlagen. Hierin sind steuerliche Erleichterungen noch nicht einmal enthalten. Von Erfolg jedoch keine Spur. Die Geburtenrate ist auf einem historischen Tiefstand. Plakativ formuliert, kann man sagen: Noch nie hat Deutschland so viel Geld für die Familienförderung ausgegeben. Noch nie war die Geburtenrate so niedrig wie heute. Noch nie war die Familienpolitik so erfolglos wie im Moment. Es ist einfach nur ein Desaster. Wir glauben, mit punktuellen Geldprämien die Strukturmängel für Familien kompensieren zu können. Das ist jedoch kindisch. Für 20 Euro mehr Kindergeld, 150 Euro Herdprämie oder 1800 Euro Elterngeld für 14 Monate treffen Menschen keine Grundsatzentscheidung und wandeln ihre Skepsis nicht in Zustimmung für eine Familiengründung. Dazu gehört mehr. Nämlich ein dauerhaftes System an optimaler Betreuung der Kinder und Flexibilität in der Arbeitswelt. Die vorhandenen Programme sind zum großen Teil ein Lehrstück für Mitnahmeeffekte. Familienförderung ist wie Integrationspolitik. Man muss sie wirklich wollen und dann Nägel mit Köpfen machen. Ein bisschen rumkleckern hier und da bringt gar nichts.

Hinzu kommt, dass die frühkindliche Bildung bei uns im Vergleich zu den Hochschulen nicht besonders gut angesehen ist. In den USA ist das genau umgekehrt. Jörg Dräger bemängelt zu Recht, dass bei uns Studiengebühren von 83 Euro im Monat als sozialschädlich wieder abgeschafft, aber bis zu 600 Euro im Monat Kosten für einen Kita-Platz als völlig normal akzeptiert werden. Dahinter steht natürlich die Ideologie, dass Kindererziehung Sache der Eltern ist und den Staat nichts angeht.

Die klassische Form der Finanzierung von zusätzlichen Staatsaufgaben ist die Kreditaufnahme. Das geht leicht und ist auch bequem. Die Rückzahlung dieser Schulden bürdet man künftigen Generationen auf. Ein bisschen das System Griechenland, wenn es da die dumme Schuldenbremse nicht gäbe. Als bei der Finanzkrise unsere Bankenwelt am Zusammenkrachen war, klappte das System aber noch ganz gut. Ich habe den Überblick verloren, wie viele Milliarden Euro der sprichwörtliche Steuerzahler beisteuern musste. Ich erinnere mich aber gut daran, dass unser Finanzminister befragt wurde, ob er für eine Kindergartenpflicht sei. Er sagte, nein, das wäre zu teuer, weil zu viele Plätze gebaut werden müssten. Zwei Tage später kam dann die Meldung, dass die Hypo Real Estate weitere 100 Milliarden Euro Risikoabschirmung benötigt. Der Commerzbank musste mit 18 Milliarden Euro unter die Arme gegriffen werden. Die bundesweite Umstellung aller Schulen auf Ganztagsbetrieb kostet, nach Berechnungen des Bildungsexperten Klaus Klemm für die Bertelsmann Stiftung, bis 2020 jährlich zehn Milliarden Euro. Die SPD rechnet mit 20 Milliarden Euro inklusive der zusätzlichen Personalkosten. Wenn man, wie Peer Steinbrück 2006 meinte, für vier bis sechs Euro Kürzung des Kindergeldes die gesamte Vorschulerziehung in Deutschland kostenfrei anbieten könnte, dann dürfte diese Maßnahme mit etwa zwei Milliarden Euro zu Buche schlagen. Das ließe sich gut mit dem freiwerdenden Geld verrechnen, wenn die Herdprämie wieder eingestampft wird.

Welche Maßnahme welchen Finanzbedarf im Einzelnen hervorruft, ist an dieser Stelle nicht von entscheidender Bedeutung. Für mich geht es vielmehr um einen Paradigmenwechsel bei der Bildungs- und Familienpolitik. Wir müssen unser Geld in eine Infrastruktur für Kinder und nicht in das Familienbudget stecken. Konkret bin ich für jedwede zusätzliche Förderung von Kindern. Aber als Sachleistungen und nicht in das Portemonnaie der Eltern. Beispiele hierfür sind gebührenfreie Krippen, Kindergärten, Ganztagsschulen, Mittagessen in den Schulen und Förderungen durch die Musikschule, die Sportvereine oder Nachhilfeunterricht. Ich fand die Idee von Ministerin von der Leyen mit einer Förder-Chipkarte für Kinder gut. Sie war nicht mehrheitsfähig, und der politische Kompromiss lautete dann BuT (Bildung und Teilhabe). Ein Bürokratiemonster zum Kindererschrecken. Das Ziel ist richtig erkannt, nur der Weg dorthin ist grottenschlecht.

Sachleistungen suggerieren im ersten Augenblick, man würde den Eltern in die Tasche greifen wollen. Doch das trifft nicht zu. Die Eltern erhalten die Unterstützung lediglich auf eine andere Art. Es geht nicht darum, die Leistungen für Familien und Kinder zu kürzen, sondern es geht um ihren Ausbau, um ein stärkeres gesellschaftliches Engagement. Viele sagen, Kindergeld für Gutbetuchte solle abgeschafft werden. Wenn es denn rechtlich geht, habe ich damit kein Problem. Die direkte Alimentation jedoch noch zu erhöhen auf 320 Euro, wie die SPD es will, halte ich für den völlig falschen Weg. Kinder werden dadurch immer stärker zum Einkommensfaktor und zu einem Absicherungsfaktor gegen die Wechselfälle des Lebens. Das gilt im Allgemeinen, aber ganz besonders in den sozialen Brennpunkten.

Bei der Finanzierungsdiskussion spielen natürlich auch sofort Steuererhöhungen eine Rolle. 1 % Mehrwertsteuer bringt acht Milliarden Euro, eine Anhebung des Spitzensteuersatzes auf 49 % mindestens fünf Milliarden Euro, und zusätzliche Besteuerung von Finanzgeschäften schlägt mit zweistelligen Milliardenbeträgen zu Buche. Wenn es denn gelingt, auf diese Art Geld für die Bildung herbeizuschaffen, nun gut. Die Erbschaftssteuer hatte ich noch übersehen. Die ist auch immer gut für Finanzierungsvorschläge. Das hat alles etwas von Robin Hood. Nimm den Reichen, gib den Armen.

In Deutschland erhalten die Familien das dritthöchste Kindergeld innerhalb Europas. Nur die Schweiz und Luxemburg zahlen mehr. Insgesamt wendet die Gesellschaft für das Kindergeld und die korrespondierenden Steuerabschläge durch die Kinderfreibeträge bei der Einkommensteuer jährlich rund 38 Milliarden Euro auf. Kürzte man diese Summe auf die Hälfte, bliebe ein spürbarer direkter Finanztransfer in die Familien erhalten, aber es würden jährlich 19 Milliarden Euro freigesetzt für den Aufbau eines neuen Bildungssystems. Ohne ungerechte Erhöhung der Mehrwertsteuer.

Ich bin davon überzeugt, dass man dafür eine Mehrheit gewinnen könnte. Allerdings müsste über ein Stiftungs- oder Fondssystem sichergestellt werden, dass das Geld auch wirklich dort ankommt, wo es hin soll, und die Bildungsmaßnahmen auch tatsächlich stattfinden. Die Menschen sind der Politik gegenüber misstrauisch geworden. Mit dem Wegnehmen geht es immer schnell, nur mit dem Einhalten von Zusagen gibt es häufig Probleme, die weitschweifig erklärt werden. Das interessiert aber die Bürgerinnen und Bürger wenig.

Es sind ja alles nur Gedankenspiele. Es besteht nicht die Gefahr, dass in unmittelbarer Zukunft tatsächlich etwas passiert. Es muss erst alles noch sehr viel schlimmer kommen. Selbst wenn morgen alle notwendigen Entscheidungen für ein neues Bildungs-, Einwanderungs- und Integrationssystem getroffen werden würden, so würde eine spürbare Veränderung doch nicht vor 2025 oder 2030 eintreten. Das ist ein langer Zeitraum. Mir bleibt wohl nichts anderes übrig, als mich damit abzufinden, dass der Fortschritt nun einmal eine Schnecke ist. Andere Völker haben auch schöne Töchter. Schauen wir uns doch einfach um. Es muss nicht jeder jeden Fehler von anderen wiederholen. Ohne Integration wird es nicht funktionieren. Ohne Bildung wird die Integration nicht funktionieren. Und ohne Bildung und Integration wird unsere Wirtschaft nicht funktionieren. Deswegen wird der Leidensdruck die Politik irgendwann zum Handeln zwingen. Ich möchte mit einem trefflichen Zitat von Klaus Wowereit schließen: »Wenn wir aber weiterhin ideologische Debatten führen, während die Spaltung der Gesellschaft weiter voranschreitet, dann muss einem vor unserer Zukunft Angst und Bange werden.«

Siehe da, ich bin doch nicht der einzige, der von Spaltung und Parallelgesellschaften spricht. Noch liegt es in unserer Hand, ob diese düstere Vision zur Realität wird.

Das kleine Finale

Zum großen Finale und Feuerwerk mit Krachbumm eignet sich das Thema dieses Buches wenig. Sie haben sich tapfer bis hierher durchgearbeitet und sind vielleicht, nachdem ich Ihnen von meinen Erfahrungen berichtet habe, von einer gewissen Ratlosigkeit befallen. »Ja, und nun?«, lautet die Frage. Ein Patentrezept gibt es nicht. Bei gesellschaftspolitischen Themen gibt es eigentlich so gut wie nie das Rundum-Sorglos-Paket für alle. Entscheidend ist, dass wir begreifen: Es ist reichlich zu tun, und wir müssen uns sputen.

Aus tiefer Überzeugung glaube ich, dass eine der krassesten Beschreibungen unserer integrationspolitischen Brennpunkte zutrifft und dass sie uns den Weg vorgibt. Sie stammt von dem bildungspolitischen Sprecher der Berliner GRÜNEN. Er sagte einmal zum Thema Segregation: »Ja, sie (Anm. d. Verf.: die Menschen) entscheiden mit den Füßen, und zwar längst nicht mehr nur deutsche Eltern. Aber gesamtgesellschaftlich gesehen ist das keine Lösung. Es bedeutet nämlich, sich mit Ghettos abzufinden und auch mit Parallelgesellschaften. Doch spätestens, wenn diese Ghettos explodieren, wird es zu unser aller Problem. Ich finde es ja auch die staatsbürgerliche Pflicht eines jeden, nicht den Weg des geringsten Widerstandes zu gehen.« Das Zitat ist schon einige Jahre alt, aber es ist so aktuell wie damals.

Ich habe in diesem Buch versucht darzulegen, welchen Weg unsere Gesellschaft aus heutiger Sicht wird gehen müssen.

1. Deutschland ist ein Einwanderungsland und aus demographischen Gründen nahezu gezwungen, eines zu bleiben und um die klugen Köpfe dieser Welt zu konkurrieren.

2. Wir brauchen eine konzeptionell strukturierte Einwanderungspolitik. Zufall und Bildungsferne werden unsere Gesellschaft nicht stärken, sondern schwächen und die Sozialsysteme sprengen.

3. Die Integration aller in unser Wertesystem und in die hier geltenden gesellschaftlichen Lebensregeln ist keine Wohlfahrtsveranstaltung, sondern die Voraussetzung zum Überleben unserer Gesellschaft nach heutigen Maßstäben.

4. Die Integration in eine Leistungsgesellschaft ist ohne Bildung und ohne Bereitschaft zur Bildung nicht möglich. Das berechtigte Streben nach Wohlstand darf nie das Sozialsystem zur Grundlage haben.

5. Der Wunsch des Einzelnen nach einem eigenen Lebensentwurf und einem emanzipierten Leben steht auf einer Stufe mit der Pflicht der Gesellschaft, die Wege dafür durch Chancengerechtigkeit zu öffnen.

6. Unser Bildungssystem muss sich stärker auf die Ausbildung von Kindern und Jugendlichen aus Unterschichten und dem Milieu der Bildungsferne einstellen. Kindergartenpflicht und gebundene Ganztagsschulen werden hierfür die konsequenten Bausteine sein.

7. Eine zwischen den gesellschaftlichen Schichten ausgewogene Geburtenrate ist langfristig von immenser Bedeutung. Aus diesem Grund dürfen familienpolitische Stimulanzen nicht ausschließlich auf die Unterschicht ausgelegt sein.

8. Deutschland muss in die Zukunft des Landes und damit in die Infrastruktur für Kinder investieren und nicht reparieren und alimentieren.

9. Die Würde jedes Einzelnen ist unantastbar. Unser demokratisches Staatsgefüge mit einem Gesellschaftsaufbau nach Maßgabe der Grundrechte und mit den Prinzipien der Toleranz und des Humanismus ist gegen jeden aktiv zu verteidigen. Es gibt keine Deckmäntel, wie immer sie auch heißen, die einen Kulturrelativismus akzeptabel machen.

10. Die Ordnungsprinzipien des täglichen Lebens gelten auch für Einwanderer. Wer mit den Gesetzen dieses Landes nicht leben kann oder leben will, wem das Leben zu liberal und zu gottlos ist und wer sich nach feudalen Lebensverhältnissen sehnt, dem sei viel Erfolg bei der Suche nach einem Ort irgendwo auf der Welt gewünscht, der seinen Idealen besser entspricht.

Ich glaube, dass es viele Menschen unterschiedlichster politischer Herkunft gibt, die sich hinter den vorstehenden Punkten versammeln können. Die Frage ist immer nur, wie wir solche Grundsätze im Alltag leben. Mit verklärtem oder mit klarem Blick?

Kurz vor dem Abschluss der Arbeiten zu diesem Buch nahm ich an einer der üblichen Tagungen teil. Ich war wie immer als Mann der klaren Sprache eingeladen, sollte den Konterpart zu den anwesenden Gutmenschen darstellen, auf Neudeutsch also den *bad boy* geben. Was bestellt wurde, habe ich geliefert. Ohne dramaturgische Übertreibungen und rhetorische Kunstkniffe. Ich habe einfach nur so aus meinem Alltag berichtet. Das reicht erfahrungsgemäß für Zuhörer aus dem gehobenen Bildungsbürgertum völlig aus. Viele können sich die Lebensverhältnisse in einem sozialen Brennpunkt noch nicht einmal im Traum vorstellen.

Ich bekam anschließend von dem Vorsitzenden einer großen deutschen Stiftung tüchtig Schimpfe. Er könne überhaupt nicht verstehen, warum ich so negativ und resignierend vor ihm gesprochen hätte. (Hatte ich gar nicht!) Es gebe doch viele gute Beispiele, die Mut machten. Er zitierte Frau Prof. Dr. Böhmer, dass wir in jüngster Vergangenheit bei der Integration einige große Schritte nach vorn gemacht hätten. Spontan erinnerte ich mich dabei an ihre Aussage, dass es nur noch eine Frage kurzer Zeit wäre, bis Kanada Deutschland um seine Integrationserfolge beneiden würde. Das ist nichts anderes als eine autosuggestive Scheinwelt, die den außenstehenden Betrachter sprachlos macht. Dazu passt die Abschiedsbotschaft des Berliner Integrationsbeauftragten Günter Piening im Sommer 2012: »Die (Bundes-) Länder haben ihre Bildungseinrichtungen von der Krippe bis zur Sekundarschule interkulturell fit gemacht.« Man kann sich aber auch alles schönreden.

Natürlich ist es so, dass es viele gute, Mut machende und vorbildliche Einzelschicksale, Projekte, Maßnahmen oder Vorhaben gibt. Darüber besteht nirgendwo Dissens. Ich fragte aber eingangs, woran man die Verkehrssicherheit einer Kreuzung misst: an der Zahl der Fahrzeuge, die sie reibungslos passieren, oder an den Unfällen, zu denen es dort kommt.

Wenn es so bleibt, dass die einen auf dem Berg stehen und auf ihre Erfolge verweisen und die anderen auf dem Nachbarberg auf die im Tal Verbliebenen zeigen, dann wird deutlich, was der Wissenschaftler und Autor Hamed Abdel-Samad meint, wenn er die deutsche Gesellschaft eine asymmetrische Gesellschaft nennt. Eine Gesellschaft, die auseinanderstrebt und in der die Kluft zwischen den gesellschaftlichen Schichten immer größer wird. Also eine, die Abiturienten in Berlin-Neukölln hervorbringt und sie dann nach Berlin-Steglitz segregieren lässt, während der Anteil der Ausgegrenzten in Neukölln unvermindert aufwächst. Das bedeutet, dass alle, die sich nur am partiellen Erfolg ihrer gelungenen Projekte berauschen, aber konsequent die Augen vor den Zurückgebliebenen verschließen, trotz allen Engagements und aller guten Taten zu Architekten der asymmetrischen Gesellschaft werden.

Es gibt viele asymmetrische Gesellschaften auf dieser Erde. Es gibt bei uns auch Parallelgesellschaften. Beide mag ich nicht. Ich bleibe beim Idealbild der integrierten Gesellschaft und habe mir dafür den Ansatzpunkt bei den Kindern ausgesucht.

Wir werden den Knick im Tunnel, hinter dem das Licht an seinem Ende zu sehen ist, erreichen. Das ist sicher. Neukölln ist überall. Aber vielleicht werden spätestens dann andere Städte froh sein, zum Kreis der Neuköllns zu gehören. Gemeinsam sind wir stark. Deshalb wird es für alle immer mehr zur Gewissheit:

Wo Neukölln ist, ist vorne.
Sollten wir einmal hinten sein, ist eben hinten vorne.

Anhang

Vertrag über den Datenaustausch
Stadtbezirk-Organisation schlüssige Herangehensweise
Stadtbezirk Charlois

Programmbüro Sicher
Stadt Rotterdam
Mai 2005

Vorwort

Vor Ihnen liegt der Vertrag über den Datenaustausch der Stadtbezirk-Organisation schlüssige Herangehensweise (DOSA) in Ihrem Stadtbezirk.

Dieser Vertrag gründet auf dem Modellvertrag über den Datenaustausch zwischen Parteien, die in die Präventionspolitik zur Kriminalität in Gemeinden einbezogen sind. Dieser Modellvertrag gehört zur Handreichung für Gemeinden zu Datenschutzaspekten bei der Kriminalitätsbekämpfung. Der Autor des Modellvertrags ist L.B. Sauerwein und der Vertrag ist vom 24. Januar 2003.

Mehr Informationen über diesen Entwurf finden Sie unter www.cbpweb.nl oder www.ilv.nl.

Einleitung

Seit 2000 wurden in der Stadt Rotterdam verschiedene Formen einer DOSA entwickelt mit dem Ziel einer schlüssigen und gemeinsamen Herangehensweise bei Risiko- und Problemkindern und –jugendlichen innerhalb eines Stadtbezirks. Die Unterschiedlichkeit dieser DOSAs führte zum Bedarf an Eindeutigkeit in Struktur und Arbeitsweise. Auf dem Kundgebungstag Jugend und Sicherheit vom 20. Oktober 2003 wurde außerdem nachdrücklich dafür plädiert, dass die DOSA für die personenorientierte Herangehensweise (PGA) von Belästigung verursachenden Jugendlichen zuständig sein soll, die nicht strafrechtlich verfolgt werden können.

Das Ziel einer DOSA ist das Realisieren einer schlüssigen Herangehensweise bei Risiko- und Problemjugendlichen, die in einem bestimmten Bezirk wohnen, die das „Shopverhalten" von Jugendlichen und ihr „Herumreichen" verhindert und gleichzeitig behinderndes und belästigendes Verhalten von Jugendlichen verhindert und bekämpft. Die Verantwortlichkeit für die DOSA liegt bei der Verwaltung des Stadtbezirks.

Die Zielgruppe einer DOSA besteht aus Risikojugendlichen und Belästigung verursachenden Jugendlichen zwischen 0 und 23 Jahren, mit mehrfacher Problematik oder Problemen in einem oder mehreren der folgenden Lebensbereiche: Familie, Wohnung, Gesundheit, Schule, Arbeit, Freizeit, Finanzen und Polizei / Justiz. Es handelt sich hierbei um eine Problematik, die die Möglichkeiten und Kapazitäten eines professionellen Helfers bzw. einer Einrichtung übersteigt. Spezielle Aufmerksamkeit gilt hierbei Belästigung verursachenden Jugendlichen, die eine personenorientierte Herangehensweise brauchen, aber nicht (oder nicht mehr) in ein strafrechtliches Verfahren gehören. Jugendliche, die wohl in ein strafrechtliches Verfahren gehören, fallen eindeutig nicht unter die Verantwortlichkeit des DOSA.

Die DOSA hat fünf Funktionen[1], nämlich die Postfachfunktion, Registrierungsfunktion, Regiefunktion, Abstimmungsfunktion und Vertragsfunktion.

Um die Registrierungsfunktion gut ausüben zu können, muss der DOSA-Regisseur eine einfache Registrierung im Bezug auf eingehende Signale führen können.

Diese Registrierung ist gemäß dem Datenschutzgesetz.

Um für eine DOSA Daten austauschen zu dürfen, ist eine Registrierung beim Rat für den Datenschutz (CPB) notwendig. Für jeden Stadtbezirk wurde diese Anmeldung über das Programmbüro Sicher bereits vorgenommen. Jeder Stadtbezirk ist hierbei frei, die Daten im Sinne des Dokuments zu verwenden, auf Grund dessen der CBP seine Bestätigung gegeben hat. Viele Bestimmungen in diesem Vertrag gründen auf Bestimmungen im Meldeformular an den CBP und können deshalb nicht geändert werden.

---

[1] Sie finden mehr Erläuterungen zu alle Funktionen in der DOSA-Notiz, Version vom 26. Februar 2004

Vertrag über den Datenaustausch zwischen Parteien zugunsten der DOSA

Parteien

1. Stadtbezirk Charlois
2. Sozialwesen - Charlois Sozial
3. Schulische Einrichtungen
   Grundschulen Charlois
   weiterführende Schulen Charlois
4. Gesundheitsamt, psychischer Gesundheitsdienst, Jugendfürsorge
5. Jugendarbeit
   Youth for Christ
   Thuis op Straat Charlois [Sozialarbeit für ein sicheres Umfeld für alle Bürger]
   Bazuin Projecten [Streetwork]
   Charlois Sozial
   Bonconsult / On Track Again [Jugendarbeit mit antillianischen Jugendlichen]
6. Sozialarbeit
   SWA [Sozialarbeit, die sich auf Antillianer richtet]
   Charlois Sozial
7. Wiedereingliederung Heilsarmee (Kernpunkt Charlois)
8. Städtisches Schulamt: Schulpflicht
9. Städtisches Schulamt: Regionaler Melde- und Koordinationspunkt Schulabbrecher
10. Soziales und Arbeitsbeschaffung, Distrikt Charlois
11. Arbeitsagentur Charlois
12. Jongerenloket [Anlaufstelle für Jugendliche zwischen 16 und 23]
13. Jugendamt
14. RIAGG [regionales Institut für ambulante Psychiatrie]
15. Polizei Rotterdam-Rijnmond, Distrikt 10
16. Justiz Bezirk Rotterdam

im Weiteren gemeinsam die "Parteien" genannt.

Erläuterung: Der Vertrag wird zwischen Parteien geschlossen, die nach Zusammenarbeit in der DOSA streben, und die Vereinbarungen um den Datenaustausch werden in diesem Vertrag festgehalten. Sie als Stadtbezirk sind verantwortlich für die DOSA und Sie schließen also auch diesen Vertag mit den teilnehmenden Parteien.

Unter Berücksichtigung des Folgenden

Die Parteien sind alle in die DOSA im Stadtbezirk einbezogen. Die Parteien streben danach, die Tätigkeiten der Organisationen, die an der DOSA beteiligt sind, auf effiziente und effektive Art und Weise aufeinander abzustimmen. Dafür ist es notwendig und wünschenswert, untereinander Daten auszutauschen.

Die Parteien haben Vereinbarungen über die Zusammenarbeit und den Austausch von Personendaten der Betroffenen getroffen. Die Parteien legen die von ihnen vereinbarte Form und den vereinbarten Inhalt des Datenaustausches und die dazugehörige Zusammenarbeit in dieser Vereinbarung fest und bestätigen einander verbindlich, dass sie in Übereinstimmung mit dem, was in dieser Vereinbarung bestimmt wird, handeln.

Die Parteien sind sich dessen bewusst, dass sie beim Datenaustausch an die Gesetzgebung gebunden sind, u.a. im Bezug auf den Datenschutz und das Berufsgeheimnis und die Verpflichtungen, die sich aus Berufscodes ergeben; sie realisieren sich, dass nach einem Gleichgewicht zwischen dem Belang von Datenaustausch und dem Belang des oder der

389

Betroffenen in seiner oder ihrer persönlichen Umgebung gesucht werden muss. Beim Definieren der Zusammenarbeit und des Datenaustausches im Rahmen der DOSA haben die Parteien all diese Belange berücksichtigt.

Die Parteien erklären, dass sie Folgendes vereinbart haben

Artikel 1   Allgemeine Bestimmungen

In diesem Vertrag wird verstanden unter:
1.1 <u>DOSA</u>: Stadtbezirks-Organisation schlüssige Herangehensweise; die Arbeitsgemeinschaft der Parteien für eine schlüssige Herangehensweise im Bezirk .... ;
1.2 <u>Partei</u>: Organisationen / Instanzen, die sich dem DOSA-Vertrag anschließen (alle oben genannt);
1.3 <u>Beratung</u>: die regelmäßige Beratung (vorzugsweise virtuell[2]) zwischen den Parteien mit Bezug auf den Betroffenen. Und neben der regelmäßigen Beratung auch der bilaterale Kontakt zwischen dem DOSA-Regisseur und dem Betroffenen mit Bezug auf den Betroffenen.
1.4 <u>Betroffener</u>: derjenige, dessen Personendaten bei der DOSA verarbeitet werden;
1.5 <u>DOSA-Regisseur</u>: diese vom Stadtbezirk ernannten Person fungiert als zentrale Figur, bei der die Signale ankommen und von der die Signale registriert, adressiert, koordiniert und mit anderen Ketten abgestimmt werden.
Der DOSA-Regisseur ist außerdem unter der Verantwortung des Verantwortlichen mit der täglichen Pflege der Verarbeitung von Personendaten des Betroffenen beauftragt.
1.6 <u>Verantwortlicher</u>: die Verwaltung des Stadtbezirks.
17. <u>Verarbeitung von Personendaten</u>: jede Handlung oder jede Einheit von Handlungen mit Bezug auf Personendaten, worunter in jedem Fall das Sammeln, Festlegen, Ordnen, Bearbeiten, Ändern, Anfordern, Befragen, Gebrauchen, Weitergeben mittels Versenden, Verbreiten oder jegliche andere Form der Zurverfügungstellung, Zusammenfügen, miteinander in Verbindung Bringen sowie das Abschirmen, Entfernen oder Vernichten von Personendaten.

Artikel 2   Organisationsform der Zusammenarbeit

2.1 Das Ziel einer DOSA ist das Realisieren einer schlüssigen Herangehensweise bei Risiko- und Problemjugendlichen, wohnhaft im Stadtbezirk, die dem "Shopverhalten" der Jugendlichen und ihrem "Herumreichen" vorbeugt und gleichzeitig behinderndes und belästigendes Verhalten der Jugendlichen verhindert und bekämpft. Die Verantwortlichkeit bei DOSA liegt bei der Verwaltung des Stadtbezirks;
2.2 Die Parteien richten die Zusammenarbeit in Übereinstimmung mit folgenden Bestimmungen ein:
2.3 Die DOSA steht unter der Leitung des DOSA-Regisseurs.
2.4 Die Parteien, die aktiv an der Beratung teilnehmen, sind:
1. Stadtbezirk: DOSA-Regisseur
2. Jugendkoordinator JCO
3. Vorposten-Beamter Jugendamt
4. Vertreter des psychischen Gesundheitsdienstes
5. Projektleiter Jongerenloket
6. Schulpflichtbeauftragter

---

[2] Telefonisch oder per E-Mail

2.5 Die Parteien kommen auf Anfrage des DOSA-Regisseurs regelmäßig in der DOSA-Beratung zusammen.

2.6 Neben der DOSA-Beratung halt der DOSA-Regisseur eine Koordinationsberatung, in der auf jeden Fall der Jugendkoordinator der Polizei, der Vorposten-Beamte des Jugendamts und der DOSA-Regisseur eine Rolle haben.

2.6 Außerhalb der regelmäßigen Beratungen wird mit den Parteien virtuell Kontakt gehalten, um auf diese Art und Weise so effizient wie möglich arbeiten zu können.

2.7 Der DOSA-Regisseur erhält die Signale / Meldungen aus dem Feld, er registriert, er hat die Regie, er koordiniert in der Koordinationsberatung mit dem Jugendkoordinator der Polizei und dem Vorposten-Beamten des Jugendamtes, und er macht eine Meldung im SISA-Wahrnehmungssystem.

2.8 Das Sekretariat der Beratung und der bilateralen (virtuellen) Kontakte mit den Parteien wird von den Verwaltungsmitarbeitern des DOSA-Regisseurs geführt.

2.9 Die Kosten des DOSA-Regisseurs und seiner Verwaltungsmitarbeiter trägt die Verwaltung des Stadtbezirks. Sie werden aus städtischem Etat versorgt.

2.10 Der DOSA-Regisseur arbeitet unter der Verantwortlichkeit der Verwaltung des Stadtbezirks.

2.11 Der DOSA-Regisseur rapportiert der Verwaltung des Stadtbezirks über seine Aktivitäten und Feststellungen.

2.12 Die Verwaltung des Stadtbezirks rapportiert der Stadtverwaltung von Rotterdam über die DOSA-Entwicklungen.

2.13 Jeder Stadtbezirk arbeitet mit einer eigenen DOSA. Es gibt Kontakt (keine namentliche Fallbesprechung) zwischen den verschiedenen DOSA-Regisseuren.

2.14 Falls eine neue Partei der DOSA beitreten will, unterzeichnet die Partei diesen Vertrag.

2.15 Falls eine Partei aus der DOSA austreten will, dann wird der Stadtbezirk darüber schriftlich von der Organisation, zu der die Partei gehört, informiert.

Artikel 3   Die Beratung und die DOSA-Registrierung

3.1 Die Parteien tauschen in der Beratung Daten über den Betroffenen aus. Sie handeln dabei gemäß den Bestimmungen dieses Vertrags.

3.2 Der DOSA-Regisseur legt für diesen Datenaustausch der Parteien eine DOSA-Registrierung an. Er handelt dabei gemäß den Bestimmungen dieses Vertrags.

In der DOSA-Registrierung werden Personendaten in einem geringen Umfang festgelegt (siehe auch Abschnitt 6).

Artikel 4   Geheimhaltungspflicht und Artikel 30 Polizeiregistergesetz

4.1 Für den Fall, dass die Teilnehmer nicht sowieso schon dazu verpflichtet sind, erlegen sie den Mitarbeitern, die Einsicht in die Personendaten haben oder – in Übereinstimmung mit den Bestimmungen in diesem Vertrag – auf andere Weise Personendaten aus der DOSA bekommen, eine Geheimhaltungspflicht auf. Diese Pflicht betrifft die Geheimhaltung der Personendaten, die die Mitarbeiter zur Kenntnis nehmen, es sei denn, der Betroffene stimmt dem Datenaustausch zu oder eine gesetzliche Vorschrift verpflichtet sie zur Mitteilung oder aus ihrer Aufgabe ergibt sich notwendigerweise die Mitteilung.

Die Mitarbeiter dürfen die Daten natürlich schon im Rahmen ihrer Aufgabe gebrauchen (meistens das Leisten spezifischer Hilfe für den Betroffenen).

Falls man von einer Situation höherer Gewalt sprechen kann, darf ein Mitarbeiter auch an andere Personen als dem Klienten Daten weitergeben. Für die Anwendung von höherer Gewalt wurden bestimmte Kriterien festgelegt, die beim Juristen der Einrichtung anzufragen sind.

In manchen Fällen wird eine gesetzliche Pflicht sie zur Weitergabe der Daten verpflichten (wie zum Beispiel eine – verpflichte – Meldung beim Beratungspunkt Kindermisshandlung). Auch dann dürfen sie ihre Geheimhaltungspflicht brechen.

4.2 Die Polizei wird in bestimmten Fällen von Datenweitergabe erst eine Abwägung auf Grund von Artikel 30 des Polizeiregisters machen. Falls die Polizei nach Prüfung

Informationen weitergibt, wird diese Information gemäß der gesetzlichen Vorschrift nach Verwendung vollkommen vernichtet.

Artikel 5   Zweckbindung
Datenschutzgesetz, Artikel 9, Absatz 1:
Personendaten werden nicht weiterverarbeitet auf eine Art und Weise, die unvereinbar mit dem Zweck ist, zu dem sie erworben wurden.

Artikel 6   Daten
6.1 Die Parteien tauschen ausschließlich Personendaten aus, die rechtmäßig und in Übereinstimmung mit den anzuwendenden gesetzlichen Regelungen verarbeitet wurden.
6.2 In der DOSA-Registrierung werden ausschließlich die folgenden Personendaten des Betroffenen festgehalten und verarbeitet, nämlich: Risikojugendlichen und Belästigung verursachenden Jugendlichen zwischen 0 und 23 Jahren, mit mehrfacher Problematik oder Problemen (in einem oder mehreren der folgenden Lebensbereiche: Familie, Wohnung, Gesundheit, Schule, Arbeit, Freizeit, Finanzen und Polizei / Justiz).
6.3 Die Daten des Betroffenen (die sich auf die genannte Kategorie [siehe Artikel 6.2.]), die weitergegeben werden, entsprechend dem Inhalt der Meldung an den CBP.
6.4 Die Parteien müssen sich dessen bewusst sein, dass auch der mündliche Datenaustausch an die Datenschutzgesetze gebunden ist.

Artikel 7   Verantwortlicher Datenaustausch
7.1 Der Verantwortliche für die Datenverarbeitung des Betroffenen ist die Verwaltung der Stadtbezirks Charlois.
Der Verantwortliche ist formaljuristisch verantwortlich für die Verarbeitung von Personendaten (Daten aus verschiedenen Akten der betroffenen Parteien). Natürlich ist jede Partei verantwortlich für die Verarbeitung der „eigenen" Daten. Das heißt: das Jugendamt bleibt für seine eigenen Akten verantwortlich, auch das Gesundheitsamt usw. Hier geht es um Daten, die zweckgebunden zusammenkommen.

Artikel 8   Sicherung und direkter Zugang
8.1 Der Verantwortliche sichert die Personendaten des Betroffenen gegen Verlust oder jegliche Form unrechtmäßiger Verarbeitung. Der Verantwortliche trifft dafür die nötigen passenden technischen und organisatorischen Maßnahmen. Die Maßnahmen betreffen unter Anderem, aber nicht ausschließlich, Maßnahmen in Bezug auf den Zugang zu den Personendaten, die Lese- und Schreibbefugnisse der Parteien und das geforderte Niveau der Sicherung.
8.2 Nur das Personal, das unter der Leitung des Verantwortlichen steht, nämlich der DOSA-Regisseur und dessen Verwaltungsmitarbeiter, haben Zugang zur DOSA-Registrierung.

Artikel 9   Speichern und Entfernen aufgenommener Personendaten
9.1 Die Personendaten werden nicht weiter gespeichert als notwendig für den Zweck oder die Zielsetzungen der Verarbeitung. Die Momente des Entfernens des Betroffenen und seiner Personendaten aus dem DOSA-Registrierungssystems sind:
-   der Moment des Todes oder
-   falls der Jugendliche das Alter von 23 Jahren erreicht hat oder
-   falls die Belästigung durch den Jugendlichen auf kriminelles Verhalten zurückzuführen ist. Dieser Jugendliche wird der Justiz übertragen. Oder
-   sobald das Verfahren des Jugendlichen zu einem positiven Ende gebracht wurde. Konkret bedeutet das, dass das Ergebnis erreicht ist, wenn die Instanz die gewünschten Resultate aus dem Plan der Herangehensweise erreicht hat. Allerdings bleiben die Daten des Jugendlichen noch fünf Jahre im System des DOSA-Regisseurs. Siehe dafür auch die Meldung an den CBP über das Beibehalten einer inaktiven DOSA-Akte.

PS. In der DOSA-Registrierung stehen Daten, die aus dem X-Pol stammen. Diese Daten dürfen gemäß der X-Pol-Datenschutzregelung maximal 5 Jahre nach dem Jahr des Erwerbs gespeichert werden. Das Nennen dieser Daten in einer inaktiven Datei ist wider das Polizeiregistergesetz und also unrechtmäßig oder

- bei Bewilligung eines Antrags auf Entfernung eines Jugendlichen über 12 Jahren (oder eines Erziehungsberechtigten, falls es um einen Jugendlichen unter 12 Jahren geht oder falls der Jugendliche das Alter von 12 Jahren erreicht hat und nicht im Stande ist, seine Belange in dieser Sache selber zu vertreten).

9.2 Die Daten können länger gespeichert werden in einer Form, in der der Betroffene nicht mehr identifiziert werden kann. Die Personendaten dürfen darüber hinaus für u.a. statistische oder wissenschaftliche Zwecke länger aufbewahrt werden, falls der Verantwortliche die nötigen Vorkehrungen getroffen hat um sicherzugehen, dass die Daten ausschließlich für diese spezifischen Zwecke verwendet werden. Der Verantwortliche beschließt, ob die Daten für diese Zwecke länger aufbewahrt werden. Der Verantwortliche sorgt dafür, dass die Daten ausschließlich für diese Zwecke verwendet werden und trifft dafür die nötigen Vorkehrungen.

Artikel 10   DOSA-Regisseur

10.1 Der DOSA-Regisseur ist mit der täglichen Pflege der Verarbeitung der Personendaten beauftragt.

10.2 Der Verwalter (= DOSA-Regisseur) trifft die nötigen Vorkehrungen zur Förderung der Richtigkeit und Vollständigkeit der Personendaten.

10.3 Der Verwalter und dessen Verwaltungsmitarbeiter haben eine Geheimhaltungspflicht gegenüber den Daten, die die Parteien weitergeben.

Artikel 11   Informationspflicht

11.1 Der DOSA-Regisseur gibt dem Betroffenen schriftlich folgende Informationen;
    (a) Die Zielsetzungen der DOSA;
    (b) Die Identität des Verantwortlichen.

11.2 Diese Information wird gegeben, bevor der DOSA-Regisseur die Daten, die in das DOSA-Registrierungssystem eingegeben werden können, vom Betroffenen erhält.

11.3 Falls ein DOSA-Regisseur die Personendaten ohne Mithilfe des Betroffenen erhält, informiert er den Betroffenen im Moment der ersten Festlegung der Personendaten, die von einer Partei weitergegeben wurden.

11.4 Der DOSA-Regisseur weist den Betroffenen bei der Informationsweitergabe auf die Möglichkeiten des Rechtsschutzes und der Aufsicht hin und auf die Rolle des Rates für den Datenschutz dabei.

11.5 Falls der Betroffene minderjährig ist und das Alter von sechzehn Jahre noch nicht erreicht hat, wird auch der gesetzliche Vertreter informiert.

Artikel 12   Rechte des Betroffenen

12.1 Der Jugendliche hat das Recht, Einsicht in die Verwendung seiner Personendaten zu beantragen, Ergänzung, Korrektur oder Entfernung dieser Daten zu beantragen und hat das Recht auf Widerspruch gegen die Verwendung seiner Daten. Diese Rechte sind in den Artikeln 35, 36 und 40 des Datenschutzgesetzes festgeschrieben.

12.2 Anträge können von einem Jugendlichen von mindestens 12 Jahren eingereicht werden. Oder von einem Erziehungsberechtigten, falls es um einen Jugendlichen unter 12 Jahren geht oder falls der Jugendliche das Alter von 12 Jahren erreicht hat, aber nicht im Stande ist, seine Belange in der Sache selber zu vertreten. Auf nachdrücklichen Antrag kann den Erziehungsberechtigten Einsicht gewährt werden, falls der Jugendliche unter 16 Jahren ist, falls dies nicht den Belangen des Jugendlichen widerspricht.

12.3 Der Antrag auf Einsicht kann abgelehnt werden, falls das für eine gute Ausführung der Aufgaben der Polizei oder zum Schutz von wichtigen Belangen Dritter notwendig ist. Dies, insoweit es Daten aus einem Polizeiregister betrifft.

12.4 Das Recht auf Ergänzung, Verbesserung oder Entfernung von Daten tritt in Kraft, falls die Daten faktisch unrichtig, unvollständig oder nicht sachdienlich sind oder wenn sie gesetzeswidrig verarbeitet werden.

12.5 Widerspruch gegen die Verarbeitung von Personendaten kann durch besondere persönliche Umstände des Jugendlichen eingelegt werden.

12.6 Anträge können bei der Verwaltung des betreffenden Stadtbezirks gestellt werden.

12.7 Innerhalb von vier Wochen muss ein Beschluss bei derartigen Anträgen gefasst werden. Beschlüsse in diesem Rahmen sind Beschlüsse im Sinne des allgemeinen Verwaltungsgesetzes, gegen die nach dem Gesetz Widerspruch eingelegt werden kann.

Artikel 13   Änderungen und Ergänzungen dieses Vertrags

Diese Bestimmung bezieht sich auf das Aktualisieren des Vertrags. Um zu verhindern, dass eine Partei eine eventuelle Änderung blockieren kann, kann man sich für ein System entscheiden, bei dem eine Mehrheit oder eine Zweidrittelmehrheit oder alle Parteien entscheiden können, dass der Datenaustausch geändert wird. Es ist wünschenswert, in diesem Fall auch eine Austrittsregelung aufzunehmen in dem Sinn, dass eine Partei, die einer Änderung nicht zustimmt, die Gelegenheit hat, die Zusammenarbeit zu beenden.

13.1 Änderungen im Zweck der Verarbeitungen, wie sie in diesem Vertrag definiert werden und
Änderungen in der Verwendung und der Art und Weise des Erwerbs der Personendaten müssen zu einer Änderung oder Ergänzung dieses Vertrags führen.

13.2 Änderungen und Ergänzungen dieses Vertrags benötigen die Zustimmung [der Mehrheit aller / der Zweidrittelmehrheit aller / aller] Parteien. Die Änderung tritt einen Monat nach Festlegung der Änderung in Kraft.

Artikel 14   Zitiertitel

14.1. Dieser Vertrag wird zitiert als: DOSA-Vertrag Stadtbezirk Charlois.

Artikel 15   Konfliktregelung über die Ausführung des Vertrags

Erläuterung: Fakultativ kann eine Konfliktregelung aufgenommen werden.

So übereingekommen am .... in Rotterdam,

Beispiel
Stadtbezirk .... (+ Logo)
 (Name.....

Polizei.... ....(+ Logo)
(Name...

Jugendamt.......... (+ Logo)
(Name.....

Sozialwesen .... (+ Logo)
(Name.....

Jugendarbeit.......: (+ Logo)
(Name....

Schulpflicht............. (+ Logo)
(Name.....

Und so weiter.

Rütli-Schule
– Hauptschule –

Rütli-Schule, (Neukölln), Rütlistr. 41-45, 12045 Berlin

Postanschrift:	Rütlistr. 41-45
	12045 Berlin
Telefon:	030-68092425
Telefax:	030-6134001
e-Mail:	Berlin.081102@t-online.de

7/1

31.3.2006

Liebe Schülerinnen, liebe Schüler,

wie ihr wisst, stand am 30.3.06 im Tagesspiegel, dass unsere Schule geschlossen werden soll.
Dies ist eine falsche Darstellung in der Presse.

Wir Lehrerinnen und Lehrer haben am 2. März einen Brief an die Schulrätin geschrieben und
die Situation in unserer Schule geschildert: z.B., dass viele Schüler Lehrer und Lehrerinnen
respektlos behandeln, nichts lernen wollen, Gegenstände zerstören, Streitereien nicht mit
Worten regeln, sondern gleich zuschlagen. Wir haben darauf aufmerksam gemacht in der
Hoffnung, vom Schulamt Hilfe zu bekommen.

Dieser Brief ist nicht für die Presse bestimmt gewesen. Ich bitte euch zum normalen
Unterrichtsalltag zurückzukehren, keine Interviews mehr vor der Schule zu geben und euer
Verhalten so zu steuern, dass wir hier in unserer Schule in Ruhe arbeiten können.

Mit freundlichen Grüßen

Eggebrecht
Eure Rektorin Eggebrecht

Rütli-Schule

– Hauptschule –

Rütli-Schule, (Neukölln), Rütlistr. 41-45, 12045 Berlin

08 II E 3.1

Frau Fischer

Postanschrift: Rütlistr. 41-45
12045 Berlin

Telefon: 030-68092425

Telefax: 030-6134001

e-Mail: Berlin.08H02@t-online.de

28.2.2006

Mit der Bitte um Weiterleitung an:

1. Referent für Hauptschulen Herr Arnz
   SenBJS - I B 6 –

2. Referentin für Gewaltvorfälle – Frau Schubert
   SenBJS - I E 5 –

3. Bezirksbürgermeister Herr Buschkowsky

4. Bezirksstadtrat Herr Schimmang
   Dez

5. Schulpsychologe Herr Koch
   08 II EP 8

6. SchulOrg 1 Herr Schmidt

7. Leiterin der Jugendhilfe Frau Bethke

8. Personalrat der Lehrer/innen

9. Alle Fraktionen der BVV

10. Quartiersmanagement Reuterplatz

11. Abgeordnetenhaus von Berlin

12. Migrationsbeauftragter – Herr Piening

Sehr geehrte Frau Fischer,

die Fülle der zu besprechenden Einzelfälle ließ bei Ihrem Besuch am 24.2.06 keine Zeit über die Gesamtsituation in unserer Schule zu sprechen.

Wie in der Schulleitersitzung am 21.2.06 geschildert, hat sich die Zusammensetzung unserer Schülerschaft in den letzten Jahren dahingehend verändert, dass der Anteil der Schüler/innen mit arabischem Migrationshintergrund inzwischen am höchsten ist. Er beträgt zurzeit 34,9%, gefolgt von 26,1% mit türkischem Migrationshintergrund. Der Gesamtanteil der Jugendlichen n.d.H. beträgt 83,2%. Die Statistik zeigt, dass an unserer Schule der Anteil der Schüler/innen mit arabischem Migrationshintergrund in den letzten Jahren kontinuierlich gestiegen ist:

10. Klassen = 15   9. Klassen = 21   8. Klassen = 22   7. Klassen = 25   (= 44%)

In unserer Schule gibt es keine/n Mitarbeiter/in aus anderen Kulturkreisen.

Wir müssen feststellen, dass die Stimmung in einigen Klassen zurzeit geprägt ist von Aggressivität, Respektlosigkeit und Ignoranz uns Erwachsenen gegenüber. Notwendiges Unterrichtsmaterial wird nur von wenigen Schüler/innen mitgebracht. Die Gewaltbereitschaft gegen Sachen wächst: Türen werden eingetreten, Papierkörbe als Fußbälle missbraucht, Knallkörper gezündet und Bilderrahmen von den Flurwänden gerissen. Werden Schüler/innen zur Rede gestellt, schützen sie sich gegenseitig. Täter können in den wenigsten Fällen ermittelt werden. Laut Aussage eines Schülers gilt es als besondere Anerkennung im Kiez, wenn aus einer Schule möglichst viele negative Schlagzeilen in der Presse erscheinen. Die negative Profilierung schafft Anerkennung in der Peer-Group. Unsere Bemühungen die Einhaltung der Regeln durchzusetzen treffen auf starken Widerstand der Schüler/innen. Diesen Widerstand zu überwinden wird immer schwieriger. In vielen Klassen ist das Verhalten im Unterricht geprägt durch totale Ablehnung des Unterrichtsstoffes und menschenverachtendes Auftreten. Lehrkräfte werden gar nicht wahrgenommen, Gegenstände fliegen zielgerichtet gegen Lehrkräfte durch die Klassen, Anweisungen werden ignoriert. Einige Kollegen/innen gehen nur noch mit dem Handy in bestimmte Klassen, damit sie über Funk Hilfe holen können.

Die Folge ist, dass Kollegen/innen am Rande ihrer Kräfte sind. Entsprechend hoch ist auch der Krankenstand, der im 1. Halbjahr 05/06 höher war als der der Schüler/innen. Ein Zeichen der unerträglichen Belastung. Einige Kollegen/innen stellen seit Jahren Umsetzungsanträge, denen nicht entsprochen wird, da keine Ersatzkräfte gefunden werden.

Auch von den Eltern bekamen wir bisher wenig Unterstützung in unserem Bemühen Normen und Regeln durchzusetzen. Termine werden nicht wahrgenommen, Telefonate scheitern am mangelnden Sprachverständnis.

Wir sind ratlos.

Über das QM haben wir zwei Sozialarbeiter/innen mit türkischem und arabischem Migrationshintergrund beantragt, um vor allem mit den Eltern ins Gespräch zu kommen. Aber diese Maßnahme allein wird die Situation nicht deeskalieren.

Durch Schwangerschaft, lang- und kurzfristige Erkrankungen, DAZ- und Ethik-Weiterbildungen zu und Pensionierung ist unsere Lehrer/innenausstattung auf unter 100% gesunken. Unser – auch im Schulprogramm aufgeführtes – Teamteaching kann nicht umgesetzt werden, da die Doppelsteckungen stets aufgehoben werden müssen, um den Vertretungsunterricht zu organisieren.

Seit Jahren blieb die Konrektorenstelle mangels Bewerbung vakant. Seit Anfang dieses Schuljahres (05/06) ist die Schulleiterin erkrankt und wird in den vorzeitigen Ruhestand gehen.

Die erweiterte Schulleitung, bestehend aus vier Lehrer/innen, hat bis Dezember 05 die Schule geleitet, dann wurde eine kommissarische Schulleiterin aus diesem Kreise ernannt.

Wenn wir uns die Entwicklung unserer Schule in den letzten Jahren ansehen, so müssen wir feststellen, dass die Hauptschule am Ende der Sackgasse angekommen ist und es keine Wendemöglichkeit mehr gibt. Welchen Sinn macht es, dass in einer Schule alle Schüler/innen gesammelt werden, die weder von den Eltern noch von der Wirtschaft Perspektiven aufgezeigt bekommen, um ihr Leben sinnvoll gestalten zu können. In den meisten Familien sind unsere Schüler/innen die einzigen, die morgens aufstehen. Wie sollen wir ihnen erklären, dass es trotzdem wichtig ist, in der Schule zu sein und einen Abschluss anzustreben? Die Schüler/innen sind vor allem damit beschäftigt, sich das neueste Handy zu organisieren, ihr Outfit so zu gestalten, dass sie nicht verlacht werden, damit sie dazugehören. Schule ist für sie auch Schauplatz und Machtkampf um Anerkennung. Der Intensivtäter wird zum Vorbild. Es gibt für sie in der Schule keine positiven Vorbilder. Sie sind unter sich und lernen Jugendliche, die anders leben, gar nicht kennen. Hauptschule isoliert sie, sie fühlen sich ausgesondert und benehmen sich entsprechend.

Deshalb kann jede Hilfe für unsere Schule nur bedeuten, die aktuelle Situation erträglicher zu machen. Perspektivisch muss die Hauptschule in dieser Zusammensetzung aufgelöst werden zugunsten einer neuen Schulform mit gänzlich neuer Zusammensetzung.

Kurzfristig brauchen wir eine Erhöhung der Lehrer/innenausstattung, um Ruhe in den Schulalltag zu bringen, der, wie oben erwähnt, geprägt ist durch Unterrichtsausfall und Vertretungsunterricht. Wir müssen Zeit und Raum bekommen für die Arbeit in Kleingruppen, für Gespräche mit einzelnen Schüler/innen und ihren Eltern, für die Besetzung unserer Anlaufstelle (Schülerclub), für das Schulverweigerer Projekt „Zurück in die Zukunft".

Wir brauchen die tägliche Präsenz einer Fachkraft, die uns bei Deeskalation und Krisenintervention hilft. Wir wünschen uns, dass die Finanzierung unserer Peer-Mediatoren/innen nicht alle zwei Jahre unser Problem ist, sondern regelfinanziert wird. Wir wünschen uns, dass eine Möglichkeit geschaffen wird auf unserem Gelände eine Cafeteria einzurichten.

2009 wird unser Schulgebäude 100 Jahr alt und wir hoffen, dass bis dahin eine Schule geschaffen werden kann, in der Schüler/innen und Lehrer/innen Freude am Lernen bzw. Lehren haben.

Mit freundlichen Grüßen

i.V. Eggebrecht

P. Eggebrecht
kommissarische Schulleiterin

Von der Gesamtkonferenz am 28.2.06 verabschiedet:

-keine-   Gegenstimmen   -keine-... Enthaltungen